U0868325

岳麓書社

读名著　选岳麓

荀子

张晚林　注译

岳麓書社·长沙

前　言

荀子，本名荀卿，名况，战国后期赵国人。汉时避汉宣帝刘询之讳，改称孙卿。关于荀子的生卒年，学界一直存在争论，根据多方面的综合研究推测，荀子出生在公元前325年左右，至公元前235年左右去世，享年九十岁，这种可能性极大。荀子尝游学于齐之稷下学宫，至齐襄王时“最为老师”，曾三为祭酒。惜乎齐襄王不能用，且见逐。遂居楚，春申君以为兰陵令，春申君死而见废。于是，著书立说，遂有《荀子》一书32篇。两千多年以来，《荀子》一直是中华传统文化的重要典籍之一，不断有学者阅读与研究。

荀子与孔子、孟子并称为先秦三大儒者，但我们一般把孔孟之道作为儒学的代称，而没有加上荀子，这是为什么呢？因为孔孟之道代表了儒学的正宗，这个正宗就是由内圣以至于外王，但荀子则隆礼重法，对于内圣不甚措意，而特重外王。这样，使得荀子的社会理想乃至对于人之境界的开发都显著地异于孔孟。正因为荀子的思想不属于孔孟正宗，明代荀子的牌位被逐出文庙。

为了便于读者理解荀子，这里拟从以下六点进行介绍：一、荀子思想的基本特征；二、荀子思想的主要内容；三、礼与圣人之学及治理之学；四、荀子思想宗教超越性的阙如；五、荀子走向法家的可能；六、《荀子》的版本问题。

一、荀子思想的基本特征

荀子的生命形态与孔子、孟子不同，后二者是圣者型的生命形态，而荀子是学者型的生命形态，这就决定荀子的思想具有以下特征：

其一，横向的、广度的。横向的，是指荀子不能纵向地极于天，而只能平面地执着于经验世界，故宗教精神缺焉，荀子完全不能感受孔、孟所言之天；广度的，是指荀子之思想涉及世俗生活之方方面面。《荀子》一书，远较《论语》与《孟子》繁复，此正见学人坐而论道，闲暇静观之兆也。《荀子》繁复，正见荀子的思想乃平面的见用不见体，《论语》《孟子》简要，正见孔子、孟子的思想乃立体的由体而达用。

其二，经验的、观解的。经验的，是指荀子的思想落在形下层面，超越的形上层面不能及。试看荀子对人性之体会："今人之性，生而有好利焉，顺是，故争夺生而辞让亡焉；生而有疾恶焉，顺是，故残贼生而忠信亡焉；生而有耳目之欲，有好声色焉，顺是，故淫乱生而礼义文理亡焉。"（《荀子·性恶》）若我们环顾俗世，荀子所言确然不虚，然人性是否即可由此而论？观解的，是指荀子要求，任何思想必须在经验世界找到原因，获得验证与解释。荀子曰："凡论者，贵其有辨合，有符验，故坐而言之，起而可设，张而可施行。"（《荀子·性恶》）一种理论必须在经验世界得到证实与检验才可能是真的，否则一定为假，荀子以此深辟孟子之性善论。由经验的、观解的，进一步说明荀子的思想是常识的。一种理论自然要获得检验与证实，但是否一定能获得常识、经验的检验与证实，却未必，但荀子的认识常止于此。

其三，论辩的、推证的。论辩的，是指荀子的思想系统繁复而严密，追求学理上的无懈可击，乃至从别人的疏漏中证明自己的正确。孔子与荀子俱欲"正名"，孔子之正名，乃究"礼乐征伐自天子出"（《论语·季氏》）、"君君臣臣、父父子子"（《论语·颜渊》），这是伦理的、实践的；然荀子之正名，乃循名以指实，所谓"名定而实辨”（《正名》），这是研究的、论辩的。推证的，是指荀子希望通过推理证明来表明自己思想的正确性。最显著的例子就是《性恶》篇，其主旨思想“人之性恶，其善者伪也”在文中反复出现，故其行文周纳绵延，不过只是为了推证“人之性恶，其善者伪也”这个结论。但因荀子又倾慕于孔子之道，有一定的政治热情与抱负，故他不屑于为了论辩而论辩，为了推证而推证，是以荀子极其反感且低看名家中的惠施与公孙龙，这样，也使得他的论辩与推证不及名家那样精审，常止于常识。

以上三点是相互联系与相互包含之关系，经验的、观解的，必然包含着横向的、广度的与论辩的、推证的。比如荀子著名的性恶论，实际上是对经验世界的广度的观察之后，依据战国时代的乱象连连，从而推证构想出来的，即坏的结果一定有一个坏的原因，于是，由世间的乱象而推出人性恶。实际上，纯粹依据横向的经验世界之观察而推出的这种人性论，是极其粗糙而不精审的，但荀子的经验性格使得他不愿意在此耗费精力，于是，他的论辩与推证乍一看似乎周至圆满，然通过仔细的考问，实则有诸多矛盾之处。

从《荀子》全书来看，荀子是一个冷静、密察的学者，他以智的冷光照彻儒家之道与孔子之学，虽然书中无处不体现其向往与倾慕之情，荀子善说理，会论辩，但对于说理、论辩本身又非常不屑，“多言无法而流湎然，虽辩，小人也。……辩说譬谕、齐给便利而不顺礼义，谓之奸说”（《荀子·非十二子》），并且呼吁止息奸说而归宗于仲尼，这些都表明他对孔子之道的向往，但他只是把它们作为一种好的政治治理工具和社会维系之法，而不是一种安身立命之教，其隆礼重法正是这种特征之显现，因此，他完全不能理解思孟学派之精神，谓其“甚僻违而无类，幽隐而无说，闭约而无解”（《荀子·非十二子》），实则思孟之学既不僻违，又不幽隐，复不闭约也，唯须打开生命圣证之光照耳，然荀子根本接不上这种精神。我们读《论语》《孟子》无处不感受到一个圣者生命的跃动，但读《荀子》，似乎完全感受不到文字背后的生命存在，荀子与他所留下的文字似乎完全是分离的。荀子为后人传承了系统繁富的儒学，但没有弘扬安身立命之教。因为荀子作为一个学者型的生命形态，与安身立命之教根本是有隔膜的。学者型的生命形态总是平面的、说理的，冷静、严密有余，而热情、证悟不足。罗素曾批评亚里士多德缺乏宗教的热情，与亚里士多德一样，荀子只是一个学究式的人物，且极具经验性格，没有超越的宗教精神。

二、荀子思想的主要内容

荀子思想的主要内容有：天人观、性恶论、心论、隆礼重法、明分使群、礼的作用。

第一，天人观。本来，无论是在孔子那里还是在孟子那里，天与人是相通的。故孔子讲“知我者，其天乎”（《论语·宪问》），孟子亦云“尽其心者，知其性也。知其性，则知天也”（《孟子·尽心上》）。但荀子与之不同，大讲“唯圣人为不求知天”。在荀子那里，天就是自然之天，非孔孟之道德性理之天。天功一方面强大，另一方面神秘。然无论强大也好，神秘也好，总是天之事，与人无关，因为人没有办法改变天之规律。这是圣人不求知天之意。这样，荀子强调人事的重要性，而不太在意天之所为。天之运行规律虽不能人为地改变，但可加以利用，以为人类造福。

大天而思之，孰与物畜而制之？从天而颂之，孰与制天命而用之？望时而待之，孰与应时而使之？因物而多之，孰与骋能而化之？思物而物之，孰与理物而勿失之也？愿于物之所以生，孰与有物之所以成？故错人而思天，则失万物之情。（《荀子·天论》）

荀子强调自然之天的客观性，而不与人之道德相关联，从科学的角度来讲，这无疑是对的。但荀子在这条路上走得太远，他完全没有看到先秦以来在自然之天以外还有另外一个道德宗教之天，这个天则与人的道德有关，一切对人或人性的认识必须关联着这个道德之天而言，可惜荀子完全以自然之天取代了道德之天，使得他接不上孔孟的正宗理路，开出了儒学的别支。荀子的性恶论、心论及隆礼重法思想，俱为其天人观所衍生，虽然于孔孟之正宗理路有所创发与转换，但毕竟是儒学的别支。本来，儒学在孔孟那里是“教”，但在荀子那里，儒学不再是“教”，而只是“学”了。

第二，性恶论。“人之性恶，其善者伪也”是《性恶》篇的中心思想，在文中反复出现。这里表达两个意思：其一，人性根本为恶；其二，通过后天的教化，人可以为善，这就是所谓的“化性起伪”。

荀子为什么说人性是恶的呢？这是从人的生物本能看。“生而有好利焉”，“生而有疾恶焉”，“生而有耳目之欲，有好声色焉”，这些都是人之生物学之本能，谁也不能否认。如果人类任凭这个本能发展下去而不加以抑制，则诚如荀子所言，“争夺生而辞让亡焉”，“残贼生而忠信亡焉”，“淫乱生而礼义文理亡焉”。这根本是禽兽而不是人类社会。因此，荀子认为，人类社会要善治就必须正视这个恶的本性而加以“师法之化，礼义之道”，从而使本性为恶的人做到善。

荀子斩断了人与天的关联，只实在论地看人之生物性之存在，从而力主性恶论，这并非完全没有意义。但他由此而完全反对孟子的性善论，是学有未达。如实说来，孟子并非不承认荀子之所言，且其陈义更高。孟子看到了荀子所看到的东西，但荀子没有看到孟子看到的东西。是以在对人性之开发上，荀子较孟子毕竟差一筹。

荀子雅言性恶，看到了人性的负面，从而欲矫正这个负面，于是，重视外在的礼义法度，把人拉到“涂之人可以为禹”之境界。但荀子达到这个境界靠的是外力而不是自觉，这对于人性的开发方面是不足的，蕴含着走向暴力与专制的危险，后来其弟子韩非与李斯完全走向法家，正是这个原因。实际上，仅仅依靠外力，是无法达到“涂之人可以为禹”之境界的，韩非就没有这么说，他也不这样要求。荀子这样要求，而这种要求只可能建立在性善论的基础上，而荀子的思想实际上蕴含着一条通向性善论的隐线，只是他未察觉而已。

第三，心论。在孟子那里，性是虚说而心是实说。孟子雅言性善，但性善到底是什么呢？要落实下来，性善实指四端之心，外此四端之心，无所谓性善。故孟子云“尽其心者，知其性也。知其性，则知天也”，心与性并无质的区别。但在荀子那里，性是实说，乃人之生物学之本能，心亦是实说，心与性成为两种完全不同的东西。

那么，在荀子那里，“心”到底是什么呢？

心者，形之君也，而神明之主也，出令而无所受令。自禁也，自使也，自夺也，自取也，自行也，自止也。故口可劫而使墨云，形可劫而使诎申，心不可劫而使易意，是之则受，非之则辞。故曰：心容，其择也无禁，必自见；其物也杂博，其情之至也不贰。（《荀子·解蔽》）

荀子言心乃“形之君也，而神明之主也”，这也是“大体”之意。即心是出令者而不是受令者，心有自己的潜能与自由，所谓“自禁也，自使也，自夺也，自取也，自行也，自止也”。荀子要求心应专一而静，若博杂则必乱，而难以知“道”。故荀子雅言心是为了知“道”，而其盛言解蔽，乃为求一“虚一而静”之心真能知“道”。

荀子之所谓心具何特质？似乎就是一个虚空的大容器，里面空无一物。虚一而静就是把心打扫干净，呈现其本有之虚空，不让异物与杂质占据，这就是荀子所说的“大清明”。这样一个大清明之心方能知“道”。不然，若以“已臧害所将受”，必不能知“道”。荀子之心论类似于西方哲学家洛克的白板说，认为心只是空无寥廓之容器。这样，荀子析心与道为二，不似孟子，心非白板而具四端之能。

第四，隆礼重法思想。由荀子的性恶论与心论必至于隆礼重法。荀子因秉持性恶论，他不可能认为礼之生乃基于人性，恰恰相反，礼是要矫正人性的，礼完全是圣人之伪，即外在制作的。

礼起于何也？曰：人，生而有欲，欲而不得，则不能无求。求而无度量分界，则不能不争；争则乱，乱则穷。先王恶其乱也，故制礼义以分之，以养人之欲，给人之求，使欲必不穷于物，物必不屈于欲，两者相持而长，是礼之所起也。（《荀子·礼论》）

礼乃起源于人因欲望而来的纷争，先王必须以礼加以限制而归于治。尽管荀子也讲“礼者，养也”（《荀子·礼论》）。但其所谓“养”非内在的扩充而养性之“养”。荀子把礼义之养情、养安而与寝兕、持虎、蛟韅、丝末、弥龙之养威同理看待，说明其养是外在的，即寝兕、持虎、蛟韅、丝末、弥龙使人显得很有威严。同样，礼义外在地使人显得有情谊，安而不乱。如果人人基于礼义而不是性情，那么，人人安居而社会和谐。

正因为如此，治理国家必须隆礼。基于此，对于人而言，学习主要是学礼，而非《诗》《书》。故荀子曰：“学恶乎始？恶乎终？曰：其数则始乎诵经，终乎读礼。”又曰：“学之经莫速乎好其人，隆礼次之。上不能好其人，下不能隆礼，安特将学杂识志，顺《诗》《书》而已耳，则末世穷年，不免为陋儒而已。……故隆礼，虽未明，法士也；不隆礼，虽察辩，散儒也。”（《荀子·劝学》）陋儒、散儒都不是好的评价，不知治理之大道仅知晓文章典故而已，其根本原因在于不隆礼而顺《诗》《书》。

第五，明分使群。在荀子看来，人类社会之所以绵延而强大，就是因为人类社会是一个以礼组织起来的群体，君主就是善于治理这个群体的人：

道者，何也？曰：君道也。君者，何也？曰：能群也。能群也者，何也？曰：善生养人者也，善班治人者也，善显设人者也，善藩饰人者也。（《荀子·君道》）

但是"群"并非指群体内的成员平齐均一，而是有差别的，故群体之所以能被组织起来，关键在于"分"。"分"靠什么来体现，就是依据礼。

力不若牛，走不若马，而牛马为用，何也？曰：人能群，彼不能群也。人何以能群？曰：分。分何以能行？曰：义。（《荀子·王制》）

义者，宜也。宜就是界限分明、等级有序、贵贱有差，也就是"分"，这就依靠礼来体现。

分均则不偏，埶齐则不一，众齐则不使。有天有地而上下有差，明王始立而处国有制。夫两贵之不能相事，两贱之不能相使，是天数也。埶位齐而欲恶同，物不能澹则必争；争则必乱，乱则穷矣。先王恶其乱也，故制礼义以分之，使有贫富贵贱之等，足以相兼临者，是养天下之本也。《书》曰："维齐非齐。"此之谓也。（《荀子·王制》）

礼作为一种"度量分界"，使得群体有客观的仪轨与规范可循，从而保证了政治社会的客观性，各尽其职而使社会富足而善治。

第六，礼的作用。在《荀子》一书中，"礼"字随处可见，礼规范了社会政治的方方面面。正如有的研究者指出的那样，荀子将"礼"的内涵与具体的"周礼"概念隔离开来，并将之提升为"知识社会秩序"的最高原则。概括起来，礼的作用如下：

其一，在个人层面上，礼是人的基本生活仪范与教养的标志。

礼者，人道之极也。然而不法礼，不足礼，谓之无方之民；法礼足礼，谓之有方之士。礼之中焉能思索，谓之能虑；礼之中焉能勿易，谓之能固。（《荀子·礼论》）

其二，在家庭层面，礼是齐家的基本方法。

请问为人父？曰：宽惠而有礼。请问为人子？曰：敬爱而致文。请问为人兄？曰：慈爱而见友。请问为人弟？曰：敬诎而不苟。请问为人夫？曰：致功而不流，致临而有辨。请问为人妻？曰：夫有礼，则柔从听侍；夫无礼，则恐惧而自竦也。此道也，偏立而乱，俱立而治，其足以稽矣。（《荀子·君道》）

其三，在社会层面，礼是经济富足分配合理的基本依据。

节用以礼，裕民以政。彼裕民，故多余，裕民则民富，民富则田肥以易，田肥以易则出实百倍。上以法取焉，而下以礼节用之，余若丘山，不时焚烧，无所臧之，夫君子奚患乎无余？故知节用裕民，则必有仁义圣良之名，而且有富厚丘山之积矣。（《荀子·富国》）

其四，在国家政治层面，礼是君主臣下依法行政的基本保证。

请问为人君？曰：以礼分施，均遍而不偏。请问为人臣？曰：以礼待君，忠顺而不懈。……请问兼能之奈何？曰：审之礼也。古者先王审礼以方皇周浃于天下，动无不当也。（《荀子·君道》）

最后，在宇宙层面上，礼是宇宙万物和谐发展的保证。

天地以合，日月以明，四时以序，星辰以行，江河以流，万物以昌，好恶以节，喜怒以当，以为下则顺，以为上则明，万物变而不乱，贰之则丧也。礼岂不至矣哉！（《荀子·礼论》）

正因为礼关涉到个人、家庭、社会、国家、宇宙的诸多层面，故礼之于人特别重要，起到了“表”治乱的作用。

水行者表深，使人无陷；治民者表乱，使人无失。礼者，其表也，先王以礼表天下之乱。今废礼者，是弃表也。故民迷惑而陷祸患，此刑罚之所以繁也。（《荀子·大略》）

礼既然如此重要，教化即在此体现，人之学有所成就在礼处见。

三、礼与圣人之学及治理之学

在孔孟那里，圣人之学是非常玄远的精神境界，所谓“大而化之之谓圣，圣而不可知之谓神”（《孟子·尽心下》），但在荀子那里，因为其学主要落实在礼那里，使得荀子所说的圣人之学较为客观与平实，操作性比较强。《荀子》一书，前面的五篇文章《劝学》《修身》《不苟》《荣辱》《非相》，俱与存养修身相关，这表明了荀子的人文主义理想，而其存养修身的中心当然亦是礼，故曰：“凡治气养心之术，莫径由礼。”（《荀子·修身》）这样，荀子之劝学，其学亦在礼处见，“故学也者，礼法也”（《荀子·修身》）。甚至圣人亦是由礼而见，荀子认为学习之方法“终乎读礼”，之义则“终乎为圣人”，盖圣人即是娴熟且竭力践行礼的人。圣人当然是理想的模型，很难达到，但只要笃实学习践行、专心致志，一定会有所深入。对于礼之学习与践行之专心致志，荀子认为这是产生圣人的条件：

此其道出乎一。曷谓一？曰：执神而固。曷谓神？曰：尽善挟治之谓神。万物莫足以倾之之谓固。神固之谓圣人。（《荀子·儒效》）

“神”就是能用最好的方法治理国家的人，且什么东西都无法倾覆这种信念，这就是“固”，既神且固的人就是圣人，而这一切端赖对礼之学习与践行的专心致志。可见，在荀子那里，圣人乃依靠外在的学习而来，“今使涂之人伏术为学，专心一志，思索孰察，加日县久，积善而不息，则通于神明、参于天地矣。故圣人者，人之所积而致矣”（《荀子·性恶》），所以，在荀子看来，学习只有“为学日益”一条路，不可能有“为道日损”这种方式。

故有师法者，人之大宝也；无师法者，人之大殃也。人无师法则隆性矣，有师法则隆积矣，而师法者，所得乎积，非所受乎性，不足以独立而治。性也者，吾所不能为也，然而可化也。积也者，非吾所有也，然而可为也。（《荀子·儒效》）

"积"就是外加，就是"为学日益"，师法的作用全部体现在"积"这里。荀子以"故不积蹞步，无以至千里；不积小流，无以成江海。骐骥一跃，不能十步；驽马十驾，功在不舍"（《荀子·劝学》）为喻，就是要强调"积"的重要性。何以为积？曰：以礼为积也。"礼之中焉能思索，谓之能虑；礼之中焉能勿易，谓之能固。能虑能固，加好者焉，斯圣人矣。"（《荀子·礼论》）荀子以礼为底据，以"为学日益"的方式论圣人，确实是别具一格。这别具之一格便是：圣由内而转向了外，由根基于人之自身德性养成的内圣外王之学，走向了纯粹依据于外在之礼的治理之学。荀子对圣人之学的这种认知，使得王恩洋在《荀子学案》直接把荀子等同于西方的霍布斯、洛克等思想家。我们知道，西方的民主政治正是在霍布斯、洛克等人的思想上逐步发展起来的，这意味着，荀子的思想有发展为民主政治的可能，因为作为治理之学的荀学正是以"礼法"而求客观性与可操作性，这应该是荀子之学在现代社会最值得肯定与发扬的价值所在，梁涛等学者倡导统合孟荀，乃至提出"新四书"（以《论语》《孟子》《礼记》《荀子》为四书）之说，正是基于荀子之学的客观精神而说的。当然，现实中荀子之学并没有发展为民主政治，而是开启了法家的专制政治，盖其宗教性之超越精神阙如故也。

四、荀子思想宗教超越性的阙如

荀子太过经验的学术性格，使得他完全不能开圣证之路，一切来自观察性的辩说。人生活于经验世界，言辩固不可少也，但人作为一种理性存在者，亦不能不追求超越与神圣性，故圣证亦为不可少者。举凡能开圣证之路者，俱不否定天之宗教性；举凡不能开圣证之路而只有辩解之路者，则一定把天理解为知识的对象而不是宗教的对象，荀子的《天论》就是如此。我们知道，孔孟信仰天，但没有以专门的章节去论天，因为天就在他们圣证的行动中，且人亦必须在圣证的行动中方可得之，非可强论之也。但荀子完全在言辩中论天，必然会把天的这种宗教性的存在下拉为知识性的存在。

雩而雨，何也？曰：无何也，犹不雩而雨也。日月食而救之，天旱而雩，卜筮然后决大事，非以为得求也，以文之也。故君子以为文，而百姓以为神。以为文则吉，以为神则凶也。（《荀子·天论》）

现在看来，为求雨而举行祭祀属于巫术或迷信的范畴，荀子以为这只是文饰政事，根本不具有神圣性，如此做也未必真的应验，荀子即希望如此来消解天的神圣性。其实，孔孟所说的天从来不是在这个意义上说的。在孔孟那里，天与人是可相互通达的终极性存在，人开始时固对之存有敬畏，然最终必可开启内在的德能而亲近之，这俱是圣证的结果。但荀子只是观解地视天为威力强大之一物，对其威力因不可解而怪之可也，却不必因惧怕而畏之，此乃天地间之自然现象也。荀子消解了宗教性的天，又给人确立了一个人文性的天——礼，荀子的整个人文世界端赖此而建立起来。

荀子切断了人与天的关联，宗教性完全退隐，尽管他复给人树起了人文性的天——礼义之统，但因礼义之统完全是平面的、知识性的、治理上的建构，缺乏神圣性的震彻与照拂，则人的虔敬感必不能威临。虔敬感既阙如，则作为淑世之道的礼如何在人那里发生力量呢？荀子曰："有后而无先，则群众无门。"（《荀子·天论》）荀子显然是把礼作为在前的引导，而法则是在后的惩罚，且唯有在礼激起人的虔敬感之后，人们才能进入文明之门，纯粹依靠法的惩治，万不可使人进入文明之门。可见，荀子亦深知虔敬感对于社会之文明是相当重要的，但荀子的经验性格又不允许宗教性的存在，虔敬感在他那里成为无源之水。

五、荀子走向法家的可能

当儒学消解了内圣之教而纯从外王而行政时，就把政治理解为外在摆置出来的制度与设施，从而保证政治的客观性与有效性，而当君主的绝对权力又没有限制的时候，这种政治的客观性与有效性常沦落为君主对政治的绝对权威性与把控性。这就预示着儒家向法家进一步靠近了，荀子的礼治思想就有这种趋势：

耳目之明，如是其狭也；人主之守司，如是其广也，其中不可以不知也；如是其危也。然则人主将何以知之？曰：便嬖左右者，人主之所以窥远收众之门户牖向也，不可不早具也。故人主必将有便嬖左右足信者然后可，其知惠足使规物、其端诚足使定物然后可，夫是之谓国具。（《荀子·君道》）

我们读以上这段话，感觉是在读《韩非子》，而一代儒学宗师荀子的著作中出现这样的话，是令人吃惊且不能理解的。后世君王周围总有这样一些小人，他们败坏政治，但能博得君王的信任，甚至明代的锦衣卫都能在此找到一些影子。

荀子并无纵贯的、宗教的立体世界，只有一层经验世界，人于此世界中并无力量源泉的开发与供给，故人与世界不可能安居于一贯之道中，只能避难于经验性的方法与措施之中，是以显得步步设防、患得患失。这种步步设防、患得患失的精神到其门弟子李斯、韩非那里，就转化为了法的强制与刑的惩治，于是，法家就产生了。尽管荀子不属于法家，但他的思想确实有走向法家的可能，实际上，他的门弟子已经走向了法家。

但荀子毕竟是一个识见正的学人，有现实的政治热情与承当，他希望通过形下的礼仪制度安排而追求善，而没有像其弟子韩非那样，对人性之阴暗面有深切的体会，把人性之恶发挥到极致。荀子固昌言性恶，但只是在本能的层次上言人之“饥而欲饱，寒而欲暖，劳而欲休”（《荀子·性恶》）之情。这种本能之情虽不是全善，但也不至于是大恶，只要以儒家的礼乐之教引导，也是可以正视且须肯定的。“然则从人之性，顺人之情，必出于争夺，合于犯分乱理而归于暴。故必将有师法之化，礼义之道，然后出于辞让，合于文理，而归于治。”（《荀子·性恶》）“出于辞让，合于文理，而归于治”，非不管人之饥、寒、劳也，乃以伦理之道化解饥、寒、劳而普爱世人。此刻，性情之欲即让路于礼乐之教，这种“让”之于人类不但是必须的，且亦是可能的，尽管其途径可能是出于强制。所以，荀子的理论最终是温暖的而给人以希望的，荀子终归是儒家而不是法家。

由此可见，儒学在当今社会要发挥其应有的价值，具有宗教精神的孔孟之学与具有客观精神的荀子之学俱不可偏废，至于如何发扬其各自的优长，正是当今学者研究之任务与努力之方向所在。

六、《荀子》的版本问题

最早给《荀子》作注的人是唐代的杨倞，以后的刻本基本都尊杨氏注本。自宋代以来，《荀子》最著名的刻本有三个，一、宋台州本：《荀子》的初刻本为北宋熙宁年间吕夏卿国子监刻本，后来又有宋台州本，即翻刻熙宁本而来，光绪年间，杨守敬又翻刻台州本作为《古逸丛书》之一。二、世德堂本：明嘉靖十二年顾春辑，世德堂刊《六子书》本。三、嘉善谢氏刻本：乾隆五十二年谢墉、卢抱经合校本。这是最流行，也是最易得的一个刻本。光绪年间，湖北崇文书局刻《百子全书》、浙江书局刻《廿二子全书》，俱依谢氏刻本。近现代人注解《荀子》，也多依据嘉善谢氏刻本。清末至民国时期的学者王先谦著《荀子集解》，是目前为止最完善的校勘、注解本。本书以嘉善谢氏刻本为底本，参考中华书局出版的沈啸寰、王星贤校点的王先谦《荀子集解》，如有字词需要进一步校正，则参考别的古刻本，以及当代人的校点、注释本。

2019年10月，岳麓书社出版了由本人导读、注释、翻译的《荀子》选本，共选编了16篇文章。这一次出版的是《荀子》全本，共32篇文章，对于读者整体把握荀子的思想，当然更有助益。需要特别感谢的是，岳麓书社的年轻编辑刘书乔先生笃志谦诚，博学慎思，《荀子》的选本与全本都是经过他的编辑与校对才得以出版的。在此，本人深表感谢。

因本人学识有限，其中定有不少错误，敬请广大读者批评指正。

张晚林

于湘潭大学琴湖之滨

2021年8月

凡　例

一、本书重在哲学义理的疏通，不重字句的比较与考订，故当有字句需要校正时，只用“当为”，如，顺墨，当为“慎墨”。不进一步指出依据哪一注解家之说，亦不指出依据哪一种底本。

二、先秦以前，尚未有“六经”之名，故《荀子》一书引用《诗经》或《尚书》之处，翻译时依然称《诗》或《书》而不称《诗经》或《尚书》。

三、白话翻译时，为了义理通贯，不得不补充文字，此内容将放入“（　）”内。

四、为了便于读者理解，有些地方依据相关义理作了较长的理论解析。

五、《成相》篇为说唱韵文，白话翻译时也以韵文形式。

目 录

劝学

导读　荀子作为先秦儒学后期的代表人物,秉承了儒学以王道救世的思想,而以王道救世,不只是一个制度设计问题,更主要的在于修身进学,故荀子在《君道》篇中讲"闻修身,未尝闻为国也"。这样,将《劝学》篇置于其首,也就可以理解了。但荀子所说的"学"不是现在的科学知识,而是品格的养成。其义有三:礼法的执守、道德的自觉与境界的提升。本文的大意如下:首先,荀子指出学习对于改变人的品性与人成就之取得的重要性。其二,论述了学习中的一些方法,如"居必择乡,游必就士""慎其所立"等。荀子特别强调亲近贤师的学习方法,这是一种最快最有效的方法。若只是读《诗》《书》等经典文献,则不过是具有杂博知识的人,这是荀子所批评的陋儒或散儒。其三,荀子论述了学习的态度,就是用心专一。其四,论述了学习的次序,以诵经为开始,以读《礼》为结束。其五,论述了教学的方法,要求君子教人须不急躁、不隐瞒、不盲目,依据学者的身心态度施教。最后,荀子论述了为学的最高境界,就是成为全之尽之、能定能应的"成人"。

原文

君子曰:学不可以已[1]。青[2],取之于蓝[3]而青于蓝;冰,水为之而寒

译文

君子说:学习是不可以停止的。靛青染料是从蓼蓝提取出来的,但其色泽比蓼蓝更浓;冰块是水结成的,但其温度比

于水。木直中绳，輮[4]以为轮，其曲中规，虽有槁暴[5]，不复挺者，輮使之然也。故木受绳则直，金就砺[6]则利，君子博学而日参省[7]乎己，则知明而行无过矣。故不登高山，不知天之高也；不临深溪，不知地之厚也；不闻先王之遗言，不知学问之大也。干、越、夷、貉[8]之子，生而同声，长而异俗，教使之然也。《诗》[9]曰："嗟尔君子，无恒安息。靖共尔位，好是正直。神之听之，介尔景福。"[10]神[11]莫大于化道，福莫长于无祸。

水更寒。直的木合于绳墨，但能使其弯曲做成车轮，其弯曲程度合于圆规，虽然重新用日晒，也不可能使它恢复到原来的直，这是"輮"这种工艺的结果。故木材因绳墨的作用而变直了，金属经过磨砺以后变得锋利了，君子如果博学而又能多次反省，那么，他的知见就明睿而其行为就不会有过错了。所以，不登高山，就不知天到底有多高；不临深渊，就不知地到底有多厚；不去学习古代圣王的遗言，就不知道学问到底有多大。干、越、夷、貉的子弟，生下来时都是哭声，但长大以后各自的习惯并不同，这正是教化不同的结果。《诗》说："你们这些君子啊，不要总是贪图安逸享受。谦卑恭敬地忠于你的职守，向正直的人学习。神灵会察知你的行为，并赐予你大的福气。"人的神明没有比与道契合更大的，人的福气没有比无灾祸更长久的。

注释　1 已：停止。　2 青：靛青染料。　3 蓝：蓼蓝。可以提取靛青染料的植物。　4 輮(róu)：车轮的外框。这里作动词用，使树木弯曲为车轮。　5 槁暴(pù)：槁，枯；暴，"曝"的古字，日晒。　6 砺：磨刀石。　7 参省(sānxǐng)：参，同"叁(三)"，多次；省，内察而反求诸己。　8 干、越、夷、貉(mò)：干，本为春秋时一小国，后为吴所灭而并于吴，故吴亦有时称干。越，古代南方少数民族。夷，古代中国东部的少数民族。貉，同

“貊”,古代中国东北方的少数民族。 9 《诗》:先秦文献中提到的诗都是指《诗》三百,即秦汉以后的《诗经》。 10 此句引自《诗经·小雅·小明》。此诗的大意是:一位大夫因得罪朝廷而被流放到边境服役不得归,故作诗以表达忧苦、思念与不安之情,并借此告诫、勉励他的同事修德尽职。荀子引此诗喻人们劝学修德。嗟,告诫;靖,谦卑恭敬;共,通“供”;介,佐助;景,大。 11 神:神明,指人的意志力与精神的觉悟性。人因内合于道,故其意志力大,其觉悟性高。

吾尝终日而思矣,不如须臾[1]之所学也;吾尝跂[2]而望矣,不如登高之博见也。登高而招,臂非加长也,而见者远;顺风而呼,声非加疾也,而闻者彰[3]。假[4]舆马者,非利[5]足也,而致千里;假舟楫者,非能水也,而绝[6]江河。君子生[7]非异也,善假于物[8]也。

我曾经整天地思考,但还不如片刻的学习;我曾经踮起脚来张望,还不如登高看得远。登高向人招手,手臂并没有加长,但人远远就看到了;顺着风呼叫,声音并没有增大,但人听得更清楚。利用车马的人,并非善于走路,但至千里之远;利用船桨的人,并非善于游泳,但能渡过江河。君子本性与常人无异,只是善于向外学习罢了。

注释 1 须臾:片刻。 2 跂:踮起脚。 3 彰:清楚。 4 假:利用,借助。 5 利:善于。 6 绝:渡过。 7 生:同“性”,指本性。 8 物:本指外物,这里是向外学习之意。

南方有鸟焉,名曰蒙鸠[1],以羽为巢,而编之以发,系之苇苕[2],风

南方有一种鸟名叫蒙鸠,以羽毛为巢,再用毛发编织起来,系在芦苇枝条上,大风一来,枝条折断,鸟蛋摔破,幼鸟

至苕折，卵破子死。巢非不完也，所系者然也。西方有木焉，名曰射干[3]，茎长四寸，生于高山之上，而临百仞之渊，木茎非能长也，所立者然也。蓬生麻中，不扶而直；白沙在涅[4]，与之俱黑。兰槐[5]之根是为芷，其渐之滫[6]，君子不近，庶人不服。其质非不美也，所渐者然也。故君子居必择乡，游[7]必就士，所以防邪僻而近中正也。

摔死。并不是鸟巢不完好，而是所系的地方出了问题。西方有一种植物名叫射干，茎只有四寸长，因生于高山之上，故凌驾、俯视于百仞深渊，并非它的木茎长得有多长，而是它站立的地方高。蓬蒿生在麻中间，不牵扶就自然直了；白沙掺入黑泥中，就与黑泥一样黑了。兰槐的根是一种良药，但若把它浸泡在尿液中，君子不会走近它，庶人也不会去服用它。并不是兰槐的本质不好，而是因为它浸泡的地方不对才造成这样的结果。所以，君子居住必然会选择好的乡里，交游必然会选择贤士，这正是为了远离邪僻而亲近中正的人。

注释　1 蒙鸠：即鷦鷯。是一种体形小的鸟，善鸣唱，喜步行、跳跃，常居于阴暗潮湿之地，以草叶和毛发做成舒适的小窝。　2 苇苕(tiáo)：芦苇的枝干。　3 射(yè)干：多年生草本植物，茎高二三尺，根可入药，有清热解毒之效。　4 涅：黑泥。　5 兰槐：一种香草。其根为芷，可入药。6 渐之滫(xiǔ)：渐，浸泡；滫，小便。　7 游：交游。

物类之起，必有所始。荣辱之来，必象其德。肉腐出虫，鱼枯生蠹[1]。怠慢忘身[2]，祸灾乃作。强自取柱[3]，柔自

各类结果的出现，必有其原因。荣誉与耻辱的到来，必然与人的德行一致。肉腐臭了就会生蛆，鱼干枯了就会生虫。怠慢德行而不顾自身的荣辱，灾祸就会发生。刚强的东西容易折断，柔弱的东

取束[4]。邪秽在身,怨之所构。施薪若一,火就燥也;平地若一,水就湿也。草木畴生,禽兽群焉,物各从其类也。是故质的张而弓矢至焉,林木茂而斧斤至焉,树成荫而众鸟息焉,醯酸而蜹聚[5]焉。故言有召祸也,行有招辱也,君子慎其所立乎!

西容易受约束。邪恶、污秽的德行在身,正是怨恨形成的原因。在一堆柴火中,火总是向干燥的地方烧;在一块平地中,水总是向潮湿的地方流。草木丛生,鸟兽群居,万物总是各从其类而聚居。所以,靶子竖起,弓箭就射向那里了;林木茂盛,伐木的工具就来了;树木成荫,众鸟就栖息在那里了;醋酸了,小蚊子就聚集在那里了。所以,言语有招致灾祸的可能,行为有招致耻辱的可能,君子立身处世一定要谨慎。

注释 1 蠹(dù):蛀虫。 2 身:指自身的荣誉与耻辱。忘身,即不顾自身的荣辱。 3 柱:通“祝”。折断。 4 束:约束。 5 醯(xī)酸而蜹(ruì)聚:醯,醋;蜹,小蚊子。

积土成山,风雨兴焉;积水成渊,蛟龙生焉;积善成德,而神明自得,圣心备焉。故不积蹞[1]步,无以至千里;不积小流,无以成江海。骐骥[2]一跃,不能十步;驽马十驾[3],功在不舍。锲[4]而舍之,朽木不折;锲而不舍,金石可镂[5]。螾[6]无

积土而为高山,风雨就会在那里兴起;积水而为深渊,蛟龙就会在那里出现;积累善行而成就大德,就会神通灵明,神圣的境界也就具备了。所以,不积累半步,就无法达到千里;不积累小溪流,就不能汇成江海。骏马一跃,也不能超过十步;劣马跑十天也能至千里,其功夫在于不放弃。雕刻东西半途而废,朽木也不能折断;若一直不舍弃,金石也可以被雕刻成形。蚯蚓没有尖爪利牙,强筋

爪牙之利，筋骨之强，上食埃土，下饮黄泉，用心一也。蟹六跪而二螯[7]，非蛇蟺[8]之穴，无可寄托者，用心躁也。是故无冥冥之志者无昭昭之明[9]；无惛惛之事者无赫赫之功。行衢[10]道者不至，事两君者不容。目不能两视而明，耳不能两听而聪。螣蛇[11]无足而飞，梧鼠五技[12]而穷。《诗》曰："尸鸠在桑，其子七兮。淑人君子，其仪一兮。其仪一兮，心如结兮。"[13]故君子结于一也。

健骨，但却上能吃到泥土，下能饮到地下的泉水，因为用心专一。螃蟹有六条腿和两个爪子，若没有蛇、鳝的洞穴就无处安身，因为用心不专一。由此可知，若无精诚专一的心志，就不可能有卓越的精神觉悟；若无心无旁骛的行动，就不可能取得卓著的成就。走在歧路上的人不可能达到目的地，同时侍奉两位君主的人不可能被接纳。眼睛不可能同时看两种东西而看得明白，耳朵不可能同时听两种声音而听得清楚。螣蛇没有脚却依旧能飞，鼫鼠有五种能力却依然陷入困境。《诗》说："布谷鸟在桑树上筑巢，养育了七只小鸟。贤淑的君子啊，你们要始终如一。只有你们始终如一，心志才能坚固。"所以，君子的心志应当坚固如一。

注释 1 蹞(kuǐ)：同"跬"，半步。举足一次为跬，举足两次为步，故跬为半步。 2 骐骥：骏马，千里马。 3 驾：马拉车走一天叫一驾。 4 锲(qiè)：用刀雕刻。 5 镂：雕刻。 6 螾：同"蚓"。蚯蚓。 7 六跪而二螯：跪，脚；螯，钳形的大爪。当作"八跪而二螯"，因蟹有八只脚。 8 蟺(shàn)：鳝鱼。 9 无冥冥之志者无昭昭之明：冥冥，与下文之"惛惛"一样，都是指专一精诚之精神；昭昭，与下文之"赫赫"一样，都是指卓著的表现。 10 衢：歧路。 11 螣(téng)蛇：龙类，能兴云雾而游其中。 12 梧鼠五技：梧鼠，当作"鼫(wú)鼠"，亦称"飞鼠"，外形像松鼠，尾巴长，可滑翔于树林之间。五技，指鼫鼠的五种技巧。能飞但不能上屋，能爬树但不能上至树尖，能游泳但不能渡过山谷，能挖洞但不能掩藏自身，能跑但不能领先。 13 此句引自《诗经·曹风·鸤鸠》。本诗以鸤鸠起兴赞美君子的德行。尸鸠，即鸤鸠，布谷鸟；结，坚固。

昔者瓠巴[1]鼓瑟，而流鱼[2]出听；伯牙[3]鼓琴，而六马仰秣[4]。故声无小而不闻，行无隐而不形。玉在山而草木润，渊生珠而崖不枯。为善不积邪，安有不闻者乎？

从前，瓠巴一弹瑟，水底的鱼就游出来听；伯牙一弹琴，拉车的马就昂起头吃食而闻。所以，声音没有小到听不到的，行为没有隐蔽到不表现出来的。美玉成于山，草木就温润光泽；宝珠生于渊，崖岸就不会干枯。只是没有积累善行罢了，不然怎会不被人知道呢？

注释 1 瓠(hù)巴：古代善弹琴之人，年代不详。 2 流鱼："流"字当作"沉"字。即沉入水底的鱼。 3 伯牙：春秋时期善鼓琴者，尤善七弦琴，与钟子期友善。 4 六马仰秣：六马，古代天子的车一般用六匹马拉，这里泛指拉车的马。仰秣，抬起头来吃饲料。秣，牲口的饲料。

学恶[1]乎始？恶乎终？曰：其数[2]则始乎诵经，终乎读《礼》；其义[3]则始乎为士，终乎为圣人。真积力久[4]则入，学至乎没[5]而后止也。故学数有终，若其义则不可须臾舍也。为之，人也；舍之，禽兽也。

修身进学从哪里开始？到哪里结束？回答是：从其顺序来说，从诵读经文开始，最后到阅读《礼》结束；其目的意义则是从为士开始，最后到做圣人结束。真诚地日积月累且坚持不懈就能深入其中，修身进学至于死方能结束。所以，从过程上讲修身进学有暂时的终结，但其目的意义一刻也不能离弃。能这样做，就是人；不能这样做，就是禽兽。所以，故《书》[6]者，政事之纪也；《诗》者，中声之所止也[7]；《礼》者，法之大分，类[8]之纲纪也。故学至乎《礼》而止矣。夫是之谓道德之极[9]。《礼》之敬文[10]也，《乐》之中和[11]也，《诗》《书》之博[12]也，《春秋》之微[13]也，在天地之间者毕矣。

《书》是记载政事及其大道的；《诗》是节制声音而止于中和的；《礼》是记载法律的典要、统类和纲纪的。所以，修身进学至于《礼》就到头了。这也就是道德的最高原则。《礼》中所讲的行为的周旋揖让等礼节，车服等级等仪式，《乐》所讲的性情的适中和悦，《诗》《书》中所载的风土、人情、政事的广博，《春秋》中所讲的微言大义，天地间的一切道理与学问都在其中了。

注释 1 恶：哪里。 2 数：方法，过程，顺序。 3 义：目的。 4 真积力久：真诚地日积月累，坚持不懈。 5 没：同"殁"。 6《书》：《尚书》，记载夏、商、周三代政令与历史的文献总集。 7《诗》者，中声之所止也：意谓《诗》是用来节制声音，使其至于中而后止，不使其过或不及。 8 类：礼法中有明确规定的条文，也有没有明确规定的条文。对于没有明文规定的，则依据规定的条文触类而通，比附判决，这就是类。 9 极：最高的原则。 10 敬文：注重礼节、仪式。 11 中和：中正平和。此指乐能使人的性情适中而和悦。 12 博：广博。 13 微：精深。此指微言大义。

君子之学也，入乎耳，箸[1]乎心，布乎四体[2]，形乎动静[3]；端[4]而言，蠕[5]而动，一可以为法则。小人之学也，入乎耳，出乎

君子的学问，入其耳，深切明白于心，体现于仪表举止之中，表现于语默之间；哪怕轻微的语言，谨小的行动，都可以成为别人效法的榜样。小人的学问，由耳朵进入，从口里出来，口、耳之

口;口耳之间则四寸耳,曷足以美七尺之躯哉![6]古之学者为己,今之学者为人。[7]君子之学也,以美其身;小人之学也,以为禽犊[8]。故不问而告谓之傲[9],问一而告二谓之囋[10]。傲,非也;囋,非也;君子如向[11]矣。

间不过四寸的距离罢了,怎么可以修养七尺之躯呢!古代的学者为自己成为人而学,现在的学者为见知于人而学。君子的学问,是为了修养身心;小人的学问,是把学问作为礼物以取悦别人。所以,学生没有问就忙于告诉他就叫急躁,学生问一个问题却告诉他两个答案就叫多言。急躁,不对;多言,也不对。真正的君子应该像声音的回响那样。

注释 **1** 箸:同“著”。深入明白。 **2** 布乎四体:布,分布,体现;四体,身体,引申为仪表举止。 **3** 形乎动静:表现在行为语默之间。 **4** 端:通“喘”。轻声说话。 **5** 蠕:微动。 **6** 小人之学也,入乎耳,出乎口;口耳之间则四寸耳,曷足以美七尺之躯哉:意思是,小人之学仅为夸饰以资诵说,未经过君子之学的内在的思考沉潜,再自觉体悟尽性修德以见于外。“口耳之间则四寸耳”意味着,从耳朵进去马上从口出来,没有进入心。荀子以为,这种学问仅仅是语言的游戏,与修身养性毫无关系。 **7** 古之学者为己,今之学者为人:此语出自《论语·宪问》。为己,就是修身尽性让自己站立起来,成己、成人以至于成物。为人,就是“欲见知于人”,即以名利之心做给别人看,外重而内轻,最后丧己。 **8** 禽犊:家禽与小牛,古人常以此作为馈赠之物。 **9** 傲:急躁。《论语·季氏》有:孔子曰:“侍于君子有三愆:言未及之而言谓之躁,言及之而不言谓之隐,未见颜色而言谓之瞽。”“言未及之而言”正与“不问而告”同。 **10** 囋(zàn):多话。 **11** 向:通“响”。回声。荀子强调学者之自觉,他自觉到什么程度就教到什么程度,如声音的回响一样,不强行教育。因为强行教育仅仅是完成了过程,学者自己没有觉悟内化,依然是白费功夫。《论语·述而》有："不愤不启，不悱不发，举一隅不以三隅反，则不复也。"也是这个意思。

学莫便乎近其人[1]。《礼》《乐》法而不说[2]，《诗》《书》故而不切[3]，《春秋》约而不速[4]。方[5]其人之习君子之说，则尊以遍[6]矣，周于世[7]矣。故曰：学莫便乎近其人。

修身进学最好的方法是亲近贤师。《礼》《乐》虽有明文但无详细的解释，《诗》《书》虽有典故但不切近现实，《春秋》微言大义而使人难以明白。依傍贤师而为君子之学，就能品德高尚，知识渊博，通达世事。所以说：修身进学最好的方法是亲近贤师。

注释　1 便乎近其人：便，最好的方法。近其人，指直接向贤师学习。　2 法而不说：有法之条文却没有详细的解释，学者不明其所以。　3 故而不切：久远的旧闻故事而不切近现实。　4 约而不速：微言大义，难以使人通晓。　5 方：依傍，亲近。　6 尊以遍：品德高尚，知识渊博。　7 周于世：通达世事。

学之经[1]莫速乎好其人，隆礼[2]次之。上不能好其人，下不能隆礼，安特将学杂识志[3]，顺《诗》《书》而已耳，则末世穷年，不免为陋儒[4]而已。将原先王[5]，本仁义[6]，则礼正其经纬蹊径也。若挈[7]裘领，诎五指

修身进学之道最快的方法莫过于爱好贤师了，其次是崇尚礼法约束自身。若上不能爱好贤师，下不能崇尚礼法，则只能学些博物杂说，依循《诗》《书》之文献罢了，这样，终其一生，不过是一个浅陋而不知大道的儒者。若要推究先王的大道，探究仁义的根本，那么，礼正是其根本途径。这就好像提起皮衣的领子，弯着五指捋一捋，无数的毛发都整

而顿之[8],顺者不可胜数也。不道礼宪[9],以《诗》《书》为之,譬之犹以指测河也,以戈舂黍也,以锥餐壶[10]也,不可以得之矣。故隆礼,虽未明,法士[11]也;不隆礼,虽察辩,散儒[12]也。

齐顺适了。不遵从为学的根本大道,仅以《诗》《书》之文献为依据,这就好像以手指去测量河流的深度,以矛戈去舂捣黍米,以锥子吃饭一样,是达不到目的的。所以,崇尚礼法,即使不明其意义,但仍不失为一个好礼之士;不崇尚礼法,即使明察善辩,也只能是一个散漫无行的儒生。

注释 1 经:常道。 2 隆礼:以礼为重,即以礼约束自身。 3 安特将学杂识志:安,语助词,或作"案";特,只;杂识志,即"杂志",指博物记诵的小人之学,非进德修身的君子之学。"识"字为衍文。 4 陋儒:指仅把《诗经》《尚书》等作为经典文献,研究其历史掌故、风土人情等,以示其广见博闻之志、强探力索之才,而不知近贤师以进其德,敬礼乐以约其行。用现在的话说,陋儒就是一个知识丰富的教授,而不是一个品行高尚的师者。 5 原先王:推究先王的大道。 6 本仁义:推究仁义的根本。 7 挈:举。 8 诎五指而顿之:诎,同"屈";顿,引。 9 道礼宪:道,由,遵从;礼宪,为学的根本大道,指上文所说的亲近贤师与隆礼法。 10 以锥餐壶:用锥子吃饭。壶,古人盛食物之器。 11 法士:好礼之士。 12 散儒:不以礼法检束自己的儒者。

问楛[1]者,勿告也;告楛者,勿问也;说楛者,勿听也。有争气[2]者,勿与辩也。故必由其道至,然后接之,非其道则

有人问非修身礼法之事,不要告诉他;只告诉非修身礼法之事的人,不要去向他求教;有人谈论非修身礼法之事,不要去听。有人喜欢意气之争,就不要与他争辩。所以,必须依据礼仪之道来访

避之。故礼恭而后可与言道之方,辞顺而后可与言道之理,色从而后可与言道之致[3]。故未可与言而言,谓之傲;可与言而不言,谓之隐[4];不观气色而言,谓之瞽[5]。故君子不傲、不隐、不瞽,谨顺其身[6]。《诗》曰:"匪交匪舒,天子所予。"[7]此之谓也。

的,才去迎接他,否则,就回避他。因此,礼貌恭敬然后才与他谈论得道的方法,言辞和顺然后才与他分析道之原理,态度谦逊然后才与他分享道之奥妙。所以,不应该与他谈论的时候去与他谈就是急躁;应该与他谈论的时候不去与他谈就是隐瞒;不察言观色地去与他谈就是盲目。因此,君子是不会急躁、隐瞒、盲目的,谨慎地依据对方的身心态度来施教。《诗》说:"不要侮慢,不要怠缓,这是天子所赐予的。"说的就是这个意思。

注释 1 楛(kǔ):本指器物制造粗劣,不精致。这里意指所问的东西粗俗,非修身礼法之事。 2 争气:意气之争。 3 致:极致,奥妙。 4 隐:隐瞒。 5 瞽(gǔ):盲目。 6 谨顺其身:依据求学者的身心态度。 7 此句引自《诗经·小雅·采菽》,原作"彼交匪舒"。本诗写诸侯来京城拜谒周王,周王给予他们丰厚的赏赐,且作此诗以歌颂此事,并勉励他们尽力于王事。荀子以此诗说明施教当谨慎,不可随意盲目。交,读为"姣",侮慢;舒,怠缓。

百发失一,不足谓善射;千里蹞步不至,不足谓善御;伦类不通,仁义不一,不足谓善学。学也者,固学一之也。[1]一出焉,一入焉,涂巷之人[2]

射出一百支箭,但有一支没有射中,就不能叫善于射箭;千里之遥有半步没有到达,也不能叫善于驾车;伦理礼法不能贯通,仁义不能如一,就不能叫善于学习。为学,本来就是要达到定于一的境界。有时符合善,有时违背善,也。其善者少，不善者多，桀、纣、盗跖[3]也。全之尽之，然后学者也。君子知夫不全不粹之不足以为美也，故诵数以贯之，思索以通之，为其人以处之，除其害者以持养之[4]，使目非是无欲见也，使耳非是无欲闻也，使口非是无欲言也，使心非是无欲虑也。及至其致[5]好之也，目好之五色[6]，耳好之五声，口好之五味，心利之有天下。是故权利不能倾也，群众不能移也，天下不能荡[7]也。生乎由是，死乎由是，夫是之谓德操[8]。德操然后能定，能定然后能应。能定能应，夫是之谓成人[9]。天见其明，地见其光[10]，君子贵其全也。

就是市井小人。为善的时候少，为不善的时候多，正是夏桀、商纣、盗跖之徒。融会贯通、尽之于身，然后才能算是一个学者。君子知道不融会、不纯粹不能算是完美的人，于是，反复诵读经典以求融贯，反复思索义理以求通达，在践行中去体会，除害改过以存养保持，使得眼睛不是好的东西就不去看，耳朵不是好的东西就不去听，嘴巴不是好的东西就不去说，心灵不是好的东西就不去想。等到达到最高境界的时候，眼睛所好的有超过五色的，耳朵所好的有超过五声的，嘴巴所好的有超过五味的，心之所好有超过拥有天下的。正因为如此，权力与利益不能动摇他，群众不能改变他，拥有天下也不能打动他。活着的时候是这样，死亡的时候也是这样，这就是道德操行。有了道德操行就能内心笃定，内心笃定就能妙应万物。内心笃定，妙应万物，就是完美的人。天显现其光明，地显现其广大，君子贵在完美啊。

注释 **1** 学也者，固学一之也：这是接着“伦类不通，仁义不一”的道理往下讲的，这意味着学问须融会贯通，化知识为德性，不能只是散漫的记忆性的知识。《礼记·学记》说：“记问之学，不足以为人师。”说的正是这个意思。也就是说,学者不能只储存杂乱的知识,而不能自觉地产生自己的东西;学者一定要觉悟,化杂乱的知识为自己的德性,此时,外在的知识已成为内在的神明,这就是“一”。后文所讲的“目非是无欲见”“口非是无欲言”“心非是无欲虑”,都是就德性言,而这,正是学问的完成处。《白虎通义·辟雍》说:“学之为言觉也。”正是这个意思。化外在的“杂”而为内在的“一”,其关键在“觉悟”二字。 2 涂巷之人:市井小人。涂,同“途”。 3 桀、纣、盗跖:桀,即夏桀,夏朝最后一位君主,历史上有名的暴君,商汤在伊尹的谋划下伐桀,夏灭亡。纣,即商纣王,商朝最后一位君主,也是历史上有名的暴君,与夏桀齐名。周武王伐纣,商灭亡。盗跖,传说中春秋时期有名的大盗。《庄子·盗跖》记载其情形为:“盗跖从卒九千人,横行天下,侵暴诸侯。穴室枢户,驱人牛马,取人妇女。贪得忘亲,不顾父母兄弟,不祭先祖。所过之邑,大国守城,小国入保,万民苦之。”《盗跖》篇谓盗跖乃春秋时贤人柳下惠的弟弟,实非信史,乃庄子之徒虚构史实以言理罢了。 4 诵数以贯之,思索以通之,为其人以处之,除其害者以持养之:这是为学的四个过程。首先,须熟悉《诗》《书》《礼》《乐》等经文,这是最初步的阅读文献阶段。其次,在阅读经典文献的基础上,思索以贯通,不使其为散漫的知识,而成为指引人生方向的大道。所谓“博之以文,约之以礼”,就是这个阶段。再次,就是把得到的学问践行于身,这就是“为其人以处之”。《老子》第五十四章说:“修之于身,其德乃真。”最后,在践行中看自己还有什么过错与不足,加以修改更正,如此精益求精,循环往复,使修身进学臻于完善。 5 致:极致,最高境界。6 目好之五色:指目所好有超过五色的,即五色不足以迷惑眼睛。之,于。7 荡:打动。 8 德操:谓有德而能操持。此指生命定于一,有足够的担当与妙应,不受外在诱惑的驱使,一切行动皆出于此。生时,动于此;死时,宁于此。“生乎由是,死乎由是”,正是这个意思。“能定”“能应”也因此而可能。 9 成人:德才兼备的人,犹“完人”。内有笃定之德,外能妙应万物。 10 天见其明,地见其光:见,同“现”;光,通“广”。

修身

导读 儒家为学之方以修身为主。荀子所说的修身与孟子不同,孟子之修身乃扩充人固有的四端之心,但荀子的修身主要以礼法来约束人的性情,改变人的气质,从而担当道义,因为道义是人之为人的根本义务,与人之穷通无关,"士君子不为贫穷怠乎道"就是这个意思。孟子是内在的路径,荀子是外在的路径。当然,荀子寄希望于人们循礼而形成习惯,最后成为性情之自然,所谓"情安礼"就是这个意思。荀子的修身之道有四点:第一是学礼。对于不同气质的人,可以学习不同的内容,以便对症下药。第二是得到好的老师。按荀子的讲法,礼法是正身的,而老师是正礼的,即礼做得对不对要依靠老师的教导与裁决。所以,现实中得到好老师是最重要也是最快捷的学习方法。如果这两点没有做到,所有的学习都是"以盲辨色""以聋辨声"的妄为。第三是学习的目标与恒心。如果学习的目标不清楚,就相当于行无穷远的路程一样,永远不会有所成。在此,荀子批评了名辩家的诸多论题,因为这些论题与人的修身毫无关系,也就是说,名辩家把学习的目标弄错了。至于学习的恒心问题,荀子在此重复了《劝学》篇中的观点,就是专心致志,积少成多。第四是修身的层次与境界,荀子分为士、君子、圣人。荀子对于君子的修为颇多关注,其基本要求是:以礼法为准绳,做到以公义战胜私欲。

原文

见善，修然[1]必以自存也；见不善，愀然[2]必以自省也。善在身，介然[3]必以自好也；不善在身，菑然[4]必以自恶也。故非我而当[5]者，吾师也；是我而当者，吾友也；谄谀我者，吾贼也。故君子隆师而亲友，以致[6]恶其贼。好善无厌[7]，受谏而能诫，虽欲无进，得乎哉？小人反是，致乱而恶人之非己也，致不肖[8]而欲人之贤己也，心如虎狼、行如禽兽而又恶人之贼己也。谄谀者亲，谏争者疏，修正[9]为笑，至忠为贼，虽欲无灭亡，得乎哉？《诗》曰："噏噏呰呰，亦孔之哀。谋之其臧，则具是违；谋之不臧，则具是依。"[10]此之谓也。

译文

见到善的行为，就整饬、恭敬地以求自存于身；见到不善的行为，就忧惧、严谨地自我反省。好的品行在身，一定意志坚定地珍惜自己；坏的品行在身，像被玷污一样地痛恨自己。所以，中肯地批评我的人，是我的老师；中肯地赞扬我的人，是我的朋友；谄媚我的人，就是陷害我的敌人。因此，君子尊敬老师、亲近朋友，且极度厌恶谄媚自己的敌人。喜爱好的品行不知满足，接受讽谏而能引以为戒，这样，虽然不想进步，可能吗？小人正好相反，极度胡作非为，却厌恶别人批评自己；品行极度低下，却希望别人夸自己贤能；心肠像虎狼，行为像禽兽，却又憎恨别人批评自己。与谄媚的人亲近，与讽谏的人疏远；将能修正自己错误的人视为可笑，将能肝胆忠于自己的人视为陷害，这样，虽然不想灭亡，可能吗？《诗》说："既相附和，又相诋毁，真是极度的可悲啊。计划本来很完善，却一一违背；计划本来不完善，却一一遵从。"说的正是这种小人。

注释　1 修然：整饬而恭敬的样子。　2 愀(qiǎo)然：忧惧而严谨的样子。 3 介然:意志坚定的样子。 4 菑(zī)然:被玷污的样子。 5 当:恰当,中肯,名副其实。 6 以致:这里并不是现代汉语里的"以致"一词。此处须分开讲:以,而且;致,极度。下文的两个"致"字,其义亦同。 7 厌:满足。 8 不肖(xiào):品行低下。 9 修正:修正错误。 10 此句引自《诗经·小雅·小旻》。此诗讽刺周王信从小人而远离忠贤,以致国事日非,表达了作者的忧惧悲伤之情。噏(xī)噏,相附和;呰(zǐ)呰,相诋毁;孔,形容词,甚;臧(zāng),好,与"否"相对;具,通"俱"。

扁善之度[1],以治气养生,则后彭祖[2];以修身自名,则配尧、禹。宜于时通,利以处穷,礼信是也。凡用血气、志意、知虑,由礼则治通,不由礼则勃乱提僈[3];食饮、衣服、居处、动静,由礼则和节,不由礼则触陷[4]生疾;容貌、态度、进退、趋行,由礼则雅,不由礼则夷固僻违[5],庸众而野。故人无礼则不生,事无礼则不成,国家无礼则不宁。《诗》曰:"礼仪卒度,笑语卒获。"[6]此之谓也。

君子有无往而不善之道,用它来治气养生,则其寿命可追随彭祖;以它来修养品德,则其名声可匹敌尧、禹。既适宜于通达之时,也有利于穷困之境,的确只有礼和信了。凡人需要用情感、意志、思虑的时候,遵循礼就通达顺利,不遵循礼就悖乱散漫;人在饮食、衣着、居处、行动的时候,遵循礼就和谐顺适,不遵循礼就会触犯禁忌而生病;人在容貌、态度、进退、行走方面,遵循礼就文雅,不遵循礼就会显得傲慢、丑陋、古怪,乃至邪恶,像俗人一样粗野。所以,人没有礼是不能生存的,做事没有礼是不能成功的,国家没有礼是不可能安宁的。《诗》说:"礼仪全部符合法度,谈笑尽皆时宜得当。"说的就是这个意思。

注释 1 扁善之度:无往而不善之道。 2 后彭祖:追随彭祖。彭祖,本名篯(jiān)铿。尧舜时人,封于彭城,故名彭祖。传说活了八百余岁,是长寿的代名词。 3 勃乱提僈:勃,通"悖";提,行为迟缓、散漫;僈,狎侮相轻。 4 触陷:触犯忌讳。 5 夷固僻违:夷,倨,傲慢;固,陋;僻,性情古怪,不合群;违,邪恶。 6 此句引自《诗经·小雅·楚茨》。此诗写贵族祭祀祖先的全过程,井井有条。卒,尽;度,法度;获,相得相宜。

以善先[1]人者谓之教,以善和人者谓之顺;以不善先人者谓之谄,以不善和人者谓之谀。是是、非非[2]谓之知,非是、是非[3]谓之愚。伤良曰谗,害良曰贼。是谓是,非谓非曰直。窃货曰盗,匿行曰诈,易言[4]曰诞,趣[5]舍无定谓之无常,保利弃义谓之至贼。多闻曰博,少闻曰浅;多见曰闲[6],少见曰陋[7]。难进曰偍[8],易忘曰漏。少而理曰治,多而乱曰秏[9]。

以善的言行来引导别人就叫教化,以善的言行去迎合别人就叫和顺;以不善的言行去引导别人就叫谄媚,以不善的言行去迎合就叫奉承。以是为是、以非为非就叫明智,以非为是、以是为非就叫愚蠢。中伤好人就叫谗言,陷害好人就叫迫害。是就是是,非就是非就叫直率。盗窃货物就叫强盗,隐瞒行为就叫奸诈,言语轻率就叫荒诞,取舍没有标准就叫无常,为了保全利益而宁愿放弃道义就叫大盗。多闻就叫渊博,少闻就叫浅薄;见识多就叫博识,见识少就叫鄙陋。难以进步就叫迟钝,容易忘记就叫遗漏。事情少而有条理就叫治理,事情多而芜杂就叫昏乱。

注释 1 先:引导,表率。 2 是是、非非:以是为是、以非为非。 3 非是、是非:以非为是、以是为非。 4 易言:指轻率,信口开河。易,轻慢。 5 趣:通"取",取舍。 6 闲:空旷,广大。这里指见识广。 7 陋:孤陋寡闻。 8 偍(tí):迟钝。 9 秏(mào):通"眊",混乱。

治气养心之术：血气刚强，则柔之以调和；知虑渐深[1]，则一之以易良[2]；勇胆猛戾[3]，则辅之以道顺[4]；齐给便利[5]，则节之以动止[6]；狭隘褊小，则廓之以广大；卑湿、重迟、贪利[7]，则抗[8]之以高志；庸众驽散[9]，则劫[10]之以师友；怠慢僄弃[11]，则炤之以祸灾[12]；愚款端悫[13]，则合之以礼乐，通之以思索。凡治气养心之术，莫径[14]由礼，莫要[15]得师，莫神一好[16]。夫是之谓治气养心之术也。

调理血气，涵养身心的方法是：血气刚强的人，就用心平气和来柔化他；思虑复杂的人，就用和易诚信来感化他；勇敢暴戾之人，就引导训斥使之改变；说话快行为急的人，就以举止安详来节制他；心胸狭窄气量偏小的人，就用宽宏大度来开导他；过于谦卑、宽缓与苟得之人，就用高远的志向来振拔他；庸俗愚钝散漫的人，就以良师益友来改变他；怠慢轻薄且自暴自弃的人，就以灾祸来警醒他；单纯朴实的人，就以礼乐来感发他，以思索来开导他。大凡理气养心的方法，最快捷的是遵从礼法，最重要的是得到贤师，最要妙的是专心致志。这就是理气养心的方法。

注释　1 渐深：这里隐喻思想复杂。渐，通“潜”。　2 一之以易良：一，感化或同化。易良，本作“易谅”，出自《礼记·乐记》“致乐以治心，则易直子谅之心油然生矣”。易直子谅之心，即和易、正直、慈爱、诚信之心。这种心正是由乐之教化养成的。所以，“一之以易良”中的“一”，应理解为因乐的感化或同化。　3 戾：忿恶，暴戾。　4 道顺：即让人接受引导与训斥。顺，通“训”，训导。　5 齐给便利：齐给，说话快；便利，动作急躁。　6 动止：这里指使动作安详徐缓。止，止息。　7 卑湿、重迟、贪利：卑湿，过于谦恭，过恭则无威仪。重迟，过于宽缓，过宽则不及礼。贪利，贪利则苟得，必失于礼。　8 抗：举。　9 驽散：驽，指愚钝无能；散，散漫，不检点。　10 劫：夺去。这里指以师友之引导感化改变其品性。　11 僄(piào)

弃：僄，自我轻薄；弃，自暴自弃。 12 炤(zhāo)之以祸灾：炤，同“昭”，使明白。自我轻薄或自暴自弃者往往无所谓而放松自己，故以祸灾使其谨慎严肃。 13 愚款端悫：款，慢，如杜甫的诗“点水蜻蜓款款飞”；悫，忠厚，朴实。这里指单纯朴实的人，需要用礼乐来感发他，以思索来开导他。 14 径：直径。这里指直截了当，快捷。 15 要：要领。 16 莫神一好：没有比专心致志更能得其要妙的了。一好，专心致志。

志意修则骄[1]富贵，道义重则轻王公；内省而外物轻矣。传曰[2]：“君子役[3]物，小人役于物。”此之谓矣。身劳而心安，为之；利少而义多，为之；事乱君而通[4]，不如事穷[5]君而顺[6]焉。故良农不为水旱不耕，良贾不为折阅[7]不市，士君子不为贫穷怠乎道。

志趣高尚就会蔑视富贵，以道义为重就会轻视王公；注重内在修养就会看轻万物。古书上说：“君子驱使外物，小人为外物驱使。”说的就是这个意思。身体辛劳但心安理得，就去做；利益少但道义多，就去做。侍奉暴乱的君主而得到显达，不如侍奉困境中的君主而得到道义。所以，好的农夫不会因为水旱就不耕种了，好的商人不会因为亏本就不做买卖了，士人君子也不会因为贫穷就怠慢道义。

注释 1 骄：蔑视。 2 传曰：先秦典籍上的“传曰”，一般是指上古传闻之言。 3 役：驱使。 4 通：显达。这里指违道而个人显达。 5 穷：身处逆境。 6 顺：这里指合乎道义。 7 折(shé)阅：这里指亏本。折，亏损；阅，卖也。

体[1]恭敬而心忠信，术[2]礼义而情爱人；横

外貌恭敬而内心忠信，行为合乎礼义而性情仁爱，这样的人可以走遍天下，

行天下,虽困四夷[3],人莫不贵。劳苦之事则争先,饶乐之事则能让[4],端悫诚信,拘守而详[5];横行天下,虽困四夷,人莫不任。体倨固而心埶[6]诈,术顺墨而精杂污[7];横行天下,虽达四方,人莫不贱。劳苦之事则偷儒转脱[8],饶乐之事则佞兑而不曲[9],辟违[10]而不悫,程役而不录[11]:横行天下,虽达四方,人莫不弃[12]。

即使身陷四夷未化之地,人们也会尊敬他。劳苦的事情争着做,享乐的事情则让给别人,忠厚诚实,谨守礼义且明察事理,这样的人可以走遍天下,即使身陷四夷未化之地,人们也会信任他。外表傲慢且内心奸诈,遵循慎到、墨子之学且思想杂乱、污秽,这样的人也可以走遍天下,但即使显达于四方,人们没有不鄙视他的。劳苦的事情就偷懒退缩而不敢承担,享乐的事情就肆意争辩毫无隐讳地争取,邪僻而不诚实,做事马马虎虎而无所谓,这样的人也可以走遍天下,但即使显达于四方,人们没有不唾弃他的。

注释 1 体:身体。指外貌。 2 术:行为。 3 四夷:东夷、西戎、南蛮、北狄的总称,是古代没有开化的少数民族。 4 劳苦之事则争先,饶乐之事则能让:饶,丰足;乐,享乐。这句话是范仲淹之名句“先天下之忧而忧,后天下之乐而乐”的先声。 5 拘守而详:拘守,谨守礼法与道义。详,明察事理。 6 埶(yì):底本作“执”,当为“埶”,同“藝(艺)”,种植,充满。 7 术顺墨而精杂污:顺墨,当为“慎墨”,即慎到与墨子。慎到,战国时期重要思想家,学黄老刑名之术,重法与势,是法家学派早期代表人物。墨子,名翟(dí),春秋之际鲁国人,墨家学派创始人,其学与儒学俱为春秋之际的显学,主张兼爱、非攻、明鬼、尚同、尚贤等思想,非难儒家的丧葬、礼乐等制度。 8 偷儒转脱:偷懒懦弱不敢承担。儒,通“懦”。 9 佞兑而不曲:佞,善辩;兑,通“锐”。佞兑就是肆意争辩。不曲,直取。 10 辟违:辟,通“僻”,邪僻;违,乖张。 11 程役而不录:程役,工程劳役。

有的现代注解本注为“逞欲”，与上下文意较合，但古人并没有这么用“程役”二字的。若注为“工程劳役”，似乎与上下文意不甚合。若为“逞欲”，则本句当为“纵欲而不自我检束”；若为“工程劳役”，则本句当为“做事马马虎虎而无所谓”。不录，不自我检束。 **12** 弃：唾弃。

行而供冀[1]，非渍淖[2]也；行而俯项，非击戾[3]也；偶视而先俯，非恐惧也。然夫士欲独修其身，不以得罪于比俗[4]之人也。

行走时恭敬谨慎，并非是担心掉到泥沼里去；行走时低头俯视，并非是害怕碰到羁绊；两人对视时先低下头，并非是惧怕对方。这样看来，士君子独自修养身心，也并不是害怕得罪世俗之人。

注释 **1** 供冀：恭敬谨慎。供，通“恭”；冀，当为“翼”。这是说行走时恭敬谨慎是走路的要求，并非是担心陷阱。 **2** 渍淖（zìnào）：渍，陷入水中；淖，泥沼。 **3** 击戾：击，触碰；戾，本指违背，违反。这里指走路时遇到的羁绊。 **4** 比俗：世俗。士君子修身养性，乃人之为人的要求，并非基于外在的功利考虑。荀子这里指出，修身乃自律的义务，非他律之功利盘算。

夫骥一日而千里，驽马十驾则亦及之矣。将以穷无穷，逐无极与？[1]其折骨绝筋，终身不可以相及也。将有所止[2]之，则千里虽远，亦或迟或速，或先或后，胡为乎其不可以相及也？不识步道者，将以

骏马一日千里，劣马跑十天也能到达。你想穷尽无穷远的路程，追逐无目的的目标吗？那么，就算折断筋骨，终生也不能到达。如果你有明确的目的地，那么，就算千里之远，或快或慢，或先或后，为什么不可以到达呢？不知道走路的人，是希望走无限的、没有目标的路程呢，还是希望走有明确目

穷无穷逐无极与，意亦有所止之与？[3] 夫“坚白”[4]“同异”[5]“有厚无厚”之察[6]，非不察也，然而君子不辩，止之也。倚魁之行[7]，非不难也，然而君子不行，止之也。故学[8]曰：“迟[9]，彼止而待我，我行而就之，则亦或迟或速，或先或后，胡为乎其不可以同至也？”故蹞步而不休，跛鳖千里；累土而不辍，丘山崇[10]成；厌[11]其源，开其渎[12]，江河可竭；一进一退，一左一右，六骥不致。彼人之才性之相县[13]也，岂若跛鳖之与六骥足哉？然而跛鳖致之，六骥不致，是无他故焉，或为之，或不为尔[14]。

标的路程？坚白、同异、有厚无厚的名理辩说，并非析理不明，但君子不从事这种辩说，因为他知道为学的目标在哪里。偏邪狂妄的行为，并非容易做，但君子依然不做，因为他知道做事的目标是什么。所以，有学者说：“我落后了，他停下来等我，我赶上去，那么，或快或慢，或先或后，为什么不能与他同时到达呢？”所以，半步半步地永不停歇，跛了脚的乌龟也能走千里之遥；堆土而不停歇，山丘最终也能堆成；堵塞源头，开渠放水，长江、黄河也会枯竭；一会儿前进，一会儿后退，一会儿向左，一会儿向右，即使六匹骏马也不能到达目的地。人与人之间才能禀赋的差别，哪有跛了脚的乌龟与骏马那样大呢？然而，跛了脚的乌龟到达了，而六匹骏马却不能够到达，这没有别的原因，只是一个去做，一个不做罢了。

注释　1 穷无穷，逐无极：穷尽无尽的路程，追逐没有终点的目标。　2 止：目标，终点。　3 不识步道者，将以穷无穷逐无极与，意亦有所止之与：不知行走的人，是希望走一个无尽的路程呢，还是希望走一个有终点有目标的路程？荀子的意思很清楚，当然是希望走一个有终点有目标的路程。荀子希望以此比况，做人当以士君子乃至圣人为目标，不能没有目标地好治怪说,“坚白”“同异”“有厚无厚”之说,都属于这一类。这正是荀子所猛烈批评的。 4 坚白:即“坚白论”,战国时名辩家公孙龙的学说。他认为,“坚白石”的概念是不能成立的,只能有“坚石”或“白石”。因为用手去摸的时候不能感知其白,故只能称“坚石”;用眼去看的时候不能感知其坚,故只能称“白石”。因此,“坚白石”不可能同时在感觉中出现,故“坚白离”。“离”就是不能同时出现、共存。 5 同异:战国时名辩家惠施所主张的观点,他希望通过“合同异”,即泯灭万物之间的差别而达到“泛爱万物,天地一体”的目标。《庄子·天下》记载了惠施这种主张的十个命题,是了解惠施思想的基本材料。 6 “有厚无厚”之察:“无厚”据说是春秋后期名辩家邓析的思想,但因文献阙如,不得而知。惠施也有一说,其原文是:“无厚,不可积也,其大千里。”其大意是:一个现实中的平面总存在于一个具体的体中,这个平面的面积是限定的,且这个体亦有厚薄。然而作为形式概念的面却无厚薄,“其大千里”,即表示其大不可限定。察,对名理的考究与辨析。荀子认为,“坚白”“同异”等学说,对于名理并非没有考究与辨析,在名理的立场上,是很精审的理论,但这与做人的目标依然相去甚远。若一个人一辈子仅在此有所作为,表明他尚不知人生的真正目标,就如走无尽而无目标的路程一样,再辛苦亦是白费。 7 倚魁之行:偏僻狂妄之行。倚,偏而不正;魁,大,狂妄。 8 学:学者。 9 迟:落后。 10 崇:通“终”。 11 厌:堵塞。 12 渎:水沟,小渠。 13 才性之相县:才性,人天生的才能禀赋。每个人都有得之于天的才能禀赋,且这种才能禀赋有差别。我们讲人与人之间的差别,正是在此处讲。当然,这种天生的才能禀赋通过修养也是可以改变的,意志力强的人改变大,意志力弱的人改变小。县,同“悬”,差别。 14 尔:罢了。

道虽迩[1]，不行不至；事虽小，不为不成。其为人也多暇日者，其出入[2]不远矣。好法而行，士也；笃志而体[3]，君子也；齐明[4]而不竭，圣人也。人无法，则伥伥然[5]；有法而无志其义[6]，则渠渠然[7]；依乎法而又深其类[8]，然后温温然[9]。

路途虽近，但若不行走就不能到达；事情虽小，但若不去做，就不会成功。那些闲暇时间很多的人，其超出平常人也不会很远。爱好礼法且能践行的，就是士人；意志坚定且能身体力行的，就是君子；思虑敏捷且永不衰竭的，就是圣人。人无礼法，就会不知所措；有礼法但不能识其大义，就会局促不安；遵循礼法且又融会贯通，就显得温润且悠然自若。

注释 1 迩：近。 2 出入：应为“出人”。指高出别人。 3 体：身体力行。 4 齐明：思虑敏捷。 5 伥伥然：不知所措的样子。 6 有法而无志其义：志，识。有法而不能识其精神与大义，就徒知其表而不能浸润其内，往往急促而不能融会贯通。 7 渠渠然：局促不安的样子。 8 深其类：融会贯通。 9 温温然：舒缓柔和、悠然自若的样子。

礼者，所以正身也；师者，所以正礼也。无礼何以正身？无师，吾安知礼之为是[1]也？礼然[2]而然，则是情安礼也；师云而云，则是知若师也。情安礼，知若师，则是圣人也。故非[3]礼，是无法也；非师，是无师也。不是[4]

礼仪，是用来端正人的身心的；老师，是用来端正人的礼法的。没有礼仪，怎么端正身心？没有老师，我怎么知道礼仪是如此这般的呢？礼仪要求这样就这样做，就是性情安于礼仪；老师这么说就这么做，就是智慧如同老师。性情安于礼仪，智慧如同老师，就是圣人。所以，违背礼仪，就如没有法度；违背老师，就如没有老师。不遵循老师、礼仪师法而好自用，譬之是犹以盲辨色、以聋辨声也，舍乱妄无为[5]也。故学也者，礼法也。夫师，以身为正仪而贵自安[6]者也。《诗》云："不识不知，顺帝之则。"[7]此之谓也。

的要求而自以为是，就如同让盲人去辨别颜色，让耳聋的人去辨别声音，除了昏乱妄为外，什么也做不成。因此，学习就是学习礼法。老师，就是身为表率且以安心如此为贵的人。《诗》说："不标榜不显示，只是顺从天道的法则。"说的就是这个意思。

注释 1 为是：应当是这样。 2 然：这样。 3 非：否定，违背。 4 是：依据，遵循。 5 舍乱妄无为：除了昏乱妄为外什么都做不了。舍，除了。 6 身为正仪而贵自安：身为表率且以安心如此为贵。贵，并非一种社会的价值要求，而是天道的原则。也就是说，老师身为表率且安心如此乃是作为老师的天然的要求。 7 本句引自《诗经·大雅·皇矣》。此诗歌颂了周王先祖的功德，其主旨是说明周之王业乃基于天道，周之先祖都能依天道而行。依天道而行表明不是人的自我主张，其功皆在天道，人只是顺之而行。"不识不知"就是不标榜、不显示自己的功劳，功劳皆在天。帝之则，天道。

端悫顺弟[1]，则可谓善少者[2]矣；加好学逊敏[3]焉，则有钧无上[4]，可以为君子者矣。偷儒惮事，无廉耻而嗜乎饮食，则可谓恶少者矣；加惕[5]悍而不顺，险贼[6]而不弟焉，则可谓不详[7]少者矣，虽陷刑

人有端正、诚实、顺从、敬长之德，就可算是好少年了；再加上好学、谦逊、敏捷之行，那最多只能与他齐同而没有超过他的可能了，这样，便可以成为君子了。若懒惰、懦弱、怕事，无廉耻且贪图享受，就可算是坏少年了；再加上放荡、凶悍且不顺从礼法，阴险、害人且不敬长辈，就是不祥少年，即使是受刑法杀戮也

戮可也。老老[8]而壮者归焉,不穷穷而通者积[9]焉,行乎冥冥而施乎无报[10],而贤不肖一[11]焉。人有此三行,虽有大过[12],天其不遂[13]乎!

未尝不可。爱护老人,青壮年就会归附他;不使贫穷的人走投无路,显达的人就会归附过来;做善事不求人知,施舍不求回报,贤能与无能之辈都会赞誉他。若一个人有此三种德行,即使有大的灾祸,上天也不会使它成为祸害!

注释 1 弟:同"悌",尊敬长辈。 2 善少(shào)者:好少年。后文"恶少者",坏少年。 3 逊敏:谦逊,敏捷。 4 有钧无上:钧,通"均",相等,齐同;无上,没有超过的。 5 惕(dàng):放荡。 6 贼:害人。 7 详:通"祥"。 8 老老:以老者为老而尊敬爱护之。 9 不穷穷而通者积:穷穷,使穷者愈加穷,即使穷者走投无路。积,归附,聚拢。 10 行乎冥冥而施乎无报:做善事的时候不求人知,施舍的时候不求回报。 11 一:同慕而归之。 12 过:繁体为"過",通"祸"。 13 遂:成。

君子之求利也略[1],其远害也早[2],其避辱也惧[3],其行道理也勇。君子贫穷而志广,富贵而体恭,安燕[4]而血气不惰,劳倦而容貌不枯[5],怒不过夺[6],喜不过予[7]。君子贫穷而志广,隆[8]仁也;富贵而体恭,杀埶[9]也;安燕而血气不惰,柬[10]理也;劳倦而容貌不枯,好交[11]也;怒不过夺,喜不过予,是法

君子对于追求利益是淡泊的,对于远离灾害是有预见性的,对于避开羞辱是惶恐的,对于践行道义是勇敢的。君子贫穷但志向远大,富贵但体貌恭敬,闲暇但精神不惰,疲倦但容貌端正,发怒时不过分处罚,高兴时不过度赏赐。君子贫穷但志向远大,是为了推崇仁道;富贵但体貌恭敬,是为了减弱威权;闲暇但精神不惰,是为了按照礼义去做;疲倦但容貌端正,是为了注重礼节;发怒时不过分处罚,高兴时

胜私也。《书》[12]曰:"无有作好,遵王之道。无有作恶,遵王之路。"[13]此言君子之能以公义胜私欲也。

不过度赏赐,是为了以礼法战胜私情。《书》说:"不要有偏好,遵守圣王的正道;不要有憎恶,遵守圣王的正路。"这是说明君子能以公义战胜私欲。

注释 1 略:简略,不斤斤计较,引申为淡泊。 2 早:早早地避开祸害。这里指预见性。 3 惧:惶恐。 4 安燕:闲暇。 5 枯:指容貌苟且,不端正。 6 夺:处罚。 7 予:赏赐。 8 隆:推崇。 9 埶(shì):通"势",威权。 10 柬:选择。 11 交:当作"文",指礼节。 12《书》:指《尚书》。13 此句引自《尚书·洪范》。本文是箕子向周武王陈述治理国家的九条大法,故曰"洪范"。好,偏好。

不苟

导读 本篇以"不苟"作为篇名，乃在说明：君子就应该做到"不苟"，而小人恰恰处处苟且。二者时时对照，凸显了君子不苟的高尚品格。总览全篇，君子不苟的品格表现在：第一，行不苟难，言不苟辩，名不苟传；第二，无论有能无能，君子总能在与别人的交往中表现出好的品格；第三，君子扬人之美不谄媚，举人之过非诋毁；第四，君子在喜忧穷通中都能保持高尚的德行。

荀子在本篇中还论述了君子在品行上要做到不苟，当要养心，而养心的关键在"诚"。"诚"是立身之基，政事之本。而致"诚"的方法就是："唯仁之为守，唯义之为行。"同时，君子还应多思考，避免片面性。君子在治理国家上要做到不苟，除"诚"以外，还要掌握适当的方法，那就是"推礼义之统，分是非之分"。

最后，荀子还区分了通士、公士、直士、悫士及小人的不同品格，对欺世盗名之徒进行了猛烈抨击。

原文

君子行不贵苟[1]难，说不贵苟察，名不贵苟传，唯其当之为贵。故怀负石而赴河，是行之难为

译文

君子的行为不以无助于礼义之难能为可贵，辩说不以无助于礼义之明察为可贵，名声不以无助于礼义之流传为可贵，唯有符合礼义的才可贵。所以，

者也，而申徒狄[2]能之；然而君子不贵者，非礼义之中[3]也。“山渊平，天地比”[4]“齐秦袭”[5]“入乎耳，出乎口”[6]“钩有须”[7]“卵有毛”[8]，是说之难持[9]者也，而惠施[10]、邓析[11]能之；然而君子不贵者，非礼义之中也。盗跖吟口[12]，名声若日月，与舜[13]、禹俱传而不息；然而君子不贵者，非礼义之中也。故曰：君子行不贵苟难，说不贵苟察，名不贵苟传，唯其当之为贵。《诗》曰：“物其有矣，惟其时矣。”[14]此之谓也。

怀抱石头投河而死，的确是难以做到的，但申徒狄却能；然而，君子却不以之为可贵，因为它不符合礼义的标准。“山渊平，天地比”“齐秦袭”“入乎耳，出乎口”“钩有须”“卵有毛”，这些论题都是难以言之成理的，但惠施、邓析之徒却可以；然而君子并不以此为贵，因为它不符合礼义的标准。盗跖总是在人们的口里传说，其名声像日月一样著名，同舜、禹等圣王一样流传不息；但君子不以之为贵，因为它不符合礼义的标准。所以说：君子的行为不以无助于礼义之难能为可贵，辩说不以无助于礼义之明察为可贵，名声不以无助于礼义之流传为可贵，唯有符合礼义的才可贵。《诗》说：“物虽然有了，更要得其时宜。”说的就是这个道理。

注释　1 苟：苟且，引申为无助于礼义。　2 申徒狄：殷末时人，因恨道之不行，负石投河而死。　3 中：中的，标准。　4 山渊平，天地比：比，也是平之意。这是惠施的论题，原为“天与地卑，山与泽平”。其大意为：高低、平行等词语，都是二物比较之后的结果。比较必立一标准，而标准之立是主观的，原无定性，因此比较而显之上下、高低是虚而不实的概念，不是任何一物自身的属性。“天与地卑，山与泽平”意在表明天地本无所谓高下之分，山与泽亦无所谓平与不平。　5 齐秦袭：当时名辩家之言，不知出自谁。袭，合。齐国与秦国隔着韩、赵、魏三国，相去甚远，本不相合，但不相合乃就国与国之区位看，若从整个宇宙空间来看，则亦在一个整体之内而不分离。 **6** 入乎耳，出乎口：此亦不知出自哪位先秦名辩家之言。就人而言，必先“出乎口”，然后可“入乎人之耳”。但为什么这里讲先“入乎耳”，再“出乎口”呢？一般以为这是针对山的回声而言。人站在山上呼喊，入乎山之“耳”，然后山再回应，出乎山之“口”。**7** 钩有须：此说颇难解。有一解为，钩，疑为“姁”(xǔ)，妇女。女性本没有胡须，但其所生的儿子可长胡须，说明其有长胡须之基因，故曰“钩有须”。 **8** 卵有毛：《庄子·天下》中记载的辩者之言。卵虽无毛，但卵孵化而为禽，则必长毛，说明卵有长毛之基因，故曰“卵有毛”。 **9** 难持：难以说之成理。 **10** 惠施：战国时之名辩家，与庄子相友善，其基本观点是“合同异”，最后达到“泛爱万物，天地一体”。他的著作在《庄子·天下》中保留有残篇。 **11** 邓析：春秋时期郑国的名辩家，与子产同时，是名辩学派的创始人。善诉讼，且招揽门徒，聚众讲学。后被子产处死。其主要观点是“两可”与“无厚”。其主要著作为《邓析子》，但可能已亡佚，今本《邓析子》乃后人伪造。 **12** 吟口：在人们口里传颂。有人认为，“吟口”本作“贪凶”，“吟口”乃误。 **13** 舜：上古五帝之一。姚姓，名重华。因治水有功，尧帝不但把两个女儿都嫁给了他，且禅让了位与他，是古代圣王之一。 **14** 此句引自《诗经·小雅·鱼丽》。此诗写古代宗庙祭祀，君主宴饮群臣的情景。诗歌赞颂了宴会的物品鲜美，祈求来年丰收。“物其有矣，惟其时矣。”原诗本来是赞美宴会物品丰盛，且得其时宜。荀子这里指君子的行为、辩说、名声等不但要有，更要得“礼义”这个“宜”。

君子易知[1]而难狎[2]，易惧[3]而难胁，畏患[4]而不避义死，欲利而不为所非，交亲而不比[5]，言辩而

君子容易结交但难以狎侮，容易使其敬畏却难以被胁迫，畏惧祸患却甘愿为正义而死，希望得到利益却不做非道义之事，交往亲密却不结党营私，言

不辞[6]。荡荡[7]乎，其有以殊于世也。

谈善辩却不玩弄辞藻。坦坦荡荡，与世俗之人确实不同。

注释 1 知：接近，结交。 2 狎(xiá)：亲近而不庄重。 3 惧：敬畏。 4 畏患：畏惧祸患。 5 比：结党营私。 6 辞：玩弄辞藻以显示辩才。 7 荡荡：取"君子坦荡荡"之意。

君子能亦好[1]，不能亦好；小人能亦丑，不能亦丑。君子能则宽容易直[2]以开道人，不能则恭敬縛绌[3]以畏事人；小人能则倨傲僻违以骄溢人[4]，不能则妒嫉怨诽以倾覆人[5]。故曰：君子能则人荣学焉，不能则人乐告之；小人能则人贱学焉，不能则人羞告之。是君子小人之分也。

君子有才能其德行美好，没有才能其德行也美好；小人有才能其德行丑恶，没有才能其德行也丑恶。君子有才能就宽容、和蔼、诚实地开导别人，没有才能就恭敬、谦让地学习别人；小人有才能就傲慢、邪恶以凌辱别人，没有才能就嫉妒、诽谤以败坏别人。所以说：君子有才能，人们就以向他学习为荣，没有才能人们也乐意帮助他；小人有才能，人们就以向他学习为可耻，没有才能人们也羞于帮助他。这就是君子与小人的差别。

注释 1 好：德行美好。 2 易直：平易正直。这里指和蔼且真诚。 3 縛绌(zǔnchù)：谦虚退让。縛，通"撙"；绌，通"黜"。 4 倨傲僻违以骄溢人：倨傲僻违，傲慢邪恶。违，违背仁爱之道。骄溢，瞧不起，凌辱。 5 妒嫉怨诽以倾覆人：妒嫉，即"嫉妒"；倾覆，败坏，让人干不成事。

君子宽而不僈[1],廉而不刿[2],辩而不争[3],察而不激[4],寡立而不胜[5],坚强而不暴[6],柔从而不流[7],恭敬谨慎而容[8],夫是之谓至文[9]。《诗》曰:"温温恭人,惟德之基。"[10] 此之谓矣。

君子宽容而不怠惰,方正而不伤人,善辩而不争吵,明察而不偏激,正直独立而不盛气凌人,坚强刚毅而不凶暴蛮悍,柔和顺从而不随波逐流,恭敬谨慎而从容不迫,这就是最高的威仪。《诗》说:"温和谦恭的人啊,乃是道德的根基。"说的就是君子的作用。

注释 1 僈(màn):通"慢",怠惰。 2 廉而不刿(guì):廉,本义为"堂屋的侧边"。比喻人有棱角,这里指"方正"。刿,以刀伤人。 3 争:争吵。 4 激:偏激。 5 寡立而不胜:寡立,当作"直立",正直独立。不胜,不盛气凌人。 6 不暴:不凶暴蛮悍。 7 不流:不随波逐流。 8 容:从容不迫。 9 至文:最高的威仪。文,德之见于外者。《论语·公冶长》有子贡之言:"夫子之文章,可得而闻也,夫子之言性与天道,不可得而闻也。"文章,朱熹解释为:"德之见乎外者,威仪、文辞皆是也。" 10 此句引自《诗经·大雅·抑》。本诗劝诫周平王以德治民,并以此自警自勉。荀子以此句来说明,这样的君子正是人们学习的榜样,是社会的道德根基。

君子崇人之德,扬人之美,非谄谀也;正义[1]直指,举人之过,非毁疵[2]也;言己之光美,拟于舜、禹,参于天地,非夸诞也;与时屈伸,柔从若蒲苇,非慑怯也;刚强猛毅,靡所不信[3],非骄暴也;以义变应,知

君子推崇别人的美德,颂扬别人的优长,并不是阿谀谄媚;公道正直地议论、指陈别人的过错,并不是诋毁污蔑;称说自己的美好,可比拟于舜、禹,乃至德参天地,也并不是狂妄、荒诞;依据时势或屈或伸,柔顺得像蒲苇一样,也不是胆怯怕事;刚强勇猛,没有什么不敢伸张的,并不是骄横残暴;只不过

当曲直故也。《诗》曰:“左之左之,君子宜之;右之右之,君子有之。”[4] 此言君子能以义屈信变应故也。

以道义随机应变,懂得应当曲直变化罢了。《诗》说:“该左就左,君子在左无不宜;该右就右,君子在右无不有。”说的正是君子能以道义来屈伸应变。

注释 **1** 义:通“议”,议论。 **2** 疵:污蔑。 **3** 信:同“伸”。 **4** 此句引自《诗经·小雅·裳裳者华》。本诗写一个女子对于她所钟爱的贵族青年怎么看都觉得合适可爱,情到深处无所不宜。荀子这里喻指君子善于应变,怎样做都是适宜的,都不会丧失君子的品格。有,此指君子的品格。

君子,小人之反[1]也。君子大心则天而道[2],小心则畏义而节[3];知则明通而类[4],愚则端悫而法[5];见由则恭而止[6],见闭则敬而齐[7];喜则和而理[8],忧则静而理;通则文而明[9],穷则约而详[10]。小人则不然,大心则慢而暴,小心则淫而倾[11];知则攫盗而渐[12],愚则毒贼而乱[13];见由则兑[14]而倨,见闭则怨而险;喜则轻而翾[15],忧则挫而慑;通则骄而偏,

君子,是小人的反面。君子之心往大的方面用的时候则敬天而遵道,往小的方面用的时候则畏义而有节制;智慧的时候明睿通达且触类旁通,愚钝的时候端正诚实而守礼法;被任用时恭敬而有礼,不被任用时敬畏而戒惧;高兴的时候平和地去治理,忧愁的时候冷静地去思考;显达的时候礼义彰明,穷困的时候约束守礼。小人就不是这样,心往大的方面用就会轻慢而凶暴,往小的方面用就会邪僻而倾轧;聪明时巧取豪夺而欺诈,愚钝时恶毒凶残而无所忌讳;被任用就兴奋而傲慢,不被任用就怨愤而阴险;高兴时轻佻而浮躁,忧愁时垂头丧气而怕事;显达时骄横使气而偏颇不平,穷困时自暴自弃而心灰意

穷则弃而儑[16]。《传》曰:“君子两进,小人两废。”此之谓也。

冷。古书上说:“君子在两种情况下总是进步,小人在两种情况下总是堕落。”说的就是这个道理。

注释 1 反:反面。 2 天而道:当为“敬天而道”。敬畏天而顺从道。3 小心则畏义而节:小心,与“大心”相对,往小的方面用心。节,节制。4 明通而类:明睿通达且触类旁通。 5 端悫而法:端正诚实而守礼法。6 见由则恭而止:由,用;止,有礼,不放纵。 7 见闭则敬而齐(zhāi):闭,不被任用。齐,通“斋”,斋戒。 8 和而理:当为“和而治”。平和地去统治。 9 文而明:合于礼义且彰明,即成为道德的楷模。 10 约而详:约束而守礼,即决不因贫困而放纵自己。 11 淫而倾:邪僻而相互倾轧。12 攫盗而渐:攫盗,盗取;渐,欺诈。 13 毒贼而乱:乱,无忌讳。 14 兑:通“悦”,高兴。 15 翾:通“儇”(xuān),轻佻,浮躁。 16 儑(àn):心灰意冷。

君子治治[1],非治乱也。曷谓邪?曰:礼义之谓治,非礼义之谓乱也。故君子者,治礼义者也,非治非礼义者也。然则国乱将弗治与?曰:国乱而治之者,非案[2]乱而治之之谓也,去乱而被之以治。人污而修之者,非案污而修之之谓也,去污而易之以修。故去

君子治理平治的国家,不治理混乱的国家。这是什么意思呢?回答是:符合礼义就叫平治,不符合礼义就叫混乱。所以,君子治理符合礼义的国家,不治理不符合礼义的国家。那么,国家混乱了就放任不管吗?回答是:国家混乱而去治理它,不是依据混乱的样子去治理它的意思,而是去掉原来的混乱而加上礼义以治理。人的品行污秽需要修养,并不是依据污秽的样子去修养的意思,而是去掉污秽而以美好的品行去修养。因此,是去

乱而非治乱也，去污而非修污也。治之为名，犹曰君子为治而不为乱，为修而不为污也。

掉混乱而不是治理混乱，是去掉污秽而不是修养污秽。治理作为一个名词，其意思就好像君子治理平治的国家不治理混乱的国家，做修身之事不做污秽之事一样。

注释　1 治治：第一个“治”是动词，治理；第二个“治”是名词，治理得好的国家。　2 案：通“按”，依据。

君子洁其辩[1]而同焉者合矣，善其言而类焉者应矣。故马鸣而马应之，（牛鸣而牛应之[2]，）非知也，其埶然也。故新浴者振其衣，新沐者弹其冠，人之情也。[3]其谁能以己之潐潐[4]，受人之掝掝[5]者哉！

君子洁身自好，志同道合的人就会聚集而来；言谈美好，持论相同的人就会闻风响应。所以，马鸣叫的时候马会响应，（牛鸣叫的时候牛会响应，）这并不是它们聪明，而是（同类相应）的客观形势就是如此。因此，刚洗过澡的人会抖一抖自己的衣服，刚洗过头的人会弹一弹自己的帽子，这是人之常情。谁愿意以自己的明察去蒙受别人的昏昧呢？

注释　1 辩：当为“身”。　2 牛鸣而牛应之：此句脱落，但依据句式与文法，当应有此六字。　3 新浴者振其衣，新沐者弹其冠：之所以这样做，就是为了防止衣帽中原有的污物弄脏刚洗浴的身体。　4 潐(jiào)潐：清白，明察。　5 掝(huò)掝：不明，昏乱。

君子养心莫善于诚[1]，致诚则无它事矣，唯仁之为守，唯义之为

君子养心没有比“诚”更好的了，做到“诚”没有别的事，持守仁爱，践行道义而已。真诚地持守仁爱就会表现在行动

行。诚心守仁则形，形则神，神则能化矣；诚心行义则理，理则明，明则能变矣。[2]变化[3]代兴，谓之天德[4]。天不言而人推高焉，地不言而人推厚焉，四时不言而百姓期[5]焉。夫此有常，以至其诚者也。君子至德，嘿[6]然而喻，未施而亲，不怒而威：夫此顺命，以慎其独者也。

上，仁爱表现在行动上人的威仪就会显得神圣，威仪神圣就能感化人；真诚地践行道义就可通达天理，通达天理就显得明达，明达就可以改变人。改变与感化更迭兴起，这就是天的德行。上天不依靠语言而人们仰慕其高远，大地不依靠语言而人们仰慕其博厚，四季不依靠语言而百姓可预期其更替。因为它们有各自的规律，所以能至诚不爽。君子最高的德行，默不作声人们也可被感化，没有施舍人们却来亲近，没有发怒自然有威严：这是因为他顺从天命，独自一人也能做到"诚"的缘故。

注释　1 诚：一般的注译本注为"真诚"，但"诚"作为儒家的一种基本修身功夫，显然不仅仅是"真诚"义，《中庸》里有专讲，其义甚高。因此，这里不作进一步的翻译，只以儒学的专有名词"诚"表示。　2 形：德行见于四肢与行动。神：威仪神圣。化：感化人。　3 变化：变，改其旧习为变；化，驯致于善为化。天地阴阳运行，四时更替，此为变；在运行与更替中，万物各正性命，此为化。　4 天德：喻君子之德同于天地。　5 期：可预期。　6 嘿(mò)：同"默"。

善之为道者，不诚则不独，不独则不形，不形则虽作于心，见于色，出于言，民犹若未从也，虽从必疑。天地

为善之道是这样的：如果做不到"诚"，就不能慎独；不能慎独，道义就不能见于行动，道义不能见诸行动，即使它发自内心，形于脸色，出于言说，人们还是不会顺从，即使顺从也会怀疑。天地虽然很

为大矣，不诚则不能化万物；圣人为知矣，不诚则不能化万民；父子为亲矣，不诚则疏；君上为尊矣，不诚则卑。夫诚者，君子之所守也，而政事之本也。唯所居以其类至[1]，操之则得之，舍之则失之。操而得之则轻[2]，轻则独行，独行而不舍则济矣。济而材尽[3]，长迁而不反其初[4]则化矣。

大，但若不"诚"就不能化育万物；圣人尽管有智慧，但若不"诚"也不能感化万民；父子之间虽然很亲近，若不"诚"就会疏远；君上虽然尊贵，若不"诚"就不会受到尊敬。"诚"，是君子所要坚守的东西，也是政事的根本所在。唯有坚守"诚"，(君子的)同类才会聚集，坚守了就会得到同类，不坚守就会失去同类。因坚守得到同类，君子感化他们就容易了，感化容易了慎独之风就会流行，慎独之风流行不息，"诚"就养成了。"诚"养成了，人的材质之性就被彻底改造，永远向善而不会返回到最初恶的本性中了，教化最终得以完成。

注释 **1** 唯所居以其类至：居，坚守；类，指君子的同类。 **2** 轻：指易被感化。 **3** 材尽：指材质之性被彻底改造。材质之性就是荀子所讲的性恶之性。 **4** 初：指性恶的本性。

君子位尊而志恭，心小而道大，所听视者近而所闻见者远。是何邪？则操术[1]然也。故千人万人之情，一人之情是也。天地始者，今日是也。百王之道，后王是也。君子审后王之

君子地位尊贵但态度谦恭，身心虽小但理想远大，能听到的、能看到的虽然近，但听到、看到的东西依然很远。这是为什么呢？是他掌握的方法使然。所以，千万人的性情，同于一人的性情。天地开辟的样子，就是现在的样子。百代帝王之道，与后代帝王之道是一样的。君子审视后代帝王之道再去评论百代帝王

道而论于百王之前，若端拜而议。推礼义之统[2]，分是非之分[3]，总天下之要[4]，治海内之众，若使一人。故操弥约而事弥大。五寸之矩，尽天下之方也。故君子不下室堂而海内之情举积此者，则操术然也。

之道，就像端坐拱手发议论一样从容不迫。推究礼义的纲领，区分是非的界限，总揽天下的枢纽，治理海内的大众，就好像役使一个人一样简单。所以，掌握的方法越简单，成就的事反而越大。五寸的尺子，能画出天下所有的方形。因此，君子不出朝堂而天下所有的情况都能汇集起来，是因为他使用方法（有效）的缘故。

注释 1 术：方法。这里指礼法和人的是非之心。在荀子看来，礼法总是适合于先王与后世的治国方法，而人的是非之心也是一样的。"推礼义之统，分是非之分"，说明了"术"主要是指这两点。 2 统：纲领。 3 分：界限。 4 要：枢纽。

有通士者，有公士者，有直士者，有悫士者，有小人者。上则能尊君，下则能爱民，物至而应，事起而辨[1]，若是，则可谓通士矣。不下比以暗[2]上，不上同以疾下，分争于中[3]，不以私害之，若是，则可谓公士矣。身之所长，上虽不知，不以悖[4]君；身之所短，上虽不知，不以取赏；长短不

有通达之士，有公正之士，有耿直之士，有忠厚之士，还有斗筲小人。对上能尊重君主，对下能仁爱民众，事情来了能够应付，情况发生了能够处理，这样的人，就可称通达之士。不结党以欺骗君主，不苟同君主以欺侮下民，争论中保持公正，不以私害公，这样的人，就可称公正之士。自己的优点，君主虽然不知道，但不因此而怨恨；自己的缺点，君主虽然不知道，但不以此而取赏；优点、缺点毫不掩饰，

饰，以情自竭[5]，若是，则可谓直士矣。庸言必信之，庸行必慎之，畏法流俗而不敢以其所独甚[6]，若是，则可谓悫士矣。言无常信，行无常贞，唯利所在，无所不倾[7]，若是，则可谓小人矣。

全部如实地展现，这样的人，就可称耿直之士。日常的言论必诚实可信，日常的行动必谨慎小心，不效仿流俗但也不敢独立自适，这样的人，就可称忠厚之士。说话经常无信用，行为经常无忠贞，只要有利可图，就无所不为，这样的人，就可称斗筲小人。

注释 1 辨：治。 2 暗：愚弄，欺骗。 3 中：保持公正。 4 悖：怨恨。 5 自竭：全部如实表现。 6 畏法流俗而不敢以其所独甚：法，效仿；甚，当为“是”。 7 倾：倾倒，这里指没有坚守，无所不为。

公生明，偏生暗[1]，端悫生通，诈伪生塞[2]，诚信生神[3]，夸诞生惑。此六生者，君子慎之，而禹、桀所以分也。

公正引生明睿，偏私引生昏昧，端正忠厚引生通达，奸诈虚伪引生闭塞，真诚可信引生神明，矜夸荒诞引生迷惑。这六种情况君子要慎重对待，而大禹、夏桀的区分就在这里。

注释 1 暗：昏昧。 2 塞：闭塞。 3 神：神明。

欲恶取舍之权[1]：见其可欲也，则必前后虑其可恶也者；见其可利也，则必前后虑其可害也者；而兼权之，孰[2]计之，然后定其欲恶取舍。如是，则常

喜爱、厌恶与获取、舍弃的衡量标准是：看到喜爱的东西，就一定要前后考虑其可恶的一面；看见有利的事情，就一定要前后考虑其有害的一面；两相计较，深思熟虑，然后再决定喜爱还是厌恶，获取还是舍弃。这样，往往就

不失陷矣。凡人之患,偏[3]伤之也。见其可欲也,则不虑其可恶也者;见其可利也,则不顾其可害也者。是以动则必陷,为则必辱,是偏伤之患也。

不会失误。大凡人的祸患,往往是片面性伤害了他们。见到喜爱的东西,就不考虑其可恶的一面;见到有利的事情,就不顾及其有害的一面。这样,行动就必然招致失误,做事就必然引来羞辱,正是片面性造成的祸患啊。

注释 1 权:秤砣。这里指衡量的标准。 2 孰:"熟"的古字,深思熟虑。 3 偏:片面,考虑不周全。

人之所恶者,吾亦恶之。夫富贵者则类[1]傲之,夫贫贱者则求柔[2]之,是非仁人之情也,是奸人将以盗名于暗世者也,险莫大焉。故曰:盗名不如盗货。田仲[3]、史鳝[4]不如盗也。

别人厌恶的,我也厌恶。对于富贵的人一概蔑视,对于贫贱的人则一味屈就,这并不是仁者的情怀,而是奸诈之人在乱世盗取名誉的手段,用心没有比这更险恶的了。所以说:欺世盗名还不如盗取财货。田仲、史鳝连盗贼都不如。

注释 1 类:率,皆。 2 求柔:求,务必;柔,屈就。 3 田仲:即陈仲子。他因见其兄食禄万钟,以为不义,故避兄离母而隐居,不受齐、楚之任用,终日为人灌园,终饥饿而死。一般以为陈仲子是道义廉洁的化身,但儒家未必赞同,孟子在《孟子·滕文公下》曾与其学生匡章有过讨论,对陈仲子提出了批评。 4 史鳝(qiū):卫国的大夫史鱼,多次劝诫卫灵公不要任用奸佞的弥子瑕,而应任用正直的蘧(qú)伯玉,但卫灵公不听。不得已,他快死的时候,让他儿子将尸首暴露于外,不要入殓,后人称之为"尸谏"。孔子曾称赞曰:"直哉史鱼!邦有道,如矢;邦无道,如矢。"荀子在此乃是要说明,以这种极端方式获取名誉并不可取。

荣辱

[导读] 本篇荀子论述了人的荣辱问题,因为无论是君子还是小人都关心个人的荣辱。首先,荣与辱有一个根本原则的区别,即“先义而后利者荣,先利而后义者辱”。其次,在这一根本原则的基础之上,遵循礼法,遵从师教以践行,则君子与小人自分。再次,基于性恶论的基本认知,所谓“人之生固小人”,荀子一再强调先王之道、仁义之统,与《诗》《书》《礼》《乐》之教之于个人荣辱及社会和谐的意义。最后,荀子以大量的篇幅论述了逞一时之气对于人生带来的祸害。他认为,这样的人不可理解,猪狗不如,他极端地鄙视这种人。基于此,他区分了狗彘之勇、贾盗之勇、小人之勇与士君子之勇。同时,他告诫人们要友好交往,特别是“与人善言,暖于布帛;伤人之言,深于矛戟”一句,值得每个人反省与践行。最后,荀子认为,一个社会要长治久安,等级秩序与社会分工是必要的,人们必须要安于各自的职守。当然,仁人在君位是一个基本条件。

[原文]

憍泄[1]者,人之殃也;恭俭者,偋五兵[2]也。虽有戈矛之刺,不如恭俭之利也。故与人善言,

[译文]

骄泰与傲慢,乃人之祸患;恭敬与俭约,可以消除兵器的伤害。尽管有矛戈之锐利,但尚不及恭敬与俭约的利益大。所以,与别人说善意的言语,比

暖于布帛；伤人之[3]言，深于矛戟。故薄薄[4]之地，不得履之，非地不安也。危足[5]无所履者，凡在言[6]也。巨涂则让[7]，小涂则殆[8]，虽欲不谨，若云不使。

布帛还要温暖；与别人说恶意的言语，比矛戟还要伤人。所以，广阔的大地，不能行走其上，并不是地面不平。侧着脚都无立足之地，就是因为言语伤害了人。大道拥挤，小道危险，虽然想不谨慎，也好像有什么东西迫使其非谨慎不可。

注释 1 憍(jiāo)泄：憍，通“骄”，骄泰；泄，通“媟”(xiè)，傲慢。 2 偋(bǐng)五兵：偋，通“屏”，弃，却。五兵，指古代的五种兵器，说法颇不一。一般是指矛、戟、弓、剑，戈。 3 之：作“以”讲。 4 薄薄：广阔。 5 危足：侧着脚。 6 凡在言：因为语言伤害了人，使得自己无立足之地。 7 让：通“攘”，熙攘，拥挤。 8 殆：危险。

快快[1]而亡者，怒也；察察[2]而残者，忮[3]也；博而穷者，訾[4]也；清之而俞[5]浊者，口也；豢之而俞瘠[6]者，交也；辩而不说[7]者，争也；直立而不见知者，胜也；廉而不见贵者，刿[8]也；勇而不见惮者，贪也；信而不见敬者，好剸[9]行也。此小人之所务而君子之所不为也。

逞一时之快意而导致灭亡，是因为愤怒；明察一切却被伤害，是因为嫉妒；广见博识却陷入困境，是因为诋毁；想澄清却愈加浑浊，是因为闲言；供养别人交情却愈加淡薄，是因为以利相交；善于辩说却不被人喜欢，是因为爱争执；正直而不被人欣赏，是因为好胜；清廉而不被人敬重，是因为苛刻；勇敢却不被人畏惧，是因为贪婪；守信却不被人敬爱，是因为独断。这些都是小人爱做而君子不做的。

注释 1 快快：肆意。 2 察察：明察。 3 忮(zhì)：嫉妒。因为以嫉妒心去明察一切，所以被伤害。 4 訾(zǐ)：诋毁。 5 俞：通“愈”。 6 豢(huàn)之而俞瘠：豢，供养；瘠，本指土地贫瘠，这里指感情淡薄。 7 说：同“悦”。 8 刿：本指伤人。这里指苛刻而不得中道。 9 剸(zhuān)：同“专”。

斗者，忘其身者也，忘其亲者也，忘其君者也。行其少顷之怒而丧终身之躯，然且为之，是忘其身也；室家立残，亲戚不免乎刑戮，然且为之，是忘其亲也；君上之所恶也，刑法之所大禁也，然且为之，是忘其君也。忧忘其身，内忘其亲，上忘其君，是刑法之所不舍[1]也，圣王之所不畜[2]也。乳彘触虎[3]，乳狗不远游，不忘其亲也。人也，忧忘其身，内忘其亲，上忘其君，则是人也而曾狗彘之不若也?!

斗殴的人，就是忘记了自己的身体，忘记了自己的亲人，忘记了自己的君主的人。发泄一时的怒气而丧失一生的身体，但是还是要去做，这就叫作忘身；家庭离散，亲戚也不免刑戮之灾，但是还是要去做，这就叫忘亲；君主所厌恶的，刑法所绝对禁止的，但是还是要去做，这就叫忘君。因忧患忘记自己的身体，在内忘记自己的亲人，在上忘记自己的君主，这是刑法也不能赦免，圣王所不能容许的。哺乳的母猪胆敢触犯老虎，哺乳的母狗不远游，这是因为不忘记亲人。人啊，因忧患忘记自己的身体，在内忘记自己的亲人，在上忘记自己的君主，难道人连猪狗都不如吗?!

注释 1 舍：通“赦”，赦免。 2 畜：容许。 3 乳彘触虎：哺乳的母猪触犯老虎，以保护自己的幼子。

凡斗者,必自以为是而以人为非也。己诚是也,人诚非也,则是己君子而人小人也,以君子与小人相贼害也。忧以忘其身,内以忘其亲,上以忘其君,岂不过甚矣哉!是人也,所谓"以狐父之戈钃牛矢"[1]也。将以为智邪?则愚莫大焉。将以为利邪?则害莫大焉。将以为荣邪?则辱莫大焉。将以为安邪?则危莫大焉。人之有斗,何哉?我欲属[2]之狂惑疾病邪,则不可,圣王又诛之;我欲属之鸟鼠禽兽邪,则不可,其形体又人,而好恶多同。人之有斗,何哉?我甚丑[3]之。

大凡斗殴,必然以为自己是正确的而别人是错误的。如果自己确实是正确的,别人确实是错误的,那么,自己就是君子别人就是小人,也就是以君子的身份与小人相残害。因忧患忘记自己的身体,在内忘记自己的亲人,在上忘记自己的君主,这难道不是大错特错了吗!这样的人,就是俗语说的"以狐父之戈去砍牛粪"。以为这是聪明吗?实则没有比这更愚蠢的了。以为这是有利吗?实则没有比这更有害的了。以为这很光荣吗?实则没有比这更耻辱的了。以为这很安全吗?实则没有比这更危险的了。人们之间的斗殴,是为什么?我想把他们看成是疯狂迷惑的精神病一类,似乎不可,因为圣人要诛杀他们;我想把他们看成是飞鸟、老鼠禽兽一类,似乎也不可,因为他们的形体明明是人,且好恶与一般的人又多相同。人们之间的斗殴,到底是为什么呢?我非常鄙视这种行为。

注释 1 以狐父之戈钃(zhú)牛矢:当时的俗语。狐父,地名,传说那里出产优质的戈。钃,砍。牛矢,即牛粪。 2 属:归于。 3 丑:鄙视,瞧不起。

有狗彘之勇者，有贾[1]盗之勇者，有小人之勇者，有士君子之勇者。争饮食，无廉耻，不知是非，不辟[2]死伤，不畏众强，恈恈然[3]惟利饮食之见，是狗彘之勇也。为事利，争货财，无辞让，果敢而振[4]，猛贪而戾，恈恈然唯利之见，是贾盗之勇也。轻死而暴，是小人之勇也。义之所在，不倾于权，不顾其利，举国而与之不为改视，重死持义而不桡[5]，是士君子之勇也。

有猪狗的勇敢，有商贾盗贼的勇敢，有小人的勇敢，有士君子的勇敢。争夺吃喝，没有廉耻，也不分是非，不管死伤，不怕众人的强大，只是贪婪地看到了吃喝之利，这就是猪狗的勇敢。做事贪图利益，争夺财货，毫无谦让，果敢而狠毒，凶猛贪多而残暴，贪婪地只看到利益，这就是商贾盗贼的勇敢。轻视死亡而残暴，这就是小人的勇敢。道义之所在，不屈从权势，不顾及利益，即使整个国家都给予他也不会改变态度，看重生命且坚持道义而不屈服，这就是士君子的勇敢。

注释　1 贾(gǔ)：商贾。　2 辟：同“避”。　3 恈(móu)恈然：恈，因喜爱而想得到。这里指非常贪婪的样子。　4 振：当为“很”，而“很”又通“狠”，狠毒。　5 桡(náo)：屈服。

鲦䱁[1]者，浮阳之鱼也，胠[2]于沙而思水，则无逮矣。挂于患而欲谨，则无益矣。自知者不怨人，知命者不怨天，怨人者穷，怨天

鲦鱼，是一种喜欢浮在水面上享受阳光的鱼，若搁浅在沙滩上再想回到水里，则没有可能了。遭受了祸患而再去想谨慎从事，就没有什么用了。有自知之明者不怨恨别人，知晓命运的人不抱怨上天。总是怨恨别人的人就会陷入窘迫之中，总是抱

者无志[3]。失之己,反之人,岂不迂乎哉!

怨上天的人是没有见识的。过错在于自己,却总是责怪别人,这难道不是迂腐吗!

注释 1 鲦鉢(tiáoqiáo):一种美味的鱼。 2 胠:通"阹"(qū),遮拦,搁浅。 3 志:见识。

荣辱之大分,安危利害之常体[1]:先义而后利者荣,先利而后义者辱;荣者常通,辱者常穷;通者常制人,穷者常制于人,是荣辱之大分也。材[2]悫者常安利,荡悍者常危害;安利者常乐易,危害者常忧险;乐易者常寿长,忧险者常夭折,是安危利害之常体也。

荣辱的根本区别,安危、利害的一般情形是:以道义为先而以利益为后的就是荣耀,以利益为先而以道义为后的就是耻辱;带来荣耀的人常显达,陷入耻辱的人常窘困;显达的人常常统治别人,窘困的人常常被别人统治,这就是荣辱的根本区别。纯朴诚实的人常常平安受益,放浪凶悍的人常常危险受害;平安受益的人往往快乐坦荡,危险受害的人往往忧愁不安;快乐坦荡的人一般长寿,忧愁不安的人一般短命,这是安危、利害的一般情形。

注释 1 常体:一般情形。 2 材:当为"朴"。

夫天生蒸民,有所以取[1]之。志意致修,德行致厚,智虑致明,是天子之所以取天下也。政令法,举措时,听断公,上则能顺天

造化生众民,都有各尽其职守的原则。思想极其美好,德行极其宽厚,智虑极其英明,是天子取得天下的原则。政令合礼法,举措得时宜,处理事情公道,上能服从天子的命令,下能保

子之命，下则能保百姓，是诸侯之所以取国家也。志行修，临官治，上则能顺上，下则能保其职，是士大夫之所以取田邑也。循法则、度量、刑辟、图籍，不知其义，谨守其数，慎不敢损益也；父子相传，以持王公，是故三代[2]虽亡，治法犹存，是官人百吏之所以取禄秩[3]也。孝弟原悫[4]，軥[5]录疾力，以敦比[6]其事业而不敢怠傲，是庶人之所以取暖衣饱食，长生久视[7]，以免于刑戮也。饰邪说，文奸言，为倚事，陶诞[8]、突盗[9]，愓[10]、悍、憍、暴，以偷生反侧[11]于乱世之间，是奸人之所以取危辱死刑也。其虑之不深，其择之不谨，其定取舍楛僈[12]，是其所以危也。

护百姓的安危，是诸侯治理国家的原则。志向、行为美好，为官善于治理，对上能顺从，对下能尽其职守，是士大夫取得封邑的原则。遵循法则、度量、刑法、地图与户籍，虽不了解其意义，但依然严格遵守其规定，不敢随意增减，代代相传，用来辅助君王与公侯，所以，夏、商、周三代虽然灭亡了，它们的治国礼法依然存在，这是各级官吏获得俸禄品级的原则。孝顺父母、尊敬长辈，诚实忠厚、勤劳努力，来从事他们的产业而不敢有所怠慢，这是老百姓获得暖衣饱食，健康长寿，以免刑戮之祸的原则。粉饰异端学说，美化淫邪言论，做荒诞不经之事，招摇撞骗、巧取豪夺，放荡、凶悍、骄横、残暴，以此苟且偷生、惶恐不安于乱世之中，这是奸邪之人自取危险、羞辱、死亡与刑罚的原则。他们考虑问题时不深入，做选择时不谨慎，定取舍时太轻率，这就是他们所以危险的原因。

注释　1 取：这里指各尽其职守的原则。　2 三代：指夏、商、周三代。　3 秩：古代官吏的职位品级。　4 孝弟原悫：弟，同“悌”；原，通“愿”，诚实。　5 軥：通“拘”。　6 敦比：比，通“庀”(pǐ)，治理，从事。　7 长生久视:语出自《老子》,指健康长寿。 8 陶诞:陶,通“謟”,可疑荒诞之意。 9 突盗:侵凌盗窃。 10 愓(dàng):放荡。 11 反侧:翻来覆去,指不安。 12 楛僈:轻率。

材性知能,君子小人一也。好荣恶辱,好利恶害,是君子小人之所同也,若其所以求之之道则异矣。小人也者,疾[1]为诞而欲人之信己也,疾为诈而欲人之亲己也,禽兽之行而欲人之善己也。虑之难知也,行之难安也,持之难立也,成[2]则必不得其所好,必遇其所恶焉。故君子者,信矣,而亦欲人之信己也;忠矣,而亦欲人之亲己也;修正治辨[3]矣,而亦欲人之善己也;虑之易知也,行之易安也,持之易立也,成则必得其所好,必不遇其所恶焉。是故穷则不隐[4],通则大明,身死而名弥白[5]。

资质、秉性、智力和才能,君子与小人是一样的。喜好荣耀厌恶耻辱,祈求利益憎恨祸害,君子与小人是相同的,至于他们所求得的方式就不同了。小人,极力做荒诞的事却希望别人信任自己,极力做奸诈的事却希望别人来亲近自己,行为如禽兽却希望别人善待自己。考虑问题难以明智,行为难以安稳,持论难以成立,(小人这样)最终必然得不到他们所喜好的东西,而必遭遇到他们所厌恶的东西。至于君子,对人诚实,也希望别人相信自己;对别人忠心,也希望别人亲近自己;品格正直处事得当,也希望别人善待自己;他们考虑问题容易明智,行为容易安稳,持论容易成立,(君子这样)最终必然会得到他们所喜好的东西,而必不会遭遇他们所厌恶的东西。这样,(君子)穷困时名声不会湮没,显达时则名声大噪,死后其名声会更显赫。

注释 1 疾:极力。 2 成:最终。 3 治辨:处理事情得宜。 4 隐:这里指名声湮没。 5 白:著名,显赫。

小人莫不延颈举踵而愿曰:“知虑材性,固有以贤人矣。”夫不知其与己无以异也,则君子注错[1]之当,而小人注错之过也。故孰察小人之知能,足以知其有余[2],可以为君子之所为也。譬之越人安越,楚人安楚,君子安雅[3],是非知能材性然也,是注错习俗之节异也。仁义德行,常安之术也,然而未必不危也;污僈突盗,常危之术也,然而未必不安也。故君子道其常而小人道其怪[4]。

小人无不伸长脖子踮起脚跟羡慕说:“(君子的)资质、秉性、智力和才能,本来就比一般人优秀。”其实,他们不知道君子与自己并无区别,只是君子行为举止得当,小人行为举止失当罢了。所以,仔细考察小人的智力与才能,就知道他们有足够的能力做到君子之所为。这就好像越国人习惯越人的习俗,楚国人习惯楚人的习俗,君子习惯华夏的习俗一样,这不是智力、才能、资质、秉性造成的,而是举止习俗不同的缘故。仁义德行,是常常带来安全的方法,但未必不带来危险;行为污秽、巧取豪夺,是常常带来危险的方法,但未必不带来安全。正因为如此,君子依然遵循常道,而小人却遵循诡异之道。

注释 1 注错:错,通“措”。注,也是“措”义。行为举止之意。 2 有余:有足够的能力做到君子之所为。 3 雅:通“夏”,指华夏中原地区。 4 君子道其常而小人道其怪:常,即使仁义德行可能带来危险,君子也依旧遵循,因为仁义德行是常道。怪,小人以侥幸之心理希望污僈突盗带来安全,即使污僈突盗带来安全,但依然不是常道。

凡人有所一同：饥而欲食，寒而欲暖，劳而欲息，好利而恶害，是人之所生而有也，是无待而然者也，是禹、桀之所同也。目辨白黑美恶，耳辨音声[1]清浊，口辨酸咸甘苦，鼻辨芬芳腥臊，骨体肤理辨寒暑疾养[2]，是又人之所常生而有也，是无待而然者也，是禹、桀之所同也。可以为尧、禹，可以为桀、跖，可以为工匠，可以为农贾，在埶注错习俗之所积[3]耳。是又人之所生而有也，是无待而然者也，是禹、桀之所同也。[4]为尧、禹则常安荣，为桀、跖则常危辱；为尧、禹则常愉佚，为工匠农贾则常烦劳。然而人力为此而寡为彼，何也？曰：陋[5]也。尧、禹者，非生而具者也，夫起于变故，成乎修修之[6]为，待尽[7]而后备者也。

凡人有一相同之处：饿了就想吃饭，冷了就想穿衣，累了就想休息，喜欢利益而厌恶祸害，这是人生来就有的本能，是不需要学习而自然就有的，也是大禹与夏桀相同之所在。眼睛能辨别白黑美丑，耳朵能辨别音声清浊，嘴巴能辨别酸咸甘苦，鼻子能辨别芳香腥臊，身体肌肤能辨别寒暑痛痒，这又是人人生来就有的本能，是不需要学习而自然就有的，也是大禹与夏桀相同之所在。人可以成为唐尧、大禹，可以成为夏桀、盗跖，可以成为工人与匠人，也可以成为农民与商人，这些都是在行为举止与生活习俗中长期积累磨炼而成的。成为唐尧、大禹常常安乐荣耀，成为夏桀、盗跖则常常危险屈辱；成为唐尧、大禹常常愉悦安逸，成为工匠、农贾则常常烦恼劳累。然而，人们大多成为了工匠、农贾却很少成为唐尧、大禹，这是为什么呢？回答是：由于他们浅陋无知。唐尧、大禹这样的圣人，并非生下来就具备圣贤的品格，而是磨炼于患难之际，成长于修身养性之中，穷尽物理而后才成就的。

注释 1 音声:一般声音并用,实则声与音不同。声主“张”,发处见;音主“敛”,歇处见。 2 养:通“痒”。 3 埶注错习俗之所积:埶,衍文;积,积累磨炼。 4 是又人之所生而有也,是无待而然者也,是禹、桀之所同也:此三句重复出现,应为衍文。 5 陋:荀子之所以说一般人浅陋无知,乃因为他们总认为唐尧、大禹是天生的圣贤,而不知尧、禹也是在学习中磨炼而成的。 6 修之:此二字为衍文。 7 待尽:此二字有两说:一为穷尽物理,一为去除原有的恶劣本性。似皆可,然以前说为佳,因为圣贤德若天地,不只是去除恶劣本性而已,须穷尽物理而后可。

人之生固小人,无师无法则唯利之见耳。人之生固小人,又以遇乱世,得乱俗,是以小重小也,以乱得乱也。君子非得埶以临之,则无由得开内[1]焉。今是人之口腹,安知礼义?安知辞让?安知廉耻隅积[2]?亦呥呥而噍[3],乡乡[4]而饱已矣。人无师无法,则其心正其口腹也。今使人生而未尝睹刍豢[5]稻粱也,惟菽藿糟糠[6]之为睹,则以至足为在此也。俄而粲然有秉刍豢稻粱而至者,则瞲然[7]视

从人的自然生命看,人本来就是小人,若没有老师、礼法的规导,就只会看到利益。人的自然生命本来就是小人,再加上遭遇了动乱的时世,接触了昏乱的风俗,这样就小之又小、乱之又乱了。君子若得不到权势来统治他们,那么,就没有办法开发他们内在的自觉(而向善)。现在若只认可人的口腹之欲,那么,(他们)哪里知道礼义?哪里知道辞让?哪里知道廉耻、事理与大道呢?只不过慢慢地咀嚼,香喷喷地吃饱而已。人若没有老师、礼法的规导,那么,他的心思就只用在口腹之上。假如人从来没有看见过谷类、肉类等美味佳肴,而只看见过菽藿糟糠之类的粗粮,那就会认为最可口的食物就是这些粗粮了。忽然有人端着谷类、肉类等美味佳肴闪亮登场,那

之曰:“此何怪也?”彼臭之而无嗛[8]于鼻,尝之而甘于口,食之而安于体,则莫不弃此而取彼矣。

么,他一定会惊奇地看着说:“这是什么稀奇东西啊?”他闻着而快适满于鼻,尝着香甜满于口,吃着舒适溢于体,那么,就没有人会不舍弃粗粮而选择谷类、肉类等美味佳肴了。

注释 1 开内:打开内心向善之道,即让人自觉为善而不为小人。 2 隅积:隅,房屋之一隅,这里指一事一物之理;积,累积,这里指宇宙人生之大道。 3 呥(rán)呥而噍(jiào):呥呥,咀嚼的样子;噍,咀嚼,吃东西。 4 乡乡:乡,通“香”,饱食甘美的样子。 5 刍豢:刍,吃草的家畜;豢,吃粮食的家畜。这里指美味佳肴。 6 菽藿(shūhuò)糟糠:菽,豆;藿,豆类植物的叶子,这里指粗劣的食物;糟,酒糟;糠,米糠。 7 瞲(xuè)然:惊异的样子。 8 无嗛(qiàn):“无”字为衍文。嗛,快适,满足。

今以夫先王之道,仁义之统,以相群居,以相持养,以相藩饰[1],以相安固邪?以夫桀、跖之道?是其为相县[2]也,几直夫刍豢稻粱之县糟糠尔哉!然而人力为此,而寡为彼,何也?曰:陋也。陋也者,天下之公患也,人之大殃大害也。故曰:仁者好告示人。告之示之,靡之儇之[3],铅[4]

现在是要以先王的道术,仁义的纲纪,使人们相互群居在一起,以便相互扶持生养,以便相互保护修饰,以便相互安全稳固呢,还是用夏桀、盗跖之道术呢?两者的差别,哪里是刍豢稻粱与糟糠之差别可比拟的!然而人们多行夏桀、盗跖之道而少行先王之道,这是为什么呢?回答是:浅陋无知。浅陋无知,是天下的公患,也是人的大灾大害。所以说:仁德的人喜欢把道理告诉别人,做榜样给别人看。先告知示范,然后让他们在积习中养成习惯,最后使他们遵循且不之重之，则夫塞者俄且通也，陋者俄且僩[5]也，愚者俄且知也。是若不行，则汤、武在上曷益？桀、纣在上曷损？汤、武存则天下从而治，桀、纣存则天下从而乱。如是者，岂非人之情固可与如此，可与如彼也哉！

断地重复，这样，心智闭塞的人很快就豁然开朗了，浅陋狭隘的人很快就心胸开阔了，愚钝无知的人很快就聪慧明智了。如果不这样做，那么，商汤、武王作为统治者有什么好处呢？夏桀、商纣作为统治者又有什么坏处呢？然而，商汤、武王在，天下就随之太平；夏桀、商纣在，天下就随之暴乱。这样看来，难道不是人的性情本来就可以这样，也可以那样吗？

注释 1 藩饰：文饰。 2 县：同“悬”。 3 靡之儇(xuān)之：靡与儇俱为积习之意，即使人养成习惯。 4 铅(yán)：通“沿”，遵循。 5 僩(xiàn)：胸襟开阔。

人之情，食欲有刍豢，衣欲有文绣，行欲有舆马，又欲夫余财蓄积之富也。然而穷年累世不知不足[1]，是人之情也。今人之生也，方知蓄鸡狗猪彘[2]，又蓄牛羊，然而食不敢有酒肉；余刀布[3]，有囷窌[4]，然而衣不敢有丝帛；约者有筐箧之藏[5]，然而行不敢有舆马。是何也？非不欲也，几不[6]长虑顾后而恐无以继之故

人的本性，吃饭希望有美味佳肴，穿衣希望有文采锦绣，走路希望有车马，又希望财富储积得很丰富，但是一年到头，世世代代依然不觉得满足，这就是人之常情。现在，人活在世上，知道畜养鸡、狗、猪，又畜养牛、羊，然而吃饭的时候依然不敢有酒肉；有剩余的钱财，又储满谷仓、地窖，然而穿衣的时候依然不敢有丝帛；有贵重的物品储藏在箱子里，然而出行的时候依然不敢有车马。这是为什么呢？并不是不想，是为长远考虑而担心以后难

也。于是又节用御欲，收敛蓄藏以继之也，是于己长虑顾后，幾[7]不甚善矣哉！今夫偷生浅知之属，曾此而不知也，粮食大[8]侈，不顾其后，俄则屈安[9]穷矣，是其所以不免于冻饿，操瓢囊为沟壑中瘠[10]者也。

以为继的缘故。于是，又省吃俭用，节制欲望，收藏积蓄以备后来之用，这对于自己从长远计虑，为以后打算，岂不是很好吗？现在，那些苟且偷生肤浅之辈，竟然不懂得这些，极端浪费粮食，不为以后考虑，很快就财物耗尽而陷入贫困之中，这就是他们之所以免不了受冻挨饿，手持瓢碗、行囊而饿死在沟壑中啊。

注释　1 不知不足：当为“不知足”。　2 猪彘：都是指猪，但略有不同。按《说文解字》的解释：“豕而三毛丛居者。”“后蹄废谓之彘。”　3 刀布：古代的钱币。　4 囷窌(qūnjiào)：囷，圆形的谷仓；窌，地窖。　5 约者有筐箧(qiè)之藏：约，通“要”，即重要。筐箧，长形箱子。　6 几不：当为衍文。　7 幾：通“岂”。　8 大：同“太”。　9 屈安：屈，竭尽；安，助词，无义。　10 瘠：通“胔”(zì)，未完全腐烂的尸体。

况夫先王之道、仁义之统、《诗》《书》《礼》《乐》之分乎！彼固为天下之大虑也，将为天下生民之属长虑顾后而保万世也，其汸[1]长矣，其温[2]厚矣，其功盛姚远[3]矣，非孰[4]修为之君子莫之能知也。故曰：短绠[5]不可以汲深井之泉，

更何况先王的大道、仁义的纲领、《诗》《书》《礼》《乐》的教义呢！这些本来是对于天下的深思熟虑，为天下百姓长远计虑乃至永保万世而设计的，它们源远流长，蕴含丰厚，丰功伟绩可至于千秋万代，若不是谨慎熟练、修养有为的君子是不可能懂得的。所以说：绳子短了不可能汲取深井中的泉水，智慧达不到的人不可能与他

知不几者不可与及圣人之言。夫《诗》《书》《礼》《乐》之分，固非庸人之所知也。故曰：一之而可再也，有之而可久也，广之而可通也，虑之而可安也，反[6]铅察之而俞可好也。以治情则利，以为名则荣，以群则和，以独则足，乐[7]意者其是邪！

谈论圣人之言。《诗》《书》《礼》《乐》的教义，本来就不是一般人所能够知晓的。所以说：精通其一，才可能精通其二，掌握了它才可能运用它，推行了它才可能触类旁通，深思熟虑后才可能安乐于其中，反复实践辩察才可能更喜欢它。用它来陶冶性情会有益，用它来获得名声会荣耀，用它来协调群众就会和谐，用它来独善其身也会满足快乐，想必就是这样吧。

注释 1 沵：古文“流”。 2 温：通“蕴”，蕴藉。 3 功盛姚远：盛，通“成”；姚，通“遥”。 4 孰：“熟”的古字。“孰”字前脱落一个“顺”字。“顺孰”，意为谨慎熟练。 5 绠：汲水用的绳子。 6 反：反复，多次。 7 乐：“乐”字有断为上句的。这样，就成为了“以独则足乐，意者其是邪！”

夫贵为天子，富有天下，是人情之所同欲也；然则从人之欲，则埶不能容，物不能赡也。故先王案为之制礼义以分之，使有贵贱之等，长幼之差，知愚、能不能之分，皆使人载其事而各得其宜，然后使悫[1]禄多少厚薄之称，是夫群居和一之

贵为天子，富有天下，这是人情所共同追求的；然而，若顺从每个人的欲望，形势上必不能容许，物质上也不能满足。所以，先王依据这种情况制定了礼义法度加以区分，使人们有贵贱的等级，长幼的差别，聪明愚蠢、有能无能的不同，这些都是使人根据自己的才能各司其职，然后使谷物俸禄的厚薄与之相称，这是使人们和谐群居齐一的大道。所以，若仁人处在君位上，那么，农民就

道也。故仁人在上，则农以力尽田，贾以察[2]尽财，百工以巧尽械器，士大夫以上至于公侯，莫不以仁厚知能尽官职，夫是之谓至平。故或禄天下而不自以为多，或监门、御旅、抱关、击柝[3]而不自以为寡。故曰："斩[4]而齐，枉而顺，不同而一。"夫是之谓人伦。《诗》曰："受小共大共，为下国骏蒙。"[5]此之谓也。

会把自己的力量全部用在耕田上，商人就会把自己的精明全部用在生意上，各行各业的工匠就会把自己的技巧全部用在器械上，士大夫以至于公侯，没有人不把仁厚、智慧、才能全部用在官职上以尽职尽责的，这就是太平盛世。因此，有的人拥有天下也不自以为多，有的人看守城门、迎接宾客、守卫关卡、巡夜打更也不自以为少。所以说："有不齐才能有齐，有弯曲才能有顺畅，有不同才能统一。"这就是人伦。《诗》说："颁布大法小法，庇护各国安天下。"说的就是这个道理。

注释　1 悫(què)：当为"縠(谷)"字之误。　2 察：察其盈虚。这里指精于生意。　3 柝：打更用的梆子。　4 斩：通"儳"(chán)，不齐。　5 此句引自《诗经·商颂·长发》。此诗写商人祫(xiá)祭的情景。祫祭就是把祖先集中于太庙，合在一起祭祀。受，通"授"，授予，颁布；共，"拱"的本字，法度；骏蒙，马瑞辰认为当理解为"恂蒙"，即"庇护"。

非相

导读　非相，就是对相面术的否定。相面术认为，人的功绩成就与人的形体、面相、骨骼等先天因素相关。荀子之所以对这种理论极力加以非难，乃因为这种理论与他的劝学、修身的理论相冲突。荀子的劝学、修身思想都在说明人的功绩成就在于后天的学习与修养，绝不是先天因素决定的。为说明这一点，荀子列举了历史上很多杰出人物，他们多面相一般甚至丑陋，相反，面相姣好却成就平平甚至是奸佞暴君。基于此，荀子提出"相形不如论心，论心不如择术"的观点。"术"就是一个人做事和说话所遵守的道义与原则。若做事不讲究道义与原则，人必然会有"三不祥"与"三必穷"。若说话不讲究道义与原则，就是妄人，就是奸人之雄。荀子甚至认为，妄人与奸人之雄是圣王首先要杀的人，因为他们不可能改过自新。荀子之所以对说话不讲究道义与原则的奸人之雄如此痛恶，乃因为他认为"辩"是一个人成为君子的必然才能，故曰"君子必辩"。而君子之所以必须具备"辩"这种才能，乃因为君子负有教化百姓安宁天下的责任，而妄人以其邪说乱世，又足以际会风云，故明王必不能忍。

原文

相人[1]，古之人无有也，学者不道也。古者有

译文

相人之术，古人并没有，学者也不谈论。古时有个名叫姑布子卿的人，今

姑布子卿[2],今之世,梁有唐举[3],相人之形状颜色而知其吉凶妖祥,世俗称之。古之人无有也,学者不道也。故相形不如论心,论心不如择术;形不胜心,心不胜术。术正而心顺之,则形相虽恶而心术善,无害为君子也;形相虽善而心术恶,无害为小人也。君子之谓吉,小人之谓凶。故长短小大,善恶形相,非吉凶也。古之人无有也,学者不道也。

世,魏国有个名叫唐举的人,通过看人的形体容貌而能够预测其吉凶祸福,民间常称道他们。但古人是没有的,学者也是不谈论的。所以,观察人的相貌不如辨别人的心灵,辨别人的心灵不如辨别人的道术。相貌不如心灵,心灵不如道术。道术中正且心灵遵循它,即使相貌丑陋但心灵道术美善,也不会妨碍他成为君子。相貌姣好但心灵道术邪恶,也妨碍不了他成为小人。成为君子就是吉,成为小人就是凶。所以,形体的长短、大小,相貌的美好、丑陋,并不是凶吉。古人没有相术这种事,学者也不谈论它。

注释 1 相人:古代相人之术,是中国传统的术数之一,通过人的面貌、五官、骨骼、体态等推测人的凶吉祸福、贵贱夭寿。 2 姑布子卿:春秋时期郑国人,生平事迹无可考,善相人之术。《史记·赵世家》记载他曾经相过赵襄子的几个儿子,《韩诗外传》卷九记载其曾相过孔子。 3 梁有唐举:梁,即战国七雄中的魏国,因其都城大梁(今开封),故常称梁。唐举,战国时期魏国相术家,《史记·范雎蔡泽列传》记载其曾为蔡泽看过相。

盖帝尧长,帝舜短;文王长,周公短;仲尼长,子弓[1]短。昔者卫灵公有臣曰公孙吕[2],身长七尺,

据说帝尧身材高,帝舜却很短;文王身材高,周公却很短;仲尼身材高,子弓却很短。以前卫灵公有个臣子叫公孙吕,身长七尺,脸长三尺,额宽三寸,

面长三尺，焉[3]广三寸，鼻目耳具，而名动天下。楚之孙叔敖[4]，期思之鄙人[5]也，突秃长左[6]，轩较之下[7]，而以楚霸。叶公子高[8]，微小短瘠，行若将不胜其衣。然白公之乱[9]也，令尹子西、司马子期[10]皆死焉，叶公子高入据楚，诛白公，定楚国，如反手尔，仁义功名善于后世。故事不揣长，不揳[11]大，不权轻重，亦将志乎尔。长短大小，美恶形相，岂论也哉！

鼻子、眼睛、耳朵都有，而名声传天下。楚国的孙叔敖，是期思这个地方的乡下人，秃顶而左手长，不及车前的直木与横木高，却能够成就楚国的霸业。叶公子高，矮小瘦弱，走起路来好像衣服都无力撑得住。但是白公之乱的时候，令尹子西、司马子期都死了，叶公子高领兵占据楚国，杀死白公，安定楚国，好像易如反掌一样，他的仁义功名流传后世。所以，评价一个人不是去估摸其个子长短，不是去度量其身材大小，不是去权衡其身体轻重，只要看他的志向就可以了。长短、大小、美丑等相貌特征，难道还值得谈论吗！

注释 **1** 子弓：历史上有两个子弓。一个是孔子的学生冉雍，字仲弓，称子弓，犹如季路之称子路。另一个是传《易》的馯臂子弓。这里的“子弓”究竟指谁，学术上有争论。 **2** 卫灵公有臣曰公孙吕：卫灵公，春秋时期卫国第二十八代国君，公元前 534—前 493 年在位，孔子周游列国多次与之相交。公孙吕，卫灵公的臣子，生平事迹不详。 **3** 焉：借为“颜”，额头。 **4** 孙叔敖：春秋时期楚庄王（前 613—前 591 年在位）的宰相，主张以民为本，休养生息，农商并重，使得楚国成为春秋五霸之一。 **5** 期思之鄙人：期思，楚国邑名，故址在河南淮滨东南。鄙人，郊野之人。 **6** 突秃长左：突秃，秃头，秃顶；长左，左手长。 **7** 轩较（jué）之下：指个子矮小。轩，古代车前的直木。较，古代车前的横木。 **8** 叶（旧读 shè）公子高：春秋时期楚国大夫，名诸梁，字子高。因封地在叶（今河南叶县），故名“叶公”。

9 白公之乱：白公，名胜，楚平王之孙。公元前479年，白公以献战利品为名杀入都城，捕杀王室成员，白公一度称王，但在叶公子高的周旋下很快平息了内乱，白公自杀。 10 令尹子西、司马子期：子西，楚平王的长庶子申；子期，楚平王的儿子结。 11 揳(xié)：同“絜”，度量。

且徐偃王[1]之状，目可瞻马；仲尼之状，面如蒙倛[2]；周公之状，身如断菑[3]；皋陶[4]之状，色如削瓜；闳夭[5]之状，面无见肤；傅说[6]之状，身如植鳍[7]；伊尹[8]之状，面无须麋[9]；禹跳[10]，汤偏[11]，尧、舜参牟子[12]。从者将论志意，比类文学邪？直将差长短，辨美恶，而相欺傲邪？

况且徐偃王的形貌，眼睛只能仰视远处的马；仲尼的形貌，面容就像戴着一个可怕的面具；周公的形貌，身体就像折断的枯树；皋陶的形貌，脸色就像削了皮的瓜；闳夭的形貌，满脸胡须而难见肤色；傅说的形貌，身体就像立起来的鱼鳍；伊尹的形貌，脸上没有胡须与眉毛；大禹一跳一瘸，商汤半身不遂，尧与舜三个眸子。人们是应该论断他们的志向、思想，比较他们的学问呢？还是区别他们的高矮，分辨他们的美丑，最后相互欺诈、傲视呢？

注释 1 徐偃王：西周时徐国国君，徐国治所在淮泗一带。他以仁义治国，故前来归顺的东夷小国很多，于是，他由“伯”而僭称“王”，这引起了周王的不满，遣楚国灭了徐国。这个人有一个特点，眼睛只可仰视而不可俯视。 2 倛(qī)：同“魌”，古代术士驱鬼时所戴的形状可怕的面具。 3 菑(zì)：枯死而未倒的树。 4 皋陶(gāoyáo)：尧舜时期掌管刑法的官员，其主要功绩是制定刑法与教育，是历史上著名的贤臣。 5 闳夭：周初建时期的功臣。文王被囚，他曾与众人设计使其脱险，后又帮助武王灭商。 6 傅说(yuè)：商王武丁时的宰相，在他的主导之下，商朝形成了“武丁中兴”的局面,是著名的贤相。 7 鳍(qí):鱼类的运动器官,由薄膜与硬刺组成。这里指人驼背的形状。 8 伊尹:姓伊名挚,尹,官名。商朝初年著名的贤相,不但帮助商汤灭了夏朝,且整顿吏治,洞察民情,使得殷商初期政治清明,经济发展,国立迅速强盛。 9 麋:同“眉”。**10** 跳:这里指瘸了腿,走路一跳一跳的。 **11** 偏:半身不遂。 **12** 参牟子:三个眸子。牟,通“眸”。

古者桀、纣长巨姣美,天下之杰也,筋力越劲[1],百人之敌也,然而身死国亡,为天下大僇[2],后世言恶则必稽[3]焉。是非容貌之患也,闻见之不众,论议之卑尔。今世俗之乱君[4],乡曲之儇子[5],莫不美丽姚冶,奇衣妇饰,血气态度拟于女子;妇人莫不愿得以为夫,处女莫不愿得以为士[6],弃其亲家而欲奔之者,比肩并起。然而中君[7]羞以为臣,中父羞以为子,中兄羞以为弟,中人羞以为友;俄则束乎有司[8]而戮乎大市,莫不呼天啼哭,苦伤其今而

古时候,夏桀、商纣高大英俊,是天下杰出的美男子,身体健壮敏捷有力,足以抗衡上百人,然而身死国亡,为天下人耻笑,后人讲到恶人,一定从他们那里去寻求例证。这并不是相貌惹的祸,而是他们见闻不广,思想认识卑下的缘故。现在世俗间的不法之民,乡村里的轻薄少年,没有一个不美丽妖艳,奇装异服,打扮得宛如妇人,神情仪态也模仿女人;妇女们没有一个不愿这样的人做丈夫的,少女们没有一个不愿这样的人作未婚夫的,抛弃其父母亲人而欲与他们私奔的人,也比比皆是。但是,一般的君主羞于以他们为臣子,一般的父亲羞于以他们为儿子,一般的长兄羞于以他们为兄弟,一般的民众羞于以他们为朋友,不久他们因犯法而被官府捆绑又于大街处死示众,没有一个不呼天痛哭,疾痛今日之下场而后悔往日之作为。这并不是

后悔其始，是非容貌之患也，闻见之不众，论议之卑尔！然则从者将孰可也？

相貌惹的祸，而是他们见闻不广，思想认识卑下的缘故。既然这样，（在德行思想与相貌之间）人们将认为哪一种更可取呢？

注释 1 越劲：敏捷有力。越，轻易。 2 僇(lù)：羞辱。 3 稽：稽考。即以此为例总结历史教训。 4 乱君：当为"乱民"。 5 儇(xuān)子：巧慧而轻薄的人。 6 士：古代未娶之男子称士。 7 中君：资质中等的君主，即一般的君主。 8 束乎有司：因犯法而被官府关押。束，捆绑关押。

人有三不祥：幼而不肯事长，贱而不肯事贵，不肖而不肯事贤，是人之三不祥也。人有三必穷：为上则不能爱下，为下则好非其上，是人之一必穷也；乡则不若[1]，偝[2]则谩之，是人之二必穷也；知行浅薄，曲直[3]有以相县矣，然而仁人不能推，知士不能明[4]，是人之三必穷也。人有此三数行[5]者，以为上则必危，为下则必灭。《诗》曰："雨雪瀌瀌，宴然聿消，莫肯下隧，式居屡骄。"[6]此之谓也。

人有三种不祥：年幼而不肯侍奉年长的人，卑贱而不肯侍奉尊贵的人，无能而不肯侍奉贤能的人，这是人的三种不祥。人有三种必然的穷困：作为上级不能仁爱下级，作为下级却喜欢非议上级，这是人的一种必然穷困；当面的时候不顺从，背地里谩骂，这是第二种必然穷困；才智德行浅薄，辨别是非曲直的能力又与别人相去甚远，然而，对于仁人不能推崇，对于智能之士不能尊重，这是第三种必然穷困。人有这些行为在身，处在上位就必然危险，处在下位就必然亡身。有《诗》说："大雪纷飞，太阳一出来即刻就融化了。但有的人总是不肯谦让处下，反而总是骄横居上。"说的就是这种人。

注释 1 乡则不若：乡，通“向”；若，顺。 2 偝（bèi）：同“背”。 3 曲直：辨别是非曲直的能力。 4 明：尊重。 5 三数行：文义不通。“三”字当为衍文。 6 此句引自《诗经·小雅·角弓》。此诗劝喻周王要亲近宗族兄弟与婚姻之国，要求周王树立榜样，以便诸侯相互亲近而不是争斗。原诗与引文略有不同。瀌（biāo）瀌，雪下得很大；宴然，日出天晴；聿，助词；隧，通“坠”。这句引文表示：只要人行善，恶很快就会消失，但人总是不愿意为善，反而居于恶地。

人之所以为人者，何已[1]也？曰：以其有辨[2]也。饥而欲食，寒而欲暖，劳而欲息，好利而恶害，是人之所生而有也，是无待而然者也，是禹、桀之所同也。然则人之所以为人者，非特以二足而无毛也，以其有辨也。今夫狌狌形笑[3]，亦二足而毛[4]也，然而君子啜[5]其羹，食其胾[6]。故人之所以为人者，非特以其二足而无毛也，以其有辨也。夫禽兽有父子而无父子之亲，有牝牡[7]而无男女之别。故人道莫不有辨。

人之所以是人，是因为什么呢？回答是：是因为人有区别的能力。饥饿了就想吃饭，寒冷了就想穿衣，劳累了就想休息，喜欢利益而厌恶祸害，这是人生来就有的，是不需要学习就如此的本能，是大禹、夏桀所相同的。尽管如此，人之所以是人，并非只是因为人有两足且身上无毛而已，是因为人有区别的能力。试看猩猩的形状，也是两足且脸上无毛，然而，君子却喝它的汤，吃它的肉。所以，人之所以为人，并非只是因为人有两足且身上无毛而已，是因为人有区别的能力。禽兽也有父子却无父子之亲情，有雌雄却无男女之分别。所以，为人之道就在于人有区别的能力。

注释 1 已:同“以”。 2 辨:这里有多种意思,思想、区别俱含其中,且荀子这里主要是指人与人之间的伦理关系与等级。但译文中为了避免繁复,只以“区别”译之。 3 狌(xīng)狌形笑:狌狌,猩猩;笑,当作“状”。 4 毛:此字前脱一“无”字。 5 啜(chuò):饮,吃。 6 胾(zì):切成大块的肉。 7 牝牡(pìnmǔ):雌雄。

辨莫大于分,分莫大于礼,礼莫大于圣王。圣王有百,吾孰法焉?曰:文久而息,节族[1]久而绝,守法数之有司极礼而褫[2]。故[3]曰:欲观圣王之迹,则于其粲然者矣,后王是也。彼后王者,天下之君也;舍后王而道上古,譬之是犹舍己之君而事人之君也。故曰:欲观千岁,则数今日;欲知亿万,则审一二;欲知上世,则审周道;欲审周道,则审其人所贵君子。故曰:以近知远,以一知万,以微知明。此之谓也。

区别事物最重要的莫过于等级名分,等级名分最重要的莫过于礼,礼最重要的莫过于效法圣王。圣王成百,我到底当效法谁呢?回答是:礼仪制度久远了就湮灭了,音乐节奏久远了就失传了,掌管礼法的官员因古代的礼法之久远而使他们制定的礼法与之有所脱节离析了。所以说:要了解圣王的事迹,就要观察其制度设施粲然明备的,后王具备这一要求。后王,是今日天下的君主;舍弃后王而道说上古之君,就好像舍弃自己的君主去侍奉别人的君主一样。因此说:要观察千年前的事就应该先审视现在,要了解亿万件事就应先弄清楚眼前的一两件事,要了解上古之道就应审视现在周王朝的治国之道,要了解周王朝的治国之道就应审察他们所尊重的君子。所以说:从近的地方了解远的地方,从一个了解一万个,从幽微处了解明著处。说的就是这个道理。

注释 1 节族：节奏，指音乐之节奏。 2 极礼而褫(chǐ)：极，尽头，这里也是久远的意思。有人认为，“礼”为衍文，若如此，本句的意思是，掌管礼法的部门因年代久远而废弛了。但中国历代都有礼部，这个部门并没有废弛。所以，“礼”字不应为衍文。极礼而褫，意思是，原来的礼法久远而现在的礼法与之有所脱节离析了。 3 故：衍文。

夫妄人曰：“古今异情，其以[1]治乱者异道。”而众人惑焉。彼众人者，愚而无说[2]、陋而无度[3]者也。其所见焉，犹可欺也，而况于千世之传也！妄人者，门庭之间，犹可诬欺[4]也，而况于千世之上乎！圣人何以不欺[5]？曰：圣人者，以己度者也。[6]故以人度人，以情度情，以类度类，以说度功，以道观尽，古今一度[7]也。类不悖，虽久同理，故乡乎邪曲而不迷，观乎杂物而不惑，以此度之。五帝之外无传人，非无贤人也，久故也。五帝之中

狂妄无知的人说：“远古和现在的情况不一样，所以治理之道也不一样。”民众因此而被迷惑了。一般的民众，愚昧而说不出道理，浅陋而没有判断力。他们亲眼所见的，都可能被欺骗，更何况千年之前流传下来的东西呢！那些狂妄的人，近在门庭中的事，尚且可以之欺诈别人，更何况千年以上的事呢！但圣人为什么不能被欺骗呢？回答是：圣人，就是能尽己之性来判断事物的人。所以（圣人）可以今人推断古人，以今人之情推断古人之情，以今天的事物推断古代同类的事物，以流传下来的文字记载推断古人的功业，在道的立场上观察穷尽一切，所以，（在圣人那里）古今是一样的。若同类的事物而不相违背，虽然久远道理依然相同，所以，面对邪恶曲解的学说也不会着迷，观察杂乱无章的事物也不会困惑，就是以这个道理去判断的。五帝之前没有人的事迹传下来，并非没有贤能之人，而是久远的缘故。五

无传政,非无善政也,久故也。禹、汤有传政而不若周之察也,非无善政也,久故也。传者久则论[8]略,近则论详;略则举大,详则举小。愚者闻其略而不知其详,闻其详而不知其大也。是以文久而灭,节族久而绝。

帝之中也没有谁的政事流传下来,并非没有好的业绩,而是久远的缘故。大禹、商汤虽有政绩流传下来但不及周代的详细,并不是没有善政,而是久远的缘故。流传的东西,时久就愈加简略,新近就愈加详细;简略只能列举其大要,详细就可以列举其细微。愚昧的人听到其大要而不知其细微,听到其细微就不知其大要。这样,礼义制度久远了就湮灭了,音乐之教久远了就失传了。

注释 1 以:前面脱落一"所"字。这样,全句为"其所以治乱者异道"。 2 说:辩说。 3 度:衡量,判断。 4 可诬欺:可,衍文;诬欺,依俞樾之说,当为"挟欺","诬"乃"挟"之误。 5 不欺:当为"不可欺",脱落一"可"字。 6 圣人者,以己度者也:"以己度者"常被理解为以自己的意念或体验来判断事物,这样来看,圣人常被理解为以自己为中心者,这就与一般人无异,因为民众也多是如此,但民众之如此恰恰是私意。这里的"以己"当理解为《中庸》"唯天下至诚,为能尽其性;能尽其性;则能尽人之性;能尽人之性,则能尽物之性;能尽物之性,则可以赞天地之化育;可以赞天地之化育,则可以与天地参矣"。圣人,一定包含有存养工夫,方能尽性而至于天,此时,圣人以己之性"度"就是以天地之性"度",自然就不会是私意穿凿。而一般民众正缺此一段存养工夫,故以己度适成私意也。但荀子并无人之性与天之性贯通的思想,他只是以"恶"总论之,实则是本能之欲念。本能之欲念虽然方向相同,但人与人之间仍有差异,所以,以荀子所言之性而欲"以人度人,以情度情,以类度类,以说度功,以道观尽,古今一也",实不可能。故荀子所言之性必须上升至于思孟学派所言之性，方能达成“古今一也”，惜乎荀子并无此意识。 7 度：衍文。 8 论：当为“俞”，“俞”与繁体之“论”形体相似。俞，通“愈”。

凡言不合先王，不顺礼义，谓之奸言，虽辩，君子不听。法先王，顺礼义，党[1]学者，然而不好言[2]，不乐言，则必非诚士也。故君子之于言也，志好之，行安之，乐言之。故君子必辩。凡人莫不好言其所善，而君子为甚。故赠人以言，重于金石珠玉；观[3]人以言，美于黼黻文章[4]；听人以言，乐于钟鼓琴瑟。故君子之于言无厌。鄙夫反是，好其实，不恤其文，是以终身不免埤污傭俗[5]。故《易》曰：“括囊，无咎无誉。”[6]腐儒之谓也。

凡言说不符合先王之道，不遵循礼法之义的，就叫奸佞之言，即使言之成理，君子是不会听的。效法先王之道，遵循礼法之义，能亲近学者，但不喜欢谈论圣王之道，不乐意宣扬礼法之义，那么，必定不是合格的士人。所以，君子对于正确的学说，在心里喜欢它，行动上遵循它，又乐意宣传它。所以君子一定要能言善辩。所有的人都喜欢谈论他所喜欢的东西，而君子尤为如此。因此，以善言赠送人，比金石珠玉还贵重；以善言劝诫人，比斑斓花纹还美丽；把善言说与别人听，比钟鼓琴瑟还悦耳。所以，君子对于善言的传喻是不会厌倦的。鄙陋的人刚好与此相反，喜欢朴质实用，而不顾及文采，因此，终生免不了低下庸俗（墨家即是如此）。所以，《周易》说：“（人若像）扎紧了口的袋子，就既没有过错也没有赞誉。”说的就是这种迂腐的儒生。

注释 1 党：朋党。这里是“亲近”之意。 2 言：王引之认为，此处之“言”字与“不乐言”“ 君子之于言”中的“言”俱为“善”。但后文多次说到“言”，则其义不连贯。 3 观：当为“劝”。 4 黼黻（fǔfú）文章：俱为服饰中的花纹。白与黑谓之黼,黑与青谓之黻,青与赤谓之文,赤与白谓之章。 5 埤(bēi)污佣俗:低下平庸。 6 此句引文出自《周易·坤卦》之“六四”爻辞。高亨释之说:“束结囊口,则内无所出,外无所入,此喻人遇事缄口不言,塞耳不闻。如此则无咎亦无誉。”

凡说[1]之难,以至高遇至卑,以至治接至乱。未可直至也,远举则病缪[2],近世则病佣。善者于是间[3]也,亦必远举而不缪,近世[4]而不佣,与时迁徙,与世偃仰,缓急嬴绌[5],府然若渠匽檃栝之于己[6]也。曲得所谓焉,然而不折伤。故君子之度己则以绳,接人则用抴[7]。度己以绳,故足以为天下法则矣;接人用抴,故能宽容,因求[8]以成天下之大事矣。故君子贤而能容罢[9],知而能容愚,博而能容浅,粹而能容杂,夫是之谓兼术。《诗》曰:“徐方

大凡劝说的难处在于,以极高的理论去劝说那些境界卑下的人,以理想的治国之道去接近那些极其昏乱的君臣。这样是不可能达到目的的,列举远古的例子就会陷入荒谬而不适用,列举近世的例子就会落入俗套而无说服力。善于劝说的人在这二者之间能够做到,列举远古的例子不会陷入荒谬而不适用,列举近世的例子不会落入俗套而无说服力,随时间之变化而推移,依世事之不同而俯仰,或缓或急,或有余或不足,应对自如,好像堤坝之于渠水、檃栝之于曲木一样,委婉地表达自己的意思,但又不伤害别人。所以,君子正己就如绳墨,待人就像舟楫。正己如绳墨般严格,故足以成为天下人的榜样;待人像舟楫般宽宏,故能容纳大度,依靠众人成就天下之大事。所以,君子贤德而能容纳无能之人,智慧而能容纳愚昧之人,广博而能容纳肤浅之人,精粹而能容纳驳杂之人,这就是兼容并蓄之法。有《诗》说:

既同，天子之功。”[10] 此之谓也。

“徐国已经归化，彰显天子之功。”说的就是这个道理。

注释 1 说(shuì)：劝说。 2 缪：通“谬”。 3 善者于是间：善者，善于劝说的人；是，劝说这件事。 4 世：当为“举”。 5 嬴绌：有余与不足。 6 府然若渠匽檃栝之于己：府，通“俯”，就物之貌。府然就是应对自如。匽，同“偃”，吊“偃”也；檃栝，矫正曲木的工具。 7 抴(yè)：通“枻”，舟楫。 8 求：当为“众”字之误。 9 罢(pí)：无能。 10 此句引文出自《诗经·大雅·常武》。此诗赞誉了周宣王平叛徐国的威武及其胜利之功。

谈说之术：矜庄以莅之，端诚以处之，坚强以持之，分别[1] 以喻之，譬称以明之，欣欢芬芗以送之[2]，宝之珍之，贵之神之，如是则说常无不受。虽不说人，人莫不贵，夫是之谓为[3] 能贵其所贵。传曰：“唯君子为能贵其所贵。”此之谓也。

谈论劝说的方法是：严肃庄重地接近他，端正诚恳地对待他，坚定有力地扶持他，比方称引使其晓谕，条分缕析使其明白，欢悦和气地加以灌输，使自己的话显得宝贵、珍异、重要而神奇，如果这样，那么劝说常常没有不被接受的。即便人不愉快地采纳，也没有不尊重的，这就叫能使自己尊重的东西得到尊重。古书上说：“只有君子才能使自己尊重的东西得到尊重。”说的就是这个道理。

注释 1 分别：当与下文之“譬称”互换。 2 欣欢芬芗(xiāng)以送之：芬芗，和气。芗，通“香”。送，灌输。 3 为：衍文。

君子必辩。凡人莫不好言其所善，而君子为甚焉。是以小人辩言险而君子辩言仁也。言而非仁之中也，则其言不若其默也，其辩不若其呐[1]也。言而仁之中[2]也，则好言者上矣，不好言者下也。故仁言大矣。起于上所以道[3]于下，政令是也；起于下所以忠于上，谋救[4]是也。故君子之行仁也无厌，志好之，行安之，乐言之，故言君子必辩。小辩不如见端[5]，见端不如见[6]本分。小辩而察，见端而明，本分而理，圣人士君子之分具矣。

君子必定能言善辩。所有人都喜爱谈论他们所喜欢的东西，而以君子最为显著。所以，小人谈论险恶而君子谈论仁爱。若言谈不符合仁爱之道，则谈论还不如沉默，能说会道还不如木讷迟钝；若言谈符合仁爱之道，那么，喜欢谈论就是上等的事，不喜欢谈论就是下等的事。所以，符合仁爱之道的言论很伟大。发端于上而引导于下的，是政策与命令；发端于下而效忠于上的，是建议与匡失。因此，君子行仁爱之道是没有满足的，心里喜欢它，行动践行它，乐意谈论它，所以说君子必定能言善辩。辩论细节不如揭示大端，揭示大端不如推原名分。辩论细节可明察秋毫，揭示大端可明了纲要，推原名分可条理清晰，圣人士君子的名分由此而具备。

注释 1 呐(nè)：同"讷"，说话迟钝。 2 仁之中：符合仁的目标。中，符合。 3 道：导。 4 谋救：建议与匡失。一说"谋"当为"谏"。 5 端：大端，首要的。 6 见：衍文。

有小人之辩者，有士君子之辩者，有圣人之辩者：不先虑，不早谋，发之而当，

有小人的辩论，有士君子的辩论，有圣人的辩论：不事先琢磨，不早作谋划，一说话就得当，有文采且

成文而类，居[1]错迁徙，应变不穷，是圣人之辩者也。先虑之，早谋之，斯须之言而足听，文而致[2]实，博而党[3]正，是士君子之辩者也。听其言则辞辩而无统，用其身则多诈而无功，上不足以顺明王，下不足以和齐百姓，然而口舌之均[4]，噡[5]唯则节，足以为奇伟偃却[6]之属，夫是之谓奸人之雄。圣王起，所以先诛也，然后盗贼次之。盗贼得变，此不得变也。

合乎礼法，话题更换，亦能应答而不会理屈词穷，是圣人的辩论。先琢磨，早谋划，语言简洁且动听，文采质实，渊博雅正，是士君子的辩论。听他们说话则言辞动听而无系统，任用他们则奸诈多端而无功效，在上不足以顺从贤明的君王，在下不足以整齐松散的百姓，但是语调动听，辩论应答合节适宜，足以成为奇特伟大又随世沉浮的人，这也是奸人中的英特者。圣王出现，首先要杀的就是这种人，然后才杀盗贼。盗贼还可以改过自新，但这些人不可能改过自新。

注释　1 居：通“举”。　2 致：通“质”。　3 党：通“谠”，正直的言论。　4 均：语调均匀。　5 噡(zhān)：多言。　6 偃却：同“偃蹇”，犹“偃仰”，此指随世俗沉浮。

非十二子

导读　荀子在本篇着重指出，世道人心之所以不安宁，就是因为奸佞邪说造成的。荀子具体列举了当时的六种学说，十二位学人，指出它们各自的特点及其不足，最后归复到孔子、子弓那里，认为只有孔子、子弓的学说才是正道，才是社会所需要的。荀子还论述了使天下人心悦诚服的方法，士君子能做什么不能做什么，以及古之仕者与今之仕者的不同。荀子还特别以形象的语言刻画了学者的丑态，以及他那个时代流行的子张之儒、子夏之儒、子游之儒三个学派的特点，总括为一“贱”字。

原文

假今之世，饰邪说，文奸言，以枭[1]乱天下，矞宇嵬琐[2]，使天下混然不知是非治乱之所存者有人矣。

译文

假借今日之乱世，粉饰邪说，美化奸言，进一步扰乱天下，或奸诈，或虚夸，或气盛而煽情，或琐碎而苛察，使天下人浑然不知道是非、治乱之所在，这样的大有人在。

注释　1 枭：通“挠”，扰乱。　2 矞(jué)宇嵬(wéi)琐：矞，通“谲”，奸诈；宇，当读为“訏”(xū)，虚夸；嵬，即《庄子·齐物论》所云之“大言炎炎”，气盛而煽情；琐，即《庄子·齐物论》所云之“小言詹詹”，琐碎而苛察。

纵情性，安恣睢[1]，禽兽行，不足以合文通治；然而其持之有故，其言之成理，足以欺惑愚众，是它嚣[2]、魏牟[3]也。

放纵性情，生活放浪，行为如同禽兽，（他们的学说）不足以合乎礼法、通经致治；但是立论有根有据，言之成理，足以欺骗、蛊惑愚昧的民众，这是它嚣、魏牟这种人。

注释 1 恣睢(suī)：暴横，放纵。 2 它嚣：古代学者，生平事迹不详。 3 魏牟：战国时魏国公子，封于中山，故曰魏牟、公子牟。据说他与名家的公孙龙交好，但《汉书·艺文志》列其著作于道家，有《公子牟》四篇，其学到底如何，已不可考。

忍[1]情性，綦谿利跂[2]，苟以分异人为高，不足以合大众、明大分；然而其持之有故，其言之成理，足以欺惑愚众，是陈仲[3]、史鳅也。

抑制人的性情，行为极端孤僻且遗世独立，以与众不同为高明，不能够和民同俗、彰明礼法之名分；但是（他们的学说）立论有根有据，言之成理，足以欺骗、蛊惑愚昧的民众，这是陈仲、史鳅这种人。

注释 1 忍：抑制。 2 綦谿(qíxī)利跂(qǐ)：綦，极；谿，深；利，同"离"；跂，站立。 3 陈仲：即田仲。

不知壹天下、建国家之权称[1]，上[2]功用、大[3]俭约而僈差等，曾不足以容辨异、县君臣；然而其持之有故，其言之成理，足以欺惑愚众，是墨翟、宋钘[4]也。

不知道统一天下、治理国家的根本所在，崇尚功用、重视俭约而忽视等级差别，以至于不能接受人与人之间的差异、君臣之间的等级；但是（他们的学说）立论有根有据，言之成理，足以欺骗、蛊惑愚昧的民众，这是墨翟、宋钘这种人。

注释 1 权称：轻重，这里指不知根本所在。 2 上：同“尚”，崇尚。3 大：重视。 4 宋钘(jiān)：战国时期著名的思想家，与齐宣王同时，曾游学稷下，与尹文齐名，是宋尹学派的开创者与代表人物，其学主张“寡欲”“崇俭”“非斗”。《汉书·艺文志》列其著作《宋子》十八篇于小说家，可惜已失传。

尚法而无法，下修[1]而好作，上则取听于上，下则取从于俗，终日言成文典，反纠[2]察之，则倜然[3]无所归宿，不可以经国定分；然而其持之有故，其言之成理，足以欺惑愚众，是慎到、田骈[4]也。

崇尚礼法却并不讲礼法，不依循先贤喜欢另搞一套，上则谀从于君王，下则媚取于俗众，终日谈论礼法条文，反复考察寻究，但迂阔而落不到实处，不能用来治理国家、界定名分；但是（他们的学说）立论有根有据，言之成理，足以欺骗、蛊惑愚昧的民众，这是慎到、田骈这种人。

注释 1 下修：当为“不循”。 2 反纠(xún)：反，反复；纠，通“循”。3 倜(tì)然：疏远的样子。 4 田骈(pián)：战国时期著名思想家，齐国稷下学宫道家学派的中坚人物，与慎到齐名，学宗黄老，雄于辩术。

不法先王，不是礼义，而好治怪说，玩琦[1]辞，甚察而不惠[2]，辩而无用，多事而寡功，不可以为治纲纪；然而其持之有故，其言之成理，足以欺惑愚众，是惠施、邓析[3]也。

不依循先王，不赞成礼义，喜欢钻研怪诞的学问，玩弄奇异的言辞，甚为苛察而不切于实用，能言善辩而不务实际，做了很多事但功效少，不可以作为治理国家的纲纪法则；但是（他们的学说）立论有根有据，言之成理，足以欺骗、蛊惑愚昧的民众，这是惠施、邓析这种人。

注释 1 琦：通“奇”。 2 惠：当为“急”。急于用。 3 邓析：郑国大夫，与郑相子产同时，为名辩之学的创始人。善诉讼，其主要观点是“两可”之说。《汉书·艺文志》于名家列《邓析》二篇，亡佚。今本《邓析子》系后人伪造。

略法先王而不知其统，犹然[1]而材剧志大，闻见杂博。案[2]往旧造说，谓之五行[3]，甚僻违而无类[4]，幽隐而无说[5]，闭约而无解[6]。案饰其辞而祗敬[7]之曰：“此真先君子[8]之言也。”子思[9]唱之，孟轲和之，世俗之沟犹瞀儒[10]，讙讙然[11]不知其所非也，遂受而传之，以为仲尼、子游[12]为兹厚于后世，是则子思、孟轲之罪也。

大体上效法古代圣王但不知道他们的根本，悠然自得地一副才高志大的样子，但闻见驳杂。依据往古之旧学创造新的学说，名之为五行，非常偏僻且违背常识而不成体系，幽深隐微而不能说明白，自说自话却无法自圆其说。又粉饰言辞且极端恭敬地说：“这的确是先君子孔子的言论啊。”子思首唱，孟轲应和，世俗愚昧无知的读书人熙熙攘攘地不知他们的错误，于是接受并传授他们的学问，以为仲尼、子弓之学端赖他们才被后世所尊重，这正是子思、孟轲的罪过啊。

注释 1 犹然：悠闲自得的样子。 2 案：通“按”。 3 五行：即儒家的五常，仁、义、礼、智、信。 4 僻违而无类：僻违，偏僻而违背常识；无类，无法成为系统。 5 幽隐而无说：此句盖针对子思之《中庸》而言，谓其幽深隐微而不能说明白。《中庸》讲圣人修身后的圆满境界，常难以用逻辑性的语言界定与解析，子思常以诗性的语言况喻与赞美。朱子说《中庸》“工夫密，规模大”（《朱子语类》卷十四），“初学者未当理会”（《朱子语类》卷六十二），这表明修养工夫不到，于《中庸》之境界确难体会。荀子之学外倾而重辩说，故与子思内倾而重证悟之旨常不类，故于《中庸》之境界常茫然，是以对子思有此断语。 6 闭约而无解：此句盖针对孟子之“性善论”而言，谓其自说自话却无法自圆其说。荀子在《性恶》篇中对“性善论”有专门的批驳，可参阅。 7 案饰其辞而祇(zhī)敬：案，语助词；祇敬，非常恭敬。 8 先君子：指孔子。 9 子思：即孔子的嫡孙孔伋。著有《中庸》一篇，是儒学史的重要文献，首唱“天命之谓性”，是孟子“性善论”的先河。与孟子一起，被称为“思孟学派”。 10 沟犹瞀(mào)儒：愚昧无知的读书人。沟，读为“怐”(kòu)，愚昧；犹，语助词；瞀：愚昧。 11 讙(huān)讙然：喧嚣的样子。 12 子游：当为“子弓”之误。

若夫总方略，齐言行，壹统类，而群天下之英杰而告之以大古[1]，教之以至顺；奥窔[2]之间，簟席[3]之上，敛然[4]圣王之文章具焉，佛然[5]平世之俗起焉；六说者不能入也，十二子者不能亲也；无置锥之地而王公不能与之争名，在一大夫之位则一君不能独畜，一国不能独容；成名况乎诸侯[6]，莫不愿[7]以为臣。是圣人之不得埶者也，仲尼、子弓是也。

至于总揽治国的方略，齐同人们的言行，统一国家的纲纪条令，从而把天下之英杰聚集起来，告知他们太古圣王的功业，教给他们最正确的道理；在堂屋之内，竹席之上，圣王的典章制度成就了，太平盛世之风俗兴起了；上述六种学说不能入侵其内，十二位学者也不能亲近他们；虽然没有立锥之地，但王公大人们不能与之争名声；虽然身处大夫之位，但一国之君主不能独自任用，一个国家也容纳不下；盛名远播于诸侯，没有一个诸侯不愿意他们作为臣子。这是圣人中没有得到权势的，是仲尼、子弓这种人。

注释 1 大古：即太古。 2 奥窔(yào)：堂屋之内。奥，房屋的西南隅;窔,房屋的东南隅。 3 簟(diàn)席:竹席。 4 敛然:聚集的样子。 5 佛(bó)然:兴起的样子。佛,通“勃”。 6 成名况乎诸侯:盛名远播于诸侯。成,通“盛”;况,赐,以盛名为诸侯赐,即声名远扬。 7 愿:其后脱一“得”字。

一天下,财[1]万物,长养人民,兼利天下,通达之属,莫不从服,六说者立息,十二子者迁化,则圣人之得埶者,舜、禹是也。今夫仁人也,将何务哉?上则法舜、禹之制,下则法仲尼、子弓之义,以务息十二子之说。如是则天下之害除,仁人之事毕,圣王之迹著矣。

统一天下,化生万物,养育人民,使天下都得其利,舟车人力所至之地,无不心悦诚服,上述六种学说立刻销声匿迹,十二学者也潜移默化,这是圣人中的得势者,舜、禹就是这种人。现在的仁人应该做什么?在上位应该效法舜、禹之礼制,在下位应该宣扬仲尼、子弓的道义,以便平息十二学者之学说。这样,天下的祸害就解除了,仁人的事业就完成了,圣王的业绩就彰显了。

注释 1 财:成。“财万物”为古典中的常用语。

信信,信也;疑疑,亦信也。贵贤,仁也;贱不肖,亦仁也。言而当,知也;默而当,亦知也。故知默犹知言也。故多言而类,圣人也;少言而法,君子也;多少无法而

相信值得相信的,是诚实;怀疑值得怀疑的,也是诚实。尊重贤能的人,是仁爱;鄙视不贤的人,也是仁爱。说话适当,是智慧;沉默适时,也是智慧。所以,懂得沉默就如同懂得说话一样重要。因此,言辞多而合乎礼法,是圣人;言辞少而遵循法度,是君子;言辞多又不合乎法度且

流湎然[1],虽辩,小人也。故劳力而不当民务谓之奸事,劳知而不律先王谓之奸心,辩说譬谕、齐给便利而不顺礼义,谓之奸说。此三奸者,圣王之所禁也。

沉湎于其中,即使能言善辩,也是小人。所以,费尽民力但不适合百姓的需要,就是奸邪的政事;费尽智力但不符合先王的法度,就是奸邪的心机;能言善辩、比喻得当、敏捷自如但不符合礼义,就是奸邪的学说。这三种奸邪,是圣王要禁止的。

注释 1 多少无法而流湎然:多少,当为“多言”;流湎然,沉湎的样子。

知而险,贼而神,为[1]诈而巧,言无用而辩,辩不惠[2]而察,治之大殃也。行辟[3]而坚,饰非而好,玩奸而泽[4],言辩而逆,古之大禁也。知而无法,勇而无惮,察辩而操僻,淫大而用之[5],好奸而与众,利足而迷,负石而坠,是天下之所弃也。

聪明而阴险,贼心而机变,奸诈而巧妙,言语毫无用处但雄辩动听,论说不切实际但苛察入理,这是治国的大祸害。行为乖僻而顽固,粉饰错误而巧妙,玩弄奸术而圆滑,能言善辩而背理,是古代绝对禁止的。聪明而不合礼法,勇敢而没有忌惮,苛察善辩但行为邪僻,骄奢淫逸但财物匮乏,喜欢奸佞且党羽众多,就如善于行走却陷入迷途,背负石头却坠入深渊,这是天下人所厌弃的。

注释 1 为:通“伪”。 2 惠:当为“急”。 3 辟:同“僻”,乖僻。 4 泽:润泽,圆滑。 5 淫大而用之:大,骄奢;之,当为“乏”字。

兼服天下之心:高上尊贵不以骄人,聪明圣知

使天下人都心悦诚服的方法:高贵在上却不因此而傲视别人,聪明睿智却

不以穷人，齐给速通不争先人[1]，刚毅勇敢不以伤人；不知则问，不能则学，虽能必让，然后为德。遇君则修臣下之义，遇乡则修长幼之义，遇长则修子弟之义，遇友则修礼节辞让之义，遇贱而少者则修告导宽容之义。无不爱也，无不敬也，无与人争也，恢然如天地之苞[2]万物，如是，则贤者贵之，不肖者亲之。如是而不服者，则可谓訞[3]怪狡猾之人矣，虽则子弟之中，刑及之而宜。《诗》云："匪上帝不时，殷不用旧。虽无老成人，尚有典刑。曾是莫听，大命以倾。"[4]此之谓也。

不因此而刁难别人，才思敏捷却不因此而对别人逞能，刚毅勇敢却不因此而伤害别人；不知道就问，无才能就学，虽然有能力必然谦让，这样才能算有德行。遇到君主就奉行臣子之礼义，面对乡亲就讲究长幼之节义，遇到长辈就践行子弟之道义，面对友朋就讲究礼节辞让之德，遭遇地位卑贱且年少的就教导宽容仁厚之道。对人无所不爱，无所不敬，不与人争斗，胸怀宽阔如同天地之包养万物，这样，贤能的人就尊重你，无能的人也会亲近你。若一个人做到这样还有不心悦诚服的，那就是怪诞狡猾之徒了，即使是自己的弟子，对之加以刑罚也是适宜的。有《诗》说："并非上帝不善，乃是殷商抛弃了旧的典章制度。虽然没有元老旧臣了，但还有制度宪章。但当这个都不能遵循了，所以国命就倾覆了。"指的就是原则方法的重要性。

注释 1 不争先人：依上下文句，当为"不以先人"。 2 苞：通"包"。 3 訞(yāo)：同"妖"。 4 此句引文出自《诗经·大雅·荡》。此诗假托周文王斥责商纣王，以指责厉王，警告其行仁政。时，善。

古之所谓士仕[1]者，厚敦者也，合群者也，乐富贵[2]者也，乐分施者也，远罪过者也，务事理者也，羞独富者也。今之所谓士仕者，污漫者也，贼乱者也，恣睢者也，贪利者也；触抵者[3]也，无礼义而唯权埶之嗜者也。古之所谓处士者，德盛者也，能静者也，修正者也，知命者也，著是者也。今之所谓处士者，无能而云能者也，无知而云知者也，利心无足而佯无欲者也，行伪险秽而强高言谨悫者也，以不俗为俗，离纵而跂訾[4]者也。

古代做官的士人，是忠厚老实、团结大众的人；是以品德可贵为乐，以施舍好善为快的人；是远离罪过，以事理为准则，羞于独自富足的人。当今做官的士人，是污秽卑下，行盗作乱，放肆纵情，贪图私利，触犯法律，不讲礼义且只想追求权势的人。古代所谓隐士，是品德高尚，恬淡宁静，行为端正，乐天知命，彰明正道的人。当今所谓隐士，是没有能力却自诩有能力，没有才智却自诩有才智，利欲熏心却假装恬淡无欲，行为虚伪、阴险、肮脏却雅言谨慎、诚实，把不同于世俗作为习俗，背离常道而违俗自高的人。

注释 **1** 士仕：当为“仕士”。下同。 **2** 乐富贵：王先谦以为当为“乐可贵”。若以富贵为乐，则不应为士人之品格，此处必有误。 **3** 触抵者：与“远罪过者”正相反，指触犯罪过。 **4** 离纵而跂訾：纵，当为“缁”。“离缁”与“跂訾”皆为叠韵，大抵是“以自异于俗众为高”之意。

士君子之所能不能为：君子能为可贵，不能使人必贵己；能为可信，不能使人必信己；能为可用，不能使人必用己。故君子耻

士君子能做的和不能做的是：君子能做到令人尊敬，但不能让人一定尊重自己；能做到令人信服，但不能让人一定信任自己；能做到值得被任用，但不能让人一定任用自己。所以，君子以

不修，不耻见污；耻不信，不耻不见信；耻不能，不耻不见用。是以不诱于誉，不恐于诽，率道而行，端然正己，不为物倾侧，夫是之谓诚君子。《诗》云："温温恭人，维德之基。"[1]此之谓也。

不修身为耻，但不以被污辱为耻；以不诚信为耻，但不以不被信任为耻；以无能为耻，但不以不被任用为耻。因此，君子不会被名誉所诱惑，不会被诽谤所吓倒，依据道义而行，严肃地端正自己，不被外物所动摇，这就是真君子。有《诗》说："温和谦恭的人啊，乃是道德的根基。"说的就是这样的君子。

注释　1 此句引自《诗经·大雅·抑》。

士君子之容：其冠进[1]，其衣逢[2]，其容良；俨然[3]，壮然[4]，祺然[5]，蕼然[6]，恢恢然，广广然，昭昭然[7]，荡荡然，是父兄之容也。其冠进，其衣逢，其容悫；俭然[8]，恀然[9]，辅然[10]，端然，訾然[11]，洞然[12]，缀缀然[13]，瞀瞀然[14]，是子弟之容也。

士君子的仪容是：帽子高峻，衣服雍容，颜色温和、庄严、威武、安详、宽舒、大方、开阔、爽朗、坦荡，这是父兄的仪容。帽子高峻，衣服雍容，颜色敦厚、谦卑、温顺、热忱、端正、勤勉、恭敬，总是追随在长辈左右，但又不随意正视，这是子弟的仪容。

注释　1 进：通"峻"，高耸。　2 逢：宽大。　3 俨然：庄重的样子。　4 壮然：威武的样子。　5 祺然：安详的样子。　6 蕼(sì)然：宽舒的样子。蕼，通"肆"。　7 昭昭然：明朗的样子。　8 俭然：谦卑的样子。　9 恀(shì)然：温顺的样子。　10 辅然：热忱的样子。　11 訾然：勤勉的样子。　12 洞然：恭敬的样子。《礼记·礼器》有"洞洞乎其敬也，属属乎其忠也"。

13 缀缀然:不乖离的样子。这里指总是随从在长辈左右。 14 瞀瞀然:垂目下视的样子。这里指恭敬而不敢正视长辈。

吾语汝学者之嵬[1]容:其冠絻[2],其缨禁缓[3],其容简连[4];填填然[5],狄狄然[6],莫莫然[7],瞡瞡然[8],瞿瞿然[9],尽尽然[10],盱盱然[11];酒食声色之中,则瞒瞒然[12],瞑瞑然[13];礼节之中则疾疾然[14],訾訾然[15];劳苦事业之中则儢儢然[16],离离然[17],偷儒而罔[18],无廉耻而忍謑詢[19]。是学者之嵬也。

我告诉你那些学者的各种丑态:冠帽低垂,缨带宽松,神情傲慢;得意扬扬,上蹿下跳,沉默寡言,见识鄙陋,惊慌四顾,消沉沮丧,瞪目怒视。吃喝玩乐时忘乎所以而沉溺其中;行使礼节时则面露怨色,口有怨言;从事体力劳作时就懒散懈怠,爱干不干,苟且偷安而无所顾忌,没有廉耻而不怕人责骂。这就是学者的丑态。

注释 1 嵬:通“傀”,怪异。 2 絻:当为“俯”,低垂。 3 缨禁缓:缨,帽带;禁,通“紟”,衣带。 4 简连:傲慢不前的神态。 5 填填然:满足的样子。 6 狄狄然:跳跃的样子。狄,通“趯”(tì),跳跃。 7 莫莫然:沉默不言的样子。 8 瞡(guī)瞡然:见识短浅的样子。瞡,同“规”。 9 瞿瞿然:惊慌四顾的样子。 10 尽尽然:消沉沮丧的样子。 11 盱(xū)盱然:瞪目直视的样子。 12 瞒瞒然:闭目养神的样子。 13 瞑瞑然:假装不视的样子。这里指沉溺酒食声色之中。 14 疾疾然:面有怨色的样子。 15 訾訾然:口有怨言的样子。 16 儢(lǚ)儢然:懒散懈怠的样子。 17 离离然:爱干不干的样子。 18 偷儒而罔:偷儒,苟且偷安;罔,无所顾忌。 19 謑詢(xìgòu):辱骂。

弟佗[1]其冠，神禫[2]其辞，禹行而舜趋，是子张氏之贱儒[3]也。正其衣冠，齐其颜色，嗛[4]然而终日不言，是子夏[5]氏之贱儒也。偷儒惮事，无廉耻而耆[6]饮食，必曰君子固不用力，是子游[7]氏之贱儒也。彼君子则不然。佚而不惰，劳而不僈，宗原应变，曲得其宜，如是，然后圣人也。

帽子穿戴歪斜，言辞大而无当，模仿舜、禹行走的神情，是子张学派的堕落儒者。衣冠穿戴端正，面色仪容庄重，自得而沉默寡言，是子夏学派的堕落儒者。懈怠胆小无担当，没有廉耻且爱好吃喝，总是自诩君子本来就不用参加劳动，是子游学派的堕落儒者。那些真正的君子却不是这样，安逸时不懒惰，劳苦时不懈怠，依据一个最高原则而应变万事，尽得其曲折而各适其当，像这样，然后才能成为圣人。

注释　1 弟(tuí)佗：颓唐，表示帽子戴的歪斜不端正。　2 神禫(chōng dàn)：冲淡。神，通“冲”。一般以为荀子在此意指子张之儒语言淡乎寡味，但观乎子张之学的特点，似乎不应如此。孔子对子张有两处评价：“师也过，商也不及。”“师也辟。”(《论语·先进》)对于“过”的理解，朱子说：“子张才高意广，而好为苟难，故常过中。”(《四书章句集注》)对于“辟”，程树德《论语集释》以为：“偏也，以其志过高，而流于一偏也。”同为孔子弟子的子游与曾子分别对子张有如下评价：“吾友张也，为难能也。然而未仁。”“堂堂乎张也，难与并为仁矣。”这说明，子张确实在才能方面有过人之处，尽管他的仁德尚有欠缺。孔子说：“知及之，仁不能守之；虽得之，必失之。”(《论语·卫灵公》)才智虽高，但仁守不足，亦必无所成。依此而看，“神禫”虽意为“冲淡”，但不应理解为平淡寡味，而应理解为“大而无当”，“禹行而舜趋”都表示子张之儒的“大”，但因仁守不足，只是虚高。《论语·为政》记载：“子张学干禄。子曰：‘多闻阙疑，慎言其余，则寡尤；多见阙殆，慎行其余，则寡悔。言寡尤，行寡悔，禄在其中矣。’”孔子如此教诲子张,说明他言行常虚高而不够谨慎。这样理解应该是比较符合子张之学的。 3 子张氏之贱儒:贱,堕落。但这里的“堕落”二字是指与孔子、子弓所代表的儒者相比,其精神已失,徒有其外之虚高而已,不是指品德的低下。子张,姓颛(zhuān)孙,名师。春秋时期陈国人。为人勇武,不媚俗,性情激昂。孔子死后,广招门徒,子张之儒成为孔子之后的重要儒学流派。 4 嗛(qiè):通“慊”,满足。 5 子夏:姓卜,名商。孔子晚期学生,孔子死后,子夏居魏国西河,开门授徒,形成了著名的学派。子夏的主要贡献是在传播儒家经典方面,逐渐使儒学由践行向学术的方向转变,孔子曾对子夏说:“女为君子儒,无为小人儒。”(《论语·雍也》)可能就是批评子夏使儒学的真精神有所丧失,而子夏的门人可能尤甚,故荀子也有所批评。 6 耆:通“嗜”。 7 子游:春秋时期吴国人。姓言,名偃,孔子后期弟子。孔子死后,子游离开鲁国把孔子的学说向南方发展,其主要成就是传播儒家的礼乐。荀子对子张、子夏、子游学派之儒者皆以“贱”名之,虽孔子死后儒分为八,子张、子夏、子游之学多少与孔子之学殊异,但尚不至于“贱”,不然,何以俱能配祀文庙?盖时势推移,世风日下,至荀子之时代,子张、子夏、子游学派之学已大不同于子张、子夏、子游自身之学,或未可知,资料缺如,无从考据,不然,何以荀子有是评?

仲尼

导读　本文开篇提出了一个值得深思的问题:为什么在孔子的门下,五尺高的童仆都耻于谈论五霸呢?由此,荀子引出了王道与霸道的区分。像齐桓公这样的君主,内则杀兄、淫乐,外则欺小袭邻,灭国无数,可以说品德极其低下,但为什么没有灭亡反而称霸呢?乃因为齐桓公有雄才大略。这种雄才大略足以使其称霸一时,但这毕竟不是平定天下,安抚人民的王道,而是获一时之成功的霸道。这样,孔子之门下当然不称道这种君王,因为它不能成为万世法。相反,王道一定以教化为主,非任武力,且一定要确立客观的政治法度,足以为万世法。此外,本文还论述了得到君王尊宠,立高位于不败之地且无祸患的方法,以及一个人通行天下须遵循的原则。

原文

仲尼之门人[1],五尺之竖子[2],言羞称乎五伯[3]。是何也?曰:然!彼诚可羞称也。齐桓[4],五伯之盛者也,前事则杀兄而争国[5];内行则姑姊妹[6]之不嫁者七人,

译文

孔子的门下,五尺高的童仆都耻于谈论五霸。这是为什么呢?回答说:是这样的。五霸那些人确实让人耻于谈论。齐桓公,是五霸中最负盛名的一个,开始时他杀死兄长而夺得君位;后来家庭之中姑表姐妹有七个人

闺门之内,般乐奢汏[7],以齐之分奉之而不足;外事则诈邾[8],袭莒[9],并国三十五。其事行也若是其险污淫汏也,彼固曷足称乎大君子之门哉!

没有出嫁,在宫廷之内,淫乐骄奢,以齐国赋税的一半分给他享乐还不足;对外欺诈邾国,偷袭莒国,吞并诸侯国三十五个。他的行为如此之阴险、龌龊、淫逸、骄奢,他本来就没有资格在大君子孔子门下被谈论。

注释 1 人:衍文。 2 竖子:童仆。 3 五伯:即春秋五霸。《荀子·王霸》篇中以齐桓公、晋文公、楚庄王、吴王阖闾、越王勾践为"五霸"。 4 齐桓:即齐桓公。姜姓,名小白。齐国君主,任用管仲为相,推行改革,使得齐国成为春秋时期第一个霸主。 5 杀兄而争国:这是指公子小白(齐桓公)与公子纠争夺齐国君位一事。齐襄公时,国政混乱,管仲保护公子纠出奔鲁国,鲍叔牙保护公子小白出奔莒国。襄公十二年(公元前686年),公孙无知杀襄公,自立为君。次年,公孙无知为群臣所杀,谋立新君。公子小白设计,使管仲误以为小白为其所杀。小白则快马加鞭先于公子纠回到齐国,登上君位。尔后,赦管仲,并任为相,又逼迫鲁国杀死公子纠。 6 姑姊妹:姑表姊妹。 7 般(pán)乐奢汏(tài):般,大也。汏,同"汰",骄奢。 8 邾(zhū):国名,故址在今山东邹城一带,战国时为楚所灭。 9 莒(jǔ):国名,故址在今山东莒县一带,后为楚国所灭。

若是而不亡,乃霸,何也?曰:於乎[1]!夫齐桓公有天下之大节[2]焉,夫孰能亡之?倓然见管仲[3]之能足以托国也,是天下之大知也。安忘其怒,出忘

像这样不但没有灭亡,反而称霸于诸侯,这是什么道理?回答是:没有办法啊!因为齐桓公有称霸天下的雄才大略,谁能够灭亡齐国呢?毫不怀疑管仲的才能并把治理国家的重任交给他,这是天下少有的大智慧。不计

其仇[4]，遂立以为仲父[5]，是天下之大决也。立以为仲父，而贵戚莫之敢妒也；与之高、国之位[6]，而本朝之臣莫之敢恶也；与之书社[7]三百，而富人莫之敢距[8]也；贵贱长少，秩秩焉[9]莫不从桓公而贵敬之，是天下之大节也。诸侯有一节如是，则莫之能亡也；桓公兼此数节者而尽有之，夫又何可亡也！其霸也，宜哉！非幸也，数[10]也。

较愤怒，忘记了旧恨，且能够事之如父，这是天下少有的大决断。尊管仲为仲父，贵戚们没有一个敢嫉妒他；给予管仲如高氏、国氏那么高的地位，朝廷大臣没有一个敢怨恨；给管仲三百社的封地，富人们没有一个能与之匹敌；无论贵贱长少，都能顺从齐桓公的意思而去尊敬管仲，这是天下少有的大气度。诸侯王能做到其中的一点，就没有人能灭亡他；齐桓公却以上诸点都做到了，又怎么可能灭亡呢？他称霸天下不是理所当然的吗！这并非侥幸，而是有其必然的道理啊。

注释　1 於(wū)乎：同"呜呼"。　2 大节：这里指以霸道治理天下的原则。掌握了这些原则足以使国家强大称霸，但即使如此，也不是孔门所称道的王道，故孔门羞于谈论。　3 倓(tán)然见管仲：倓，安然不疑。管仲，名夷吾，字仲。起先辅佐公子纠，公子纠被杀后，经鲍叔牙推荐任齐桓公国相，是成就齐桓公霸业的关键人物。同时，管仲也是春秋时期的政治家、思想家，法家学派的先驱人物。《管子》一书的主要思想即源自管仲。　4 安忘其怒，出忘其仇：安，语助词；出，衍文。怒与仇是指管仲侍奉公子纠时，曾在半路上拦住公子小白，阻止他回齐国争大位，并用箭射杀小白，小白倒下装死逃脱，后回国登上君位。登上君位后的齐桓公不但不记仇，而且还委任管仲为国相。　5 仲父：事管仲如父。这与"父之弟曰仲父"之"仲父"不同。　6 高、国之位：高氏、国氏均为齐国世袭的上卿贵族。　7 书社：书，登记社内人口、土地入册。社，古代的居民单位，二十五家为一社。 8 距:通“拒”,抗衡,匹敌。 9 秩秩焉:有顺序的样子。 10 数:有定数,即有必然的道理。

然而仲尼之门人,五尺之竖子言羞称乎五伯,是何也?曰:然。彼非本政教也,非致隆高[1]也,非綦[2]文理也,非服人之心也。乡[3]方略,审劳佚[4],畜积修斗而能颠倒其敌者也。诈心以胜矣。彼以让饰争,依乎仁而蹈利者也,小人之杰也,彼固曷足称乎大君子之门哉!

然而仲尼的门下,五尺的童仆都耻于谈论五霸,这是为什么呢?回答说:是这样的。他们的霸业不是根基于政治教化,没有达到以礼为重、以义为高之程度,没有把制度作为最高原则,没有使人心悦诚服。他们只是推崇谋略,注意劳逸结合,积蓄物质加强战备因而能战胜消灭敌手罢了。他们以欺诈之心来取胜而已。于是,以谦让来掩饰其争夺之野心,扛着仁义之大旗而谋利益之实,这是小人中的杰出者,他们哪里有资格在大君子门下被谈论呢?

注释 1 致隆高:致,达到;隆高,以礼为重,以义为高。 2 綦(qí):极,最高原则。 3 乡:通“向”,崇尚。 4 佚:通“逸”。

彼王者则不然。致贤而能以救不肖,致强而能以宽弱,战必能殆之而羞与之斗,委然[1]成文以示之天下,而暴国安自化矣,有灾缪[2]者然后诛之。故圣王之诛也,綦[3]省矣。

那些王者就不是这样。自己贤能却能帮助那些不贤能的人,自己强大却能容受那些弱小的人,若打仗一定能战胜却羞于与之战,制礼作乐以昭示天下,这样,暴乱的国家自然转化,若还有那些有祸害谬误的国家再加以剿灭。所以,圣王的诛杀,是极其少的。文王只灭掉文王诛四[4],武王诛二[5],周公卒业[6],至于成王则安以无诛矣。故道岂不行矣哉?文王载百里地而天下一,桀、纣舍之,厚于有天下之埶而不得以匹夫老。故善用之,则百里之国足以独立矣;不善用之,则楚六千里而为仇人役。故人主不务得道而广有其埶,是其所以危也。

了四个国家,武王仅灭掉了两个国家,等到周公完成平定天下的大业,到了成王时就没有可诛灭的了。因此,治理天下的大道怎么能不实行呢?文王仅凭百里之地就平定了天下,夏桀、商纣舍弃大道,即使拥有统治天下的权势却依然不能像百姓一样终老。所以,善于利用治国的大道,即使百里之地亦可独立生存;不善于利用治国的大道,即使有六千里之大的楚国也会被仇人所统治。所以君主不追求治国的大道而仅扩大其势力,这是他所以危险的原因。

注释 1 委然:有文采的样子。 2 缪:通“谬”,错误。 3 綦:非常,很。 4 文王诛四:指周文王灭掉的四个小国,即密、阮、共、崇。 5 武王诛二:指周武王灭掉的商朝与奄国。 6 周公卒业:指周公辅助武王灭商,辅佐成王执政,平定管蔡之乱,又制礼作乐,使得周朝进入礼乐之治。

持宠处位终身不厌之术:主尊贵之,则恭敬而僔[1];主信爱之,则谨慎而嗛[2];主专任之,则拘守而详[3];主安近之,则慎比[4]而不邪;主疏远之,则全一而不倍;主损绌[5]之,则恐惧而不怨。贵而不为

(人臣)保持尊崇,守住职位且终生不被厌弃的方法:君主尊重你,就当恭敬而谦逊;君主信任爱护你,就要谨慎而不自满;君主把大权交给你,就要忠于职守而使法度详细明确;君主亲近你,就要顺从亲附但不乘势作恶;君主疏远你,就当忠心如一而不背叛;君主罢免你,就要怀恐惧之心而不怨恨。富

夸[6],信而不处谦[7],任重而不敢专;财利至则善而不及也,必将尽辞让之义然后受;福事至则和而理,祸事至则静而理;富则施广,贫则用节;可贵可贱也,可富可贫也,可杀而不可使为奸也。是持宠处位终身不厌之术也。虽在贫穷徒处之埶,亦取象于是矣。夫是之谓吉人。《诗》云:"媚兹一人,应侯顺德。永言孝思,昭哉嗣服。"[8]此之谓也。

贵时不奢侈,得到信任时也能够避免嫌疑,大权在握而不专断;财富利益来临,自己功绩尚不足以拥有它,就必须辞让之后才能接受;好事降临能平和对待,坏事降临能冷静对待;富有就广泛施舍,贫穷就用度节约;可以身处富贵也可身处卑贱,可富有也可贫穷,可以被杀头但不能被迫使去做奸邪之事。这就是保持尊崇,守住职位且终生不被厌弃的方法。虽然身处贫穷孤独的地位,也依据这种方法去做,这样的人就是吉祥之人。《诗》说:"多么可爱的武王啊,有温顺之德。永怀先王的法则,诏告子孙代代相传。"说的就是这种人。

注释　1 僔(zǔn):谦逊。　2 嗛:通"谦"。　3 详:使……详细明确。4 慎比:顺从。慎,顺。　5 绌:通"黜",罢免。　6 夸:奢侈。　7 谦:通"嫌",嫌疑。　8 此句引自《诗经·大雅·下武》。这是一篇祭祀周成王的乐歌。媚,爱;一人,指武王;应,当;侯,维,语助词;昭,诏;嗣,继;服,事。

求善处大重[1],理[2]任大事,擅宠于万乘之国,必无后患之术:莫若好同之,援贤博施,除怨而无妨害人。能耐任

谋求高位,掌握大权,在万乘之国被尊宠且无祸患的方法是:没有比与君主同心同德更好的,推荐贤能,广施恩惠,消弭怨恨又不妨害别人。有能力胜任这种职位,就谨慎地遵循此道;没有能力胜任这

之，则慎行此道也；能而不耐任，且恐失宠，则莫若早同之，推贤让能而安随其后。如是，有宠则必荣，失宠则必无罪。是事君者之宝而必无后患之术也。故知者之举事也，满则虑嗛，平则虑险，安则虑危，曲重[3]其豫，犹恐及其祸，是以百举而不陷也。孔子曰："巧而好度必节，勇而好同必胜，知而好谦必贤。"此之谓也。

种职位，又恐怕失去尊宠，那就不如早点摸清君主的想法，把这个位置让给贤能的人而心甘情愿地跟随在其后。如果能够这样，被尊宠的时候一定荣耀，失宠的时候也必然无罪。这是侍奉君主的法宝而又没有祸患的方法。所以，智慧的人做事，盈满的时候考虑其不足，容易的时候考虑其艰难，安全的时候考虑其危险，多方面做好准备，还是担心遭受祸患，这样就百事顺利而没有差错了。孔子说："灵巧而遵守法度就必然能做到恰到好处，勇敢且善于与人合作就必然能够战无不胜，智慧且喜好谦虚、忍让就必然贤德。"说的就是这个道理。

注释　1 大重：大位。　2 理：衍文。　3 曲重：指做好多方面准备。

愚者反是：处重擅权，则好专事而妒贤能，抑有功而挤有罪，志骄盈而轻旧怨，以悭啬[1]而不行施，道[2]乎上为重，招权于下以妨害人，虽欲无危，得乎哉！是以位尊则必危，任重则必

愚蠢的人正好相反：处在高位而独揽大权之时，就喜欢专横独断且妒忌贤能的人，压制有功的人且排挤有一点罪过的人，志气骄横自满且不在乎自己所结下的旧怨，吝啬而不施恩惠，以揣摩君主的心思为重，在下招揽权术而妨害人之作为，这样，即使想没有危险，可能吗！所以，（愚蠢的人）职位高贵就必然危险，

废,擅宠则必辱,可立而待也,可炊而僥[3]也。是何也?则堕之者众而持之者寡矣。

权力重大就必然遭废黜,独享恩宠就必然惹来耻辱,这种结果片刻就会到来,终食之间就会发生。这是为什么呢?这是因为损毁他的人多而扶持他的人少啊。

注释 1 恡啬:即“吝啬”。恡,同“吝”。 2 道:导,依循。即揣摩君主的心思。 3 炊而僥:终食之间。僥,同“竟”。

天下之行术:以事君则必通,以为仁[1]则必圣,立隆[2]而勿贰也。然后恭敬以先之,忠信以统之,慎谨以行之,端悫以守之,顿穷则从之疾力以申重之。君虽不知,无怨疾之心;功虽甚大,无伐德之色;省求,多功,爱敬不倦[3]。如是,则常无不顺矣。以事君则必通,以为仁则必圣,夫是之谓天下之行术。

通行于天下的方法:用它来侍奉君主就必然通达,用它来做人就必然圣明,确立礼法作为最高原则而不动摇。然后恭敬地以之为表率,忠信地统领它,谨慎地实行它,诚实地守护它,困顿之时也要竭力遵守且反复重申它的重要性。君主虽然不了解你,没有抱怨痛恨之心;功劳即使很大,也没有夸耀的神情;少提要求,多干实事,且把这一要求贯彻到底不知倦怠。这样,就不会经常遭遇不顺遂的事情了。用它来侍奉君主就必然通达,用它来做人就必然圣明,这是能够通行于天下的方法。

注释 1 仁:通“人”。 2 立隆:确立礼法为最高原则。 3 爱敬不倦:有的译者以为是对君主“爱敬不倦”,但本书以为应是对“省求,多功”这一要求“爱敬不倦”。

少事长，贱事贵，不肖事贤，是天下之通义也。有人也，埶不在人上而羞为人下，是奸人之心也。志不免乎奸心，行不免乎奸道，而求有君子圣人之名，辟之是犹伏而咶天[1]，救经[2]而引其足也。说必不行矣，俞[3]务而俞远。故君子时诎[4]则诎，时伸则伸也。

年少的侍奉年长的，卑贱的侍奉尊贵的，无能的侍奉贤能的，这是天下通行的原则。有的人，地位本不在别人之上，却以处在别人之下为耻，这是奸邪之人的心理。志向上免不了奸邪之心，行为上免不了奸邪之事，而想谋求君子圣人的名声，这就好像趴在地上去舔天，解救上吊的人却去拉他的脚一样。这种想法是行不通的，会愈走愈远。所以，君子需要向别人学习的时候应去向别人学习，到了能够施展才能的时候再去施展。

注释　**1** 辟之是犹伏而咶(shì)天：辟，犹“譬如”；咶，通“舐”，舔。**2** 经：缢死，上吊。**3** 俞：通“愈”。**4** 诎：屈服，忍耐。这里指向长者、贵者、贤者学习。

儒效

导读 所谓“儒效”就是儒者的作用。本篇论述了大儒的作用，并强调了学习与法度的重要性。荀子以周公与孔子为例，说明了“儒者在本朝则美政，在下位则美俗”的重要作用。对于一般的人，荀子特别提到了“中”的意义与价值。所谓“中”就是依礼法而行，这是平实且人人可行之道。而依礼法而行又意味着人人应该学习礼法，通过对礼法的学习，人的愚蠢、低贱、贫困都是可以改变的，人人可以为士君子，乃至圣人。荀子指出，圣人也不过是善于学习，以强大的毅力与弘忍之精神让自己尽善尽美而已。所以，对于一般人而言，师法就显得尤为重要，老师与礼法是人去除恶习、约束本性、不为世俗所染的根本保证，君子与小人之分正从这里体现。荀子还区分了俗人、俗儒、雅儒、大儒的不同品格，他们之于国家的作用是不同的。最后，荀子指出人的言语要有一定的界限，行为要有一定的标准，人生在世应对道有所尊崇。

原文

大儒之效：武王崩，成王幼，周公屏成王而及武王以属天下[1]，恶天下之倍周也。履天子之籍[2]，听天下之断，偃然

译文

大儒的效用：武王去世，成王年幼，周公辅佐成王而继承武王之位暂时行使统治天下的大权，因为怕天下人背叛周王朝。（周公）行使天子的权力，处理天下的大事，自如得好像自己本来就拥有

如固有之，而天下不称贪焉；杀管叔，虚殷国[3]，而天下不称戾焉；兼制天下，立七十一国，姬姓独居五十三人，而天下不称偏焉。教诲开导成王，使谕于道，而能掩[4]迹于文、武。周公归周，反籍于成王，而天下不辍事周，然而周公北面而朝之。天子也者，不可以少当也，不可以假摄为也。能则天下归之，不能则天下去之，是以周公屏成王而及武王以属天下，恶天下之离周也。成王冠[5]，成人，周公归周反籍焉，明不灭主之义也。周公无天下矣，乡有天下，今无天下，非擅[6]也；成王乡无天下，今有天下，非夺也，变埶次序节然也。故以枝[7]代主而非越也，以弟诛兄而非暴也，君臣易位而非不顺也。因天下之和，遂

这一权力一样，而天下的人也不认为他贪权；诛杀管叔，迁走殷国遗民使殷都废弃，而天下的人不以为他残暴；掌控天下，分封七十一个诸侯国，仅姬姓就占了五十三席，而天下的人也不认为他偏私。教诲开导成王，使他知晓治国的大道，能够承袭文王、武王的业绩。周公返还统治周朝的大权，还政于成王，而天下诸侯继续臣服于周，周公也北面称臣而朝拜成王。天子这个职位，不能由年幼的人担当，也不能由别人代为行使。能把天下治理好天下人就归服，不能把天下治理好天下人就离去，所以，周公辅佐成王而继承武王之位暂时行使统治天下之大权，是怕天下人背叛周王朝。成王行冠礼，成人了，周公就还政于成王，表明不能丧失国主正宗之大义。于是，周公没有统治天下的权力了，以前有，现在没有了，但这不是禅让；成王以前没有统治天下的权力，现在有了，但不是篡夺，这是地位秩序变化的缘故。所以，以旁支代理正宗行使统治权并不是僭越，以弟弟的身份诛杀兄长也不是暴虐，君臣之间的关系互换也并非篡逆。这造就了天下和平的局面，成就了文王、武王的业绩，

文、武之业，明枝主之义，抑亦变化矣，天下厌然[8]犹一也。非圣人莫之能为，夫是之谓大儒之效。

彰显了旁支与正宗的大义，虽然其间也有一些曲折变化，但天下平和安稳。若不是圣人是没有人能做到的，这就是大儒的效用。

注释 1 屏：庇护，辅佐。及：兄终弟及。属：统属。 2 籍：位。 3 杀管叔，虚殷国：管叔，周文王第三子，周武王之弟，周公旦之兄，被封于管（今河南郑州一带），世称管叔。周武王死后，周公旦为摄政王辅佐周成王，管叔不服，怀疑周公篡位，联合蔡叔、霍叔策动商纣王的儿子武庚带领殷国遗民造反，史称"三监之乱"。后来，周公兴师平叛，诛杀管叔与武庚，流放蔡叔，将霍叔贬为庶民，且将殷遗民迁到洛邑，使殷都废弃。 4 掩：承袭。 5 冠（guàn）：古代男子二十岁行加冠赐字之礼，表示成人。 6 擅：通"禅"，禅让。 7 枝：旁支。在古代，嫡长子那一系称为正宗，其余的皆为旁支。周公非嫡长子，故为旁支。 8 厌然：安然稳定。

秦昭王[1]问孙卿子[2]曰："儒无益于人之国？"孙卿子曰："儒者法先王，隆礼义，谨乎臣子而致[3]贵其上者也。人主用之，则埶在本朝而宜；不用，则退编百姓而悫，必为顺下矣。虽穷困冻餧[4]，必不以邪道为贪；无置锥之地而明于持社稷之大义；呜呼而莫之能应，然而通乎

秦昭王问荀子道："儒者对于国家来说没有什么益处吧？"荀子说："儒者效法先王，推崇礼义，谨慎地做臣子且极其尊敬其君主。君主任用他，就会在朝廷做一个合格的臣子；君主不任用他，就退居乡野做诚实的百姓，且一定是一个顺民。虽然穷困受冻挨饿，也不会用歪门邪道去贪求钱财；无立锥之地，也能明白维护国家社稷的大义；即使他的呼吁没有人响应，他依然通晓管理万物、养育百姓的纲纪。若地位在人

财万物、养百姓之经纪。埶在人上则王公之材也，在人下则社稷之臣，国君之宝也。虽隐于穷阎漏屋[5]，人莫不贵之，道诚存也。仲尼将为司寇[6]，沈犹氏不敢朝饮其羊，公慎氏出其妻，慎溃氏逾境而徙，鲁之粥牛马者不豫贾[7]，必蚤[8]正以待之也。居于阙党[9]，阙党之子弟罔不[10]分，有亲者取多，孝弟以化之也。儒者在本朝则美政，在下位则美俗，儒之为人下如是矣。”

之上，就是君王、诸侯的材料；若地位在人之下，就是扶持社稷的大臣，国君的栋梁。虽然隐居在穷巷陋屋，没有人不尊敬他，因为治国之道就在他那里。孔子将要出任鲁国司寇的时候，沈犹氏早晨不给要售卖的羊灌水了，公慎氏休掉了他淫荡的妻子，慎溃氏越境逃走了，鲁国卖牛马的人也不哄抬价格了，他们早早地改正了其错误行为以待孔子的到来。孔子居住在阙里，阙里的子弟将捕获的鱼兽分配时，有父母兄弟的人一定多取一些，这是孔子的孝悌之道感化了他们。儒者在庙堂做官就会使政治美好，在乡野为百姓就会使民风淳朴，儒者位居人下就是这样啊。”

注释　1 秦昭王：又称秦昭襄王，秦惠文王之子，公元前306—前251年在位，是中国历史上在位时间最长的国君之一。　2 孙卿子：即荀子。汉代为了避汉宣帝（名询）之讳，刘向编录时改“荀”为“孙”。　3 致：极其。　4 餧（něi）：同“馁”，饥饿。　5 穷阎漏屋：阎，里巷；漏，通“陋”。　6 司寇：古代官名，掌管刑狱、纠察等事。　7《孔子家语·相鲁》记载：“初，鲁之贩羊有沈犹氏者，常朝饮其羊以诈市人；有公慎氏者，妻淫不制；有慎溃氏，奢侈逾法；鲁之鬻六畜者，饰之以储价。”指的就是这里所说的四件事。沈犹氏常给要售卖的羊灌水，公慎氏的妻子淫乱而不能制止，慎溃氏生活奢侈超越礼制，鲁国卖家畜的人哄抬物价。粥，同“鬻”，买卖；豫，欺诳，豫贾一词常连用；贾，价格。　8 蚤：通“早”。　9 阙党：又称阙里，孔子故居。 10 罔不：罔，网，捕鱼的工具；不，当为“罘”(fú)，捕兽的工具。

王曰：“然则其为人上何如？”孙卿曰：“其为人上也广大矣：志意定乎内，礼节修乎朝，法则、度量正乎官，忠、信、爱、利形乎下。行一不义，杀一无罪而得天下，不为也。此君义[1]信乎人矣，通于四海，则天下应之如讙[2]。是何也？则贵名白而天下治[3]也。故近者歌讴而乐之，远者竭蹶[4]而趋之，四海之内若一家，通达之属莫不从服。夫是之谓人师。《诗》曰：‘自西自东，自南自北，无思不服。’[5]此之谓也。夫其为人下也如彼，其为人上也如此，何谓其无益于人之国也？”昭王曰：“善。”

秦昭王问道：“那儒者位居人上又如何呢？”荀子回答说：“若儒者位居人上，其作用就更大了：他内心有坚定的意志，能使礼节之风兴于朝廷，各级官员能以规章制度办事，忠诚、诚信、仁爱、利他的品德流行于百姓之中。即使只做一件不义的事情，杀一个无辜的人就可以得到天下，也不会去做。以这样的大义取信于民，传遍四海，则天下人就会异口同声地响应。这是为什么呢？因为他尊贵的名声显赫天下，人人都仰慕。所以，近处的人就会讴歌欢迎他，远处的人就会竭尽全力追随他，四海之内好像一家一样，车马可通达的地方没有不跟从悦服的。这样的人就是人之师表。《诗》说：‘从西到东，从南到北，没有不心悦诚服的。’说的就是这个意思。儒者位居人下就是那样，位居人上就是这样，怎么能够说他无益于国家呢？”秦昭王说：“太好了。”

注释 1 此君义：君，当为“若”，即“此若义”，也即“此义”。 2 讙(huān)：喧，齐声回答。 3 治：当为“愿”。 4 竭蹶(jué)：形容竭尽全力,行步匆忙。 **5** 此句引自《诗经·大雅·文王有声》。此诗歌颂了文王迁都丰、武王迁都镐京的功业,表现了天下人对周王的心悦诚服之情。

先王之道,仁之隆也,比[1]中而行之。曷谓中[2]?曰:礼义是也。道者,非天之道,非地之道,人之所以道也,君子之所道也。君子之所谓贤者,非能遍能人之所能之谓也;君子之所谓知者,非能遍知人之所知之谓也;君子之所谓辩者,非能遍辩人之所辩之谓也;君子之所谓察者,非能遍察人之所察之谓也:有所正[3]矣。

先王的治国之道,是仁道的最高表现,是依据中道的标准制定的。何谓中道?回答是:礼义就是中道。道,并不是天之道,也不是地之道,是人可以践行的道,是君子可以践行的道。君子所说的贤能,并不是指能做到人们所能做到的一切;君子所说的智慧,并不是指知晓人们所能知晓的一切;君子所说的善辩,并不是指能争辩人们所能辩论的一切;君子所说的明察,并不是指能明察人们所能明察的一切:因为君子是有所止的。

注释 **1** 比:顺从,依从。 **2** 中:这里的"中"并非《中庸》里的"中"。《中庸》里的"中"从"天命之谓性"讲下来,有形而上学义,但荀子这里所讲的"中"就是不偏离礼义,遵循礼义。"中"也意味着平实,人人可以践行,不是高不可攀,所以说"非天之道,非地之道,人之所以道也"。 **3** 正:当为"止"。

相高下,视垸肥,序五种[1],君子不如农人;通财货,相美恶,辩贵贱,君子不如贾人;设规矩,陈

察看地势的高下,识别土地的肥沃与贫瘠,分辨五谷(耕种的)时序,君子不如农民;流通钱财货物,辨别商品好坏,鉴定价格高低,君子不如商人;设

绳墨，便备用，君子不如工人；不恤是非然不然之情，以相荐撙[2]，以相耻怍，君子不若惠施、邓析。若夫谪[3]德而定次，量能而授官，使贤不肖皆得其位，能不能皆得其官，万物得其宜，事变得其应，慎、墨不得进其谈，惠施、邓析不敢窜其察，言必当理，事必当务，是然后君子之所长也。

置规矩，陈列绳墨，制造便捷的器械，君子不如工匠；不顾是非对错，相互贬抑讥讽，相互羞辱，君子不如惠施、邓析之流。若是依据德行制定等级秩序，衡量人的才能授予官职，使得贤能与不贤能的人各得其位，有能力与没有能力的人各自得到相应的官职，万物都能得到恰当的利用，万事都能得到适度的处理，慎到、墨子之徒的言论无用武之机会，惠施、邓析之流的诡辩无可乘之机，言论合乎道理，做事适于时务，这些才是君子所擅长的。

注释 1 相高下，视垅肥，序五种：高下，旱地与水田；垅，贫瘠的土壤；序，不失农时；五种，黍、稷、豆、麦、麻。 2 荐撙：贬抑，讥讽。 3 谪：当为“谲”，通“决”，裁决。

凡事行，有益于理者立之，无益于理者废之，夫是之谓中事。凡知说，有益于理者为之，无益于理者舍之，夫是之谓中说。事行失中谓之奸事，知说失中谓之奸道。奸事奸道，治世之所弃，而乱世之所从服也。若夫充虚之相施

大凡做事，有益于道义的就去做，无益于道义的就废止，这就叫正确的事情。大凡学说，有益于道义的就去研究，无益于道义的就废止，这就叫正确的学说。做事不正确就是奸邪的事情，学说不正确就是奸邪的学说。奸邪的事情与学说为安定的社会所遗弃，而混乱的社会所热衷。至于虚实的相互转化，“坚白”“同异”的分别，就算聪明的耳朵

易[1]也，“坚白”“同异”之分隔也，是聪耳之所不能听也，明目之所不能见也，辩士之所不能言也，虽有圣人之知，未能偻[2]指也。不知无害为君子，知之无损为小人。工匠不知无害为巧，君子不知无害为治。王公好之则乱法，百姓好之则乱事。而狂惑、戆[3]陋之人，乃始率其群徒，辩其谈说，明其辟[4]称，老身长子，不知恶也。夫是之谓上愚，曾不如相鸡狗之可以为名也。《诗》曰：“为鬼为蜮，则不可得。有靦面目，视人罔极。作此好歌，以极反侧。”[5]此之谓也。

也不能听懂，明亮的眼睛也不能分辨，善于辩论的人也无法讨论，虽然有圣人的智慧，也不能迅速说清楚。不知这些东西无害于人成为君子，知道这些东西也不能说他不是小人。工匠不知这些东西无害于其技巧，君子不知这些东西无害于其治国。王公喜欢这些东西就会败乱礼法，百姓喜欢这些东西就会扰乱事情。但那些狂妄、糊涂、愚蠢、浅陋的人，竟率领其门徒，申辩他们的学说，阐明他们的譬喻，直到身老儿壮，尚不知改悔。这样的人就是第一等的愚人，还不如那些鉴别鸡犬优劣的人名声好。《诗》说：“你若是那无形的鬼怪，人们自然就无法看清。但你丑陋邪恶的面容清晰可见，总是表现出一副让人看不清的样子。作这首善意的诗歌，来揭露你邪恶的嘴脸。”说的就是这种人。

注释　1 充虚之相施易：充，实；相施易，相互转化。　2 偻(lǚ)：迅速。　3 戆(gàng)：鲁莽，愚蠢。　4 辟：通“譬”，比喻。　5 此句引自《诗经·小雅·何人斯》。此诗表现了女子对情人变心的愤怒与谴责。蜮(yù)，一种害人的怪物；靦(tiǎn)，面目。

我欲贱而贵，愚而智，贫而富，可乎？曰：其唯学乎。彼学者，行之，曰士也；敦慕[1]焉，君子也；知[2]之，圣人也。上为圣人，下为士君子，孰禁我哉！乡也，混然涂之人也，俄而并乎尧、禹，岂不贱而贵矣哉！乡也，效门室之辨[3]，混然曾不能决也，俄而原仁义，分是非，图回[4]天下于掌上而辩白黑，岂不愚而知矣哉！乡也，胥靡[5]之人，俄而治天下之大器举在此，岂不贫而富矣哉！

我希望由卑贱变得尊贵，愚蠢变得智慧，贫穷变得富裕，有可能吗？回答说：只有靠学习啊！那些学习的人，能付诸实践的，就是士；不但能践行且勉励不怠的，就是君子；能通晓大义，会于心且安于行的，就是圣人。上可以为圣人，下可以为士君子，谁能阻止我呢？以前，还是一个浑浑噩噩的普通人，忽然间与尧、禹齐名了，难道不是由卑贱变为尊贵了吗！以前，连门内门外的礼节不同，尚不能知晓其差异，忽然间可以推原仁义，分辨是非，谋划天下之事于手掌之中就如辨别黑白一样容易，难道不是由愚蠢变得智慧了吗！以前，是空无所有的人，忽然间治理天下的大道就在你那里，难道不是由贫穷变得富裕了吗！

注释　**1** 敦慕：勉励。君子进于士的地方是，士是行之，君子在行之外，尚勉励而不怠。　**2** 知：通晓其大义。仅能行之，是懵懂不自觉的行为，这是士；勉励不怠而行之，亦有外力强制之苦，这是君子；唯通晓其大义，深谙其道理，则了然会心，无强制而安行，这就是圣人。故此处之“知”必含此义，仅言“知晓”，焉能谓圣人。　**3** 门室之辨：门内与门外礼节不同。**4** 图回：谋划。　**5** 胥靡：空无所有。胥，空疏；靡，无。

今有人于此，屑然藏千溢之宝[1]，虽行貣[2]而

现在有这样一个人，零碎地拥有价值千镒的宝贝，却过着乞讨的生活，

食，人谓之富矣。彼宝也者，衣之不可衣也，食之不可食也，卖之不可偻售也，然而人谓之富，何也？岂不大富之器诚在此也？是杅杅[3]亦富人已，岂不贫而富矣哉！故君子无爵而贵，无禄而富，不言而信，不怒而威，穷处而荣，独居而乐！岂不至尊、至富、至重、至严之情举积此哉！

但人们依然觉得他富有。宝贝这种东西，不能当衣服穿，不能当饭吃，想卖也不能马上卖出去，但人们依然认为那是财富，为什么呢？难道不是因为值钱的东西在那里吗？同理，学有所得也是富人，难道不是由贫穷变得富有了吗！所以，君子没有爵位却依然高贵，没有俸禄却依然富有，不说话依然有诚信，不发怒依然有威严，处境穷困依然荣耀，居处孤寂依然欢乐，难道不是最尊贵、最富有、最庄重、最威严的东西都来自于学习吗！

注释　1 屑然藏千溢之宝：屑然，琐碎的样子；溢，通"镒"，古代重量单位，合二十两。　2 行貣(tè)：乞讨。　3 杅杅：指学者器识广大，学有所得。杅杅，广大的样子；杅，通"于"。

故曰：贵名不可以比周[1]争也，不可以夸诞有也，不可以埶重胁也，必将诚此然后就也。争之则失，让之则至；遵道[2]则积，夸诞则虚。故君子务修其内而让之于外，务积德于身而处之以遵道。如是，则贵名

所以说：尊贵的名声不是通过拉帮结派的方式争来的，不是通过吹嘘夸饰得来的，不是通过位高权重胁迫来的，必须通过诚实的学习然后才能得到。争夺就会失去，礼让反而得到；谦虚退让就有可能(得到名声)，吹嘘夸饰一定落空。因此，君子应当修养于心而谦让于外，还应当自身积德却处之以谦虚。这样，尊贵的名声就像日月，天下响应就如雷霆。

起如日月，天下应之如雷霆。故曰：君子隐而显，微而明，辞让而胜。《诗》曰：“鹤鸣于九皋，声闻于天。”[3]此之谓也。鄙夫反是。比周而誉俞少，鄙争而名俞辱，烦劳以求安利，其身俞危。《诗》曰：“民之无良，相怨一方，受爵不让，至于已斯亡。”[4]此之谓也。

所以说：君子的地位虽然隐微，其名声却显著；权势虽低下，其作用却明显；态度虽谦让，却能战无不胜。《诗》说：“鹤在沼泽鸣叫，声音响彻云霄。”说的就是君子这样的人。小人正好相反。结党以要誉而荣誉愈来愈少，卑劣以求名而名声愈来愈臭，厌弃劳苦，希求安逸，自身却愈来愈危险。《诗》说：“有的人自己不良善，却总是抱怨别人。为了利益毫不谦让妥协，直至自己灭亡。”说的就是这样的小人。

注释　**1** 比周：出自《论语·为政》“君子周而不比，小人比而不周”。这里指拉帮结派，结党营私。　**2** 遵道：当为“遵遁”，即“逡巡”，谦虚退让。下文之“遵道”亦同。　**3** 此句引自《诗经·小雅·鹤鸣》。此诗描写田园之美，表达了古人对自然山水的审美体验。九皋，曲折的沼泽。　**4** 此句引自《诗经·小雅·角弓》。此诗劝诫周王要树立德行的榜样，不要争权夺利，使宗族与邦国离析。

故能小而事大，辟之是犹力之少而任重也，舍粹折[1]无适也。身不肖而诬贤[2]，是犹伛伸[3]而好升高也，指其顶者愈众。故明主谲德而序[4]位，所以为不乱也；忠臣诚能然后

能力小却想干大事，就像力气小而欲挑重担一样，除了断骨折腰以外，没有别的下场。自身不贤能却自诩贤能，就像身体佝偻的人却喜欢爬高一样，指着他的头讥笑的人一定很多。所以，英明的君主依据德行安排职位，是为了防止混乱；忠诚的臣子确实有才能然后才

敢受职,所以为不穷也。分不乱于上,能不穷于下,治辩之极也。《诗》曰:“平平左右,亦是率从。”[5]是言上下之交不相乱也。

敢接受任命,就是为了不陷入窘困。在上分配官职不混乱,在下依能受职不窘困,这是治国的最高境界。《诗》说:“任用左右的人公正,人民就会很顺从。”说的就是这种上下关系很顺畅的现象。

注释 1 粹折:即“碎折”。 2 诬贤:不贤能而自诩为贤能。 3 伛伸:伛,驼背;伸,当为“身”字。 4 序:排序,安排。 5 此句引自《诗经·小雅·采菽》。此诗写诸侯来京朝拜天子,受到丰厚的赏赐,于是诗人作诗以歌颂。平平,公正无偏的样子。

以从俗为善,以货财为宝,以养生为已至道,是民德也。行法至坚,不以私欲乱所闻,如是,则可谓劲士矣。行法至坚,好修正其所闻以桥[1]饰其情性,其言多当矣而未谕也,其行多当矣而未安也,其知虑多当矣而未周密也,上则能大其所隆[2],下则能开道[3]不己若者,如是,则可谓笃厚君子矣。修百王之法若辨白黑,应当时之变若数一二,行礼要节而安之

以依从习俗为美德,把钱财货物当珍宝,以养生长寿作为自己的最高原则,这是一般百姓的德行。行为合乎法度且意志坚定,不因为私欲而曲解其所学,这样的人,可谓是刚劲正直的人了。行为合乎法度且意志坚定,喜欢以其所学修身进而矫正其性情,言语多半恰当但未能明白其大义,行为多半合礼但未能安然自如,思考多半适当但未能周密无懈,对上能光大自己所尊崇的道义,对下能开导不如自己的人,这样的人,可谓是诚实忠厚的君子了。修习历代帝王的法度就像辨别黑白那样清晰,应付时势变化就像数一、二那样容易,行礼合乎礼节就像四肢一样行动

若生四枝[4]，要时立功之巧若诏四时，平正和民之善，亿万之众而博[5]若一人，如是，则可谓圣人矣。

自如，依时立功的技巧就像预告四时更替那样准确，能够稳定政局，安定百姓，以此使亿万之众团结得就像一个人一样，这样的人，可谓圣人了。

注释 1 桥：通“矫”。 2 隆：尊崇，指自己所尊崇的学问与道义。 3 开道：开导。 4 枝：通“肢”。 5 博：“抟”字之误，抟，通“专”。

井井[1]兮其有理也，严严兮其能敬己也，分分[2]兮其有终始也，猒猒[3]兮其能长久也，乐乐兮其执道不殆也，照照兮其用知之明也，修修兮其用[4]统类之行也，绥绥兮其有文章[5]也，熙熙兮其乐人之臧[6]也，隐隐[7]兮其恐人之不当也，如是，则可谓圣人矣[8]。此其道出乎一。曷谓一？曰：执神而固。曷谓神？曰：尽善挟治[9]之谓神。万物莫足以倾之之谓固[10]。神固之谓圣人。

井然有序啊，他做事有条有理；庄敬威严啊，他严格要求自己；坚定如一啊，他有始有终；安然自足啊，他凡事能长久；乐以忘忧啊，他行道而不倦；照彻寰宇啊，他用智而英明；从容不迫啊，他依礼法而行；安泰徐和啊，他是那样的有德行；和乐依依啊，他喜欢别人的美好；忧心忡忡啊，他担心别人的过错。他的品德与境界出于专一。什么是专一？回答说：执持神明坚定。什么是神明？回答说：用最好的方法治理国家就是神明。（什么是坚定？回答说：）没有什么事情可以将他倾覆就是坚定。神明且坚定的人就是圣人。

注释 1 井井：有条理的样子。 2 分分：当为“介介”，坚固的样子。 3 猒猒(yàn)：安然自足的样子。 4 用：衍文。 5 绥绥兮其有文章：

绥绥，安泰徐和的样子；文章，依朱熹的解释，乃德行见于外者。 **6** 熙熙兮其乐人之臧(zāng)：熙熙，和乐的样子；臧，美好。 **7** 隐隐：忧戚的样子。 **8** 如是，则可谓圣人矣：此句与上文重复，乃衍文。从“井井”到“隐隐”，乃是承上文进一步解释圣人的品行与境界，故此处不当再有“如是，则可谓圣人矣”。况且比喻圣人的这十句话，我们只能意会，的确无法用现代汉语准确地加以翻译。 **9** 挟(jiā)治：当为“浃治”，周洽而治。 **10** 万物莫足以倾之之谓固：此句之前，当有“何谓固？曰”四字，以与上文文气句式相统一。

圣人也者，道之管[1]也：天下之道管是矣，百王之道一是矣。故《诗》《书》《礼》《乐》之归[2]是矣。《诗》言是，其志也；《书》言是，其事也；《礼》言是，其行也；《乐》言是，其和也；《春秋》言是，其微[3]也。故《风》之所以为不逐者[4]，取是以节之也；《小雅》之所以为《小雅》者，取是而文之也；《大雅》之所以为《大雅》者，取是而光之也；《颂》之所以为至[5]者，取是而通之也：天下之道毕是矣。乡是者臧，倍是者亡；乡是如

圣人，就是大道的枢纽：天下之道都集中在圣人那里，百王之法也统一在圣人那里。所以，《诗》《书》《礼》《乐》所讲之道也最终会归在圣人那里。《诗》所说的是圣人的意志，《书》所说的是圣人的事，《礼》所说的是圣人的行为，《乐》所说的是圣人的和谐，《春秋》所说的是圣人的微言大义。所以，《国风》之所以不放荡，乃因圣人之道节制的缘故；《小雅》之所以为《小雅》，乃因圣人之道加以文饰的缘故；《大雅》之所以为《大雅》，乃因圣人之道加以光大的缘故；《颂》之所以能达于神明，乃因为圣人之道贯通的缘故：天下之道全部集中在圣人那里。依从它就会美好，违背它就会灭亡；依从它

不臧，倍是如不亡者，自古及今，未尝有也。

而不美好，违背它而不灭亡，自古到今，从来没有过。

注释 1 管：枢纽。 2 归：依据文气与句式，“归”字前脱一“道”字。 3 微：微言大义。 4《风》之所以为不逐者：《风》，即《诗经》中的《国风》，主要是各地的民歌，共十五国风。《诗经》分为《风》《雅》《颂》。《雅》，指朝廷中的正声雅乐，分《大雅》与《小雅》。《颂》，是祭祀宗教时的颂歌。逐，放荡。 5 至：这里指达于神明。

客有道曰：“孔子曰：‘周公其盛乎！身贵而愈恭，家富而愈俭，胜敌而愈戒。’”应之曰：“是殆非周公之行，非孔子之言也。武王崩，成王幼，周公屏成王而及武王，履天子之籍，负扆而坐[1]，诸侯趋走堂下。当是时也，夫又谁为恭矣哉！兼制天下立七十一国，姬姓独居五十三人焉，周之子孙苟不狂惑者，莫不为天下之显诸侯，孰谓周公俭哉！武王之诛纣也，行之日以兵忌，东面而迎太岁[2]，至汜[3]而泛，至怀[4]而坏，至共头而山隧[5]。霍叔[6]惧曰：

有客人说：“孔子曾说：‘周公真是伟大啊！他地位高贵却愈加恭敬，家庭富有却愈加俭约，战胜了敌人却愈加注意戒备。’”答道：“这恐怕不是周公的行为，也不是孔子的观点吧。武王去世，成王年幼，周公为了保护成王而继承了武王的权力，履行天子的职责，倚屏风而立，诸侯们在朝堂下小步奔走朝拜。那个时候，他对谁恭敬呢！统治天下，立诸侯国七十一个，姬姓诸侯就有五十三人，周王的子孙只要不狂乱、愚惑，没有一个不被封为显贵的诸侯，谁能说周公俭约呢！武王讨伐纣王的时候，出师那天正好是用兵的忌日，东面进兵又刚好犯太岁，行军到汜水时遭遇洪水，到达怀城时城墙坍塌，路过共头山时遇

'出三日而五灾至，无乃不可乎？'周公曰：'刳比干而囚箕子[7]，飞廉、恶来知政[8]，夫又恶有不可焉！'遂选[9]马而进，朝食于戚[10]，暮宿于百泉，厌旦于牧之野[11]。鼓之而纣卒易乡，遂乘殷人而诛纣。盖杀者非周人，因殷人也。故无首虏之获，无蹈难之赏，反而定三革[12]，偃五兵[13]，合天下，立声乐，于是《武》《象》起而《韶》《护》废[14]矣。四海之内，莫不变心易虑以化顺之，故外阖不闭，跨天下而无蕲[15]。当是时也，夫又谁为戒矣哉！"

山体滑坡。霍叔惊恐地说：'出师三日竟遭遇五次灾祸，是不是伐纣不宜？'周公说：'将比干挖心而囚禁箕子，飞廉、恶来这样的奸佞执政，又有什么不可以讨伐的呢？'于是，齐马进发，在戚用早餐，百泉夜宿，第二天黎明兵临牧野。刚一开战纣王的士卒就反戈相向，于是凭借殷人的力量杀掉了纣王。可见，杀死纣王的不是周人，而是殷人。所以，周朝军队并没有斩首与俘虏的收获，也没有冲锋陷阵的奖赏，班师以后即收藏了兵甲武器，一统天下，设立音乐，于是，《武》《象》兴起而《韶》《护》废止。四海之内，没有一个不改变思想而归顺周朝的，所以，国门不关闭，走遍天下都没有疆界。那个时候，谁还需要戒备呢！"

注释　1 负扆(yǐ)而坐：扆，古代官殿内陈设在门与窗之间的大屏风；坐，当为"立"字。　2 迎太岁：迎，逆；太岁，中国古代的民间信仰，冲犯太岁的人会遭殃。　3 汜(sì)：汜水，在今河南汜水。　4 怀：古地名，今河南武陟西南。　5 共(gōng)头而山隧：共头，即共首山，在河南辉县。隧，通"坠"。　6 霍叔：武王的弟弟，后在"三监之乱"中被周公降为庶民。　7 刳(kū)比干而囚箕子：比干，商朝帝王太丁的儿子，帝乙的弟弟，帝辛(即商纣王)的叔叔，因劝诫商纣王行仁政而被挖心；箕子，也是商纣王的叔叔，因见纣王无道，佯装疯癫，纣王遂将其囚禁起来。　8 飞廉、恶来知政：飞廉、恶来是一对父子，俱为商纣王宠臣。《史记·秦本纪》载："蜚廉生恶来。恶来有力，蜚廉善走，父子俱以材力事殷纣。"可见，这对父子有一定才能但奸佞而不辨是非。同时，他们也是秦的祖先。知，掌管。 **9** 选：整齐。 **10** 戚：古地名。下文"百泉"亦为古地名。 **11** 厌旦于牧之野：厌旦，当为"旦厌"，即早晨兵临牧之野。牧，古地名，今河南淇县附近。 **12** 三革：三种防备的武器，甲、胄、盾。 **13** 五兵：五种进攻的武器。 **14** 《武》《象》起而《韶》《护》废：《武》《象》，为周武王克殷后的乐名；《韶》《护》，为殷时乐名。 **15** 蕲：通"圻"(qí)，疆界。

造父[1]者，天下之善御者也，无舆马则无所见其能。羿[2]者，天下之善射者也，无弓矢则无所见其巧。大儒者，善调一天下者也，无百里之地则无所见其功。舆固马选矣，而不能以至远一日而千里，则非造父也。弓调矢直矣，而不能以射远中微，则非羿也。用百里之地，而不能以调一天下，制强暴，则非大儒也。

造父，是天下最善于驾驭的人，但若没有车马他的才能就无法施展。后羿，是天下最善于射箭的人，但若没有弓矢他的技巧就无法展现。大儒，是最善于使天下和谐的人，但若没有百里之土地就无法显示其功绩。如果车子坚固、马匹精良，但不能一日千里，那就不是造父。弓调好了，矢矫正了，但不能射中远处微小的目标，那就不是后羿。拥有百里的土地，但不能使天下和谐，制止强暴，那就不是大儒。

注释 **1** 造父：周穆王时期善于驾驭马车的人。《史记·赵世家》记载造父驾驭之功："徐偃王反，缪王日驰千里马，攻徐偃王，大破之。" **2** 羿：又称"后羿""夷羿"。夏朝时期东夷族有穷氏首领，射术高超。他曾驱逐夏王自任国王，后为家臣所杀。

彼大儒者，虽隐于穷阎漏屋，无置锥之地，而王公不能与之争名；在一大夫之位，则一君不能独畜，一国不能独容，成名况乎诸侯，莫不愿得以为臣；用百里之地而千里之国莫能与之争胜，笞棰[1]暴国，齐一天下，而莫能倾也。是大儒之征也。其言有类，其行有礼，其举事无悔，其持险、应变曲当。与时迁徙，与世偃仰，千举万变，其道一也。是大儒之稽[2]也。其穷也，俗儒笑之；其通也，英杰化之，嵬琐[3]逃之，邪说畏之，众人愧[4]之。通则一天下，穷则独立贵名，天不能死，地不能埋，桀、跖之世不能污，非大儒莫之能立，仲尼、子弓是也。

那些大儒，虽然身处穷巷陋屋，没有立锥之地，但王公大人们不能与之争名声；虽然身处大夫之位，但一国之君主不能独自任用，一个国家也容纳不下；盛名远播于诸侯，没有一个诸侯不愿意他们作为臣子；虽然只管辖着百里之地但千里之国没有一个能与它匹敌，打击强暴的国家，使天下和谐，没有人能阻挡。这是大儒的效验。他的言语有法度，他的行为合礼节，做事不后悔，处理危险、应付突变精确恰当。与时俱进，随世应变，虽千变万化，但道术始终如一。这是大儒的风范。他困顿失意之时，庸俗的儒者讥笑他；他通达得意之时，英雄豪杰被感化，奸诈猥琐之人逃避他，主张邪僻学说的人害怕他，众庶庸民都愧对他。通达之时就能使天下和谐，困顿之时也能独自树起高贵的名声，天不能让他死，地不能将他埋，即使在夏桀、盗跖的世界也不能将其污染，不是大儒是不能这样立身处世的，仲尼、子弓就是这样。

注释　1 笞棰(chīchuí)：鞭打，打击。　2 稽：指可稽考的标准，这里指典范、风范。　3 嵬琐：险诈奸邪。　4 愧：众人因境界低下，自觉愧对大儒。

故有俗人者，有俗儒者，有雅儒者，有大儒者。不学问，无正义，以富利为隆，是俗人者也。逢衣浅带，解果其冠[1]，略法先王而足乱世术，缪学杂举，不知法后王而一制度，不知隆礼义而杀《诗》《书》；其衣冠行伪[2]已同于世俗矣，然而不知恶者[3]；其言议谈说已无以异于墨子矣，然而明不能别；呼先王以欺愚者而求衣食焉；得委积足以掩其口则扬扬如也[4]；随其长子，事其便辟[5]，举其上客，億然[6]若终身之虏而不敢有他志：是俗儒者也。法后王，一制度，隆礼义而杀《诗》《书》；其言行已有大法矣，然而明不能齐法教之所不及，闻见之所未至，则知不能类也；知之曰知之，不知曰不知，内不自以诬，外不自以欺，以是尊贤畏法而不敢怠傲：是雅

所以，有俗人，有俗儒，有雅儒，有大儒。没有学问，没有正义，以富贵利益为最高追求，这就是俗人。衣服宽大而腰带宽松，帽子中间高而两边低，略知效法先王而足以扰乱当世的道术，学说荒谬而行为杂乱，不知道效法后王而统一制度，不知道推崇礼义而轻视《诗》《书》；他们的衣冠、行为与世俗之人已没有什么区别了，却不觉得恶心；他们的议论言谈已与墨子没有什么区别了，却不能辨别；称道先王之道以欺骗愚蠢的人以求得温饱，由此赚钱养家糊口且洋洋自得；跟随君王的世子，侍奉他的宠臣，巴结他的座上客，心安理得地做他终生的奴仆而不敢有别的志向：这就是俗儒。效法后王，统一制度，推崇礼义而轻视《诗》《书》；他的言行已经合乎法度，然而，他的智慧却不能见及法律与教化没有涉及的地方，他的视听不能触及的地方，就不能触类旁通；知道就说知道，不知道就说不知道，对内不自吹，对外不欺骗，依据此种品格去尊重贤能敬畏礼法且不敢有丝毫怠慢：这就是雅儒。效法先王，总括礼义，统一

儒者也。法先王，统礼义，一制度；以浅持博，以古持今，以一持万；苟仁义之类也，虽在鸟兽之中，若别白黑；倚[7]物怪变，所未尝闻也，所未尝见也，卒[8]然起一方，则举统类而应之，无所儗㤰[9]，张法而度之，则晻然若合符节[10]：是大儒者也。故人主用俗人则万乘之国亡，用俗儒则万乘之国存，用雅儒则千乘之国安，用大儒则百里之地久，而后三年，天下为一，诸侯为臣，用万乘之国则举错[11]而定，一朝而伯[12]。

制度；以浅近把握广博，以远古把握当今，以一本把握万用；如果是合乎仁义的东西，即使在禽兽之中，也能像分辨黑白那样容易地辨认出来；离奇的事物，怪诞的变化，从未听说过，从未看到过，突然在一个地方出现，也可以用礼法纲纪加以应对，没有任何疑惑不安，以法度去应变，就像符节一样相合无间：这就是大儒。所以，君主任用俗人就会使万乘之国灭亡，任用俗儒只能使万乘之国苟存，任用雅儒则可以使千乘之国平安，任用大儒却可以使百里之地长久，三年以后，一统天下，诸侯臣服，若大儒在万乘之国被任用，那么，他一行动就可平定天下，一个早晨就可以名扬四海。

注释 1 逢衣浅带，解(xiè)果其冠：逢，大；浅，宽松；解果，又作“蟹螺”，狭小的高地。这里指中间高两旁低的帽子。 2 伪：通“为”。 3 者：衍文。后文“然而明不能别”无“者”字，此一“者”字亦当无。 4 得委积足以掩其口则扬扬如也：委积，泛指财物，货财；扬扬，自我满足；如也，句末语气词，相当于“……的样子”。 5 便辟(piánpì)：能说会道，善于逢迎的宠臣。 6 億然：心安理得的样子。億，当作“亿”。 7 倚：通“奇”。 8 卒：作“猝”。 9 儗㤰：儗，疑；㤰，同“怍”，不安。 10 晻(yǎn)然若合符节：晻然，相合的样子；符节，古代符信之一种，以金玉竹木等制成，上刻文字，分为两半，使用时以两半相合为验。 **11** 错：通“措”。 **12** 伯：通“白”，名声显耀于天下。

不闻不若闻之，闻之不若见之，见之不若知之，知之不若行之，学至于行之而止矣。行之，明也，明之为圣人。圣人也者，本仁义，当是非，齐言行，不失豪[1]厘，无它道焉，已乎行之矣。故闻之而不见，虽博必谬；见之而不知，虽识必妄；知之而不行，虽敦必困[2]；不闻不见，则虽当，非仁也[3]。其道百举而百陷也。

没有听说过不如听说过，听说过不如见到过，见过不如知晓，知晓不如践行，学问至于践行就完成了。践行了学问就通透明白了，通透明白了就是圣人。圣人，之所以能本于仁义，于是非恰当，言行一致，不失毫厘，没有别的窍门，就是能把学问付之于践行。所以，听说过却没有见过，虽然听闻广博也必然荒谬；见过但不了解，虽然认识也必然虚妄；知晓了却不践行，虽所知甚多也必然陷入困顿；不能广闻博识，虽然所行恰当，也不是仁道。以以上的方式做事一百次就会失败一百次。

注释 **1** 豪：通“毫”。 **2** 知之而不行，虽敦必困：敦，厚，指所知广博。此句相当于《弟子规》所说：“不力行，但学文，长浮华，成何人。”知识仅成就人之浮华，这是“困”的原因。 **3** 不闻不见，则虽当，非仁也：此句相当于《弟子规》所说“但力行，不学文，任己见，昧理真”。这是“偶济”而不是依理而行的仁道，也是“非仁”的原因。

故人无师无法而知则必为盗，勇则必为贼，云能[1]则必为乱，

所以，人若没有老师的教导不懂礼法的规范却很聪明，就必然会做强盗，若勇敢就必然会去抢劫，若有才能就必然会

察则必为怪，辩则必为诞。人有师有法而知则速通，勇则速威，云能则速成，察则速尽，辩则速论[2]。故有师法者，人之大宝也；无师法者，人之大殃也。人无师法则隆性矣，有师法则隆积矣，而师法者，所得乎情[3]，非所受乎性，不足以独立而治[4]。性也者，吾所不能为也，然而可化也。情也者，非吾所有也，然而可为也。注错[5]习俗，所以化性也；并一而不二[6]，所以成积也。习俗移志，安久移质，并一而不二则通于神明，参于天地矣。

作乱，若善于明察就必然会有怪论，若善于辩论就必然会有诡辩。人若有老师的教导懂得礼法的规范而且聪明，就会很快通晓事理，若勇敢就会立即树立威严，若有才能就会很快成功，若善于明察就会很快穷尽事理，若善于辩论就会很快决断对错。所以，有老师与礼法，是人的大财富；没有老师与礼法，是人的大祸患。人没有老师与礼法就会任性而为，有老师与礼法就会重视学习积累，而老师与礼法，也是通过学习得来的，不是从本性中直接禀受的，本性，是不可以独立自我完善的。本性，不是人为造成的，但后天可以转化。学习中的东西，不是人本性先天固有的，但可以通过努力后天拥有。行为习俗，可以转化人的性情；使性情与所学的合一不二，就是积累。习惯与风俗可以改变人的志向，长久积习于此就会改变人的气质，使积习与气质合一就会通于神明，与天地相参同了。

注释　1 云能：有才能。　2 论：在辩论中决断对错。　3 情：当为“积”字。下文“情也者”当为“积也者”。若云“情非吾所有”则根本不通。故“情”字为“积”字之误。　4 不足以独立而治：“不”字之前少了一“性”字，本句为“性不足以独立而治”。荀子以为，人性就是人天生的生物性的本能，是不可能自我完善的，但可以依据外在的学习加以转化，这就是“化性起伪”。 5 注错:措置,行为。 6 并一而不二:“二”是指人之性与师法,人性乃天所生,师法由外在的学习而得,二者合一,就是“积”,亦即以师法之大义改变天然之本性,也就是“化”。“化”就是“一”,也就是“积”的效果。有学者译为“专心一致”,实误。若此,应为“专一而不二”,云“并”者,必不是一般的心态,必有二物之所指。

故积土而为山,积水而为海,旦暮积谓之岁;至高谓之天,至下谓之地,宇中六指[1]谓之极;涂之人百姓,积善而全尽谓之圣人[2]。彼求之而后得,为之而后成,积之而后高,尽之而后圣。故圣人也者,人之所积也。人积耨[3]耕而为农夫,积斫削而为工匠,积反[4]货而为商贾,积礼义而为君子。工匠之子莫不继事,而都国之民安习其服,居楚而楚,居越而越,居夏而夏,是非天性也,积靡使然也。

所以,堆积泥土就成为了山丘,积累水流就成为了江海,叠加旦暮之时日就成为了年岁;最高的就叫天,最低的就叫地,宇宙中的六个方位就叫极;路途中的行人就叫百姓,累积善行而至于性情完美就叫圣人。(圣人)那是要追求才能有所收获,践行才能有所成就,积累才能有所提高,达到完美才能成为的。所以圣人是普通人日积月累其善行达到的。人积累了耕种的经验就成为了农夫,积累了砍削的经验就成为了工匠,积累了贩卖货物的经验就成为了商人,积累了学习礼义的经验就成为了君子。工匠的儿子没有不承袭父亲的事业的,而国都中的百姓也都习惯了他们的习俗,居住在楚国就习惯于楚俗,居住在越国就习惯于越俗,居住在华夏就习惯于夏风,这不是天性使然,而是长期积累顺其积习使然。

注释 1 六指:上、下、东、南、西、北。 2 涂之人百姓,积善而全尽谓之圣人：若如此断句，则“涂之人百姓”似不可通；若断为“涂之人百姓积善而全尽谓之圣人”，则似乎不必要“百姓”二字，“涂之人积善而全尽谓之圣人”最为顺适。因此，此句可能为“涂之人谓之百姓，积善而全尽谓之圣人”，脱落了“谓之”二字。 3 耨(nòu)：锄草。 4 反：通“贩”，贩卖。

故人知谨注错，慎习俗，大[1]积靡，则为君子矣；纵性情而不足问学，则为小人矣。为君子则常安荣矣，为小人则常危辱矣。凡人莫不欲安荣而恶危辱，故唯君子为能得其所好，小人则日徼[2]其所恶。《诗》曰：“维此良人，弗求弗迪；维彼忍心，是顾是复。民之贪乱，宁为荼毒。”[3]此之谓也。

所以人们明智小心地对待行动，谨慎地对待风俗，重视学习熏陶，这样的人就会成为君子；放任性情而不好好学习，这样的人就会成为小人。成为君子就会常安乐尊荣，成为小人就会常危险羞辱。每个人都喜好安乐尊荣而厌恶危险羞辱，所以只有君子才能得其所好，小人则每天招致其所厌恶的东西。《诗》说：“那些善良的人，不被任用；那些贪戾的人，反而被顾念重视。天下贪戾暴乱，安然放任此恶行。”说的就是小人的这种行为。

注释 1 大：以……为大，重视之意。 2 徼：通“邀”，招致。 3 此句引自《诗经·大雅·桑柔》。此诗痛斥周厉王之乱世，百姓流离失所，但朝臣却为非作歹，贪恋权位。迪，进用。

人论[1]：志不免于曲私而冀人之以己为公也，行不免于污漫而冀人之以己为修也，其[2]愚陋沟瞀而冀人

人的类别等级：思想上不免于偏私却希望别人以为自己公正，行为上不免于污秽却希望别人认为自己美好，甚为愚昧无知却希望别人认为自

之以己为知也，是众人也。志忍[3]私然后能公，行忍情性然后能修，知而好问然后能才，公修而才，可谓小儒矣。志安公，行安修，知通统类，如是则可谓大儒矣。大儒者，天子三公[4]也；小儒者，诸侯大夫士也；众人者，工农商贾也。礼者，人主之所以为群臣寸、尺、寻、丈[5]检式也，人伦尽矣。

己智慧，这就是俗人。思想上能克服偏私而做到公正，行为上能修养性情而做到美好，聪明且喜欢向人请教，然后多才多艺，公正美好又有才干，这就是小儒。思想上安于公正无私，行为上安于修持，智慧能够通晓纲纪法度，这样就可谓大儒了。大儒，能当天子的三公；小儒，能够当诸侯的大夫或士；俗人，就只能为工农商贾了。礼，是君主用以衡量群臣才能的标准，人的类别等级无法逃于礼的裁定。

注释　1 论：通“伦”，人的德行智慧之类别等级。　2 其：当为“甚”。　3 忍：克制。　4 三公：辅助君主掌握军政大权的最高官员，各个朝代名称不同，周朝的三公为太师、太傅、太保。　5 寸、尺、寻、丈：俱为长度单位。寻，八尺为一寻。

君子言有坛宇[1]，行有防表[2]，道有一隆。言道德[3]之求，不下于安存；言志意之求，不下于士；言道德之求，不二[4]后王。道过三代谓之荡，法二后王谓之不雅。高之下之，小之臣[5]之，不外是矣，是君子之所以骋志意于

君子说话有一定的界限，行为有一定的标准，对于道有一定的尊崇。说到政治的要求，不能低于国家安定，人民有基本的生存保障；说到思想的要求，不能低于士人的标准；说到道德的要求，不应该背离当代帝王。谈论为政之道超过三代就会流于荒诞不经，探求法度背离当代帝王就会陷入不正。人之高低小大，无非就是从这里看，这是君子

坛宇宫庭也。故诸侯问政不及安存，则不告也；匹夫问学不及为士，则不教[6]也；百家之说不及后王，则不听也。夫是之谓君子言有坛宇，行有防表也。

驰骋其意志、展现其思想的场所。所以，诸侯请教政治而不涉及安定生存，就不必回答；匹夫请教学问而不牵涉如何做士人，就不必告知；百家的学说若不涉及当代政治的问题，就不必听闻。这就叫君子说话有一定的界限，行为有一定的标准。

注释 1 坛宇：喻指界限。坛，殿堂之基；宇，房屋之檐。 2 防表：防，堤防，喻指限度或标准。 3 道德：当为“政治”。下文复有“言道德之求”，可见此处为误写。 4 二：背离。 5 臣：当为“巨”。 6 不教：不告诉，卫灵公之问陈，樊迟之问稼，俱在不告不教之列。

王制

导读 本篇主要体现了荀子的治国思想。荀子以其儒者的胸怀对于理想的王者的各种建制进行了设计,重点论述了王者的政治制度:其一,举贤授能。贤能的根据就是看其是否“积文学”“属于礼义”,他认为“虽王公士大夫之子孙,不能属于礼义,则归之庶人。虽庶人之子孙也,积文学,正身行,能属于礼义,则归之卿相士大夫”,这一思想破除了固定的身份等级,尤为可贵。其二,注重职位身份等级的差别。荀子提出了“分均则不偏,埶齐则不一,众齐则不使”的思想。国家的善治正是由不齐中的和谐而来,礼仪制度也正是要确保这种不齐中的和谐。其三,满足百姓的需求。荀子提出“君者,舟也;庶人者,水也。水则载舟,水则覆舟”的著名思想,认为王者治国的根本目标在“富民”。其四,要有一整套发展生产、管理经济、保证物资流通的制度。其五,确定各种官职的职责范围。为了说明王者政治的优越性,荀子还将王者与霸者、安存、危殆、灭亡等五种状况及其条件进行了对比,得出“善择之者王,不善择之者亡”的结论。

原文

请问为政?曰:贤能不待次而举,罢[1]不能不待须而废,元恶不

译文

请问如何治理国家?回答说:贤能的人不必依据次序可破格提拔,德才不能胜任的人不必依照程序可立即罢免,大恶之

待教而诛，中庸民不待政而化[2]。分未定也则有昭缪[3]。虽王公士大夫之子孙[4]，不能属于礼义，则归之庶人。虽庶人之子孙也，积文学，正身行，能属于礼义，则归之卿相士大夫。故奸言、奸说、奸事、奸能、遁逃反侧[5]之民，职[6]而教之，须而待之；勉之以庆赏，惩之以刑罚；安职则畜[7]，不安职则弃。五疾[8]，上收而养之，材而事之，官施而衣食[9]之，兼覆无遗。才行反时者，死无赦。夫是之谓天德，王者之政也[10]。

人不必教育直接杀掉，普通百姓不依靠行政的力量即可被教化。朝臣名分未定之时应该像宗庙昭穆那样加以区别。即使是王公士大夫的子孙，若不能遵循礼义，也要归属于庶人之列。即使是庶人的子孙，如果具备了经典文献的知识，身心行为端正，能够遵循礼义，就可以归属于卿相士大夫之列。所以，那些散布邪恶言论、鼓吹邪恶学说、行邪僻之事、有邪僻才能、四处流窜且不顺服的人，就让他们做强制性的工作以便教化，等待他们慢慢转变；以庆赏来勉励他们，以刑罚去惩罚他们；安心工作的人就继续留用以教养，不安心工作的人就废此而改用他法。有五种残疾的人，国家收留并赡养他们，依据各自的才能安排工作，比照官府的俸禄供给他们衣食，要全面而不能遗漏。对那些以才能与行为反对现行制度的人，处死而不赦免。这就叫天德，是王者的政治措施。

注释　1 罢(pí)：无能，这里指德才不能胜任。　2 中庸民不待政而化：上文之"元恶"与此处之"中庸"对应，故"民"为衍文。中庸，普通百姓。"不待政而化"就是"道之以德，齐之以礼，有耻且格"。　3 昭缪(mù)：缪，通"穆"。古代宗庙制度，父亲为昭居左，儿子为穆居右。　4 此处脱落一"也"字，与下文"虽庶人之子孙也"对应。　5 反侧：不安分，不顺服。

6 职:安置工作,这里指让人做强制性的工作,相当于现代社会的劳动改造。 7 畜:饲养。 8 五疾:五种残疾之人,聋、哑、瘸、断臂与侏儒。 9 衣食:给……衣食。 10 王者之政也:此句句首脱落一"是"字。

听政之大分:以善至者,待之以礼;以不善至者,待之以刑。两者分别,则贤不肖不杂,是非不乱。贤不肖不杂,则英杰至;是非不乱,则国家治。若是,名声日闻[1],天下愿,令行禁止,王者之事毕矣。凡听,威严猛厉而不好假道[2]人,则下畏恐而不亲,周闭而不竭[3],若是,则大事殆乎弛,小事殆乎遂[4]。和解调通,好假道人而无所凝止之,则奸言并至,尝试之说锋起[5],若是,则听大事烦,是又伤之也。

处理政事听取意见的要领:对于那些怀着善意而来的人要以礼相待,而对那些不怀好意而来的人就以刑相罚。两者有所区分就使得贤能与无能不会混杂,是非不会混乱。贤能与无能不相混杂,英杰人物就会到来;是非不相混乱,国家就会得到善治。如果这样,(君王就会)名声显赫,天下仰慕,有令必行,有禁必止,王者的事业就完成了。大凡听政,过于威严猛厉而不喜欢宽容顺从人,那么下面的人就会畏惧恐慌而不敢亲近,隐瞒而不会把实情全部说出来,如果这样,大事就近于废弛,小事就近于落空。(相反,)如果一味随和,喜欢宽容地顺从别人而没有持守,那么奸邪的言论就会一齐到来,试探性的说法就会蜂拥而至,如果这样,就会视听混杂而事情繁琐,这反而是对朝政的伤害。

注释 1 名声日闻:当为"名声白",与"天下愿"形成对文。 2 假道:假,宽容;道,引导。 3 周闭而不竭:周闭,隐瞒;不竭,不敢说出全部实情。 4 遂:通"坠",废弃。 5 锋起:即"蜂起"。锋,通"蜂"。

故法法而不议[1]，则法之所不至者必废；职而不通[2]，则职之所不及者必队[3]。故法而议，职而通，无隐谋，无遗善，而百事无过，非君子莫能。故公平者，职之衡也；中和者，听之绳也。其有法者以法行，无法者以类举，听之尽也。偏党而无经[4]，听之辟[5]也。故有良法而乱者，有之矣；有君子而乱者，自古及今，未尝闻也。传曰："治生乎君子，乱生乎小人。"此之谓也。

所以，使用法律而不讨论，那么法律条文规定不到的地方就会无法可依；掌握职权而不相互沟通，那么职权范围规定不到的地方就会无人去管。因此，法律加以讨论，职权相互沟通，就不会有未发现的谋划，也没有遗漏掉的善行，什么事情都不会犯错，不是君子是不能做到的。因此公平公正，是职权的要求；宽严适中，是听政的标准。其中有法可依的就依据法律处理，没有法律可依的依据事例类推解决，这是君主听政的最好方法。偏私而没有常道，是君子听政的邪路。所以，有好的法律而国家混乱，是存在的；有君子而混乱的情况，从古到今，从未听说过。古书上说："平治产生于君子，混乱产生于小人。"说的就是这个道理。

注释 1 议：讲论。大凡法律总有不能周遍的地方，这就需要"议"，这表明法律是活的，不是死的条文。下文所说"无法者以类举"，正是"议"的方式。 2 通：沟通。各职位之间有一定的界限，不可越权，但如果职位之间的界限过于分明，有些事就必然会处在中间地带而不属于任何职位的范围。"通"就是要求各职位之间交流沟通。 3 队：同"坠"，落空。 4 经：常道。 5 辟：通"僻"，偏邪。

分均则不偏[1]，埶齐则不一[2]，众齐则不

身份等级相同就会没有统帅而混乱，权势职位相等就会没有统一而自为中心，

使。有天有地而上下有差，明王始立而处国有制。夫两贵之不能相事，两贱之不能相使，是天数也。埶位齐而欲恶同，物不能澹[3]则必争；争则必乱，乱则穷矣。先王恶其乱也，故制礼义以分之，使有贫富贵贱之等，足以相兼临者，是养天下之本也。《书》曰："维齐非齐。"[4]此之谓也。

人人平等就不能相互役使。造化有天有地就意味着有上下的天然差别，圣明的君王登基执政就要有等级制度。两个同样富贵的人不能相互侍奉，两个同样卑贱的人不能相互役使，这是很自然的道理。权势地位相同，喜欢的与厌恶的又相同，物力就不能满足则必然会引起争斗；争斗就会引起混乱，混乱就会使社会陷入困境。先王痛恨这种混乱，故制定礼义来加以区分，使得社会有富贵贫贱的等级差别，（这种差别）使得社会能够有效地被管理与统治，这是养育天下的根基。《书》中说："若要齐则必须不齐。"说的就是这个道理。

注释 **1** 分均则不偏：分，身份贵贱等级；偏，偏重。指若身份相等则不能有所偏重而造成一方领导另一方，这对于治国而言就混乱了。 **2** 埶齐则不一：若势位相等反而不能统一，因为每个人都以自己为中心。 **3** 澹：通"赡"，满足。 **4** 此句引文出自《尚书·吕刑》。荀子引用此句是为了说明，国家要得到善治，人民生活安定和谐，就必须有身份、等级、权势的不同，使得有人成为领导者，有人成为被领导者。

马骇舆则君子不安舆，庶人骇政则君子不安位。马骇舆则莫若静之，庶人骇政则莫若惠之。选贤良，举笃敬，兴孝弟，收

马拉车受惊吓了，君子就不能安稳地坐在车上；百姓因政治受惊吓了，君子就不能安稳地坐在其职位上了。马受惊吓了最好的办法是让其安静下来，百姓受惊吓了最好的办法是给他

孤寡[1],补贫穷,如是,则庶人安政矣。庶人安政,然后君子安位。传曰:"君者,舟也;庶人者,水也。水则载舟,水则覆舟。"此之谓也。故君人者,欲安则莫若平政爱民矣,欲荣则莫若隆礼敬士矣,欲立功名则莫若尚贤使能矣,是君人者之大节[2]也。三节者当,则其余莫不当矣;三节者不当,则其余虽曲当,犹将无益也。孔子曰:"大节是也,小节是也,上君也。大节是也,小节一出焉,一入焉,中君也。大节非也,小节虽是也,吾无观其余矣。"

们恩惠。选用贤良的人,推举笃敬的人,提倡孝悌,收养孤寡,补给贫穷,这样,百姓就安于政治了。百姓安于政治,君子才能安于职位。古书上说:"君主,就像船;百姓,就像水。水可以承载舟船,也可以倾覆舟船。"说的就是这个道理。所以,处在统治地位上的人若想安稳,没有比平政爱民更好的了;若想荣耀,没有比隆礼敬士更好的了;若想立功名,没有比赏贤使能更好的了,这是统治者的关键所在。这三点做得得当,其余的没有不得当的;这三点做得不得当,其余的虽然应变得当,也没有什么用处。孔子说:"大节中正,小节也中正,这是上等君主。大节中正,小节有所出入,这是中等君主。大节偏邪,小节虽然中正,我也不用看其他方面了。"

注释　1 孤寡:少而无父者谓之孤,老而无夫者谓之寡。　2 节:关键。

成侯、嗣公[1],聚敛计数之君也,未及取民也;子产[2],取民者也,未及为政也;管仲,为政者

成侯、嗣公是聚敛财富,精于计算的君主,未能取得民心;子产,取得了民心,但不懂得为政;管仲,懂得为政,但不能够遵守礼义。所以遵守礼义的人就会王

也，未及修礼也。故修礼者王[3]，为政者强，取民者安，聚敛者亡。故王者富民，霸者富士，仅存之国富大夫，亡国富筐箧、实府库。筐箧已富，府库已实，而百姓贫，夫是之谓上溢而下漏。入不可以守，出不可以战，则倾覆灭亡可立而待也。故我聚之以亡，敌得之以强。聚敛者，召寇、肥敌、亡国、危身之道也，故明君不蹈也。

天下，懂得为政的人可以(使国家)富强，取得民心的人可以(使国家)安定，聚敛财富的人必然使国家灭亡。因此，行王道的国家使人民富足，行霸道的国家使士人富足，勉强生存的国家使大夫富足，即将灭亡的国家使君主的箱子富足，充实了君主的仓库。箱子塞满了，仓库充实了，百姓却贫穷了，这就叫作上面溢出而下面漏空。这样的国家对内不可以防守，对外不可以战斗，那么倾覆灭亡立刻就会到来。所以，我聚敛这些财富最终导致了自己的灭亡，却使敌对的国家富强。(这样看来，)聚敛，是招致敌寇、使敌人富有、灭亡国家、危害自身的道路，圣明的君主是不会走的。

注释　1 成侯、嗣公：成侯，战国时卫国国君；嗣公，卫国国君，卫成侯之孙。 2 子产：姓公孙，名侨，字子产。春秋时期郑国大夫，著名的政治家，执政二十余年，不毁乡校，开放言路，使他赢得了政治声誉。但孟子对子产的政治水平颇不以为然，说子产“惠而不知为政”。荀子这里所说的与孟子意思相近。 3 王(wàng)：称王，王天下。

王夺之人[1]，霸夺之与[2]，强夺之地。夺之人者臣诸侯，夺之与者友诸侯，夺之地者敌诸侯。臣

王者争夺民心，霸者争夺盟国，强者争夺土地。争夺民心者使诸侯臣服，争夺盟国者与诸侯友善，争夺土地者与诸侯为敌。使诸侯臣服的称王，与诸侯

诸侯者王，友诸侯者霸，敌诸侯者危。用强者，人之城守，人之出[3]战，而我以力胜之也，则伤人之民必甚矣。伤人之民甚，则人之民恶我必甚矣；人之民恶我甚，则日欲与我斗。人之城守，人之出战，而我以力胜之，则伤吾民必甚矣。伤吾民甚，则吾民之恶我必甚矣；吾民之恶我甚，则日不欲为我斗。人之民日欲与我斗，吾民日不欲为我斗，是强者之所以反弱也。地来而民去，累多而功少，虽守者益，所以守者损，是以[4]大者之所以反削也。诸侯莫不怀交接怨而不忘其敌，伺强大之间，承强大之敝，此强大之殆时也。

友善的称霸，与诸侯为敌的危险。使用武力争夺土地，人家的城池坚固，士兵战斗力强，而我欲以武力战胜他们，必然要使他们的民众死伤很多。人家的民众死伤很多，则他们的民众必然极端地仇恨我；既然如此仇恨我，必然每天想与我作战。人家的城池坚固，士兵战斗力强，而我欲以武力战胜他们，则自己的民众死伤一定很多。自己的民众死伤很多，则自己的民众必然极端地仇恨我；既然如此仇恨我，必然每天不想为我作战。人家的民众每天想与我作战，我自己的民众却不想为我作战，这是武力强大的国家反而被削弱的原因。土地争夺来了民心反而失去了，劳累太多而功劳却少，虽然守卫的土地增加了，用来守卫土地的民众却减少了，这是大国反而被削弱的原因。诸侯国没有一个不去结交那些心怀怨恨的国家，且不会忘记他们共同的敌人，窥伺强国的可乘之隙，趁着强国陷入困境来袭击，这就是强国的危险时刻。

注释　1 人：人民。争夺人民乃以民心为主导，故王者争取民心。 2 与：与国，盟国。 3 出：当为“士”。下同。 4 以：衍文。

知强大[1]者不务强也，虑以王命[2]全其力，凝其德。力全则诸侯不能弱也，德凝则诸侯不能削也，天下无王霸主则常胜矣。是知强道者也。彼霸者不然，辟田野，实仓廪，便备用[3]，案谨募选阅材伎之士[4]，然后渐[5]庆赏以先之，严刑罚以纠之。存亡继绝[6]，卫弱禁暴，而无兼并之心，则诸侯亲之矣。修友敌[7]之道以敬接诸侯，则诸侯说[8]之矣。所以亲之者，以不并也，并之见[9]则诸侯疏矣；所以说之者，以友敌也，臣之见则诸侯离矣。故明其不并之行，信其友敌之道，天下无王霸[10]主，则常胜矣。是知霸道者也。

知道强大之道的君主不会追求武力，而是考虑以王道来武装自己的力量，来凝聚自己的德行。这样的力量武装起来了诸侯就不能减弱它了，这样的德行凝聚起来了诸侯就不能削弱它了，天下就不可能有别的王者霸者可与之相争，故常取胜。这是懂得强大之道的人。那些霸者却不是这样，开辟田野，充实仓库，改进机械用具，谨慎地招募、选择、接纳有才能和有技巧的人，然后加重赏赐来引导他们，严苛刑罚来纠正他们。使将要灭亡的国家得以保存，使将要断绝的后代得以延续，保卫弱小，禁止强暴，却没有吞并他们的野心，这样，诸侯就会亲近。以友好平等的态度诚敬地与诸侯交往，诸侯就会悦服。之所以诸侯亲近，乃因为他没有吞并的野心，一旦吞并别人的野心显露，诸侯就会疏远；之所以诸侯悦服，乃因为他友好平等的态度，一旦臣服别人的野心显露，诸侯就会离散。所以，表明自己没有吞并的野心，信守友好平等的原则，若天下没有王者，那么，这样的霸者就常会取胜。这是懂得霸者之道的人。

注释　**1** 强大：当作“强道”。依上文“强大者”本欲以力胜，故“强大者不务强”本就矛盾。另，后文有“是知强道者也”，则可知“强大”应为“强道”。 2 王命：王者之道。荀子分治国为三个层次，王道（争民心）、霸道（争盟国）、强大（争土地），而王道的力量显然是最大的。这里荀子乃谓以王道来武装自己，凝聚德行，这样，就战无不胜了。 3 便备用：便，改进；备用，机械与用具。 4 案谨募选阅材伎之士：案，语助词；阅，接纳；材，才能；伎，同“技”。 5 渐：本为“浸染”，这里指加重。 6 存亡继绝：此语出自《论语·尧曰》：“兴灭国，继绝世，举逸民，天下之民归心焉。”古人以为灭人之国，绝人之嗣为大不义。 7 友敌：友好而平等。敌，匹敌，这里指平等。 8 说：同“悦”。 9 见(xiàn)：同“现”，指吞并的野心显露。 10 霸：衍文。

闵王毁于五国[1]，桓公劫于鲁庄[2]，无它故焉，非其道而虑之以王也。彼王者不然，仁眇[3]天下，义眇天下，威眇天下。仁眇天下，故天下莫不亲也；义眇天下，故天下莫不贵也；威眇天下，故天下莫敢敌也。以不敌之威，辅服人之道，故不战而胜，不攻而得，甲兵不劳而天下服。是知王道者也。

齐湣王被五国联军摧毁，齐桓公被鲁庄公挟持，没有别的原因，他们实行的不是王道却欲以之王天下。那些真正的王者却不是这样，仁德高于天下，道义高于天下，威势高于天下。仁德高于天下，所以天下没有不亲近他的；道义高于天下，所以天下没有不尊敬他的；威势高于天下，所以天下没有敢与他为敌的。以没有敌手的威势，再加上使人心悦诚服的道义，所以能不战而胜，不攻而得，不费一兵一甲天下就归服了。这是懂得王道的人。

知此三具[4]者，欲王而王，欲霸而霸，欲强而强矣。

知道了王者、霸者、强者各自的条件，（依此而行，）想称王就可以称王，想称霸就可以称霸，想强大就可以强大。

注释 1 闵王毁于五国：闵王，即齐闵王，亦称齐湣王。战国时期齐国（田齐）国君，为人好大喜功，与秦昭王并称东帝与西帝。公元前284年，燕国大将乐毅率领燕国、秦国、赵国、韩国、魏国五国联军攻齐，大破之，闵王出奔莒，后被楚所杀。 2 桓公劫于鲁庄：公元前681年，齐桓公与鲁庄公在柯（齐邑，位于今山东阳谷）订立盟约，庄公之臣曹沫以匕首胁迫齐桓公归还鲁国被齐国所侵占的领土汶阳之田（即汶水之北的土地），齐桓公无奈，只得许诺。 3 眇：高远。 4 三具：指王者、霸者、强者三者各自的条件。

王者之人[1]：饰[2]动以礼义，听断以类，明振毫末，举措应变而不穷。夫是之谓有原。是王者之人也。

王者之制：道不过三代，法不贰后王。道过三代谓之荡，法贰后王谓之不雅。衣服有制，宫室有度，人徒有数，丧祭械用皆有等宜[3]。声，则凡非雅声[4]者举废；色，则凡非旧文[5]者举息；械用，则凡非旧器者举毁[6]。夫是之谓复古[7]。是王者之制也。

辅佐王者的人：以礼义来端正自己的行为，用法律来决断掌管的政事，可以明察秋毫，举措随机应变而不会束手无策。这就叫把握了根本。这是辅佐王者的人。

王者的制度：治国之道不超过三代，法度不背离当代帝王。治国之道超过三代就会流于荒诞不经，法度背离当代帝王就会陷入不正。衣服有规制，宫室有标准，随从有定数，丧葬祭祀所用的器具都依等级规定。音乐，凡不是雅声的尽皆废止；颜色，凡不是正色的统统禁止；器具，凡不合旧制而资奇玩的全部销毁。这就叫作复古。这是王者的制度。

注释 1 王者之人：这里的“人”应该是指辅佐王者的人，而不是王者本人。因为王者本人应遵守的条件上面已经说了,这里再说辅佐王者的人应遵守的条件。 2 饰:通“饬”,端正。 3 宜:合宜。 4 雅声:雅正之乐。《礼记·乐记》里记载了子夏与魏文侯的一段对话,或许可以帮助我们理解为什么荀子要废止非雅正之乐。魏文侯问于子夏曰:“吾端冕而听古乐,则唯恐卧;听郑卫之音,则不知倦。敢问:古乐之如彼何也?新乐之如此何也?”子夏对曰:“今夫古乐,进旅退旅,和正以广。……君子于是语,于是道古,修身及家,平均天下。此古乐之发也。今夫新乐,进俯退俯,奸声以滥,溺而不止;及优侏儒,獶杂子女,不知父子。乐终不可以语,不可以道古。此新乐之发也。”雅声就是古乐,荀子欲废的正是新乐。 5 旧文:指青、黄、赤、白、黑五种颜色。古人将这五种颜色视为正色,而将诸如紫色、粉红色、绿色等色彩视为间色,间色易引起人们的欲望,故应废弃。《荀子·子道》篇孔子曾批评子路“盛服”而至“颜色充盈”,这与君子的德行是相左的。 6 非旧器者举毁:指珍奇玩物之类俱当损毁。 7 复古:荀子认为治国之道不应超过三代,因为三代之前无可稽考,但法度应依据当代君王的时势而制定。在荀子看来,衣服、宫室、随从及丧葬祭祀之器用、音乐、颜色、器具等俱为治国之道,故应依三代之制,此为复古。但具体的法度不能复古,必须适应当代君王。

王者之论[1]:无德不贵,无能不官;无功不赏,无罪不罚;朝无幸位,民无幸生。尚贤使能而等位不遗,析愿[2]禁悍而刑罚不过。百姓晓然皆知夫为善于

王者用人的原则:没有德行的人不让其尊贵,没有才能的人不使其当官;无功劳的人不奖赏,无罪过的人不惩罚;朝廷里没有(无德行才能)仅凭借幸运而得到职位的人,百姓中没有(游手好闲)唯依靠侥幸而获得生存的人。崇尚贤者,任用能人,授予与他们贤能相配的职位而没有疏漏;制裁狡诈,禁止凶暴,量刑适度而不超过其罪责。百姓都清楚

家而取赏于朝也，为不善于幽而蒙刑于显也。夫是之谓定论。是王者之论也。

地知道哪怕只在家里为善，却能在朝廷里获得奖赏；即使在暗地里为非作歹，也会在大庭广众之下受到惩罚。这是不可变易的原则。这是王者用人的原则。

注释 1 论：通“伦”，等级类别。这里指用人的原则。 2 析愿：析，当为“折”，制裁；愿，作“傆”，狡诈。

王者之[1]：等赋[2]，政事[3]，财万物，所以养万民也。田野什一[4]，关市幾而不征[5]；山林泽梁[6]，以时禁发而不税。相地而衰政[7]，理[8]道之远近而致贡。通流财物粟米，无有滞留，使相归[9]移也。四海之内若一家，故近者不隐其能，远者不疾其劳，无幽闲[10]隐僻之国，莫不趋使而安乐之。夫是之谓人师。是王者之法也。

王者的经济政策：依据等级收取赋税，处理好民事，管理好万物，这是养育万民必须要具备的。收取收成的十分之一的农田税，关卡集市管理稽查但不收税；山林湖泊依据时令季节关闭、开放，也不收税。按照土地的肥瘠不同征收赋税，区分道路的远近缴纳贡品。使财物粟米流通，不滞留积压，物资能够通过交易而互通有无。四海之内好像一家一样，所以，近处的人不隐瞒其才能，远处的人不怨恨劳苦，虽然边远偏隔的国家，也愉快安乐地赶来接受王者的驱使。这样的人就是天下的师表。这是王者奉行的经济法则。

注释 1 王者之：“之”字后面脱落一“法”字，故本句当为“王者之法”，后文“是王者之法也”可以印证。这里的法是指具体的经济政策。 2 等赋：使赋税有等级，即依据等级收取赋税。 3 政事：政，通“正”，治理；事，指百姓的事务。 4 什一：按田亩征收十分之一的税。 5 关市幾而不征：关卡集市只管理，不收税。《孟子·梁惠王下》也说："关市讥而不征。" 6 梁：堤坝。 7 衰(cuī)政：衰，差等；政，通"征"，收税。 8 理：区分。 9 归：通"馈"。 10 无幽闲：无，犹"虽"，《韩诗外传》卷三第三十五章作"虽"；闲，相隔。

北海[1]则有走马、吠犬焉，然而中国得而畜使之；南海则有羽翮、齿革、曾青、丹干[2]焉，然而中国得而财之；东海则有紫、紶[3]、鱼、盐焉，然而中国得而衣食之；西海则有皮革、文旄[4]焉，然而中国得而用之。故泽人足乎木，山人足乎鱼，农夫不斫削、不陶冶而足械用，工贾不耕田而足菽粟。故虎豹为猛矣，然君子剥而用之。故天之所覆，地之所载，莫不尽其美，致[5]其用，上以饰[6]贤良，下以养百姓而乐安之。夫是之谓大神[7]。《诗》曰："天作高山，大王荒之；彼作矣，文王康之。"[8]此之谓也。

北方出产快马与猎犬，然而中原地区却可以得到并畜养、役使它们；南方出产羽毛、象牙、犀牛皮、铜精、朱砂，然而中原地区却可以得到并利用它们；东方出产粗细麻布、鱼、盐，然而中原地区却可以用之制衣、食用；西方出产皮革和彩色的牦牛尾，然而中原地区却可以得到并使用它们。所以住在水边的人有足够的木材，山民有足够的鱼肉，农民不用砍削、烧制陶器也有足够的器械用具，工匠、商人不需耕田也有足够的粮食。虎豹已足够勇猛了，但君子却可剥其皮以供使用。因此上天所覆盖的，大地所承载的，没有一种不可以极尽其价值，竭尽其用途，在上可以作为贤能的人的装饰，在下可以养育百姓使其安居乐业。这就叫天下大治。《诗》说："天造了这座山，太王开辟它。既已开辟根基，文王就在此安居建国。"说的就是这个意思。

注释 1 北海：这里泛指绝远之地，不必指具体的海。北海即北方边远的地区。下文的南海、东海、西海亦如是。 2 羽翮(hé)、齿革、曾青、丹干：羽翮，鸟羽；齿革，象牙与犀牛皮；曾青，又称铜精，即碳酸铜，可用于绘画；丹干，朱砂，即硫化汞。 3 紫、紶：紫，读作“絺”(chī)，细麻布；紶，当为“绤”(xì)，粗麻布。 4 文旄(máo)：染色的牦牛尾，旗杆上的饰物。 5 致：极，尽。 6 饰：装饰。 7 大神：这里指天下大治、百姓安乐的政治局面。 8 此句引文出自《诗经·周颂·天作》。此诗是周王祭祀周王朝的发祥地岐山的诗。大王，即太王，周文王的祖父古公亶(dǎn)父；荒，扩大，开辟。

以类行杂，以一行万[1]，始则终，终则始，若环之无端也，舍是而天下以衰矣。天地者，生之始也；礼义者，治之始也；君子者，礼义之始也。为之，贯之，积重之，致好之者，君子之始也。故天地生君子，君子理天地。君子者，天地之参[2]也，万物之揔也，民之父母也。无君子则天地不理，礼义无统，上无君师，下无父子，夫是之谓至乱。君臣、父子、兄弟、夫妇，始则终，终则始，与天地同理，与万世同久，夫是

以一贯的原理去治理复杂的情况，以统一的法则去统率变化的事态，由始而终，终而复始，就如圆环没有开端结束一样，舍弃了这个原则天下就会衰乱。天地，是生命得以滋养的根本；礼义，是国家得以治理的根本；君子，是礼义得以实现的根本。制定礼义，贯彻礼义，学习爱好礼义，完善礼义，是君子之为君子的根本。所以，天地孕育君子，君子治理天地。君子，化育天地，总揽万物，慈爱百姓。没有君子则天地不能治理，礼义无统绪，在上无君师之教，在下无父子之情，这就叫作至乱。君臣、父子、兄弟、夫妇之间的伦理原则，由始而终，终而复始，与天地有上下之分一样合理，与万世源远流长一样永恒，这就叫作最大的根本。所以，丧祭、朝聘、师旅，都是一个道

之谓大本。故丧祭、朝聘、师旅一也[3],贵贱、杀生、与夺一也,君君、臣臣、父父、子子、兄兄、弟弟一也,农农、士士、工工、商商一也。[4]

理;贵与贱,生与杀,予与夺,都是一个道理;君要像君、臣要像臣、父要像父、子要像子、兄要像兄、弟要像弟,都是一个道理;农民就勤劳务农,士人就仁爱为官,工匠就精良做工,商人就诚实经商,都是一个道理。

注释 1 以类行杂,以一行万:类,统类。一,一贯的原则,指礼义。这两句皆表示以一定的原则贯穿于纷繁复杂的经验世界。 2 参:参与。 3 丧祭、朝聘、师旅一也:指丧祭、朝聘、师旅这些礼仪的设置其道理是一样的,就是为了使人们不任性而无礼。朝聘,朝是诸侯国君主朝见周王,聘是诸侯国之间的往来结交,彼此派遣卿大夫存问,朝见或聘问有一定仪式。 4 三个"一"分别是指,一于沮劝,即禁止或教化人的行为;一于恩义,即以恩义来协调人的关系;一于职业,即诚敬地对待各自的职业。

水火有气[1]而无生,草木有生而无知,禽兽有知而无义;人有气、有生、有知,亦且有义,故最为天下贵也。力不若牛,走不若马,而牛马为用,何也?曰:人能群,彼不能群也。人何以能群?曰:分。分何以能行?曰:义。故义以分则和,和则一,

水火有气却没有生命,草木有生命却没有知觉,禽兽有知觉无礼义;人有气息、有生命、有知觉,而且还有礼义,所以是天下最尊贵的存在。力气不如牛,奔跑不如马,但牛马为人所用,为什么呢?回答说:人能组成社群,但牛马不能。人为什么能组成社群呢?回答说:因为等级区分。等级区分为什么能够维持、实行?回答说:因为有礼义。所以以礼义区分等级就和谐,和谐就能团结一

一则多力,多力则强,强则胜物,故宫室可得而居也。故序四时,裁[2]万物,兼利天下,无它故焉,得之分义也。

致,团结一致就有力量,有力量就强大,强大就能战胜外物,所以就能够在宫室里安居止息。因此,顺应四时,成就万物,利益天下,没有别的原因,依据等级与礼义组成社群而已。

注释 1 气:中国古代思想中的一个基本哲学范畴,与"理"相对。"理"是形而上者,"气"是形而下者,是一种最基本的物质元素,相当于亚里士多德所说的"质料因"。古人认为,物质都是由"气"构成。但这里的"气"又有别于一般的空气、水蒸气这些具体的气态物质,它是物质的原始基质。2 裁:犹"成",成就。

故人生不能无群,群而无分则争,争则乱,乱则离,离则弱,弱则不能胜物,故宫室不可得而居也,不可少顷舍礼义之谓也。能以事亲谓之孝,能以事兄谓之弟,能以事上谓之顺,能以使下谓之君。君者,善群也。群道当则万物皆得其宜,六畜[1]皆得其长,群生皆得其命。故养长时则六畜育,杀生[2]

所以人生在世不能没有群体,群体没有等级区分就会争斗,争斗就会混乱,混乱就会离散,离散就会削弱人的力量,人的力量弱小了就不能战胜外物,所以就不能有可供安居止息的宫室了,这意味着人片刻也不能离开礼义。能以礼义侍奉父母就叫孝,能以礼义侍奉兄长就叫悌,能以礼义侍奉君上就叫顺,能以礼义使唤臣下就叫君。所谓君,就是善于把人组成群体的人。若组成群体的道义得当,那么天地万物各得其宜,六畜都能得到生长,所有生物都能安享其天年。所以养育、生长适时,六畜就繁盛;砍伐、时则草木殖，政令时则百姓一，贤良服。

种植适时，草木就茂密；政令适时，百姓就会一心，贤良就会悦服。

注释 1 六畜：六种家畜，即猪、羊、牛、马、鸡、狗。 2 杀生：杀与生，即砍伐与种植。

圣王之制也，草木荣华[1]滋硕之时则斧斤不入山林，不夭其生，不绝其长也；鼋鼍、鱼鳖、鳅鳣孕别[2]之时，罔罟[3]毒药不入泽，不夭其生，不绝其长也。春耕、夏耘、秋收、冬藏，四者不失时，故五谷不绝而百姓有余食也；污池、渊沼、川泽[4]，谨其时禁，故鱼鳖优多而百姓有余用也；斩伐养长不失其时，故山林不童[5]而百姓有余材也。圣王之用也，上察于天，下错[6]于地；塞备天地之间，加施万物之上；微而明，短而长，狭而广；神明博大以至约。故曰：一与一[7]，是为人者，谓之圣人。

圣王的制度是，草木开花、生长、结果之时不要上山砍伐，以免生命夭折，断绝其生长；鼋鼍、鱼鳖、鳅鳣怀孕生育之时，渔网、毒药不要投入湖泊，以免生命夭折，断绝其生长。春天耕种，夏天锄草，秋天收获，冬天储藏，这四件事不耽误时节，所以五谷就会丰收而百姓就会有吃不完的粮食；池塘、湖泊、河流严格执行一定的休渔期，所以鱼鳖就会繁多而百姓食用不完；砍伐、种植不失时节，所以山林就不会光秃而百姓就有用不完的木材。圣王的作用是，上察天时，下袭地利；精神充塞于天地之间，施诸万物之上；隐微而又显著，短暂而又悠长，狭小而又广大；神明博大而又清虚简要。所以说：以礼义统摄万物而为一，这样做的人，就叫圣人。

注释 1 荣华：草木茂盛，开花。 2 鼋鼍(yuántuó)、鱼鳖、鳅鳣(shàn)

孕别：鼋鼍，大鳖与扬子鳄；鳅鳣，泥鳅与鳝鱼；别，离开，这里指离开母体。 3 罔罟(gǔ)：渔网。 4 污池、渊沼、川泽：污，停积不流的水；污池，蓄水的池塘；渊，深水潭；沼，浅水塘；川，河流；泽，湖泊。 5 童：山丘、田地无草木。 6 错：通“措”。 7 一与一：与，即“举”；上“一”乃指“以一行万”之“一”，下“一”乃指“丧祭、朝聘、师旅一也”之“一”。

序官：宰爵知宾客、祭祀、飨食、牺牲之牢数[1]，司徒[2]知百宗、城郭、立器之数，司马知师旅、甲兵、乘白[3]之数。修宪命，审诗商[4]，禁淫声，以时顺修，使夷俗邪音不敢乱雅，大师[5]之事也。修堤梁，通沟浍[6]，行水潦[7]，安水臧，以时决塞，岁虽凶败水旱，使民有所耘艾[8]，司空[9]之事也。相高下，视肥垙，序五种，省农功，谨蓄藏，以时顺修，使农夫朴力而寡能[10]，治田[11]之事也。

论列官员的职责：宰爵掌管宾客、祭祀、宴饮及祭祀用的牺牲数量，司徒掌管宗族、城郭、陈设器用的数量，司马掌管军队、武器、车马及士兵的数量。制定政令，审查诗章，禁止淫邪的音乐，随时修理整顿，使夷风俗乐不敢侵犯雅正之声，这是太师的职责。修缮堤坝、桥梁，疏通田间水道，排除水涝，坚固水库，依据需要决定开放还是关闭，年岁虽然有荒灾水旱，但依然使百姓能耕种有收获，这是司空的职责。查看地势的高低，了解土地的肥瘠，依据时节播种农作物，检查农民生产，认真储藏，依据时势随时整顿，使农民用心耕作而没有才能从事其他技能，这是治田的职责。

注释 1 宰爵知宾客、祭祀、飨食、牺牲之牢数：宰爵，官名；知，掌管；飨食，宴饮；牺牲，祭祀用的猪、牛、羊；牢，祭祀时所用牺牲，有太牢(猪、牛、羊各一)与少牢(猪、羊各一)之别。 2 司徒：掌管民政的官员。 3 司马知师旅、甲兵、乘白：司马，掌管军队的官员；乘，四马拉一车为乘；白，通“伯”,古代军队编制单位,百人为伯。 4 商:通“章”,篇章。 5 大师:即太师,掌管乐教的官员。 6 沟浍(kuài):田间水道。 7 潦(lǎo):路上的积水。 8 艾(yì):通“刈”,收获。 9 司空:掌管土木工程的官员。 10 朴力而寡能:这是古代重农抑商思想的体现。朴力,只在农业上用力;寡能,没有其他才能。 11 治田:掌管农业的官员。

修火宪,养山林薮泽草木鱼鳖百索[1],以时禁发,使国家足用而财物不屈,虞师[2]之事也。顺州里,定廛宅[3],养六畜,闲树艺[4],劝教化,趋[5]孝弟,以时顺修,使百姓顺命,安乐处乡,乡师[6]之事也。论百工,审时事,辨功苦[7],尚完利,便备用,使雕琢文采不敢专造于家,工师[8]之事也。

制定防火的法令,养护山林、湖泊中的草木、鱼鳖及各种蔬菜,依据时令关闭或开放,使国家财物充足而不匮乏,这是虞师的职责。使州里和顺,规划商铺民居,饲养六畜,学习种植,劝导教化百姓,敦促孝悌之行,依据时势随时整顿,使百姓遵从法令,安居乡里,这是乡师的职责。评价各种工匠,检查他们的制作,辨别产品的优劣,提倡坚固耐用,改进器具以便使用,并使雕琢花纹色彩的器具不敢私自在家制造,这是工师的职责。

注释 1 索:通“素”,蔬菜。 2 虞师:掌管山泽的官员。 3 定廛(chán)宅:定,规定;廛宅,城邑百姓的住房。 4 闲树艺:闲,学习;树艺,种植。 5 趋:敦促。 6 乡师:州乡一级的地方官员,掌管当地的教化与政事。 7 功苦:功,器物之精良者;苦,器物之滥恶者。 8 工师:掌管手工业的官员。

相阴阳,占祲[1]兆,钻龟陈卦[2],主攘择五卜[3],知其吉凶妖祥,伛巫跛击[4]之事也。修采清[5],易道路,谨盗贼,平室律[6],以时顺修,使宾旅安而货财通,治市[7]之事也。抃急[8]禁悍,防淫除邪,戮之以五刑[9],使暴悍以变,奸邪不作,司寇[10]之事也。

观察阴阳的变化,预测云气的吉凶,以龟甲占卜,以蓍草设卦,禳凶择吉,解征析兆,掌管吉凶妖祥的预测,这是女巫和男觋的职责。洒扫坟墓、厕所,维修道路,严禁盗贼,管理旅馆店铺,按时整治,使宾馆驿站安全且货财顺利流通,这是治市的职责。处罚奸诈禁止残暴,防止淫乱铲除邪恶,惩之以五刑,使残暴凶悍的人转变,奸诈邪恶的事不再发生,这是司寇的职责。

注释 1 祲(jìn):阴阳二气相互作用所形成的一种现象,古人以此预测吉凶。 2 钻龟陈卦:钻龟,古代卜法,钻刺龟里甲,并以火灼,视其裂纹以断吉凶。陈卦,古代筮法,将蓍草按一定的方式计算,把得出的奇数偶数作为阴阳符号,排列成卦,以此来推断吉凶。 3 攘择五卜:攘,通“禳”,禳除不祥;择,选取吉事;五卜,指占卜时龟板上出现的五种龟甲裂纹,即雨兆、霁兆、蒙兆、驿兆、克兆。 4 伛巫跛击:巫,古代从事占卜活动的女人;击,同“觋”(xí),古代从事占卜活动的男人。从事占卜活动的人一般是废疾之人,故称伛巫跛击。 5 采清:采,通“埰”,坟墓;清,作“圊”(qīng),厕所。 6 室律:旅馆与店铺。律,当为“肆”,店铺。 7 治市:管理市场贸易的官员。 8 抃(biàn)急:当为“折愿”,制裁奸诈。 9 五刑:古代的五种刑罚,即墨(脸上刺字)、劓(割鼻子)、刖(断足)、宫(阉割)、大辟(砍头)。 10 司寇:掌管司法的官员。

本政教,正法则,兼听而时稽之,度其功劳,论

以政治教化作为根本目标,修正法令规则,多方听取意见且经常考察研

其庆赏，以时慎[1]修，使百吏免尽[2]而众庶不偷，冢宰[3]之事也。论礼乐，正身行，广教化，美风俗，兼覆而调一之，辟公[4]之事也。全道德，致隆高，綦文理，一天下，振毫末，使天下莫不顺比从服，天王之事也。故政事乱，则冢宰之罪也；国家失俗，则辟公之过也；天下不一，诸侯俗[5]反，则天王非其人也。

究，衡量功劳，评定奖赏，按时整治，使百官尽职尽责且百姓不苟且乱为，这是冢宰的职责。治国依据礼乐，端正身心行为，推广教化，使风俗变好，仁恩惠及每个人且以教化协调统一他们，这是诸侯的职责。完善道德，达到极高的境界，使礼义完备，一统天下，能使毫末之事振兴光大，天下人没有不顺从悦服的，这是天子的职责。所以，政事混乱，是冢宰的罪过；国家风俗败坏，是诸侯的罪过；天下不统一，诸侯想反叛，那是因为天子不是合适的人选。

注释 1 慎：当为“顺”。 2 免尽：尽职尽责。免，通“勉”。 3 冢宰：即太宰，掌管全国大事，相当于后来的宰相。 4 辟公：诸侯。 5 俗：通“欲”，想要。

具具[1]而王，具具而霸，具具而存，具具而亡。用万乘之国者，威强之所以立也，名声之所以美也，敌人之所以屈也，国之所以安危臧否[2]也，制与[3]在此，亡乎人。王、霸、安存、危殆、灭亡，制与在我，亡乎人。夫威强

具备了王者的条件就能称王，具备了霸者的条件就能称霸，具备了生存的条件就能生存，具备了灭亡的条件也一定会灭亡。治理万乘的大国，他的威强之所以树立，名声之所以美好，敌人之所以屈服，国家之所以安全繁荣，关键都在自己，而不在别人。（总而言之，）国家的王、霸、安存、危殆、灭亡，关键都在自己，而不在别人。如果威强还不足

未足以殆邻敌也，名声未足以县天下也，则是国未能独立也，岂渠[4]得免夫累乎！天下胁于暴国，而党[5]为吾所不欲于是者，日与桀同事同行，无害为尧，是非功名之所就也，非存亡安危之所堕[6]也。功名之所就，存亡安危之所堕，必将于愉殷[7]赤心之所。诚以其国为王者之所，亦王；以其国为危殆灭亡之所，亦危殆灭亡。

以使邻敌害怕，名声还没有远扬天下，那么，这个国家还没能做到耸立于天下，哪能够免除忧患呢！天下为强暴的国家所胁迫，倘若这不是我所愿意看到的，即使每天与夏桀这样的暴君共事，也不会妨害自己赢得尧那样的名声，但这不是成就功名的关键，也不是存亡安危之所在。成就功名的关键，造成国家存亡安危的原因，一定建立在国家强盛的时候你的诚心在哪里。如果诚心想把自己的国家建成奉行王道的场所，那么一定就可以称王；若想把自己的国家作为试验危殆灭亡的场所，那么，再强盛也一定会危殆灭亡。

注释　1 具具：前一个"具"是动词，具备；后一个"具"是名词，条件。前文有"知此三具者，欲王而王，欲霸而霸，欲强而强矣"。 2 安危臧否：偏义复词，"危"与"否"俱无义。 3 与：通"举"。 4 渠：通"讵"，岂能。 5 党：倘若。 6 堕：当为"随"。 7 殷：强盛。

殷之日，案[1]以中立，无有所偏而为纵横之事[2]，偃然案[3]兵无动，以观夫暴国之相卒[4]也。案平政教，审节奏[5]，砥砺百姓，为是之日，而兵剸天下劲[6]矣；案

国家强盛的时候，保持中立无所偏袒而去做合纵连横之事，悄然按兵不动，旁观残暴之国相互间的争斗。修明政治教化，审定礼仪制度，训练百姓，若做到这一点，兵力就是天下最强劲的；推行仁义，使政治达到极

然[7]修仁义，伉[8]隆高，正法则，选贤良，养百姓，为是之日，而名声剸天下之美矣。权者重之，兵者劲之，名声者美之。夫尧、舜者，一天下也，不能加毫末于是矣。

高的境界，修正法则，推选贤良，休养百姓，若做到这一点，名声就是天下最美好的。权势，使其举足轻重；军队，使其强劲有力；名声，使其美好无比。就是像尧舜这样的君主，一统天下，对此也不能增加一丝一毫了。

注释　1 案：语助词。下文的"案平政教""案然修仁义"两个"案"字俱同。　2 纵横之事：指战国时期合纵连横的战略。合纵，战国时苏秦主张齐、楚、燕、韩、赵、魏六国结成联盟对抗秦国。由于六国在位置上成南北向，所以称"合纵"。连横，秦国为了对付"合纵"，采纳张仪的主张，与六国分别结成联盟，以便各个击破。由于秦国在六国的西面，东西联合，所以称"连横"。　3 案：通"按"。　4 卒：通"捽"(zuó)，冲突。　5 节奏：礼仪制度。　6 剸天下劲：剸，同"专"；"劲"之前脱落一"之"字。　7 然：衍文。　8 伉：至于极点。

权谋倾覆之人退，则贤良知圣之士案自进矣；刑政平，百姓和，国俗节，则兵劲城固，敌国案自诎矣；务本事[1]，积财物，而勿忘栖迟薛越[2]也，是使群臣百姓皆以制度行，则财物积，国家案自富矣。三者体此[3]而天下服，暴国之君

玩弄权术诡计、陷害倾轧的人废黜了，那么贤能善良、明智圣哲的人自然就会到来；刑罚政令公正，百姓和睦，国家风俗节俭，那么军队就有战斗力，城池就会坚固，敌国自然就退却了；致力于农业，积储财物，不要随便糟蹋浪费，使群臣百姓都能依据制度办事，财物积累了，国家就自然富裕了。三者都能做到，天下就自然悦服，喜欢暴力的君主自然就不能动用武力了。为什么呢？因为没有

案自不能用其兵矣。何则？彼无与至也。彼其所与至者，必其民也；其民之亲我也欢若父母，好我芳若芝兰；反顾其上则若灼黥[4]，若仇雠。彼人之情性也虽桀、跖，岂有肯为其所恶贼其所好者哉！彼以[5]夺矣。故古之人有以一国取天下者，非往行之也，修政其所莫不愿，如是而可以诛暴禁悍矣。故周公南征而北国怨，曰："何独不来也？"东征而西国怨，曰："何独后我也？"[6]孰能有与是斗者与？安以其国为是者王。

人跟他一起动用武力了。他之所以能动用武力，靠的是他的百姓，（现在）他的百姓亲近我就像亲近他的父母一样，喜欢我就像喜欢芝兰的芳香一样；反过来看看自己的君主就像受了墨刑的人一样可怕，就像仇人一样可恨。人的性情即使犹如夏桀、盗跖，但又哪里会为他所痛恨的人去残害他所喜欢的人呢！他的百姓已经被争取过来了。所以，古人有以一国取得天下的，但并非凭借武力，修明政治使得天下人没有不羡慕而欲归附的，这样就可以诛灭强暴禁止凶悍了。因此周公南征时北边的国家埋怨，说："为什么不到我这里来？"东征时西边的国家埋怨，说："为什么偏偏把我放在后面？"谁还能与周公这样的人争斗呢？把自己的国家治理成这样就自然是天下的王了。

注释　**1** 本事：指农业。古代以农耕为根本。《史记·货殖列传》："今治生不待危身取给，则贤人勉焉。是故本富为上，末富次之，奸富最下。"本富指农业，末富指工商业，奸富指违法致富。　**2** 勿忘栖迟薛越：忘，通"妄"；栖迟，遗弃；薛越，即"屑越"，散乱。　**3** 三者体此：三者都力行做到。体，力行。　**4** 灼黥：墨刑。灼，以刑器灼烧后烙犯人面额而留印记；黥，以墨涂于印记之上。　**5** 以：同"已"。　**6** 《尚书·商书·仲虺(huǐ)之诰》记载周公征伐时的情景:“初征自葛,东征,西夷怨;南征,北狄怨,曰:‘奚独后予?’”与这里所说的意思相同。

殷之日,安以静兵息民,慈爱百姓,辟田野,实仓廪,便备用,安谨募选阅材伎之士,然后渐赏庆以先之,严刑罚以防之,择士之知事者使相率贯也,是以厌然畜积[1]修饰而物用之足也。兵革器械者,彼将日日暴露毁折之中原,我今将修饰之,拊循[2]之,掩盖之于府库;货财粟米者,彼将日日栖迟薛越之中野,我今将畜积并聚之于仓廪;材技股肱[3]、健勇爪牙之士,彼将日日挫顿竭之于仇敌,我今将来致之、并阅之、砥砺之于朝廷。如是,则彼日积敝,我日积完;彼日积贫,我日积富;彼日积劳,我日积佚。君臣上下之间者,彼将厉厉焉日日相离疾[4]也,我

国家强盛的时候,停止战争,与民休养生息,慈爱百姓,开垦农田,充实仓库,改进器具,谨慎地招募、选取、接纳有才能和技巧的人,然后加重赏赐来引导他们,严苛刑罚来防止他们,选择其中通达事理的人来统率他们,这样他们就可以安心地蓄积财物、改良器具,而国家的财物器用也就充足了。武器装备之类,别的国家日日把它们丢弃、损毁在荒野之外,我们则修理、擦拭、保养于府库之中;财物粮食之类,别的国家日日浪费散落在田野之外,我们则蓄积储存在仓库之中;有才能、技艺的大臣和健壮勇敢的武士,别的国家日日让他们在仇敌中遭受挫折、困顿,耗散他们的生命,我们则招揽他们,接纳他们,在朝廷里锻炼他们。这样,别的国家就会一天天衰败,我们就会一天天完好;别的国家一天天贫穷,我们就一天天富有;别的国家一天天疲劳,我们就一天天安逸。至于君臣上下之间,别的国家会一天天仇怨疏

今将顿顿[5]焉日日相亲爱也，以是待其敝。安以其国为是者霸。

远，我们则一天天笃厚相爱，以此来等待它们的衰败。把国家治理成这样的君主就可以称霸。

注释 1 厌然畜积：厌然，安然；畜积，蓄积。 2 拊(fǔ)循：抚摸，擦拭，保养。 3 股肱：大腿和胳膊。这里指得力的大臣。 4 厉厉焉日日相离疾：厉厉，仇视的样子；离疾，疏远。 5 顿顿：诚恳笃厚的样子。顿，通“敦”。

立身则从佣俗[1]，事行则遵佣故，进退贵贱则举佣士，之所以接下之人百姓者则庸宽惠，如是者则安存。立身则轻楛[2]，事行则蠲疑[3]，进退贵贱则举佞倪[4]，之所以接下之人百姓者则好取侵夺，如是者危殆。立身则憍暴，事行则倾覆，进退贵贱则举幽险诈故，之所以接下之人百姓者，则好用其死力矣，而慢其功劳，好用其籍敛[5]矣，而忘其本务，如是者灭亡。此五等者，不可不善择也，王、霸、安存、危殆、灭亡之具也。善择者制人，不善择者人制之；善择之者王，不善择之者亡。

做人随顺日常风俗，做事遵循既成惯例，举贤授能则喜欢庸常之人，对待下属、百姓可以做到宽容恩惠，这样的君主就能生存。做人轻佻恶劣，做事迟疑不决，举贤授能喜欢能说会道的小人，对待下属、百姓则巧取豪夺，这样的君主就会危险。做人骄横残暴，做事倾轧陷害，举贤授能喜欢阴险奸诈的人，对待下属、百姓则尽力让他们卖命而抹杀他们的功劳，只注重搜刮他们而不顾及他们的本务，这样的君主就会灭亡。这五种情况，不能不好好抉择，这是称王、称霸、安存、危险、灭亡的条件。善于抉择就可以制服别人，不善于抉择就会被别人制服；善于抉择就可以称王，夫王者之与亡者、制人之与人制之也，是其为相县也亦远矣。

不善于抉择就会灭亡。称王与灭亡之间，制服人与受制于人之间，两者的悬殊也太远了。

注释 1 佣俗：平常。 2 轻楛：轻，轻佻；楛，本指器物粗劣，这里指人的品德恶劣。 3 蠲(juān)疑：迟疑。 4 佞倪：能说会道、口齿伶俐的小人。倪，通“锐”。 5 籍敛：征税。

富国

[导读] 本篇中荀子提出了一系列使国家富足的措施。大致说来，可分为三类，即伦理上的，政治上的与经济上的。在伦理上，荀子提出“明分使群”的思想，这是国家富足的根本保证。人类社会若不能合群，就没有力量；但若群体中没有名分的差别，就会混乱而不能得到善治。所以，“明分使群”是国家富足最重要的伦理保障，这必须是在先的。在政治上，荀子提出了“裕民以政”“尚贤使能”“严明赏罚”等措施。在此，荀子批评了墨子纯以节用来解决物资不足的思想，主张仁政爱民，认为能做到上得天时、下得地利、中得人和，国家自然就富足了。同时，荀子强调，爱民并不是短期地讨好百姓，给予他们眼前的利益，而是要教民，且减轻刑罚与赋税。在经济上，荀子提出“强本抑末”“节流开源”的思想，以此调整生产、消费的合理结构，保证经济发展的良性运行。总之，荀子认为使国家富强不纯粹是一个经济发展的问题，更主要的是一个伦理政治问题。因此，他特别强调社会的伦理秩序及君主的德性修养，认为一个国家的治乱好坏、强弱贫富、存亡安危都在于此，而不在于经济的强大。由此篇可见先秦儒学关于富国之根本立场。

[原文]

万物同宇而异体，无宜而有用为人[1]，数

[译文]

万物同生于自然界但形体不同，用途各异但总适用于人，这是自然规律。

也。人伦并处，同求而异道，同欲而异知，生[2]也。皆有可也[3]，知愚同；所可异也，知愚分。埶同[4]而知异，行私而无祸，纵欲而不穷，则民心奋而不可说[5]也。如是，则知者未得治也，知者未得治则功名未成也，功名未成则群众未县也，群众未县则君臣未立也。无君以制臣，无上以制下，天下害生纵欲。欲恶同物，欲多而物寡，寡则必争矣。故百技所成，所以养一人也。而能不能兼技，人不能兼官，离居不相待则穷，群而无分则争。穷者患也，争者祸也，救患除祸，则莫若明分使群矣。强胁弱也，知惧愚也，民下违上，少陵长，不以德为政，如是，则老弱有失养之忧，而壮者有分争之

人类共处，有相同的需求但每个人满足需求的方法不一样，有相同的欲望但每个人满足欲望的智慧也不一样，这是人的本性。都追求尽欲遂意，聪明的与愚蠢的是一样的；尽欲遂意的方法不同，这是聪明与愚蠢的区别所在。若人的地位相同而智慧不同，谋私又无祸患，纵欲而不限制，那么民心就会奋争而不能悦服。这样，智慧的人就没有治理国家的机会，智慧的人没有治理国家的机会功名就不能成就，功名不能成就群众之间就不能有等级差别，群众之间不能有等级差别君臣的名分就不能确立。没有君主制服臣子，没有上级制服下民，天下就会残害生命放纵欲望。（人们大多）喜好与厌恶相同的事物，喜爱的人多而财物少，就必然引起争斗。所以，需要各行各业的产品用来养活一个人。但人不可能兼有多种技能，也不可能身兼数职，如果离群索居而不依靠别人就会穷困，群居而没有等级之分就会纷争。穷困是忧患，纷争则是灾祸，拯救忧患去除灾祸的方法，无非就是确立名分使人群居罢了。强大的胁迫弱小的，智慧的恐吓愚蠢的，下民违抗长官，年轻的欺凌年长的，不以仁德

祸矣。事业[6]所恶也，功利所好也，职业无分，如是，则人有树事之患，而有争功之祸矣。男女之合、夫妇之分，婚姻娉内送逆[7]无礼，如是，则人有失合之忧，而有争色之祸矣。故知者为之分也。

来治理国家，这样，老弱就会有无人赡养的忧患，而年壮的人也会有纷争的灾祸。劳役是每个人所厌恶的，功利是每个人所喜好的，如果职业没有分工，这样，人们就有难以成就事业的忧患，且有争夺功利的灾祸。男女的结合，夫妇的名分，若婚姻、聘纳、嫁娶不合礼义，这样，人们就会有丧失配偶的忧患，而有争夺美色的灾祸。所以，智者为此而确立了名分。

注释　1 为人：相当于“于人”。2 生：同“性”，本性。3 皆有可也：都追求尽欲遂意。下文“所可异也”意为尽欲遂意的方法不同。　4 埶同：地位相同。　5 说：通“悦”，悦服。　6 事业：指劳役之事。后文“树事”指成就事业。　7 婚姻娉内送逆：婚姻，妇之父为婚，婿之父为姻。娉内，娉，通“聘”，问名；内，“纳”的古字，纳币，即送彩礼。送逆，送与迎。

足国之道：节用裕民而善臧[1]其余。节用以礼，裕民以政。彼裕民，故多余[2]，裕民则民富，民富则田肥以易[3]，田肥以易则出实百倍。上以法取焉，而下以礼节用之，余若丘山，不时焚烧，无所臧之，夫君子奚患乎无余？故知节用裕民，则必有仁义

富国的途径是：节约费用，富裕百姓，且妥善储藏多余的财物。依据礼制节约费用，制定政策富裕百姓。费用节约了，财物就有剩余；实行了富民的政策，百姓就会富裕；百姓富裕了，田地就会肥沃且得到治理；田地肥沃且得到了治理，产量就会增加百倍。君主依法收税，下民依礼制节约用度，那么，财物会累积得像山丘一样，即使时常焚烧，也没有地方储存，君子还有必要担心没有

圣良之名，而且有富厚丘山之积矣。此无它故焉，生于节用裕民也。不知节用裕民则民贫，民贫则田瘠以秽，田瘠以秽则出实不半。上虽好取侵夺，犹将寡获也，而或以无[4]礼节用之，则必有贪利纠譑[5]之名，而且有空虚穷乏之实矣。此无它故焉，不知节用裕民也。《康诰》曰："弘覆乎天，若德，裕乃身。"[6]此之谓也。

余粮吗？所以，知道节用富民，就不但会有仁义圣良的名声，而且还会有堆积如山的财物。这没有别的原因，因为懂得节用富民罢了。不知道节用富民，百姓就会贫穷，百姓贫穷就会使田地贫瘠荒芜，田地贫瘠荒芜就会使产量减少一半。君主虽然热衷于索取掠夺，但依然所获甚少，如果又不以礼制节约用度，那么必定会有贪婪搜刮的名声，而且会造成仓库空虚国力困乏的结果。这没有别的原因，不懂得节用富民罢了。《康诰》说："宽广得像天覆庇万物一样，又顺从德行，那么你自己也会富裕。"说的就是这个道理。

注释 1 臧："藏"的古字。 2 彼裕民，故多余：依据文意，本句应为"节用故多余"，以与"裕民则民富"相应。 3 易：治理。 4 以无：当为"无以"。 5 纠譑(jiǎo)：纠，收；譑，通"挢"，取。 6 此句引自《尚书·周书·康诰》，原文少一"覆"字。若，顺；裕，本指"德润身"，这里指富裕；乃，你。这句话的意思相当于《论语》："百姓足，君孰与不足？百姓不足，君孰与足？"

礼者，贵贱有等，长幼有差，贫富轻重皆有称[1]者也。故天子袾裷衣冕[2]，诸侯玄[3]裷衣冕，大夫裨[4]冕，士皮弁服[5]。德必称位，位必称禄，禄必称用。

所谓礼，就是贵贱有等级，长幼有差别，贫富尊卑都有各自相应的规定。所以，天子穿红色礼服戴礼帽，诸侯穿黑色礼服戴礼帽，大夫穿裨衣戴礼帽，士人戴鹿皮白帽穿便服。德行必须与职位相称，职位必须与俸禄相称，俸禄由士以上则必以礼乐节之，众庶百姓则必以法数制之。量地而立国，计利而畜民，度人力而授事；使民必胜事，事必出利，利足以生民，皆使衣食百用出入相掩，必时臧余，谓之称数。故自天子通于庶人，事无大小多少，由是推之。故[6]曰：朝无幸位，民无幸生。此之谓也。轻田野之税，平[7]关市之征，省商贾之数，罕兴力役，无夺农时，如是，则国富矣。夫是之谓以政裕民。

必须与能力相称。从士以上必须以礼乐来节制，普通民众必须以法律去制约。丈量土地才去分封建国，计算收益才去蓄养人民，推算人的能力才去安排做事；使百姓一定胜任自己的事情，事情必然产生利益，利益又足以生养百姓，使衣食及各种用度收支平衡，要及时储藏多余的财物，这就叫合乎法度。因此，自天子以至于庶人，无论事情大小、多少，都依此类推。古书上说：朝廷没有依靠幸运而得到位置的臣子，民间也没有依靠运气而苟活的百姓。说的就是这个道理。减轻田亩的赋税，免除关卡集市的税收，减少商人的数量，少兴徭役，不要侵占农时，这样，国家就富裕了。这就叫以政策使民富裕。

注释 1 轻重皆有称(chèn)：轻重，尊卑；称，相称。 2 袾(zhū)裷衣冕：袾，赤色。裷，同“衮”(gǔn)，画龙的礼服。冕，礼帽。 3 玄：黑色。 4 裨(pí)：地位较低的礼服，诸侯以下的臣子穿。 5 皮弁(biàn)服：皮弁，用白鹿皮做的帽子；服，便服。 6 故：古书。 7 平：整治，这里指免除。

人之生，不能无群，群而无分则争，争则乱，乱则穷矣。故无分者，人之大害也；有分者，天下之本

人生在世，不能没有群体，有群体没有名分等级就会有争斗，有争斗就会有动乱，有动乱就会穷困。所以，没有名分等级，是人生的大害；有名分等

利也；而人君者，所以管分之枢要也。故美之者，是美天下之本也；安之者，是安天下之本也；贵之者，是贵天下之本也。古者先王分割而等异之也，故使或美或恶，或厚或薄，或佚或乐，或劬或劳，非特以为淫泰夸丽之声，将以明仁之文，通仁之顺也。[1]故为之雕琢、刻镂、黼黻、文章，使足以辨贵贱而已，不求其观；为之钟鼓、管磬[2]、琴瑟、竽笙，使足以辨吉凶、合欢定和而已，不求其余；为之宫室台榭[3]，使足以避燥湿、养德辨轻重而已，不求其外。《诗》曰："雕琢其章，金玉其相。亹亹我王，纲纪四方。"[4]此之谓也。

级，是天下的根本利益所在；君主，是掌管名分等级的关键。所以，赞美君主，是赞美天下的根本；维护君主，是维护天下的根本；尊重君主，是尊重天下的根本。古代君王以等级名分来区分群体中的人，使得他们有的人有美名有的人有恶名，有的人尊贵有的人卑贱，有的人安逸、快乐，有的人劳累、辛苦，并不是要故意制造奢侈、骄恣、华丽的名声，而是为了明确仁义制度，贯彻仁义的秩序。所以雕刻器物，装饰礼服，只是使其足以辨别贵贱而已，并不是追求美丽的外观；制作钟鼓、管磬、琴瑟、竽笙等乐器，只是使其足以分辨吉凶，使人们欢快、和谐而已，并不追求享乐；建筑宫室台榭，只是使其避免日晒雨淋、修养德性、分辨尊卑而已，并不追求华丽。《诗》说："言行雕琢成文章，品质如金玉。勤勉的文王，治理着四方。"说的就是这个道理。

注释　1 或佚或乐，或劬或劳：当为"或佚乐或劬劳"，以与"或美或恶，或厚或薄"对称。　2 磬(qìng)：古代打击乐器，用玉、石、金属制成。　3 台榭：土筑的高地为台，在台上建木构的房子称榭。　4 此句引自《诗经·大雅·棫(yù)朴》，文字与原诗略有出入。棫朴，一种丛生的树木。本诗歌颂周文王祭祀以后征伐诸侯。亹(wěi)亹，勤勉的样子。

若夫重色而衣之，重味而食之，重财物而制之，合天下而君之，非特以为淫泰也，固以为王天下[1]、治万变、材万物、养万民、兼制[2]天下者，为莫若仁人之善也夫！故其知虑足以治之，其仁厚足以安之，其德音足以化之，得之则治，失之则乱。百姓诚赖其知也，故相率而为之劳苦以务佚之，以养其知也；诚美其厚也，故为之出死断亡以覆救之，以养其厚也；诚美其德也，故为之雕琢、刻镂、黼黻、文章以藩饰之，以养其德也。故仁人在上，百姓贵之如帝，亲之如父母，为之出死断亡而愉者，无它故焉，其所是焉诚美，其所得焉诚大，其所利焉诚多。[3]《诗》曰："我任我辇，我车我牛，我行既集，盖云归哉！"[4]此之谓也。

至于让君主穿着色彩华丽的衣服，吃着美味佳肴，有大量财物供其使用，统一天下交给他统治，并非是要故意这样骄奢，只是因为统治天下、处理各种事务、使用万物、养育万民、利益天下，没有比仁人更好的了！所以，他的智慧足以治理天下，他的仁厚足以安定天下，他的道德声望足以感化天下，得到他天下就会太平，失去他天下就会大乱。百姓确实依赖他的智慧，所以争先恐后地劳苦而务必使他安逸，以护养其智慧；百姓诚心赞美他的仁厚，所以出生入死地保护他，以护养他的仁厚；百姓诚心赞美他的德行，所以雕刻各种图案于器物，装饰多彩花纹于衣服，由此来护养他的德行。因此，仁人在君位上，百姓就像尊重上帝一样尊重他，就像亲近父母一样亲近他，为他出生入死也高兴，没有别的原因，因为他所肯定的确实好，他所取得的成就确实大，他所带来的好处确实多。《诗》说："我挑担拉车，我驾车牵牛，我的任务已经完成，现在可以回家了！"说的就是这个道理。

注释 1 王天下:当为“一天下”。 2 兼制:当为“兼利”。 3“诚美”“诚大”“诚多”后《群书治要》多一“也”字,有“也”字,语气缓和延长,似更佳。4 此句引自《诗经·小雅·黍苗》。此诗歌颂了召伯率领士兵平定淮夷之乱的功劳,诗人尤其感戴其对士兵的关心。任,担荷;辇,人拉的车,这里指拉车;集,完成。

故曰:“君子以德,小人以力。力者,德之役也。”百姓之力,待之而后功;百姓之群,待之而后和;百姓之财,待之而后聚;百姓之埶,待之而后安;百姓之寿,待之而后长。父子不得不亲,兄弟不得不顺,男女不得不欢,少者以长,老者以养。故曰:“天地生之,圣人成之。”此之谓也。今之世而不然:厚刀布[1]之敛以夺之财,重田野之税以夺之食,苛关市之征以难其事。不然而已矣,有掎挈伺诈[2],权谋倾覆,以相颠倒,以靡敝之,百姓晓然皆知其污漫暴乱而将大危亡

所以说:“君子依靠德行,小人依靠力气。力气,是受德行役使的。”百姓的力量,依赖君子的道德教化才有功效;百姓的群体,依赖君子的道德教化才能和睦;百姓的钱财,依赖君子的道德教化才能聚集;百姓的地位,依赖君子的道德教化才能安定;百姓的寿命,依赖君子的道德教化才能长久。父子之间若不得君子的道德教化就不亲近,兄弟之间若不得君子的道德教化就不和顺,夫妇之间若不得君子的道德教化就不合欢,少者因之而得以成长,老者因之而得以赡养。所以说:“天地生育了他们,圣人成就了他们。”说的就是这个道理。当今之世却不是这样:加重财物的征敛以夺取百姓的财富,加重田亩的赋税以掠夺百姓的粮食,加重关卡集市的税收使交易难以为继。不仅如此,又百般挑剔伺机诬害,玩弄权术倾轧陷害,颠倒是非,败坏世道,百姓清楚地知道他们的污秽残暴将导致极大

也。是以臣或弑其君，下或杀其上，粥[3]其城，倍[4]其节而不死其事者，无它故焉，人主自取之。《诗》曰：“无言不雠，无德不报。”[5]此之谓也。

的危险与灭亡。于是，有的臣子杀死其君主，有的下级杀死他的上级，有的人出卖城池，违背气节而不为君主卖命，这没有别的原因，君主咎由自取罢了。《诗》说：“没有言语是得不到回应的，没有德行是得不到报答的。”说的就是这个道理。

注释　1 刀布：古代钱币，这里指钱财。　2 有掎(jǐ)挈伺诈：抓住对方的弱点，伺机诬害。有，同“又”。　3 粥：同“鬻”，出卖。　4 倍：通“背”，背叛。　5 此句引自《诗经·大雅·抑》。雠，回应。

兼足天下之道在明分。掩地表亩[1]，刺屮[2]殖谷，多粪肥田，是农夫众庶之事也。守时力民，进事长功，和齐百姓，使人不偷，是将率[3]之事也。高者不旱，下者不水，寒暑和节而五谷以时孰[4]，是天下[5]之事也。若夫兼而覆之，兼而爱之，兼而制之，岁虽凶败水旱，使百姓无冻餧之患，则是圣君贤相之事也。

使天下普遍富裕的方法是明确各自的职分。翻耕田地，划分界限，铲除杂草，种植谷物，多施粪使田地肥沃，这是农夫百姓的事。遵守农时，使农民努力种田，促进生产，增加效益，协调和睦百姓，使他们不苟且偷生，这是将帅的事。高的地方不干旱，低的地方不水涝，寒暑交替合乎时节，五谷按时皆能成熟，这是天地的事。至于普遍地庇护百姓，普遍地爱护百姓，普遍地管理百姓，年岁即使饥荒旱涝，百姓也没有受冻挨饿的痛苦，这乃是圣君贤相的事。

注释　1 掩地表亩：掩地，使植被掩盖土地，这里指开垦耕种；表亩，立标记划分界限,使不相侵犯。 2 屮(cǎo):“草”的古字。 3 将率:古时将帅无战事时即是地方长官,主管州县行政。率,同“帅”。 4 孰:“熟”的古字。 5 天下:当为“天地”。因这一句话涉及天时、地利问题。

墨子之言[1],昭昭然[2]为天下忧不足。夫不足,非天下之公患也,特墨子之私忧过计也。今是土之生五谷也,人善治之则亩数盆[3],一岁而再获之,然后瓜、桃、枣、李一本数以盆鼓[4],然后荤菜百疏以泽量[5],然后六畜禽兽一而剸车[6],鼋鼍、鱼鳖、鳅鳣以时别,一而成群[7],然后飞鸟凫雁[8]若烟海,然后昆虫万物生其间,可以相食养者不可胜数也。夫天地之生万物也,固有余足以食人矣;麻葛、茧丝、鸟兽之羽毛齿革也,固有余足以衣人矣。夫有余不足[9],非天下之公患也,特墨子之私忧过计也。

墨子的言论,惶恐不安地为天下人忧虑物资不足。物资不足,并不是天下人的祸患,不过是墨子个人过度担心罢了。现在这些土地可以生长五谷,只要人善于治理,一亩土地可以生产数盆粮食,一年可以收获两次;此外还有瓜、桃、枣、李,一棵树的产量也得用盆、鼓来计算;此外还有荤菜百蔬,漫山遍野;还有六畜禽兽,肥大得一只装满一车;还有鼋鼍、鱼鳖、鳅鳣按时生育,一只能变成一群;还有野鸭、大雁,多得浩如烟海;还有万物生长于天地之间,可以供人食用生养的东西不可胜数。天地之间生长的万物,本来就有余,足以供人食用;麻葛,茧丝,鸟兽的羽毛、牙齿、皮革,本来就有余,足以供人穿衣。物资不足,并不是天下人的祸患,不过是墨子个人过度担心罢了。

注释 1 墨子之言:《墨子·七患》把“畜种菽粟不足以食之”当作一种大患。 2 昭昭然:忧惧不安的样子。 3 盆:古代的一种量器,一盆合十二斗八升。 4 然后瓜、桃、枣、李一本数以盆鼓:然后,表示接着某种情况之后;一本,草木等植物的一株;数,计算;鼓,古量器名,容量大小说法不一。 5 荤菜百疏以泽量:荤菜,有辛臭气味的蔬菜,如葱、蒜、韭、姜之类;疏,通“蔬”;泽量,以池泽计量,形容极多,漫山遍野。 6 一而剸车:一只家畜要占一辆车。 7 一而成群:一只能变成一群。 8 凫雁:野鸭与大雁。 9 夫有余不足:当为“夫不足”。

天下之公患,乱伤之也。胡不尝试相与求乱之者谁也?我以墨子之“非乐”也则使天下乱,墨子之“节用”也则使天下贫,非将堕[1]之也,说不免焉[2]。墨子大有天下,小有一国,将蹙然衣粗食恶[3],忧戚而非乐。若是则瘠,瘠则不足欲,不足欲则赏不行。墨子大有天下,小有一国,将少人徒,省官职,上功劳苦[4],与百姓均事业、齐功劳。若是则不威,不威则罚不行。赏不行,则贤者不可得而进也;罚不行,则不肖者不可得而退也。贤者不可得而进也,不肖者

天下共同的祸患,是败坏礼义而使社会混乱造成的。为什么不尝试着共同探究一下谁造成了这种混乱呢?我认为是墨子的“非乐”使天下混乱,墨子的“节用”使天下贫穷,这并非故意诋毁他,是他的学说本身有这种弊端。如果让墨子大到治理天下,小到君临一国,他将忧心忡忡地穿着粗布衣服,吃着粗劣的饭食,愁苦不安地反对音乐。如果这样,人的生活待遇就太菲薄,过于菲薄就没有足够的欲望,没有足够的欲望庆赏就不能实行。如果让墨子大到治理天下,小到君临一国,他将会减少仆人,削减官职,崇尚劳苦,与百姓做同样的事情,建一样的功业。如果这样,君主就不会有威严,没有威严惩罚就无法实行。庆赏不能实行,贤能的人就不能得到任用;惩罚无法实行,不贤能的人就不能被斥退。贤能的人得不到任用,不贤能的人不能

不可得而退也，则能不能不可得而官也。若是，则万物失宜，事变失应，上失天时，下失地利，中失人和，天下敖然[5]，若烧若焦。墨子虽为之衣褐带索，嚽[6]菽饮水，恶能足之乎？既以[7]伐其本，竭其原[8]，而焦天下矣。

被斥退，则贤能的人与不贤能的人就不可能得到各自相应的官职。如果这样，万物就会失调，事情发生变化而得不到相应的处理，在上失去天时，在下失去地利，中间失去人和，天下备受煎熬，就像被烧焦一样。墨子虽然自己穿粗布衣服，以绳索为衣带，吃豆类物，喝清水，又怎么能使天下富足呢？既然已破坏了根本，断绝了源头，那么天下的财物就枯竭了。

注释　1 堕：诋毁。　2 说不免焉：墨子的学说本身即有这种局限。墨子不满儒家最主要的地方在于其礼乐、厚葬等学说，他以为这样太奢侈浪费，致使财用不足。　3 蹙(cù)然衣粗食恶：蹙然，不安的样子。《墨子·节用中》说："古者圣王制为饮食之法，曰：'足以充虚继气，强股肱，耳目聪明，则止。不极五味之调、芬香之和，不致远国珍怪异物。'……古者圣王制为衣服之法，曰：'冬服绀緅之衣，轻且暖；夏服絺绤之衣，轻且清，则止。'"　4 上功劳苦：上，通"尚"；功，衍文。本句为"尚劳苦"。　5 敖然：受煎熬的样子。敖，通"熬"。　6 嚽(chuò)：同"啜"。　7 以：通"已"。　8 原："源"的古字。

故先王圣人为之不然。知夫为人主上者不美不饰之不足以一民也，不富不厚之不足以管下也，不威不强之不足以禁暴胜悍也。故必将撞大钟、击

所以，古代的君王和圣人就不这样做。因为他们知道作为君主的人若不华美、不修饰就不足以统一民心，财物不富裕、不厚实就不足以包容臣民，不威严、不强大就不足以禁止残暴，战胜凶悍。因此，一定要有钟鼓、笙竽、

鸣鼓、吹笙竽、弹琴瑟以塞[1]其耳，必将錭[2]琢、刻镂、黼黻、文章以塞其目，必将刍豢稻粱、五味芬芳以塞其口，然后众人徒、备官职、渐庆赏、严刑罚以戒其心，使天下生民之属，皆知己之所愿欲之举在是于[3]也，故其赏行；皆知己之所畏恐之举在是于也，故其罚威。赏行罚威，则贤者可得而进也，不肖者可得而退也，能不能可得而官也。若是，则万物得宜，事变得应，上得天时，下得地利，中得人和，则财货浑浑[4]如泉源，汸汸[5]如河海，暴暴[6]如丘山，不时焚烧，无所臧之，夫天下何患乎不足也？

琴瑟之声来满足他的听觉，一定要有雕琢的图案、美丽的服饰来满足他的视觉，一定要有肉类食物、五味芳香来满足他的味觉，此外还要增加众多的随从、设立官职、加重庆赏、严苛刑罚，以便警戒人心，使得天下的百姓都知道自己所希望的全在君王那里，于是奖赏就能够实行了；都知道自己所畏惧的全部都在君王那里，于是君王的惩罚就有威力了。奖赏能够实行，惩罚有威力，贤能的人就能得到任用，不贤能的人就会被斥退，于是贤能的人与不贤能的人就可以得到各自相应的官职。如果这样，万物就各得其宜，事情发生变化会得到相应的处理，在上得天时，在下得地利，中间得人和，财货滚滚如泉源之流，滂滂如河海之水，高高如丘山之石，即使不时焚烧，也没有地方储藏，天下还会忧虑财物不足吗？

注释　1 塞：满足。 2 錭：同“雕”。 3 是于：相当于“于是”。 4 浑浑：犹如“滚滚”。 5 汸(pāng)汸：水流很大的样子。汸，同“滂”。 6 暴暴：突起的样子。

故儒术诚行，则天下大[1]而富，使而功，撞钟击鼓而和。《诗》曰："钟鼓喤喤，管磬玱玱，降福穰穰。降福简简，威仪反反。既醉既饱，福禄来反。"[2]此之谓也。故墨术诚行，则天下尚俭而弥贫，非斗而日争，劳苦顿萃[3]而愈无功，愀然忧戚非乐而日不和。《诗》曰："天方荐瘥，丧乱弘多。民言无嘉，憯莫惩嗟。"[4]此之谓也。

所以如果儒家的学说确实能够实行，那么天下就会太平富裕，役使百姓就会有功效，撞钟击鼓，一片祥和。《诗》说："钟鼓声喤喤，管磬乐悠悠，福禄从天降。神灵降下大吉祥，礼仪严肃又安详。酒醉饭已饱，福禄来归万年长。"说的就是这个道理。所以，如果墨子的学说被真正实行，那么天下就会崇尚节俭而愈加贫困，反对争斗却天天在争斗，劳苦困顿憔悴且愈加没有功效，忧愁悲苦地反对音乐却日日不和。《诗》说："上天连降灾难，丧乱随处可见。百姓并无好言语，你却仍不知改悔。"说的就是这个道理。

注释 **1** 大(tài)：通"泰"，安泰。 **2** 此句引自《诗经·周颂·执竞》。此诗歌颂武、成、康三王的功德。喤(huáng)喤，钟鼓声洪亮；玱(qiāng)玱，清越声；穰(ráng)穰，五谷满仓，这里指丰盛；简简，盛大的样子；反反，威仪慎重而和善，反，同"返"。 **3** 萃：通"悴"，憔悴。 **4** 此句引自《诗经·小雅·节南山》。此诗痛斥权臣尹氏专权误国，表达了作者强烈的忧国忧民之情。荐瘥(cuó)，多次降临灾难；憯(cǎn)，曾，竟然。

垂[1]事养民，拊循之，唲呕[2]之，冬日则为之饘粥[3]，夏日则与之瓜麩[4]，以偷取少顷之

废弃应该做的事，以小恩小惠来养育百姓，安抚他们，呵护他们，冬天为他们准备稀饭稠粥，夏天为他们准备瓜果大麦粥，以博取一时的赞誉，这是一种苟且的

誉焉，是偷道也；可以少顷得奸民之誉，然而非长久之道也；事必不就，功必不立，是奸治者也。傮然[5]要时务民，进事长功，轻非誉而恬失民[6]，事进矣而百姓疾之，是又不可[7]偷偏者也；徙坏[8]堕落，必反无功。故垂事养誉，不可；以遂功而忘民，亦不可。皆奸道也。

做法；可以暂时得到奸邪图利之人的美誉，但不是安民治国的长久之道；其结果是事业不能成就，功名不能建立，因为这是奸邪的治国之道。喧嚣嘈杂地抢时间迫使人民劳动，一味追求事情的进展和功利，但轻视百姓的非议且不在乎丧失民心，这样，事情虽然有进展但人民痛恨不满，这又是苟且偏激的做法；必然导致败坏堕落，其结果反而一事无成。所以，废弃应该做的事而沽名钓誉，不可以；追求一时的功业而不顾百姓之所想，也不可以。因为这都是奸邪的治国之道。

注释　1 垂：委置，舍弃。　2 哓(wā)呕：小儿声，表示慈爱。　3 饘(zhān)粥：古代的稀饭，稠的叫饘，稀的叫粥。　4 麸(qù)：大麦粥。5 傮然：嘈杂的样子。　6 恬失民：对老百姓的不满不在乎。恬，淡泊，安静。　7 不可：衍文。　8 徙坏：败坏。

故古人为之不然，使民夏不宛暍[1]，冬不冻寒，急不伤力，缓不后时，事成功立，上下俱富，而百姓皆爱其上，人归之如流水，亲之欢如父母，为之出死断亡而愉者，无它故焉，忠信调和均辨[2]之至

所以古人不这样做，使百姓夏天不闷热中暑，冬天不挨冻受寒，紧急时不伤害民力，闲暇时也不耽误农时，事业成就，功业建立，上下都富裕，且百姓都爱戴其君主，人们归附他如流水，亲近他如父母，为他出生入死依然快乐，没有别的原因，因为君主极度地忠信、平和、公正。因此统治国家、领导百姓

也。故君国长民者欲趋时遂功，则和调累解[3]，速乎急疾；忠信均辨，说[4]乎赏庆矣；必先修正其在我者，然后徐责其在人者，威乎刑罚。三德者诚乎上，则下应之如景向[5]，虽欲无明达，得乎哉！《书》曰："乃大明服，惟民其力懋，和而有疾。"[6]此之谓也。

的人若想及时建立功业，那么平和宽缓比急于求成效果更好；忠信公平比奖赏庆贺更令人喜悦；君主必须先改正自身的缺点，然后慢慢去责备别人，这样比刑罚更有威力。忠信、平和、公正的德行如果真正在君主身上体现，那么臣下就会如影随形、如响应声，即使不想显赫通达，可能吗？《书》说："君主英明而服众，百姓就会勉力从事，和谐且迅速。"说的就是这个道理。

注释 1 宛暍(yē)：宛，通"蕴"，闷热；暍，中暑。 2 均辨：公平。辨，平。 3 和调累解：和调，心态平和；累解，宽缓。 4 说：同"悦"。 5 景向：景，同"影"；向，通"响"。 6 此句引自《尚书·周书·康诰》。但文字与此处有出入，原文为："乃大明服，惟民其敕懋和。若有疾，惟民其毕弃咎。"懋，勉力。

故不教而诛，则刑繁而邪不胜；教而不诛，则奸民不惩；诛而不赏，则勤属[1]之民不劝；诛赏而不类，则下疑俗俭[2]而百姓不一。故先王明礼义以一之，致忠信以爱之，尚贤使能以次之，爵服庆赏以申

所以若不教育就诛杀，那么刑罚就会繁多且难以遏制邪恶；但若只教育而不诛杀，那么奸邪之民就得不到惩罚；只诛杀而不奖赏，那么勤勉的人就得不到鼓励；诛杀、奖赏不依法而行，那么人民就会怀疑其公正性，社会风气就会险恶而百姓的行为就不会统一。因此先王彰明礼义来统一百姓，做到忠信来爱护百姓，按照品德和能力的大小来安排不同的职位，以

重之,时其事、轻其任以调齐之,潢[3]然兼覆之,养长之,如保赤子。若是,故奸邪不作,盗贼不起,而化善者劝勉矣。是何邪?则其道易,其塞固,其政令一,其防表明。故曰:"上一则下一矣,上二则下二矣,辟之若中木,枝叶必类本。"此之谓也。

爵位、服饰、奖赏来激励他们,依据时节安排他们做事,减轻他们的负担以调剂、养护他们,全面地照顾他们,滋养他们,就如婴儿一样。如果这样,奸邪就不会发生,盗贼也不会兴起,改过迁善的人将得到鼓励。这是为什么呢?因为这种方法简单易行,灌输给百姓的思想坚固有力,其政令始终如一,其禁令明确清晰。古书上说:"上面一心则下面一心,上面二意则下面二意;譬如草木,什么样的根就长出什么样的枝叶。"说的就是这个道理。

注释 1 属:当为"厉"。 2 俭:当为"险"。 3 潢:通"滉",流水大量涌进的样子。

不利而利之[1],不如利而后利之[2]之利也;不爱而用之,不如爱而后用之之功也。利而后利之,不如利而不利者[3]之利也;爱而后用之,不如爱而不用者之功也。利而不利也,爱而不用也者,取天下矣。利而后利之,爱而后

不给予人民利益却向人民索取利益,不如先给予人民利益然后再向他们索取利益有利;不爱护人民却役使他们,不如爱护人民然后再役使他们更有成效。先给予人民利益然后再向他们索取利益,不如给予人民利益但不向他们索取利益更为有利;爱护人民然后再役使他们,不如爱护人民却不役使他们更有成效。给予人民利益但不向他们索取利益,爱护人民却不役使他们,(这样的人)就可以得到天下。先给予人民利益然后再向他们索取利益,爱护人民然后再役使他

用之者，保社稷也。不利而利之，不爱而用之者，危国家也。

们，（这样的人）就可以保存社稷。不给予人民利益却向人民索取利益，不爱护人民却役使他们，（这样的人）会使国家危险。

注释 1 不利而利之：不利，不给百姓利益；利之，以……为利，即向百姓索取利益。 2 利而后利之：给予利益后再向百姓索取利益。 3 利而不利者：给予利益但不向百姓索取利益。

观国之治乱臧否，至于疆易[1]而端已见矣。其候徼支缭[2]，其竟关之政尽察[3]，是乱国已。入其境，其田畴秽，都邑露[4]，是贪主已。观其朝廷则其贵者不贤，观其官职则其治者不能，观其便嬖则其信者不悫，是暗主已。凡主相臣下百吏之俗[5]，其于货财取与计数也，须孰[6]尽察；其礼义节奏也，芒轫僈楛[7]，是辱国已。其耕者乐田，其战士安难，其百吏好法，其朝廷隆礼，其卿相调议，是治国已。观其朝廷则其贵者贤，观其官职则其治者能，观其便嬖则其信者

观察一个国家的治乱好坏，到了边境其端倪就显现出来了。如果它的哨兵频繁巡逻，边境关卡检查严苛，那么这就是一个混乱的国家。进入它的境内，田野荒芜，城镇破败，那么这就是一个贪婪的君主。观察他的朝廷，富贵的人不贤能；观察他的百官，治理的人无能力；观察他的亲信，信任的人不诚实，这就是一个昏庸的君主。举凡君主、卿相与百官，对于财货取舍之算计，谨慎熟练而极尽其能；而对于礼制音乐却茫然怠慢而粗劣，这是令人耻辱的国家。它的农民乐意种田，它的战士不避死难，它的百官喜好法律，它的朝廷推崇礼义，它的卿相能相互协调，这是治理得好的国家。观察他的朝廷，富贵者贤德；观察他的百官，治理者能干；观察他的亲信，信任的人诚

悫，是明主已。凡主相臣下百吏之属，其于货财取与计数也，宽饶简易；其于礼义节奏也，陵[8]谨尽察，是荣国已。贤齐则其亲者先贵，能齐则其故者先官，其臣下百吏，污者皆化而修，悍者皆化而愿，躁[9]者皆化而悫，是明主之功已。

实，这是一个贤明的君主。举凡君主、卿相与百官，对于财货取舍之算计，宽松简易；而对于礼制音乐却严谨苛刻，这是给人带来荣誉的国家。若贤德相同，那么亲近的人先尊贵；若能力相同，那么故旧先当官；他的群臣百官，污秽的人因感化而变好，凶悍的人因感化而善良，狡猾的人因感化而诚实，这是贤明君主的功德。

注释 1 疆易：边界。易，通"埸"(yì)。 2 候徼(jiào)支缭：候，哨兵；徼，巡逻；支缭，繁多歧出。 3 竟关之政尽察：竟，通"境"；尽察，极其精细地检查。 4 露：败坏。 5 俗：当为"属"，与下文"凡主相臣下百吏之属"同。 6 须孰：须，当为"顺"，顺，通"慎"；孰，通"熟"。 7 芒轫僈楛：芒，通"茫"，茫然无知；轫，柔软，怠慢无力。僈楛，怠慢粗疏。 8 陵：严密。9 躁：通"剿"(jiǎo)，狡猾。

观国之强弱贫富有征：上不隆礼则兵弱，上不爱民则兵弱，已诺[1]不信则兵弱，庆赏不渐则兵弱，将率不能则兵弱。上好功则国贫，上好利则国贫，士大夫众则国贫，工商众则国贫，无制数度量[2]则国贫。下贫则上贫，下富则

观察国家强弱贫富的征兆：君主不推崇礼义兵力就弱，君主不爱护百姓兵力就弱，禁令与许诺不讲信用兵力就弱，奖赏不厚重兵力就弱，将帅没有才能兵力就弱。君主好大喜功国家就贫穷，君主贪利国家就贫穷，士大夫众多国家就贫穷，工商业者众多国家就贫穷，没有法度国家就贫穷。百姓贫穷君主就贫穷，百姓富裕君主就富裕。所以

上富。故田野县鄙[3]者，财之本也；垣[4]窌仓廪者，财之末也。百姓时和、事业得叙者，货之源也；等赋府库者，货之流也。故明主必谨养其和，节其流，开其源，而时斟酌焉，潢然使天下[5]必有余而上不忧不足。如是则上下俱富，交[6]无所藏之，是知国计之极也。故禹十年水，汤七年旱，而天下无菜色者，十年之后，年谷复孰，而陈积有余。是无它故焉，知本末源流之谓也。故田野荒而仓廪实，百姓虚而府库满，夫是之谓国蹶[7]。伐其本，竭其源，而并之其末[8]，然而主相不知恶也，则其倾覆灭亡可立而待也。以国持之而不足以容其身，夫是之谓至贪[9]，是愚主之极也。将以求富而丧其国，将以求利而危其身，古有万国，今有十数焉。是无

田野乡村是财富的根本，货仓、粮仓是财富的末节。百姓劳作顺应天时，生产有条不紊，是财货的源头；按等级征税及储物于库，是财货的支流。所以贤明的君主一定维持和谐的局面，节制支流，开掘源头，时常斟酌思考，使得百姓的财富源源不断而有余，君主也因此不担忧其不足。如果这样，上下都富裕，两者都没有地方储藏财富，这就是懂得国计民生达到了顶点。大禹时期十年水患，商汤时期七年旱灾，但天下百姓没有饥色，十年以后，谷物丰收且储存的粮食有余。这没有别的原因，知晓财富的本末、源流之间的关系罢了。所以田野荒芜但仓库充足，百姓空虚但国库富足，这可以说国家将要灭亡了。断绝其根本，枯竭其源头，使财富聚集到府库中去，然而君主、卿相却不知其危险，那么国家的倾覆灭亡马上就会到来。以整个国家来供养他依然不能满足，这将会造成国家的极度贫穷，君主的昏庸也达到了顶点。想要追求富裕却葬送了国家，想要追求利益却危害了自身，古时候的国家有上万个，但现在仅剩下十几个了。这没有别的原因，他

它故焉,其所以失之一也。君人者,亦可以觉矣。百里之国,足以独立矣。

们灭亡失国的道理是一样的。统治者可以觉悟清醒了吧。百里之地的小国也可以独立生存下去。

注释 1 已诺:禁止与许诺。已,禁止。 2 制数度量:布帛的幅面叫“制”,一二三四叫“数”,尺、寸等长度单位叫“度”,斗、石等容量单位叫“量”。这里指法度。 3 县鄙:乡村。 4 垣:矮墙,引申为货仓。 5 天下:当为“夫下”。“下”与“上”相对,而“夫”误为“天”。 6 交:指君主与百姓二者之间。 7 国蹶(jué):国家颓败。蹶,倾倒。 8 并之其末:之,动词,到。这样,“之其末”可与“伐其本,竭其源”相对应。末,指府库。 9 贪:当为“贫”。此段“贫”与“富”相对应。

凡攻人者,非以为名,则案以为利也;不然,则忿之也。仁人之用国,将修志意,正身行,伉隆高[1],致忠信,期[2]文理。布衣紃屦之士诚是,则虽在穷阎漏屋,而王公不能与之争名;以国载之,则天下莫之能隐匿也。[3]若是,则为名者不攻也。将辟田野[4],实仓廪,便备用,上下一心,三军同力,与之远举极战则不可。境内之聚也保

大凡攻打别的国家,不是为了追求美名,就是为了追求利益,否则,就是因为怨恨对方。如果仁人治理国家,将会修养精神,端正德行,推崇礼义,恪守忠信,完善制度。身份低贱的士人若能做到这样,那么即使在穷乡僻壤,王公都无法与之竞争名望;如果把国家交给这样的人治理,那么天下没有谁能埋没他的才能与功绩。如果国家做到这样,为了追求美名的人就不会来攻打了。(如果仁人治理国家,)将会开垦田地,充实仓库,改进器用,上下一心,三军同力,若别的国家长途跋涉与之苦战肯定不行。其境内的兵力防守坚固,依据情况,迎击敌

固，视可，午[5]其军，取其将，若拨麷[6]。彼得之不足以药伤补败，彼爱其爪牙，畏其仇敌，若是，则为利者不攻也。将修小大强弱之义以持慎之，礼节将甚文，珪璧将甚硕，货赂将甚厚，所以说之者，必将雅文辩慧之君子也。彼苟有人意焉，夫谁能忿之？若是，则忿之[7]者不攻也。为名者否，为利者否，为忿者否，则国安于磐石，寿于旗、翼[8]。人皆乱，我独治；人皆危，我独安；人皆失丧之，我按起而治[9]之。故仁人之用国，非特将持其有而已也，又将兼人。《诗》曰："淑人君子，其仪不忒。其仪不忒，正是四国。"[10]此之谓也。

军，俘获敌将，就如折断蒲草一样容易。敌军所得到的还不足以医治伤员、补给损失，他们还爱护自己的武将，畏惧自己的敌人，如果这样，追求利益的人就不会来攻打了。（如果仁人治理国家，）必然谨慎地依据大国小国、强国弱国之间的道义，礼节十分完备，赠送的玉器硕大，赠送的货物丰厚，派遣游说的使者一定是文雅、明慧的君子。那些敌视的国家如果尚有良知的话，谁还会去怨恨这样的国家呢？如果这样，怨恨的国家也不会来攻打了。追求美名的人不来攻打，追求利益的人不来攻打，怨恨的人不来攻打，那么国家就如磐石般安稳，就像箕星、翼星一样长久。别国都混乱，唯独我平治；别国都危险，唯独我安全；别的国家都丧权失国，唯独我能奋起而制服它们。所以如果仁人治理国家，不单是治理好了自己的国家，还可以化天下而兼有之。《诗》说："那善良的君子，他的言行仪表没有差错。言行仪表没有差错，就可以治理四方。"说的就是这个道理。

注释　1 伉隆高：伉，谓至于极点。隆高，此指礼义。　2 期：通"綦"，极。　3 布衣：身份低贱的平民。紃屦：用麻绳编制的鞋。　4 将辟田野：此句前面省略了“仁人之用国”一句。下文“将修小大强弱之义以持慎之”亦省略了此句。 5 午:通“迕”,逆,迎击。 6 拨麷(fēng):拨,折断;麷,蒲草。 7 忿之:当为“为忿”,以与“为名”“为利”相对应。 8 旗、翼:俱为二十八星宿名。旗,通“箕”。 9 治:疑为“制”,制服。 10 此句引自《诗经·曹风·鸤鸠》。忒(tè),差错。

持国之难易:事强暴之国难,使强暴之国事我易。事之以货宝,则货宝单[1]而交不结;约信盟誓,则约定而畔无日[2];割国之锱铢[3]以赂之,则割定而欲无猒。事之弥烦[4],其侵人愈甚,必至于资单国举然后已。虽左尧而右舜,未有能以此道得免焉者也。辟之是犹使处女婴宝珠、佩宝玉、负戴黄金,而遇中山之盗也,虽为之逢蒙视[5],诎要桡腘[6],君卢屋妾[7],由将不足以免也。故非有一人之道也,直将巧繁[8]拜请而畏事之,则不足以持国安身,故明君不道[9]也。必将修礼以齐朝,正法

保住国家的难易方法:侍奉强暴的国家难,但使强暴的国家侍奉自己容易。以货物财宝去侍奉强暴的国家,货物财宝送光了而邦交依然没有建立起来;同他们签订盟约誓言,签订后为时不久就遭毁弃了;割让一块土地去贿赂他们,割让以后他们的欲望依然得不到满足。侍奉强暴之国越是依顺,他们侵吞的野心就越强大,直至财物用尽、土地割光为止。虽然身边有尧、舜这样的贤人,也不能通过这种方法避免国家灭亡。这就好像一个姑娘脖子上系着宝珠,身上佩带宝玉,背负着黄金而遭遇了山中的盗贼,即使不敢正眼看,弯腰屈膝,犹如家里的婢妾一样,依然不能幸免于难。所以如果没有让人民团结一致对付强敌的方法,只是依靠说好话,献殷勤,卑躬屈膝地去侍奉他们,是不可能保住国家、保全自己的,因此贤明的君主不会这样做。必须要制定礼乐以整顿朝廷,严明法律

以齐官，平政以齐民，然后节奏齐于朝，百事齐于官，众庶齐于下。如是，则近者竞亲，远方致愿；上下一心，三军同力；名声足以暴炙[10]之，威强足以捶笞之；拱揖[11]指挥，而强暴之国莫不趋使；譬之是犹乌获与焦侥[12]搏也。故曰：事强暴之国难，使强暴之国事我易。此之谓也。

以整顿官吏，修明政治以治理百姓，从而使礼乐制度在朝廷得到严格执行，各种政务在官吏中治理得有条不紊，百姓在下面齐心协力。这样，相邻的国家就争着来亲近，远方的国家也表现出倾慕之情；上下一心，三军同力；美好的名声足以威慑他们，威武强大足以惩罚他们；从容地指挥，强暴的国家没有一个不听从驱使的；这种情形就像乌获与焦侥搏斗一样。所以说：侍奉强暴的国家难，但使强暴的国家侍奉自己却容易。说的就是这个道理。

注释　1 单：通“殚”，竭尽。　2 无日：为时不久。　3 锱铢：古代较小的重量单位，这里指较小的土地。　4 烦：当为“顺”。　5 逢蒙视：微视，不敢正视。　6 诎要桡腘(náoguó)：要，同“腰”；桡，弯曲；腘，膝后弯曲处。　7 君卢屋妾：像家里的婢妾。君，当为“若”；卢，通“庐”。　8 巧繁：当为“巧敏”。　9 道：由。　10 暴炙：日晒火烤。　11 拱揖：两手相握作揖。这里指闲适而轻松。　12 乌获与焦侥(yáo)：乌获，秦国大力士，力举千斤；焦侥，传说中的矮人，身长三尺。

王霸

导读　荀子在本篇分辨了三种治国形态，即王道之国、霸道之国及灭亡之国。王道之国立道义，霸道之国立诚信，灭亡之国立利益。由此荀子提出一条重要的治国思想，国家作为重器，虽然世代有所更替，但那只是领导人的更迭，并不是治国理念的改变；国家要得到长治久安，必然有根本性的不变的治国大道。荀子还指出，对于君主来说，最重要的不要每件事去亲力亲为，否则，不但使自己劳累，且事情一定办不好。君主首要的任务是物色一个好的宰相，让他去授官任职。伊尹、周公、管仲都是其中的例子。好的宰相之出现，依赖君主“不恤亲疏，不恤贵贱，唯诚能之求”。有了好的宰相，君主就应该好要而不好详，且治国要遵循由近及远、由明及幽、由一及二之原则。最后，荀子论述了危害国家的几种情形，引出唯有儒者治国才能实现“政令行，风俗美”之理想。

原文

国者，天下之制[1]利用也；人主者，天下之利埶也。得道以持之，则大安也，大荣也，积美之源也；不得道以持之，则大

译文

国家，是天下最有利的工具；君主，是天下最有利的权势。若能掌握了大道去持守它们，那么就会非常安全，非常荣耀，是累积美名之源泉所在；若不能掌握大道去持守它们，那么就会十分危险，就

危也，大累也，有之不如无之，及其綦[2]也，索为匹夫不可得也，齐湣、宋献[3]是也。故人主，天下之利埶也，然而不能自安也，安之者必将道也。故用国者，义立而王，信立而霸，权谋立而亡。三者，明主之所谨择也，仁人之所务白也。

是一个大累赘，拥有它们还不如不拥有，（不然，）在极端情况下，想成为普通百姓都不可能，齐闵王、宋康王就是其中的例子。所以君主，是天下最有利的权势，但是也不足以自我保全，要自我保全必须遵从道义。因此治理国家的人，道义确立了就可以称王，诚信确立了就可以称霸，仅以权谋立国必然导致灭亡。这三者，是贤明的君主应该谨慎选择的，仁德的人必须搞明白的。

注释　**1** 制：衍文。　**2** 綦：极。　**3** 宋献：即宋康王。史载其“面有神光，力能屈伸铁钩”，以武力取得宋国统治权，且自立为君。公元前286年，宋国发生内乱，齐举兵灭宋。宋康王出逃，亡于魏。

挈国以呼礼义[1]而无以害之，行一不义、杀一无罪而得天下，仁者不为也，擽然[2]扶持心、国，且若是其固也。之所与为之者之人[3]，则举义士也；之所以为布陈于国家刑法者，则举义法也；主[4]之所极然帅群臣而首乡之者，则举义志也。如是，则下仰上以义矣，是綦[5]定也。綦

率领全国人民倡导礼义而不要伤害礼义，做一件不义的事，杀一个无辜的人而得到天下，仁德的人不会去做，以此去保护、维持自己的思想与国家，并执持这种想法如磐石一样坚固。凡是与君主一起治理国家的人，都是礼义之士；凡是国家颁布的刑法，都是礼义之法；凡是急切地带领群臣去追求的，都是礼义的志向。像这样，臣下就会以礼义去仰视君主，立国之基础就坚固了。立国之基础坚固了国家就安定了，

定而国定，国定而天下定。仲尼无置锥之地，诚义乎志意，加义乎身行，著之言语，济之日，不隐乎天下，名垂乎后世。今亦以天下之显诸侯诚义乎志意，加义乎法则度量，著之以政事，案申重之以贵贱杀生，使袭然[6]终始犹一也。如是，则夫名声之部发[7]于天地之间也，岂不如日月雷霆然矣哉？故曰：以国齐义，一日而白，汤、武是也。汤以亳[8]，武王以鄗[9]，皆百里之地也，天下为一，诸侯为臣，通达之属，莫不从服，无它故焉，以济义矣。是所谓义立而王也。

国家安定了天下就太平了。仲尼无立锥之地，但他真诚地把道义灌输在思想中，真诚地把礼义落实在行动中，彰明在言语中，由此而成功，名声不隐没于天下，名垂后世。假如现在也让天下那些显赫的诸侯真诚地把道义灌输在思想里，落实在法则度量中，体现在政事上，又用提拔、废黜、处死、赦免等手段来反复强调它，让它始终如一。如果这样，他们的名声就会宣扬于天地之间，难道不会像日月般光辉、雷霆般响亮吗？所以说：整个国家若能遵从道义，一天就可名震天下，汤、武就是这样的人。商汤以亳，武王以鄗，都不过百里之地而起家立国，天下一统，诸侯臣服，舟车可通达之地没有不心悦诚服的，没有别的原因，因为道义而成功。这就是所谓道义确立了就可以称王的道理。

注释　1 挈(qiè)国以呼礼义：挈，提举，这里指领导；呼，倡导。　2 擽(luò)然：形容石头坚固的样子。　3 之人：衍文。　4 主：衍文。　5 綦：基，立国之基础。　6 袭然：合一的样子。　7 部发：即“勃发”。　8 亳：商汤的国都，在今河南商丘北。　9 鄗(hào)：即“镐”，在今陕西西安西北。

德虽未至也，义虽未济也，然而天下之理略奏[1]矣，刑赏已诺信乎天下矣，臣下晓然皆知其可要[2]也。政令已陈，虽睹利败，不欺其民；约结已定，虽睹利败，不欺其与。如是，则兵劲城固，敌国畏之；国一綦明，与国信之。虽在僻陋之国，威动天下，五伯是也。非本政教也，非致隆高也，非綦文理也，非服人之心也；乡方略，审劳佚，谨畜积，修战备，齺[3]然上下相信，而天下莫之敢当。故齐桓、晋文、楚庄、吴阖闾、越句践[4]，是皆僻陋之国也，威动天下，强殆中国，无它故焉，略信也。是所谓信立而霸也。

道德虽然没有尽善尽美，道义也没有完全做到，但天下的道理基本掌握了，刑罚奖赏、禁止许诺已取得天下的信任，臣下都明白他是值得信赖的。政令已经颁布，即使看到自己的利益将有所损害，也不欺骗民众；盟约已经签署，即使看到自己的利益将有所损害，也不欺骗盟国。如果这样，那么就会兵力强劲、城防坚固，敌国惧怕，国家统一，道义彰明，盟国信任，虽然是偏僻落后的国家，依然能够威震天下，五霸就是这样。他们的立国不是根基于政教，治国还没有达到最高的境界，没有健全的礼义制度，不能够悦服人心，但注重方针策略，劳逸结合，认真积蓄，加强战备，君臣之间相互信任就像上下颌之牙齿一样相配合，天下没有人敢与之对抗。所以齐桓公、晋文公、楚庄王、吴王阖闾、越王勾践，都是偏僻落后的国家，却威震天下，他们的强大足以危及中原各国，这没有别的原因，就是因为他们能取信于天下。这就是所谓诚信确立了就能称霸。

注释 **1** 略奏：大致掌握。奏，通“凑”，会聚，这里引申为掌握。 **2** 可要：可与之结交。要，约。 **3** 齺(zōu)：上下牙齿相咬，形容上下相对，密切配合。 **4** 晋文、楚庄、吴阖闾、越句践：此四人与齐桓公一起称之为春秋五霸。晋文公，即重耳，晋献公之子，晋国第二十二任国君，曾被迫在外流亡十九年，得到磨炼，君国以后文治武功卓著；楚庄王，楚穆王之子，公元前613—前591年为楚国国君，任孙叔敖为令尹，发展生产，充实国力，遂为春秋霸主；吴阖闾，即吴公子光，吴王诸樊之子，公元前514—前496年为吴国国君，任用伍子胥、孙武，使得国力大振；越句践，即勾践，越王允常之子，于公元前497年君越国，于公元前494年被吴所败，囚于吴，三年后释放回国，卧薪尝胆，重用范蠡、文种等人，国力渐复，于公元前473年破吴都，迫使吴王夫差自杀，是春秋时期最后一位霸主。

挈国以呼功利，不务张其义、齐[1]其信，唯利之求，内则不惮诈其与而求小利焉，外则不惮诈其与而求大利焉，内不修正其所以有，然常欲人之有。如是，则臣下百姓莫不以诈心待其上矣。上诈其下，下诈其上，则是上下析也。如是，则敌国轻之，与国疑之，权谋日行而国不免危削，綦之[2]而亡，齐闵、薛公[3]是也。故用强齐，非以修礼义也，非以本政教也，非以一天下也，绵绵[4]常以结引驰外为务。

统领全国倡导功利，不致力于彰显道义、恪守信用，唯利是图，对内肆无忌惮地欺诈百姓而求取小利，对外则毫无顾忌地欺诈盟国而求取大利，在内不好好管理自己已有的东西，却常常希望得到别人的东西。这样，臣子、百姓无不以奸诈之心对待其君主。君王欺诈臣下，臣下欺诈君主，这种情况必然导致上下离析。如果这样，敌国就会轻视，盟国就会怀疑，即使整天耍弄权谋诈术，国家依然免不了危险削弱之境遇，发展到顶点终将灭亡，齐闵王、孟尝君就是这样。他们掌握着强大的齐国政权，却不修礼义，不兴政教，不是以此来一统天下，而是绵绵不绝地把勾结拉拢别国、游走驰骋于外国作为自己的要故强，南足以破楚[5]，西足以诎秦[6]，北足以败燕[7]，中足以举宋[8]。及以燕、赵起而攻之[9]，若振槁然，而身死国亡，为天下大戮，后世言恶则必稽焉。是无它故焉，唯其不由礼义而由权谋也。三者，明主之所谨择也，而仁人之所以务白也。善择者制人，不善择者人制之。

务。所以它强大时，南足以击破楚国，西足以屈服秦国，北足以击败燕国，中足以灭亡宋国。但等到燕赵联军发兵攻打时，就如摇落枯树的叶子一样容易，以至于身死国亡，成为天下的奇耻大辱，后世言及邪恶的君主总会提到他。这没有别的原因，就是不实行礼义而耍弄权术。这三种情况，是贤明的君主应该谨慎地裁择，而仁德的人应该弄明白的。善于裁择的人制服别人，不善于裁择的人被别人制服。

注释 1 齐：与“济”通。 2 綦之：綦，使……至极。即上面所说的各种情况达到顶点，国家就会灭亡。 3 薛公：战国时齐国贵族，姓田，名文，号孟尝君，因封于薛，故称薛公。他曾任齐闵王的相。以权谋游走于齐、魏、秦之间，并委以重任。死后诸子争立，齐、魏遂占其封地。 4 绵绵：不绝的样子。 5 破楚：齐闵王二十三年（前 301），与秦国一起击败楚国，闵王三十八年（前 286），割楚之淮北。 6 诎秦：齐闵王二十六年（前 298），与韩、魏共攻秦，至函谷关。 7 败燕：齐闵王十年（前 314），乘燕国内乱而攻燕，大胜之。 8 举宋：齐闵王三十八年（前 286），一举攻灭宋国。 9 燕、赵起而攻之：公元前 284 年，燕国联合赵、魏、韩、秦等国攻占齐国都城临淄，齐闵王死于莒。

国者，天下之大器也，重任也，不可不善为择所而后错之[1]，错险则

国家，是天下最重大的器具，最沉重的担子，不可以不妥善地为它选择治理的人然后交付与他们，交付给险恶的人

危；不可不善为择道然后道之[2]，涂薉[3]则塞，危塞则亡。彼国错者，非封[4]焉之谓也，何法之道，谁子之与也。故道王者之法与王者之人为之，则亦王；道霸者之法与霸者之人为之，则亦霸；道亡国之法与亡国之人为之，则亦亡。三者，明主之所以谨择也，而仁人之所以务白也。

那国家就危险了；不可以不妥善地为它选择道路然后依此而加以引导，道路杂草丛生就会闭塞，危险且闭塞国家就会灭亡。安置国家，不只是分封列土，更重要的是依据什么原则治理，把国家交付给什么人。所以依据王者之法，并把国家交付给奉行王道的人治理，就会称王；依据霸者之法，并把国家交付给奉行霸道的人治理，就会称霸；依据亡国之法，并把国家交付给奉行亡国之道的人治理，就会灭亡。这三种情况，是贤明的君主应该谨慎地裁择，而仁德的人应该弄明白的。

注释 1 择所而后错之：择所，选择治理国家的人；错，通“措”，安置。2 择道(dào)然后道(dǎo)之：择道，选择治国的原则与大道；道之，引导。3 涂薉(huì)：涂，通“途”；薉，同“秽”，杂草丛生。 4 封：划分疆界，分封土地。《说文》：“封，爵诸侯之土也。”

故国者，重任也，不以积[1]持之则不立。故国者，世所以新者也，是惮惮[2]，非变也，改王改行[3]也。故一朝之日也，一日之人也[4]，然而厌焉有千岁之固[5]，何也？曰：援夫千岁之信

所以国家，是最重的担子，若不以积累持久的永恒之道去维持它就不能长久生存。所以国家，好像世代都在更新，但这只是统治者的轮替，而不是治国的根本大道的变更，佩玉与步伐的变化正是这种轮替的表示。因此日子忽如一朝，人生短似一日，但国家却可以千百年地存在着，这是为什么呢？回答是：采用

法以持之也，安[6]与夫千岁之信士为之也。人无百岁之寿，而有千岁之信士，何也？曰：以夫千岁之法自持者，是乃千岁之信士矣。故与积礼义之君子为之则王，与端诚信全之士为之则霸，与权谋倾覆之人为之则亡。三者，明主之所谨择也，而仁人之所以务白也。善择之者制人，不善择之者人制之。

了千百年永恒之法来维持它，且让那些千百年都能持守信用的人来治理它。人没有百岁之寿命，但有千百年持守信用的人，这是为什么呢？回答是：以千百年永恒不变之法自我约束，这就是千百年持守信用的人。所以把国家交给持久地遵从礼义的人来治理就会称王，交给端正、诚实、守信的人来治理就会称霸，交给玩弄权术、阴谋陷害的人来治理就会灭亡。这三种情形，是贤明的君主应该谨慎地裁择，而仁德的人应该弄明白的。善于裁择的人制服别人，不善于裁择的人被别人制服。

注释 1 积：积累持久。这里指永恒的治国之道。 2 惮惮：君主一代接一代的更新。惮，当为"禅"。 3 改王改行：王，当为"玉"。改玉改行，指更换佩玉与步伐。古代贵族依据等级，所戴佩玉不同，举行仪式时的步伐亦不同。因此，以改玉改行表示人的地位发生了变化。 4 故一朝之日也，一日之人也：这里喻指人生短暂，在世的日子如同一日，但国家永远留存下去。故，衍文。因"故"字后面是问句，所以不当有"故"。5 固：当为"国"字。 6 安：语助词。

彼持国者必不可以独也，然则强固[1]荣辱在于取相矣。身能相能，如是者王。身不能，知恐惧

那些掌握国家的人是不可以独自一人治理的，那么国家的强弱荣辱就在于选取宰相。自己有能力宰相亦有能力，这样的国家就可以称王。自己没有能力，

而求能者，如是者强。身不能，不知恐惧而求能者，安唯便僻[2]左右亲比己者之用，如是者危削，綦之而亡。国者，巨用[3]之则大，小用之则小；綦大而王，綦小而亡，小巨分流者存。巨用之者，先义而后利，安不恤亲疏，不恤贵贱，唯诚能之求，夫是之谓巨用之。小用之者，先利而后义，安不恤是非，不治曲直，唯便僻亲比己者之用，夫是之谓小用之。巨用之者若彼，小用之者若此，小巨分流者，亦一若彼、一若此也。故曰："粹而王，驳而霸，无一焉而亡。"此之谓也。

但由此警惧而求取有能力的人，这样就会强大；自己没有能力，却不能警惧而求取有能力的人，只知道任用宠信的小人、攀附的亲近，这样国家就会危险削弱，这种情况发展到极点，国家就会灭亡。国家，从大处着眼去治理就会强大，从小处着眼去治理就会弱小。从大处发展到极点，就会称王；从小处发展到极点，就会灭亡；治国在小处大处之间游走就可以生存下去。从大处着眼，就是先义后利，不分亲疏，不分贵贱，只任用有才能的人，这就叫治国从大处着眼。从小处着眼，就是先利后义，不究是非，不分曲直，只是任用便嬖攀附的人，这就叫治国从小处着眼。从大处着眼治国就是那样，从小处着眼治国就是这样，在小大之间游走，时而那样，时而这样。所以说：纯粹从大处着眼治国就会称王，在小大之间游走就会称霸，一无是处地治国就会灭亡。说的就是这个道理。

注释　1 固：即"盬"(gǔ)，不坚固，脆弱。　2 便僻：指谄媚逢迎之人。　3 巨用：指治国从大处着眼，有一贯之大道，不是基于眼前之利益，"小用"则正好相反。

国无礼则不正。礼之所以正国也，譬之犹衡之于轻重也，犹绳墨之于曲直也，犹规矩之于方圆也，既错之而人莫之能诬也。[1]《诗》云：“如霜雪之将将，如日月之光明，为之则存，不为则亡。”[2]此之谓也。

国家没有礼就不能上正道。礼之所以用来使国家严正，就好比秤用来衡量轻重一样，好比绳墨用来规范曲直一样，好比规矩用来成就方圆一样，（礼）既然已经设置确立了，就没有人能够越轨欺诬了。有《诗》说：“好像霜雪一样严正肃杀，好像日月一样光明普照，实行了它就生存，不实行它就灭亡。”说的就是这个道理。

注释 1 这一句出自《礼记·经解》：“礼之于正国也：犹衡之于轻重也，绳墨之于曲直也，规矩之于方圜也。故衡诚县，不可欺以轻重；绳墨诚陈，不可欺以曲直；规矩诚设，不可欺以方圜；君子审礼，不可诬以奸诈。” 2 此句不见于今本《诗经》，可能是佚诗。将将，严正肃杀的样子，与下文“日月之光明”形成对照，前者使其死，后者使其生。

国危则无乐君，国安则无忧民。乱则国危，治则国安。今君人者，急逐乐而缓治国，岂不过甚矣哉？譬之是由好声色而恬[1]无耳目也，岂不哀哉？夫人之情，目欲綦色[2]，耳欲綦声，口欲綦味，鼻欲綦臭，心欲綦佚。此五綦者，人情之所必不免也。

国家危险就不会有安乐的君主，国家安定就不会有忧愁的民众。混乱的话国家就危险，平治的话国家就安定。当今的君主急于追逐享乐而放松治理国家，难道不是大错特错了吗？这就好像喜好声色却不在乎有无耳目一样，难道不是很悲哀的事情吗？人的性情，眼睛希望看到最美丽的颜色，耳朵希望听到最悦耳的声音，嘴巴希望吃到最可口的味道，鼻子希望闻到最香甜的气味，养五綦者有具，无其具则五綦者不可得而致也。万乘之国，可谓广大富厚矣，加有治辨[3]强固之道焉，若是，则恬愉无患难矣，然后养五綦之具具也。故百乐者，生于治国者也；忧患者，生于乱国者也。急逐乐而缓治国者，非知乐者也。故明君者，必将先治其国，然后百乐得其中；暗君者，必将急逐乐而缓治国，故忧患不可胜校[4]也，必至于身死国亡然后止也，岂不哀哉！将以为乐，乃得忧焉；将以为安，乃得危焉；将以为福，乃得死亡焉；岂不哀哉！於乎[5]！君人者，亦可以察若言[6]矣。

内心希望得到最舒适的安逸。这五种欲望，是人之性情所不能免的。要满足这五种欲望是有条件的，不具备条件五种欲望是不可能达到的。万乘之国，可以说是地域广大而物产丰富，再加上治国强盛稳固的大道，如果这样，就会安闲愉快而没有患难，然后满足五种欲望的条件也就具备了。所以享乐产生于平治的国家，而忧患产生于混乱的国家，急于追逐享乐而放松治理国家的人，并不是懂得享乐的人。因此贤明的君主必须先治理其国家，然后享乐自在其中矣；昏庸的君主必然急于追逐享乐而放松治理国家，于是忧患就不可胜数了，直至身死国亡而后止，难道不是很可悲吗？本来是想得到享乐的，却得到了忧患；本来是想得到安定的，却得到了危险；本来是想得到福康的，却得到了死亡，难道不悲哀吗？呜呼！作为人君的人应该明察上面这些劝诫啊。

注释　1 恬：安然，无所谓。　2 綦色：最美的颜色。綦，极。　3 辨(bàn)：通“办”，治理。　4 不可胜校：不可胜数。　5 於(wū)乎：同“呜呼”。6 若言：以上所说之言论。

故治国有道，人主有职。若夫贯日[1]而治详，一日而曲列[2]之，是所使夫百吏官人为也，不足以是伤游玩安燕之乐。若夫论[3]一相以兼率之，使臣下百吏莫不宿道乡方而务，是夫人主之职也。若是，则一天下，名配尧、禹。之主者，守至约而详，事至佚而功，垂衣裳，不下簟席[4]之上，而海内之人莫不愿得以为帝王。夫是之谓至约，乐莫大焉。

所以治理国家有一定的原则，君主有一定的职责。若是那种连续多日才能使其周详完备，一日依次处理各种事务，这是委派各级官员们需要去做的，并不足以伤害君主优游安闲之意趣与境界。至于选择宰相来统领百官，使群臣百官没有一个不安守道义依据正确的方向而努力，这就是君主的责任。如果这样，那就可一统天下，名声与尧、禹相匹配。这样的君主，职责十分简约而周详有效，做事十分安逸而功绩卓著，衣冠修整，不必走下簟席，而四海之内没有一个不愿意他作为帝王的。这就叫极其简约，享乐没有比这更大的了。

注释 1 贯日：累日，连续数日。 2 曲列：即“曲别”，依次处理完毕。 3 论(lún)：通“抡”，选择。 4 簟(diàn)席：竹席。

人主者，以官人为能者也；匹夫者，以自能为能者也。人主得使人为之，匹夫则无所移之。百亩一守，事业穷，无所移之也。今以一人兼听天下，日有余而治不足者，使人为之也。大有天下，小有

君主，以善于任用人才为能；匹夫，以善于做自己的事为能。君主可以让别人做事，匹夫却无法把事情交给别人做。匹夫持守百亩田地，耗尽了他一生的精力，是因为不能交付给别人。相反，君主一个人掌管着天下，但日有闲暇且事情少得不够做，就是因为把事情都交给了别人。大到拥有整个天下，小到掌

一国，必自为之然后可，则劳苦秏悴[1]莫甚焉；如是，则虽臧获[2]不肯与天子易埶业。以是县天下，一四海，何故必自为之？为之者，役夫之道也，墨子之说也。论德使能而官施之者，圣王之道也，儒之所谨守也。传曰："农分田而耕，贾分货而贩，百工分事而劝，士大夫分职而听，建国诸侯之君分土而守，三公揔方而议，则天子共己而已。"[3]出若入若，天下莫不平均，莫不治辨，是百王之所同也，而礼法之大分也。

管一个国家，如果所有的事情都必须亲力亲为才可以，那么必然会极端地劳累憔悴，这样，即使是奴婢也不愿意与君主交换位置。正因为这样，治理天下，统管四海，为什么一定要亲力亲为呢？亲力亲为，是役夫的职责，墨子的学说。选择有德行、任用有才能的人且授以官职，这是圣王的职责，也是儒者严格遵守的。古书上说："农夫依据各自的田地去耕种，商人依据各自的货物去买卖，工匠依据各自的技艺去劳作，士大夫依据各自的职守去做事，国君到各自的封地去守卫，三公统管天下各种事务去商议，天子则只要笃敬拱手就可以了。"朝廷内外都如此，天下就没有不公平的了，也没有得不到治理的了，这是历代君王的共同原则，也是礼法的大要领。

注释　1 秏悴(hàocuì)：耗尽憔悴。秏，同"耗"。　2 臧获：古代对奴婢的贱称。　3 这里的"传"是指上古之书。共，通"拱"。拱己，即无为而治，笃恭而天下平。

百里之地，可以取天下，是不虚，其难者在于人主之知之也。取天下者，非负其土地而从之之谓

凭借百里大的地方，就可以取得天下，此非虚言，其困难就在于君主不能知晓这个道理。取得天下，并不是别国背负着土地来依从我，而是我的治国

也，道足以壹人而已矣。彼其人苟壹，则其土地且奚去我而适它？故百里之地，其等位爵服足以容天下之贤士矣，其官职事业足以容天下之能士矣；循其旧法，择其善者而明用[1]之，足以顺服好利之人矣。贤士一焉，能士官焉，好利之人服焉，三者具而天下尽，无有是其外矣。故百里之地，足以竭埶矣；致忠信，著仁义，足以竭人矣。两者合而天下取，诸侯后同者先危。《诗》曰："自西自东，自南自北，无思不服。"[2]一人之谓也。

之道足以使天下人归心于我。如果天下人和我一心了，土地怎么会离开我而到别的地方去呢？所以百里大的地方，它的等级爵位服饰足以容纳天下的贤德之士，它的官职事业足以容纳天下的才能之人；依循既成法律，选择其中良善的加以公布实施，足以使天下好利的人归顺服从。贤德的人同我一心，才能之士为官任职，好利之人归顺服从，三者做到了天下就完全属于我了，没有地方在我管辖之外了。因此百里之地，足以取得天下的权势；恪守忠信，彰明仁义，足以取得人心。两方面综合起来就可以取得天下，诸侯中后来归附的就会先有危险。有《诗》说："从西到东，从南到北，没有不心悦诚服的。"说的就是天下人与我一心。

注释　1 明用：明，彰明，指宣传公布；用，利用。　2 此句引自《诗经·大雅·文王有声》。

羿、蠭门[1]者，善服射者也；王良[2]、造父者，善服驭者也；聪明君子者，善服人者也。人服而埶从之，人不服而埶

羿、逢蒙，是善于让射箭的人敬服的人；王良、造父，是善于让驾车的人敬服的人；聪明智慧的君子，是善于让人敬服的人。人们敬服，威势随之而来；人们不敬服，威势随之而去，所以王者就是让

去之,故王者已[3]于服人矣。故人主欲得善射,射远中微,则莫若羿、蠭门矣;欲得善驭,及速致远,则莫若王良、造父矣;欲得调壹天下,制秦、楚,则莫若聪明君子矣。其用知[4]甚简,其为事不劳而功名致大,甚易处而綦可乐也。故明君以为宝,而愚者以为难[5]。

人敬服做得完备的人。因此君主若希望得到善于射箭的人,既远又准,则没有比羿、逢蒙更好的了;若希望得到善于驾车的人,既快捷又致远,则没有比王良、造父更好的了;若希望得到统一天下的人,制服秦、楚这样的大国,就没有比聪明智慧的君子更好的了。他们运用智慧非常简单,做事不劳累但功绩名声非常大,极其容易相处且很乐观。所以聪明的君主以他们为宝,但愚蠢的君主以他们为灾难。

注释 1 蠭(féng)门:又作逢蒙,羿的徒弟,善射。《汉书·艺文志》有《逢门射法》二篇。 2 王良:又作王梁,春秋末赵简子的车夫,善于驾车。 3 已:完成,完备。 4 知:通"智",智慧。 5 难:灾难。愚昧的君主怕无法掌控聪明的臣子而使大权旁落,故以聪明君子为灾难。

夫贵为天子,富有天下,名为圣王,兼制人,人莫得而制也,是人情之所同欲也,而王者兼而有是者也。重色而衣之,重味而食之,重财物而制之,合天下而君之;饮食甚厚,声乐甚大,台谢[1]甚高,

尊贵得犹如天子,富裕得拥有天下,名声堪称圣王,能统治所有的人,但没有人能统治他,这是人情所共同追求的,奉行王道的人却完全能够拥有这一切。穿着华丽的衣服,吃着美味的佳肴,掌控着丰厚的财物,整个天下受其统治;饮食甚为丰厚,声乐甚为宏大,台榭甚为高耸,园囿甚为宽广,役使诸侯,使

园囿甚广，臣使诸侯，一天下，是又人情之所同欲也，而天子之礼制如是者也。制度以[2]陈，政令以挟[3]；官人失要[4]则死，公侯失礼则幽[5]，四方之国有侈离之德则必灭；名声若日月，功绩如天地，天下之人应之如景向[6]，是又人情之所同欲也，而王者兼而有是者也。故人之情，口好味，而臭味莫美焉；耳好声，而声乐莫大焉；目好色，而文章致繁、妇女莫众焉；形体好佚，而安重闲静莫愉焉；心好利，而谷禄莫厚焉；合天下之所同愿兼而有之，睾牢[7]天下而制之若制子孙。人苟不狂惑戆陋者，其谁能睹是而不乐也哉！

之臣服，一统天下，这又是人情所共同追求的，而天子的礼仪制度就是这个样子。制度已经颁布，政令已经完备，官员失职就要被处死，公侯失礼就要被囚禁，天下的诸侯国如果离心离德就要被消灭；声名灿若日月，功绩大如天地，天下的人响应他如影随形、如响应声，这又是人情所共同追求的，奉行王道的人却完全能够拥有这一切。所以人的性情是这样：嘴巴喜欢美味，而美味没有比王者的更香甜的了；耳朵喜欢美声，而美声没有比王者的更宏大的了；眼睛喜欢美色，而美色没有比王者的服饰更丰富、美女更多的了；身体喜欢安逸，而安逸没有比王者的更安闲恬静快乐的了；内心喜欢利益，而利益没有比王者的谷物俸禄更为丰厚的了；天下所有人愿望的东西王者都能拥有，牢牢统治着天下就像控制着自己的子孙一样。若不是狂惑浅陋的人，谁能看到这些不觉得快乐呢！

注释　1 谢：通“榭”。 2 以：通“已”。 3 挟(jiā)：通“浃”，周洽，周遍。 4 要(yāo)：规定的职守。 5 幽：囚禁。 6 景向：即“影响”。 7 睾牢：即“皋牢”，牢笼，包罗。《后汉书·马融列传》有“皋牢陵山”。

欲是之主并肩而存，能建是之士不世绝，千岁而不合，何也？曰：人主不公，人臣不忠也。人主则外贤而偏举，人臣则争职而妒贤，是其所以不合之故也。人主胡不广焉无恤亲疏，无偏贵贱，唯诚能之求？若是，则人臣轻职业[1]让贤而安随其后，如是，则舜、禹还[2]至，王业还起。功壹天下，名配舜、禹，物由[3]有可乐如是其美焉者乎？呜呼！君人者亦可以察若言矣！杨朱哭衢涂[4]，曰："此夫过举蹞步而觉跌千里者夫！"哀哭之。此亦荣辱安危存亡之衢已，此其为可哀甚于衢涂。呜呼哀哉！君人者千岁而不觉也。

想要得到以上这些的君主比比皆是，能够成就以上这些的士人世世不绝，但千百年来两者总不能遇合，为什么呢？回答是：君主不公正，臣子不忠诚。君主排斥贤能而推举宠爱的人，臣子争夺职位而嫉贤妒能，这就是两者总不能遇合的原因。君主为什么不广纳贤才而不管亲疏、贵贱，唯能是举呢？如果这样，那么臣子就会轻视职位且让贤于人而甘愿跟随其后，像这样，舜、禹这样的君主就会到来，王道之事业立即就会兴起。功业一统天下，名声匹配舜、禹，还有比这更快乐美好的事情吗？呜呼！为人君主者应该好好明察一下上述言论啊。杨朱在十字路口哭泣，说："这是走错半步而谬以千里的地方啊。"于是，哭得很伤心。以上所说也是荣辱安危存亡的十字路口，在此出错比路口走错更悲哀。可惜啊！可悲啊！那些君主，千百年来却不能觉悟啊。

注释　1 业：衍文。"轻职让贤"与上文"争职而妒贤"刚好相对。　2 还：立即。　3 由：通"犹"。　4 杨朱哭衢涂：杨朱，战国初期魏国思想家，主张"贵己""重生"" 拔一毛而利天下，不为也"。在战国时代，杨朱的思想影响甚大，孟子起而辟之，骂其为“无君”。衢涂，四通八达的十字路口。

无国而不有治法，无国而不有乱法；无国而不有贤士，无国而不有罢士[1]；无国而不有愿民，无国而不有悍民；无国而不有美俗，无国而不有恶俗。两者并行而国在，上偏[2]而国安，在[3]下偏而国危；上一[4]而王，下一而亡。故其法治，其佐贤，其民愿，其俗美，而四者齐，夫是之谓上一。如是，则不战而胜，不攻而得，甲兵不劳而天下服。故汤以亳，武王以鄗，皆百里之地也，天下为一，诸侯为臣，通达之属莫不从服，无它故焉，四者齐也。桀、纣即序[5]于有天下之埶，索为匹夫而不可得也，是无它故焉，四者

没有一个国家没有使社会安定的制度，没有一个国家没有使社会混乱的制度；没有一个国家没有贤能之士，没有一个国家没有无能之人；没有一个国家没有朴实善良的民众，没有一个国家没有刁悍凶暴的民众；没有一个国家没有纯美的风俗，没有一个国家没有丑陋的风俗。以上两种情况并存，国家依然可以生存，只是偏于上一种情况国家就安定，偏于下一种情况国家就危险；上一种情况全部具备就会称王，下一种情况全部具备就会灭亡。所以那种制度能够使社会得到治理，辅佐君主的人贤能，民众朴实善良，风俗纯美，四者都一齐具备，这就属于上一种情况。这样对别国就能不战而胜，对土地不攻而得，不动用武力而天下人臣服。所以商汤凭借亳，武王凭借鄗，都只有百里大的地方，一统天下，诸侯臣服，舟车能够通达的地方没有不悦服的，没有别的原因，四者都具备而已。桀、纣即使拥有天下之威势，最后落得想做一个匹夫都不可能，这没有别的原因，四者都丧失殆尽了。因此历代

并亡也。故百王之法不同若是,所归者一也。

君王治理国家的制度尽管不同,但归结起来的道理只有一个。

注释 1 罢(pí)士:无能不贤之士。罢,通“疲”,无能且不贤。 2 上偏:偏于上者。指治法多而乱法少,贤士多而罢士少,愿民多而悍民少,美俗多而恶俗少。而“下偏”正好与之相反。 3 在:衍文。 4 上一:上一种情况全部具备,与“下一”相对。一,全属于,具备。 5 序:当为“厚”字之误。

上莫不致爱其下而制之以礼,上之于下,如保赤子。政令制度,所以接下之人百姓;有不理者如豪末,则虽孤独鳏寡必不加焉。故下之亲上欢如父母,可杀而不可使不顺。君臣上下,贵贱长幼,至于庶人,莫不以是为隆正,然后皆内自省以谨于分,是百王之所以[1]同也,而礼法之枢要也。然后农分田而耕,贾分货而贩,百工分事而劝,士大夫分职而听,建国诸侯之君分土而守,三公摠方而议,

君主无不极其爱护他的下民而以礼法来约束他们,君主对于下民,就如保护新生的婴儿一样。政令制度是用来规导百姓的,如有不合理的地方,哪怕只有毫末般微小,即使面对孤独鳏寡也绝不加诸他们身上。所以下民亲近君主犹如喜欢父母一样,宁可被杀而不可能使他们不顺从。君臣上下,贵贱长幼,以至于普通百姓,没有谁不把这个作为最高准则。然后又都能内在自省而谨守各自的职分,这是历代君王所共同遵守的,且是礼法制度的关键所在。做到这些以后,农夫依据各自的田地去耕种,商人依据各自的货物去买卖,工匠依据各自的技艺去劳作,士大夫依据各自的职守去做事,国君到各自的封地去守卫,三公统管天下各种事务去商议,天子则只要笃敬拱

则天子共已而止矣。出若入若,天下莫不平均,莫不治辨,是百王之所同而礼法之大分也。

手就可以了。朝廷内外都如此,天下就没有不公平的了,也没有得不到治理的了,这是历代君王的共同原则,也是礼法的大要领。

注释 1 以:衍文。

若夫贯日而治平[1],权物而称用,使衣服有制,宫室有度,人徒有数,丧祭械用皆有等宜,以是用[2]挟于万物,尺寸寻丈莫得不循乎制度数量然后行,则是官人使吏之事也,不足数[3]于大君子之前。故君人者,立隆政[4]本朝而当,所使要百事者[5]诚仁人也,则身佚而国治,功大而名美,上可以王,下可以霸;立隆正本朝而不当,所使要百事者非仁人也,则身劳而国乱,功废而名辱,社稷必危。是人君者之枢机也。故能当一人而天下取,失

至于整日处理政事,权衡万物而使其得到合理的利用,使衣服符合礼制,宫室符合法度,仆人符合定数,丧葬祭祀之器都符合规定的等级,把这种观念普遍地运用到万物之上,尺寸寻丈没有一样不遵循制度数量之规定然后才实行,这是各级官吏的事情,不值得一一列举在君王面前。所以君主如果在朝廷制定的最高政治原则得当,任用的宰相确实是一个仁德之人,那么就会身心安逸且国家平治,功绩甚大而名声甚美,往高处说可以称王,往低处说可以称霸;如果君主在朝廷制定的最高政治原则不得当,任用的宰相不是一个仁德之人,那么就会身心俱疲且国家混乱,功业毁弃且声名狼藉,社稷必然危险。这是君主的关键所在。因此能恰当地任用宰相就可以取得天下,不能恰当地任用

当一人而社稷危，不能当一人而能当千人百人者，说无之有也。既能当一人，则身有何劳而为？垂衣裳而天下定。

这个人就会危及社稷，不能恰当地任用这个人而能恰当地任用千百人，这在理论上是不可能的。既然能恰当地任用宰相，那么身心还有什么劳累呢？穿着长袍笃恭而天下就平治了。

注释　1 贯日而治平：上文有“贯日而治详”，又，《君道》篇有“并耳目之乐，而亲自贯日而治详”之句。可见，荀子常用“贯日而治详”。故这里的“平”当为“详”字之误。　2 用：当为“周”。　3 数：数数，即一一列举在君王面前。　4 政：通“正”。　5 要百事者：总管政事辅佐君王的人，即宰相。

故汤用伊尹，文王用吕尚[1]，武王用召公[2]，成王用周公旦。卑者[3]五伯，齐桓公闺门之内，县乐奢泰游抏[4]之修，于天下不见谓修，然九合诸侯[5]，一匡天下[6]，为五伯长[7]，是亦无它故焉，知一政于管仲也，是君人者之要守也。知者易为之，兴力而功名綦大，舍是而孰足为也？故古之人有大功名者，必道是者也；丧其国，危其身者，必反是者也。故孔子曰：“知

所以商汤任用伊尹，文王任用姜尚，武王任用召公，成王任用周公。次一等的五霸，齐桓公在宫廷之内，奢侈放纵、玩物游乐，但天下人并没有认为他是个沉迷享受的昏君，相反他多次会盟诸侯，一举匡正天下，成为五霸之首，这也没有别的原因，善于把政事全部交给管仲，这是为君者的重要原则。聪明的君主容易做到这一点，由此国力强大且功业名望极大，君主除了做到这一点外还有什么值得做呢？因此古代有大功名的人，一定是遵循这条原则；丧失了国家，危及自身的人，一定是违背了这条原则。所以孔子说：

者之知，固以多矣，有以守少，能无察乎？愚者之知，固以少矣，有以守多，能无狂乎？”此之谓也。

“智者的知识，本来就多，掌管的事情又少，能不明察吗？愚者的知识，本来就少，掌管的事情又多，能不惑乱吗？”说的就是这个道理。

注释 **1** 吕尚：姜姓，吕氏，故又称姜尚。相传姜子牙72岁时在渭水之滨的磻溪垂钓，遇到了求贤若渴的周文王，被封为“太师”，称为“太公望”。后来辅佐武王伐纣建立周朝，因有功封于齐。 **2** 召公：西周宗室，姬姓，名奭。辅佐武王灭商，因功封于蓟而立燕国，他派长子赴燕，但自己仍然留在武王身边，辅佐朝政。他执政期间政通人和，深受百姓爱戴。 **3** 卑者：功业卑于王道的霸者。 **4** 奢泰游抏：泰，通“汰”；抏，通“玩”。 **5** 九合诸侯：齐桓公作为盟主，多次会盟诸侯。依据史书记载，会盟如下：公元前681年，与宋、陈、蔡、邾会于北杏；冬，与鲁盟于柯。公元前680年，与宋、卫、郑会于鄄。公元前679年春又会于鄄。公元前678年，与鲁、宋、陈、卫等会盟于幽。公元前667年，与鲁、宋、陈、郑等会于幽。公元前659年，与鲁、宋、郑等会盟于柽。公元前658年，与宋、江、黄会于贯。公元前657年，与宋、江、黄会于阳谷。公元前656年，会鲁、宋、陈等侵蔡，与楚盟于召陵。公元前655年，会宋、陈、卫等于首止。公元前653年，会鲁、宋等于宁母。公元前652年，会鲁、宋、卫等于洮。公元前651年，会齐、鲁、宋、卫、郑、许、曹等于葵丘。公元前647年，会鲁、宋、陈、卫等于咸。公元前645年，会鲁、宋等于牡丘。公元前644年，会鲁、宋等于淮。其中以葵丘会盟最为著名，周天子也派代表参加，签订了许多诸侯国之间的协约，标志着齐桓公的霸业达到顶峰。 **6** 一匡天下：葵丘之会齐桓公与诸侯国签订了“尊周室，攘夷狄，禁篡弑，抑兼并”的协约，使得天下混乱的局面得到了控制，周室的权威被重新确立。 **7** 长：五伯之首。因五伯并非同时，故“长”不是领导之意。

治国者，分已定，则主相、臣下、百吏各谨其所闻，不务听其所不闻；各谨其所见，不务视其所不见。所闻所见，诚以齐矣，则虽幽闲隐辟[1]，百姓莫敢不敬分安制以礼化[2]其上，是治国之征也。

若治理国家，名分职责都能严格确定，那么君主、宰相、群臣、百官都谨守自己应该听到的，不务求自己不应该听到的；都谨守自己应该看到的，不务求自己不应该看到的。所听到的、看到的与自己的职责完全齐同，那么即使是幽远、闭塞、隐蔽、偏僻之地，百姓也没有谁敢不严守本分安于礼制而顺从君主，这是国家治理得好的征兆。

注释 1 幽闲隐辟：幽远、闭塞、隐蔽、偏僻之地。闲，闭塞；辟，通“僻”。2 化：顺从。《管子·七法》：“渐也，顺也，靡也，久也，服也，习也，谓之化。”

主道：治近不治远，治明不治幽，治一不治二。主能治近则远者理，主能治明则幽者化，主能当一则百事正。夫兼听天下，日有余而治不足者如此也，是治之极也。既能治近，又务治远；既能治明，又务见幽；既能当一，又务正百，是过者也。过，犹不及也，辟

君主的原则：治理近处的事情不去治理远处的，治理明处的事情不去治理暗处的，治理根本性的大事而不去治理繁杂的小事。君主能把近处的事情治理好，远处的自然因此而有条理；能把明处的事情治理好，暗处的自然因此而变化；能把根本性的大事治理好，繁杂的小事自然因此而端正。治理整个天下，日有闲暇且事情少得不够做，这是治国的最高境界。既希望治理近处，又务求治理远处；既希望治理明处，又务求治理暗处；既希望治理好根本性的大事，又务求端正繁杂的小事，这

之,是犹立直木而求其景[1]之枉也。不能治近,又务治远;不能察明,又务见幽;不能当一,又务正百:是悖者也,辟之是犹立枉木而求其景之直也。故明主好要而暗主好详。主好要则百事详,主好详则百事荒。君者,论一相,陈一法,明一指[2],以兼覆之,兼炤[3]之,以观其盛[4]者也。相者,论列百官之长,要百事之听,以饰[5]朝廷臣下百吏之分,度其功劳,论其庆赏,岁终奉其成功以效于君,当则可,不当则废。故君人[6]劳于索之,而休于使之。

是过分的奢求。过分的奢求,就如达不到一样,这就好像立了一根直木但希望它的影子歪斜一样。不能治理近处的事情,却务求治理远处的;不能察识明处的事情,却务求察识暗处的;不能治理好根本性的大事,却务求端正繁杂的小事,这根本是悖乱的想法,就好像立了一根弯曲的木头却希望其影子正直一样。因此贤明的君主抓住主要的而昏庸的君主奢求周详。君主喜欢抓住主要的那么百事自然周详,君主喜欢周详那么百事反而荒废。君主,选择一个宰相,颁布一套法制,彰明一个宗旨,以之来统管一切,明察一切,从而坐享其成。宰相,选拔任用各部门的长官,掌管各种事情的治理,以此来整顿朝廷上下百官的职分,衡量他们的功劳,评论他们的奖赏,年终的时候把他们的功绩成效上报给君主,称职就留用,不称职就罢免。因此君主在寻觅宰相时劳累,但在使用宰相以后就安逸了。

注释 1 景:"影"的本字。 2 指:旨归,宗旨。 3 炤:同"照",洞察。 4 盛:通"成",成功。 5 饰:通"饬",整治,整顿。 6 君人:当为"君人者",脱落一"者"字。

用国者，得百姓之力者富，得百姓之死者强，得百姓之誉者荣。三得者具而天下归之，三得者亡而天下去之。天下归之之谓王，天下去之之谓亡。汤、武者，循其道，行其义，兴天下同利，除天下同害，天下归之。故厚德音以先之，明礼义以道之，致忠信以爱之，赏贤使能[1]以次之，爵服赏庆以申重之，时其事、轻其任以调齐之，潢然兼覆之，养长之，如保赤子。生民则致宽，使民则綦理，辩[2]政令制度，所以接天下之人百姓[3]，有非理者如豪末，则虽孤独鳏寡必不加焉。是故百姓贵之如帝，亲之如父母，为之出死断亡而不愉[4]者，无它故焉，道德诚明，利泽诚厚也。

治理国家的人，得到百姓辛勤劳作就会富裕，得到百姓拼死作战就会强大，得到百姓衷心赞誉就会荣耀。三者俱得天下人就会归附，三者俱不得天下人就会离去。天下人归附就叫王，天下人离去就叫亡。商汤和武王，遵循着这条原则，实行道义，振兴天下共同的利益，铲除天下共同的祸害，天下人就归附了。因此君主施厚德以引导民众，彰明礼义以规导民众，恪守忠信以爱护民众，以尚贤使能之原则来安排职位，用官爵、服饰、奖赏、表扬反复激励他们，依据时令安排他们做事，减轻负担以调剂、涵养他们，全面地照顾他们，养护他们，就如养育婴儿一样。养育民众极其宽厚，使用民众非常合理，制定政令法度，用来规范下面的老百姓，有不合理的地方哪怕小如毫末，即使是孤独鳏寡这样的人也不会加诸他们身上。这样，百姓尊重他就如上帝一般，亲近他就如父母一样，为他出生入死也在所不惜，这没有别的原因，因为君主的道德确实贤明，君主的恩泽确实深厚。

注释　1 赏贤使能：当为“尚贤使能”。 2 辩：通“办”，制定。 3 天下之人百姓：当为“下之人百姓”，衍一“天”字。荀子在《王制》《议兵》等篇中多次用到“下之人百姓”。 4 不愉：“不”字为衍文；一说“愉”字当为“偷”。二说都通。

乱世不然：污漫、突盗以先之，权谋倾覆以示之，俳优、侏儒[1]、妇女之请谒以悖之，使愚诏[2]知，使不肖临贤，生民则致贫隘[3]，使民则綦劳苦。是故百姓贱之如尪[4]，恶之如鬼，日欲司间[5]而相与投藉之，去逐之。卒有寇难之事，又望百姓之为己死，不可得也，说无以取之焉。孔子曰：“审吾所以适人，适[6]人之所以来我也。”此之谓也。

乱世则不是这样：以污秽卑鄙、欺凌偷盗来引导民众，以权术倾轧来示范民众，用戏子、侏儒、妇女之求情拜谒来扰乱朝政，使愚蠢的人教导聪明的人，无能的人凌驾贤能的人，养育民众非常贫困，驱使民众却极其劳苦。这样，百姓鄙视他如同残疾人，厌恶他如同鬼怪，每天都想伺机抛弃、践踏这样的君主，驱逐他。若突然间有外敌入侵，还指望百姓为其奋死抗敌，这是不可能的，这种治国理论没有丝毫的可取之处。孔子说：“看看自己如何对待别人，别人就会怎样对待自己。”说的就是这个道理。

注释 1 俳优、侏儒：古代供君王取乐的滑稽艺人与演员。《韩非子·难三》：“俳优侏儒，固人主之所与燕也。” 2 诏：教导，使明白。 3 隘：通“厄”，穷困，窘迫。 4 尪(wāng)：同“尩”，残疾人。 5 司间：寻找间隙、机会。司，通“伺”。 6 适：衍文。

伤国者何也？曰：以小人尚民而威[1]，以非所

危害国家的因素是什么？回答是：以小人在上位统治而作威作福，以

取于民而巧，是伤国之大灾也。大国之主也，而好见小利，是伤国；其于声色、台榭、园囿也，愈厌而好新，是伤国；不好循正其所以有，啖啖[2]常欲人之有，是伤国。三邪者在匈[3]中，而又好以权谋倾覆之人断事其外，若是，则权轻名辱，社稷必危，是伤国者也。大国之主也，不隆本行，不敬旧法，而好诈故[4]，若是，则夫朝廷群臣亦从而成俗于不隆礼义而好倾覆也。朝廷群臣之俗若是，则夫众庶百姓亦从而成俗于不隆礼义而好贪利矣。君臣上下之俗莫不若是，则地虽广，权必轻；人虽众，兵必弱；刑罚虽繁，令不下通。夫是之谓危国，是伤国者也。

非法手段向民众搜刮却巧妙掩饰，这是危害国家的大灾难。大国的君主，却喜欢小利，这是危害国家；对于声色、台榭、园囿，乐此不疲且追求新奇，这是危害国家；不好好管理自己已有的东西，却贪婪地欲求别人的东西，这是危害国家。这三种邪念存在于胸中，而又喜欢用权术倾轧之人在外面决断政务，如果这样，君主的权威就会降低，名声就会受辱，社稷必然危殆，这是危害国家。大国的君主，不推崇根本的德行，不尊重既有的礼法制度，却喜欢巧诈，如果这样，那么朝廷中的群臣也就逐渐养成了不推崇礼义而喜欢倾轧陷害的习俗。朝廷群臣的习俗是这样，那么老百姓也就逐渐养成了不推崇礼义而喜欢贪图利益的习俗。君臣上下的习俗如果都是这样，那么即使土地广大，君主的权威依然轻微；人民虽然众多，兵力依然微弱；刑罚虽然繁重，政令依然无法贯彻下去。这就叫危险的国家，也是危害国家的因素。

注释　1 尚民而威：小人在上位而作威作福。尚，通“上”。　2 啖(dàn)啖：贪吃的样子，引申为贪婪。啖，吃。　3 匈：同“胸”。　4 故：巧诈。

儒者为之不然，必将曲辨[1]。朝廷必将隆礼义而审贵贱，若是，则士大夫莫不敬节死制[2]者矣。百官则将齐其制度，重其官秩[3]，若是，则百吏莫不畏法而遵绳矣。关市幾而不征，质律[4]禁止而不偏，如是，则商贾莫不敦悫而无诈矣。百工将时斩伐[5]，佻其期日[6]而利其巧任，如是，则百工莫不忠信而不楛矣。县鄙将轻田野之税，省刀布之敛，罕举力役，无夺农时，如是，则农夫莫不朴力而寡能矣。士大夫务节死制，然而兵劲。百吏畏法循绳，然后国常不乱。商贾敦悫无诈则商旅安，货通财[7]，而国求给[8]矣。百工忠信而不楛，则器用巧便而财不匮矣。农夫朴力而寡能，则上不失天时，下不失地利，中得人和，而百事不废。是之谓政令行，

儒者治国却不是这样，必定曲折周详地治理：朝廷必然推崇礼义而辨别贵贱，如果这样，士大夫就没有不敬重名节守死礼制了。百官遵循统一的制度，注重他们的官阶与俸禄，如果这样，官吏就没有不畏惧法律而遵守统一的制度了。关卡集市管理而不征税，贸易文书禁止虚假且绝不偏私，如果这样，商人就没有不敦厚诚实且没有欺诈了。百工依据时节砍伐树木，放宽期限而充分发挥他们的技能，如果这样，百工就没有不诚实可信且没有粗制滥造了。乡村减轻田野的税收，减少钱币的聚敛，少有力役，不夺农时，如果这样，农夫就没有不朴实勤劳且不求他务了。士大夫重视名节守死制度，兵力就会强劲。官吏畏惧法律遵守制度，国家就不会混乱。商人敦厚诚实无欺诈，商业就会安全，财货就会畅通，国家的供求就会丰饶。百工诚实可信且不粗制滥造，器用就会精巧便利且财物不会匮乏。农夫朴实勤劳且无他务，那么在上不失天时，在下不失地利，中间得其人和，百事就不会废怠。这就叫政令通行，风俗淳美。

风俗美。以守则固，以征则强；居则有名，动则有功。此儒之所谓曲辨也。	用它来防守就坚固，用它来征伐就威强，安居无事时有名声，采取行动时有功绩。这就是儒者曲折周详的治理。

注释 1 曲辨：曲折周到地治理好。 2 敬节死制：敬重节操，守死礼制。 3 官秩：官阶和俸禄。秩，俸禄。 4 质律：古代评定物价的文书。又称“质剂”，即买卖的契约，这种契约写在简牍上，一分为二，双方各执一份。质，是买卖奴隶、牛马所使用的较长的契券；剂，是买卖兵器、珍异之物所使用的较短的契券；“质”“剂”由官府制作，并由“质人”专门管理。 5 将时斩伐：依据时节伐树木。 6 佻(yáo)其期日：宽缓其日期。佻，宽缓。 7 货通财：当作“财货通”。 8 国求给：国家的各种需求供给充足。

君道

导读 本篇论述了君主的治国之道。君主是一个国家的最高统帅，因此，君主的治国之道直接关涉到一个国家的兴亡。在荀子看来，君主的治国之道主要表现在以下方面：其一，加强身心修养，自觉地以礼约束自身，作为人民的表率。他以盘子喻君，水喻民，盘圆则水圆的道理，说明君主的引导作用。其二，君主应该重视培养君子，教化民众，因为"法者，治之端也；君子者，法之原也"。其三，荀子提出"君者……能群也"的思想，即君主的重要职责就是以礼法把社会组织成一个有等级差别但又和谐的社会。其四，君主任用人才应唯才是举，尚贤使能，内不可阿子弟，外不可隐远人，就如文王任用太公一样。其五，君主的职责是知人善任，应该放心地把国家政务交给合适的人去做，不要什么事情都亲力亲为，更不要在小事情上与臣下争曲直以显示才能。

但是，荀子在本篇中也提出，君主不可以没有便嬖左右，因为这是君主"窥远收众之门户牖向"。在荀子看来，君主要治理好天下，必须有这些人来为他收集信息。然而，可能是荀子所不曾预料的，他的这一思想直接开启了法家对臣民的不信任，进而以术、势维护专制统治的做法，这在他的学生韩非那里得到了确证。后世君王周围总有这样一些小人，他们败坏政治，但能博得君王的信任，如明代的锦衣卫也能在此找到一些影子。

原文

有乱君，无乱国；有治人，无治法。羿之法非亡也，而羿不世中；禹之法犹存，而夏不世王。故法不能独立，类[1]不能自行，得其人则存，失其人则亡。法者，治之端也；君子者，法之原也。故有君子，则法虽省，足以遍[2]矣；无君子，则法虽具，失先后之施，不能应事之变，足以乱矣。不知法之义而正法之数[3]者，虽博，临事必乱。故明主急得其人，而暗主急得其埶。急得其人，则身佚而国治，功大而名美，上可以王，下可以霸；不急得其人而急得其埶，则身劳而国乱，功废而名辱，社稷必危。故君人者，劳于索之，而休于使之。《书》

译文

有昏乱的君主，没有混乱的国家；有使国家得到治理的人才，没有使国家自动治理的法律。羿的射箭方法没有失传，但这并不能保证后代人百发百中；禹的制度依然存在，但夏不能世世代代称王。所以法律不能独自起作用，依法类推不能自动运行，得到合适的人，法律与依法类推就能够起作用；失去合适的人，它们就不能起作用。法律，是治理的开端；君子，是法治的根本。因此有了君子，即使法律简略，也足以普遍治理；没有君子，即使法律周详，也会失去实施的先后秩序，不能应对世事的变化，足以造成混乱。不懂得法律的根本而只知去确定其条文，虽然繁多，遇到事情的时候依然会混乱。所以英明的君主急于得到合适的人，而昏庸的君主则急于得到权势。急于得到合适的人，那么身心安逸且国家治理，功绩大且名声美好，从大处讲可以称王，从小处讲可以称霸；不急于得到合适的人而急于得到权势，身心疲劳且国家混乱，功业废弛且名声受辱，社稷必然危险。所以作为君主的人在选择人才时劳累，而使用人才以后就安逸了。《书》说："时常想起文王的恭敬、曰："惟文王敬忌，一人以择。"[4] 此之谓也。

谨慎，亲自去选择一人。"说的就是这个道理。

注释 1 类：指依法类推。 2 遍：此指得到普遍的治理，与下文的"乱"相对应。 3 法之义而正法之数：义，此指法律的根本原则；正，确定；数，法之条文。 4 此句引自《尚书·康诰》，但意思与荀子此处略有出入，盖荀子断章取义之故。

合符节、别契券者，所以为信也；上好权谋，则臣下百吏诞诈之人乘是而后欺。[1] 探筹、投钩[2] 者，所以为公也；上好曲私，则臣下百吏乘是而后偏。衡石、称县[3] 者，所以为平也；上好倾覆，则臣下百吏乘是而后险。斗、斛、敦、概[4] 者，所以为啧[5] 也；上好贪利，则臣下百吏乘是而后丰取刻与[6]，以无度取于民。故械数者，治之流也，非治之原也；君子者，治之原也。官人守数，君子养原；原清则流清，原浊则流浊。故上好礼义，尚贤使能，无贪利之心，则下

核验符节、辨认契券，是为了讲信用；但若君主喜欢权术阴谋，那么臣下百官中的荒诞奸诈之人就会乘机进行欺诈。抽签、抓阄，是为了公平公正；但若君主喜欢偏私，那么臣下百官就会乘机自成己私。衡石、秤砣，是用来起均平作用的；但若君主喜欢倾轧陷害，那么臣下百官就会乘机实施其阴谋。斗、斛、敦、概，是为了衡量物体；但若君主喜欢贪图利益，那么臣下百官就会乘机多入少出，没有限度地榨取人民。所以器械度量，只是治国的支流，并非治国的本源；君子，才是治国的本源。官吏执守治国的器具与条文，君子保养国家的本源，本源清澈那么支流就清澈，本源混浊那么支流也会混浊。因此若君主喜欢礼义，尚贤使能，没有贪利之心，那么百姓就会极其礼让，极其忠信，

亦将綦辞让、致忠信而谨于臣子矣。如是,则虽在小民,不待合符节、别契券而信,不待探筹、投钩而公,不待衡石、称县而平,不待斗、斛、敦、概而啧。故赏不用而民劝,罚不用而民服,有司不劳而事治,政令不烦而俗美,百姓莫敢不顺上之法、象上之志而劝上之事,而安乐之矣。故藉敛[7]忘费,事业忘劳,寇难忘死,城郭不待饰[8]而固,兵刃不待陵[9]而劲,敌国不待服而诎,四海之民不待令而一。夫是之谓至平。《诗》曰:“王犹允塞,徐方既来。”[10]此之谓也。

谨慎地遵守做臣子的本分。如果这样,那么即使是一般的百姓,不需要核验符节、辨认契券就能做到诚信,不需要抽签、抓阄就能做到公正,不需要衡石、秤砣就能做到均平,不需要斗、斛、敦、概就能做到均衡有度。所以不用奖赏百姓自然勤勉,不用惩罚百姓自然顺服,官吏不用劳累事情自然就处理好了,政令不繁琐且民风淳美,百姓没有一个敢不遵循君主的法律,效法君主的意志,勤勉于君主之事且以此为安乐的。因此征税不觉得是负担,劳役时不觉得苦累,外敌侵略时忘记了生死,城郭不需要整修自然坚固,兵器不需要磨砺自然锋利,敌国不需要征伐自然屈服,四海之内的百姓不需要命令自然悦服而天下归一。这就叫极其太平。《诗》说:“宣王的谋划的确周详,徐方已经归顺了。”说的就是这个道理。

注释 1 符节:古人在竹简或木简上刻字,刻好后剖为两半,双方各留一半,验证时将两半相合,契合的便有效。契券:古代买卖时的契约文书,包括田契、卖身契、租契等。 2 探筹、投钩:犹如现代的抽签、抓阄,因为这由“天”来决定,所以是公平的。 3 衡石、称县:衡石,古代测量重量的工具,犹如今日的砝码;称县,即秤。 4 斗、斛(hú)、敦(duì)、概:均为古代量物的器具。斛,十斗为一斛;敦,古代量黍、稷的器具,形状似盂,一敦为一斗二升;概,刮平斗、斛的工具。 5 啧(zé):本指事物中深奥细微的道理,此指情实。 6 丰取刻与:丰厚地收取,刻薄地给予。 7 藉敛:按户籍征税。藉,通“籍”。 8 饰:通“饬”,整治。 9 陵:磨砺。 10 此句引自《诗经·大雅·常武》。王,即周宣王;犹,通“猷”,谋划;允,的确;塞,充满;徐方,古时族名。

请问为人君?曰:以礼分施[1],均遍而不偏。请问为人臣?曰:以礼待[2]君,忠顺而不懈。请问为人父?曰:宽惠而有礼。请问为人子?曰:敬爱而致文[3]。请问为人兄?曰:慈爱而见友[4]。请问为人弟?曰:敬诎而不苟。请问为人夫?曰:致功而不流[5],致临而有辨[6]。请问为人妻?曰:夫有礼,则柔从听侍;夫无礼,则恐惧而自竦[7]也。此道也,偏立而乱,俱立而治,其足以稽[8]矣。

请问怎样做君主?回答说:以礼义治理国家,普遍地实行而不偏废。请问怎样做臣子?回答说:以礼义侍奉君主,忠诚顺从而不懈怠。请问怎样做父亲?回答说:宽容恩惠且有礼有节。请问怎样做儿子?回答说:敬畏仁爱且极其恭顺。请问怎样做哥哥?回答说:慈爱而友善。请问怎样做弟弟?回答说:恭敬顺从而不放纵。请问怎样做丈夫?回答说:努力于功业但不随波逐流,极其亲近妻子但知道夫妇之别。请问怎样做妻子?回答说:丈夫有礼的时候,温柔地顺从于他;丈夫无礼的时候,恐惧地自我警肃。这些道理,不能普遍做到国家就会混乱,能普遍做到国家就会治理,这是得到证实了的。

注释 1 分施:以礼分别地施于每个地方,即依礼而治。 2 待:当为“侍”。《韩诗外传》卷四作“事”。 3 致文:《韩诗外传》卷四作“致恭”,于文义较恰。 4 友:友爱。《弟子规》说“兄道友,弟道恭”。 5 不流:

不随波逐流，能自守。 6 致临而有辨：致临，极其亲近；有辨，此指夫妻有别。 7 竦：肃敬。 8 稽：考证。这里指证实。

请问兼能之奈何？曰：审之礼也。古者先王审礼以方皇[1]周浃于天下，动无不当也。故君子恭而不难[2]，敬而不巩[3]，贫穷而不约，富贵而不骄，并遇变态[4]而不穷，审之礼也。故君子之于礼，敬而安之；其于事也，径[5]而不失；其于人也，寡怨宽裕而无阿；其所为身也，谨修饰而不危[6]；其应变故也，齐给便捷而不惑；其于天地万物也，不务说其所以然而致善用其材；其于百官之事、技艺之人也，不与之争能而致善用其功；其待上也，忠顺而不懈；其使下也，均遍而不偏；其交游也，缘义而有类[7]；其居乡里也，容而不乱。是故穷则必有名，达则必有功；仁厚兼覆天下而不闵[8]，明达用[9]天地、理万变而不

请问如何能全部做到这些？回答说：通晓礼义。古代的先王就是因为通晓礼义所以能广大周洽地治理天下，行为没有不恰当的。所以君子谦恭而不畏惧，敬重而不害怕，贫穷而不卑下，富贵而不骄奢，遭遇任何事物的变化也会应对自如，就是因为通晓礼义之故。因此君子对于礼义，尊敬且安然行之；对于事务，直截了当而不失误；对于他人，少怨宽容而不奉承；对于自身，严谨修持而不自欺；对于意外发生的变化，快速敏捷而不迷惑；对于天地万物，不追求其所以然之理但能尽物之所用；对于官吏、技艺之人，不去与他们竞争高下但能让他们发挥功用；对于上级，忠诚恭顺且不懈怠；对于下级，公正而不偏私；他交游结友，依据道义而选择同道；他安居乡里，宽容而不作乱。因为这样，贫穷时必然有名声，显达时必然有功绩；仁德宽厚照耀天下而不昏昧，智慧周于天地，故应对万

疑;血气和平,志意广大,行义塞于天地之间,仁知之极也。夫是之谓圣人,审之礼也。

事万物的变化而不迷惑;性情气质平和,志趣意向广大,践行道义充塞于天地之间,是既仁且智的极致。这就叫圣人,是通晓礼义的缘故啊。

注释 1 方皇:广大。方,通“旁”,与“皇”一样,都有广大的意思。 2 难:通“戁”(nǎn),恐惧,害怕。 3 巩:通“恐”。 4 变态:事物变化的不同情状。 5 径:直截了当。 6 危:通“诡”,欺诈,自欺。 7 类:同道,志趣相投的人。 8 闵:昏昧。 9 用:当为“周”。

请问为国?曰:闻修身,未尝闻为国也。君者,仪也,仪正而景正。[1]君者,槃也,槃圆而水圆。[2]君者,盂也,盂方而水方。君射则臣决[3]。楚庄王好细腰[4],故朝有饿人。故曰:闻修身,未尝闻为国也。

请问怎样治理国家?回答说:只听说过怎样修身,没有听说过如何治国。君主,就像日晷;(人民,就像影子;)日晷端正了,影子自然端正。君主,就像盘子;(人民,就像水;)盘子是圆的,水自然也是圆的。君主喜欢射箭,那么臣子个个手上戴套子(练习射箭)。楚灵王喜欢细腰的人,故朝廷里的人个个饿着肚子(希望自己腰细)。所以说:只听说过怎样修身,没有听说过如何治国。

注释 1 仪:日晷(guǐ),古代利用日影测量时间的工具。“君者,仪也”后,当有“民者,景也”。 2 槃:同“盘”。“君者,槃也”后当有“民者,水也”。既以“槃”为喻,则不必再以“盂”为喻。故“君者,盂也,盂方而水方”一句,可删除。 3 决:古代射箭时套在右手大拇指上的象骨套子。这里指臣子都戴上套子练习射箭。 4 楚庄王好细腰:这种说法最早见于《墨子·兼爱中》:"昔者楚灵王好士细要,故灵王之臣皆以一饭为节,胁息然后带,扶墙然后起。比期年,朝有黧黑之色。"此处"楚庄王"当为"楚灵王"。

君者,民之原也,原清则流清,原浊则流浊。故有社稷者而不能爱民,不能利民,而求民之亲爱己,不可得也。民不亲不爱,而求其为己用,为己死,不可得也。民不为己用,不为己死,而求兵之劲,城之固,不可得也。兵不劲,城不固,而求敌之不至,不可得也。敌至而求无危削,不灭亡,不可得也。危削灭亡之情举积此矣,而求安乐,是狂生者也。狂生者,不胥[1]时而落。故人主欲强固安乐,则莫若反之民;欲附下一民,则莫若反之政;欲修政美国[2],则莫若求其人。彼或蓄积而得之者不世绝,彼其

君主,是人民的源头,源头清澈支流就清澈,源头混浊支流就混浊。所以治理国家的人不能仁爱人民、不能利益人民,但希望人民亲近、拥戴自己,是不可能的。人民不亲近、不爱戴,却希望他们为自己所用、为自己卖命,是不可能的。人民不为自己所用、不为自己卖命,却希望兵力强劲、城池坚固,是不可能的。兵力不强劲、城池不坚固,却希望外敌不来犯,是不可能的。外敌来犯却希望没有衰危、不灭亡,是不可能的。衰危、灭亡的因素都具备,却还追求安逸享乐,那就是狂妄无知的人。狂妄无知的人,不必等待多久就会灭亡。所以君主若希望国家强大坚固、生活安逸享受,那么还不如回到人民身上来;若想臣下亲附、人民一心,那么还不如回到政事上来;若想使政治美好、民风淳朴,那么还不如去寻求治理国家的能人。那些治国能人在社会中储积得很多,因此得到他们的君主世世代代没有断绝,那些人虽然生于当

人者，生乎今之世而志乎古之道。以天下之王公莫好之也，然而于是[3]独好之；以天下之民莫欲之也，然而于是独为之；好之者贫，为之者穷，然而于是独[4]犹将为之也，不为少顷辍焉。晓然独明于先王之所以得之，所以失之，知国之安危臧否若别白黑。是其人者[5]也，大用之则天下为一，诸侯为臣；小用之则威行邻敌；纵不能用，使无去其疆域，则国终身无故。故君人者，爱民而安，好士而荣，两者无一焉而亡。《诗》曰："介人维藩，大师维垣。"[6]此之谓也。

今之世却向往古代的治国大道。虽然天下的王公们没有谁喜欢古代的治国大道，但他们喜欢；虽然天下的百姓没有谁想要实行古代的治国大道，但他们偏偏要实行；喜欢古代的治国大道的人会贫穷，实行古代的治国大道的人会困厄，但是他们依然还是想要实行它，没有片刻的停歇。只有他们知晓先王成功之所在，失败之所由，了解国家的安危好坏就像判别黑白一样清楚。这样的人，如果重用他，就能一统天下，臣服诸侯；如果一般地任用他，那么国家的威望也会波及邻国与强敌；纵然完全不任用，若使他不离开国土，那么国家在其活着的时候也不会有祸患。所以君主仁爱人民就会带来安宁，喜欢士人就会带来荣耀，两者无一有之就会带来灭亡。《诗》说："贤士是篱笆，民众是城墙。"说的就是这个道理。

注释　1 胥：通"须"，等待。　2 美国：当为"美俗"。《韩诗外传》卷五作"美俗"。　3 于是：当为"是子"。《韩诗外传》卷五作"是子"。后两处"于是"同。　4 独：衍文。　5 者：衍文。　6 此句引自《诗经·大雅·板》。作者有感于周厉王的暴政，作此诗以警戒之。介人，贤士；大师，民众。

道者，何也？曰：君道也[1]。君者，何也？曰：能群也。能群也者，何也？曰：善生养人者也，善班[2]治人者也，善显设人[3]者也，善藩饰人[4]者也。善生养人者，人亲之；善班治人者，人安之；善显设人者，人乐之；善藩饰人者，人荣之。四统者俱[5]而天下归之，夫是之谓能群。不能生养人者，人不亲也；不能班治人者，人不安也；不能显设人者，人不乐也；不能藩饰人者，人不荣也。四统者亡而天下去之，夫是之谓匹夫。故曰：道存则国存，道亡则国亡。省工贾，众农夫，禁盗贼，除奸邪，是所以生养之也。天子三公，诸侯一相，大夫擅官，士保职，莫不法度而公，是所以班治之也。论德而定次，量能而授

道是什么？回答是：君主所遵循的原则。君是什么？回答是：能够把人组织为群体的人。能够把民众组织为群体，是什么意思？回答是：善于养育人，善于治理人，善于选拔任用人，善于以服饰使人民有等级区分。善于养育百姓的人，人们就会亲近他；善于治理百姓的人，人们就会顺从他；善于选拔任用人的人，人们就会爱戴他；善于以服饰使人民有等级区分的人，人们就会赞美他。四者都具备天下就会归附，这就叫作能够把人组织为群体。不能养育人的人，人们就不会亲近他；不能治理人的人，人们就不会顺从他；不能选拔任用人的人，人们就不会爱戴他；不能以服饰使人们有等级区分的人，人们就不会赞美他。四者都不具备天下人就会离之而去，这就叫作普通人。所以说：治国的大道存在国家就存在，治国的大道灭亡国家就灭亡。减少工商业者，增加农民，禁止盗贼，剪除奸邪，这就是善于养育百姓。天下设三公，诸侯设宰相，大夫专职任事，士人谨守自己的职责，没有一个不符合法度而公正的，这就是善于治理百姓。以德行论定等级，依才

官，皆使其人载其事而各得其所宜，上贤使之为三公，次贤使之为诸侯，下贤使之为士大夫，是所以显设之也。修冠弁、衣裳、黼黻、文章、雕琢、刻镂皆有等差，是所以藩饰之也。

能授予官职，都能使人做事任职时适合其所长，上等贤能的人让他做三公，次等贤能的人让他做诸侯，下等贤能的人让他做大夫，这就是善于选拔任用人。在帽子、衣服上修饰各种花纹，在器具上雕刻各种图案以显示身份等级的差别，这就是善于以服饰使人民有等级区分。

注释 1 君道也：当为“君之所道也”。《韩诗外传》卷五作“君之所道也”。 2 班：通“辨”，治理。 3 显设人：提拔任用人才。 4 藩饰人：使人们衣着不同的服饰以显示等级。藩饰，装饰。 5 俱：具备。

故由天子至于庶人也，莫不骋其能，得其志，安乐其事，是所同也。衣暖而食充，居安而游乐，事时制明而用足，是又所同也。若夫重色而成文章，重味而成珍备[1]，是所衍[2]也。圣王财[3]衍以明辨异，上以饰贤良而明贵贱，下以饰长幼而明亲疏。上在王公之朝，下在百姓之家，天下晓然皆知其非以为异也，将以明分

所以自天子到百姓，没有谁不希望施展其才华，实现其意志，安心快乐地做自己的事，这是人人相同的。穿暖吃饱，住得安逸，玩得快乐，事情及时处理，制度明确，用度充足，这又是人人相同的。至于以多种颜色制成衣服上的花纹，多种食物制成珍馐美味，这是富饶的表现。圣王正是依据富饶的财物来明辨差异，对上来修饰贤良以彰明贵贱，对下来修饰长幼以彰明亲疏。这样，上至朝廷，下至百姓，都洞然知晓君主这样做并不是特地制造等级差别，而是为了明确名分等级以达到治理天下，进

达治而保万世也。故天子诸侯无靡费之用，士大夫无流淫之行，百吏官人无怠慢之事，众庶百姓无奸怪之俗，无盗贼之罪，其能以称义遍矣。故曰："治则衍及百姓，乱则不足及王公。"此之谓也。

而保持万世太平的目的。所以天子、诸侯没有奢靡的费用，士大夫没有放荡的行为，官吏没有不敬、懈怠的事情，百姓没有奸邪、怪诞的风俗，没有盗贼的罪行，这就能称之为道义遍行于天下了。所以说："国家安定，那么富饶就会遍及百姓；国家混乱，那么贫穷就会殃及王公。"说的就是这个道理。

注释 1 珍备：当为"珍怪"。《正论》篇有"食饮则重大牢而备珍怪"句。2 衍：财物富足。但这并不是奢侈，而是以此来彰显等级名分的差别。3 财：通"裁"。

至道大形[1]：隆礼至法则国有常，尚贤使能则民知方，纂论公察[2]则民不疑，赏克[3]罚偷则民不怠，兼听齐明则天下归之。然后明分职，序事业，材技官能[4]，莫不治理，则公道达而私门塞矣，公义明而私事息矣。如是，则德厚者进而佞说者止，贪利者退而廉节者起。《书》曰："先时者杀无

实行治国大道最好的表现是：推崇礼法，使国家运转有常道；尚贤使能，让人民生活有方向；集体讨论、公正考察使百姓无疑心；奖赏勤勉、惩罚偷懒使百姓不懈怠；听取各方面的意见，洞察一切情况，那么天下就会心悦诚服。然后明确名分职责，区分事情的轻重缓急，有技能者做事，有贤能者当官，没有什么得不到治理，那么公道之门就畅通了而徇私之门就堵塞了，公正的原则就彰明了而图谋私利就止息了。这样，德行淳厚的人就会被任用而巧言令色的人就会受到遏制，贪图利益的人被压制而廉洁守法的人被提拔。《书》

赦，不逮时者杀无赦。”[5]人习其事而固。人之百事如耳、目、鼻、口之不可以相借官也，故职分而民不探[6]，次定而序不乱，兼听齐明而百事不留[7]。如是，则臣下百吏至于庶人莫不修己而后敢安正[8]，诚能而后敢受职，百姓易俗，小人变心，奸怪之属莫不反悫。夫是之谓政教之极。故天子不视而见，不听而聪，不虑而知，不动而功，块然独坐而天下从之如一体，如四胑[9]之从心。夫是之谓大形。《诗》曰：“温温恭人，维德之基。”此之谓也。

说：“先于规定时间行动的人坚决杀掉，晚于规定时间行动的人也要坚决杀掉。”人们往往习惯了自己的事就不能改变。人间的各种事情就如人的器官一样是不可以相互替代的，所以职责明确了人民就不会怠慢，等级确定了秩序就不会混乱，听取各方面的意见，洞察一切情况，那么事情就不会拖延、滞留。这样，群臣百官以至于百姓没有一人不修身才敢去安守自己的职位，确实有才能才敢去接受任命，百姓变易习俗，小人转变观念，奸邪、怪诞之人没有不归于诚实的。这就叫政治教化的最高境界。因此天子不用眼睛就能看见，不用耳朵就能听到，不用思考就能知道，不用行动就能成功，独自一人坐着而天下所有人都顺从他，就如四肢顺从心灵一样。这就是治国大道最好的表现。《诗》说：“温和谦恭的人啊，乃是道德的根基。”说的就是这个道理。

注释　1 大形：实行“至道”以后所表现出的政治效果。形，表现。　2 篡论公察：允许人们相继议论且公正地考察。　3 克：当为“免”，通“勉”。《韩诗外传》卷六作“赏勉罚偷”。　4 材技官能：安排有技能的人做事，让贤能的人当官。材，通“裁”。　5 此句引自《尚书·胤征》。先时者，先于规定时间行动的人；不逮时者，超过规定时间行动的人。　6 探：

当为“慢”。 7 不留：不停滞而及时处理。 8 安正：当为“安止”。安守于自己的职责。 9 胑(zhī)：同“肢”。

为人主者莫不欲强而恶弱，欲安而恶危，欲荣而恶辱，是禹、桀之所同也。要此三欲，辟此三恶，果何道而便？[1]曰：在慎取相，道莫径是矣。故知而不仁，不可；仁而不知，不可；既知且仁，是人主之宝也，而王霸之佐也。不急得，不知；得而不用，不仁。无其人而幸[2]有其功，愚莫大焉。

作为君主，没有人不希望强大而厌恶弱小，希望安定而厌恶危险，希望荣耀而厌恶屈辱，这是大禹、夏桀所相同的。获得这三种希望的东西，避免那三种厌恶的东西，以什么方法最快捷呢？回答是：在于谨慎地选取宰相，没有比这更快捷的方法了。所以聪明但不仁德，不可以为相；仁德但不聪明，也不可以为相；既聪明又仁德，这样的人才是君主的宝贝，是君主成就王道或霸道的助手。不急于得到这样的人，是不明智；得到这样的人不能任用，是不仁德。没有得到这样的人却希望侥幸成就功业，没有比这更愚昧的了。

注释 1 要：求取，获得，与下文“辟”义相反。辟：避免。便：便利，快捷，与下文“径”的意思相近。 2 幸：侥幸。

今人主有六患[1]：使贤者为之，则与不肖者规[2]之；使知者虑之，则与愚者论之；使修士行之，则与污邪之人疑[3]之。虽欲成功，得乎哉？譬之是犹立直木

现在的君主有大祸患：使用贤能的人做事，却与不贤能的人一起去限制他；用智慧的人去思考问题，却与愚昧的人一起去议论他；用品德美好的人去实行，却与邪僻的人一起去猜疑他。虽然想成功，可能吗？这就好比

而恐其景之枉也，惑莫大焉。语曰：“好女之色，恶者之孽也。公正之士，众人之痤也。循乎道之人，污邪之贼也。”[4] 今使污邪之人论其怨贼而求其无偏，得乎哉？譬之是犹立枉木而求其景之直也，乱莫大焉。

竖起一根笔直的木头却怕其影子歪斜，没有比这更令人迷惑的了。谚语说：“美丽的女子，是丑人的灾祸。公正的贤士，是俗人的疖子。遵循道义的人，是龌龊、邪僻之人的祸害。”现在让龌龊、邪僻的人去评论他们所怨恨残害的对象而希望没有偏见，可能吗？这就好比竖起一根弯曲的木头而希望其影子正直，没有比这更混乱的了。

注释 1 六患：当为“大患”。因为文章只有三患，并无六患，“六”乃“大”之误。 2 规：谋划。此处有定框框加以限制的意思。 3 疑：猜疑。 4 此句为当时的谚语。孽，灾祸；痤(cuó)，疖子；乎，衍文，“循道之人”与“好女之色”“公正之士”对仗。

故古之人为之不然。其取人有道，其用人有法。取人之道，参之以礼；用人之法，禁之以等[1]。行义动静，度之以礼；知虑取舍，稽之以成；日月积久，校之以功。故卑不得以临尊，轻不得以县重，愚不得以谋知，是以万举不过也。故校之以礼，而观其能安敬也；与之举错

所以古时候的人却不是这样。他们选择人有一定的原则，任用人有一定的方法。选择人的原则，以礼制去检验他们；任用人的方法，是以等级来约束人。对于他们的言行举止，以礼去衡量；对于他们智慧思虑之得失，以成效加以查考；对于他们日积月累的工作，以最后的功绩加以考核。所以卑贱的人就不可能凌驾尊贵的人，权轻的人就不可能衡量权重的人，愚昧的人就不可能评价聪明的人，这样做任何事情都不会有

迁移，而观其能应变也；与之安燕，而观其能无流慆[2]也；接之以声色、权利、忿怒、患险，而观其能无离守也。彼诚有之者与诚无之者若白黑然，可诎[3]邪哉？故伯乐[4]不可欺以马，而君子不可欺以人。此明王之道也。

过失。因此以礼去考核他，看其能否安和恭敬；让他不断来回迁移，看其能否应变自如；让他安闲舒适，看其能否不放荡荒淫；让他接近声色、权势利益、忿怒、患难，看其能否不背离职守。这样一来，他真正有无美好的品格，就像黑白一样分明，哪里有什么隐曲呢？所以伯乐不可能因马而受骗，君子也不可能因人而受骗。这就是英明君主的原则。

注释 1 禁之以等：即以等级去约束任用的人。 2 流慆(tāo)：放荡荒淫。 3 诎：隐曲。 4 伯乐：春秋时期秦国人，姓孙名阳，善于相马。

人主欲得善射，射远中微者，县贵爵重赏以招致之，内不可以阿子弟，外不可以隐远人，能中是者取之，是岂不必得之之道也哉？虽圣人不能易也。欲得善驭速致远[1]者，一日而千里，县贵爵重赏以招致之，内不可以阿子弟，外不可以隐远人，能致是者取之，是岂不必得之之道也哉？虽圣人不能易也。

君主若希望得到善于射箭，且射得既远又准的人，就应该以高官厚赏去招引他们，对内不能偏袒自己的子弟，对外不能埋没关系疏远的人，唯射术是取，这难道不是那个必然能得到善射之人的方法吗？即使是圣人也不能改变这种方法。如果希望得到善于驾驭，既快速又跑得远的人，一日可至千里，就应该以高官厚赏去招引他们，对内不能偏袒自己的子弟，对外不能埋没关系疏远的人，唯驭术是取，这难道不是那个必然能得到善驭之人的方法吗？即使是圣人也不能改变这种方法。

注释 **1** 速致远：此三字有两说：一是依据王念孙说，脱落一“及”字，即“及速致远”，此四字正与“射远中微”对仗；一是俞樾说，他认为“一日而千里”本身就是“及速”，故“及速”可去掉，故应为“致远”。此以王说为妥。

欲治国驭民，调一上下，将内以固城，外以拒难，治则制人，人不能制也，乱则危辱灭亡可立而待也。然而求卿相辅佐，则独不若是[1]其公也，案[2]唯便嬖亲比己者之用也，岂不过甚矣哉？故有社稷者莫不欲强，俄[3]则弱矣；莫不欲安，俄则危矣；莫不欲存，俄则亡矣。古有万国，今有数十[4]焉，是无它故，莫不失之是也。故明主有私人以金石珠玉，无私人以官职事业，是何也？曰：本不利于所私也。彼不能而主使之，则是主暗也；臣不能而诬能，则是臣诈也。主

若要治理国家驾驭人民，统一上下，就要对内巩固城池，对外抗拒敌患，治理得好就能制服别人，而不能被别人制服，若国家混乱就会使危险、屈辱、灭亡很快到来。即使如此，君主在任用卿相的时候却不能做到像求善射与善驭之人那样公正，只是任用宠信的小人或亲近自己的人，这样过错岂不是太大了吗？所以拥有社稷的人没有不希望强盛的，但不久就削弱了；没有不希望安定的，但不久就危险了；没有不希望永存的，但不久就灭亡了。古时候有上万个国家，现在仅剩下十几个了，这没有别的原因，没有不是因为失去公正的用人之道的。因此贤明的君主可以私自给人以金石珠玉，但不能私自给人以官职。这是为什么呢？回答是：因为这样做根本不利于那些被偏私的人。那些人根本没有才能君主却任用他们，那么这就是昏庸的君主；臣子根本没有才能但谎称自己有才能，那么这就是欺诈的臣子。君主昏庸于上，臣子欺诈于下，灭亡就会

暗于上，臣诈于下，灭亡无日，俱害之道也。

很快到来，这对于君主与臣子都是有害的做法。

注释 1 是：指前文所说的求善射与善驭之人，君主能做到公正，但治国用人的时候，却不能做到公正，只任用宠幸的小人。 2 案：语助词。 3 俄：不久。 4 数十：当为“十数”。《富国》篇作“十数”。

夫文王非无贵戚也，非无子弟也，非无便嬖也，倜然乃举太公于州人[1]而用之，岂私之也哉？以为亲邪？则周姬姓也，而彼姜姓也。以为故邪？则未尝相识也。以为好丽邪？则夫人行年七十有二，齫然[2]而齿堕矣。然而用之者，夫文王欲立贵道，欲白贵名，以惠天下，而不可以独也，非于是子莫足以举之，故举是子而用之。于是乎贵道果立，贵名果明[3]，兼制天下，立七十一国，姬姓独居五十三人，周之子孙苟不狂惑者，莫不为天下之显诸侯。如是者，能爱人也。

文王并不是没有富贵的亲戚，并不是没有子弟，并不是没有宠信的小臣，然而却能不顾世俗之见而任用身为渔夫的姜太公，难道是对他偏爱吗？还是有亲戚关系？然而文王是姬姓，而太公乃姜姓。他们是故旧吗？但他们根本未曾相识。文王爱好漂亮的人吗？姜太公此时已经七十二岁，牙齿都掉光了。然而文王任用了他，这是因为文王要建立崇高的治国大道，要显扬高贵的名声，以此造福天下，但自己一人做不到这些，除了姜太公以外又没有别的人可以选用，于是就任用了他。这样崇高的治国大道建立了，高贵的名声显扬了，一统天下，建立七十一个诸侯国，姬姓就占了五十三席，周室的子孙如果不是狂妄迷惑之人，没有一个不是天下的显赫诸侯。像这样，才能算是真正宠爱人啊。所以(必先)确立天下的根本大故举天下之大道，立天下之大功，然后隐[4]其所怜所爱，其下犹足以为天下之显诸侯。故曰："唯明主为能爱其所爱，暗主则必危其所爱。"此之谓也。

道，建立天下的不朽功勋，然后再去偏私其所怜爱的人，他所怜爱的人最低也可以做一个天下显赫的诸侯。所以说："只有贤明的君主才能真正疼爱他所宠爱的人，昏庸的君主必然会危害他所宠爱的人。"说的就是这个道理。

注释 1 倜然乃举太公于州人：倜然，远离世俗的样子；州人，即渔人，因太公身为渔夫垂钓于渭水之滨。 2 齳(yǔn)然：无齿的样子。齳，同"齫"(yǔn)。 3 明：当为"白"，与上文"欲白贵名"一致。 4 隐：偏私。

墙之外，目不见也；里之前[1]，耳不闻也；而人主之守司，远者天下，近者境内，不可不略知也。天下之变，境内之事，有弛易齵差[2]者矣，而人主无由知之，则是拘胁蔽塞之端也。耳目之明，如是其狭也；人主之守司，如是其广也，其中不可以不知也；如是其危也[3]。然则人主将何以知之？曰：便嬖左右者，人主之所以窥远收[4]众之门户牖向也，不可不早具也。故人主必将有便嬖左右足

院墙之外，眼睛是看不到的；一里之外，耳朵是听不到的；而君主所管辖的范围，远至天下，近处一国，其中的情况却不可以不大体了解。天下的变化，境内的事态，已经有了变动纷乱了，但君主没有办法知道，这就是君主被挟持蒙蔽的开始。因为个人耳目之辨察力，是如此的狭小；君主所管辖的范围，又是如此之广大，其中的变化不可以不了解；（若君主不了解，）那么危险就会来临。然而君主靠什么来了解这些情况呢？回答是：宠信的人与侍从，这是君主用来窥探远方、监视众人的通道，不可以不及早准备。所以君主必须有足以信赖的宠信与侍从然

信者然后可，其知惠[5]足使规物、其端诚足使定物然后可，夫是之谓国具。

后才可放心，他们的智慧足以谋划事情，他们的端正、诚实足以办成事情然后才使人放心，这就叫作国家的人材。

注释 1 里之前：一里路之外。许多注释本注“里”为古代的居民单位，即二十五家为一里，故“里之前”即为里门之前。里门之前便听不到，这显然不符合事实，因为听不听得到要看人站在什么地方。 2 齵(yú)差：牙齿不齐。这里指参差不齐。 3 如是其危也：此句之前，当有“人主之不知”一句脱落。 4 收：通“纠”，监督。 5 惠：通“慧”。

人主不能不有游观安燕之时，则不得不有疾病物故[1]之变焉。如是，国者，事物之至也如泉原，一物不应，乱之端也。故曰：人主不可以独也。卿相辅佐，人主之基、杖[2]也，不可不早具也。故人主必将有卿相辅佐足任者然后可，其德音足以填[3]抚百姓，其知虑足以应待万变然后可，夫是之谓国具。

君主不能没有游览安逸之时，那么也就不得不有疾病亡故之变化。这样，国家每天发生的事情就像泉水涌出一样，若一件没有处理好，就是混乱的开始。所以说：君主不可以独自一人治理国家。卿相辅佐，就如君主的几、杖一样重要，不能不及早准备好。因此君主必须要有足堪大任的卿相辅佐才行，他们的德行声望足以安抚百姓，他们的智慧思虑足以应对各种变化才适合，这就叫作国家的人材。

注释 1 物故：死亡。 2 基、杖：坐着依靠几案，走路依靠手杖，形容君主离不开卿相的辅佐。 3 填：当为“镇”，安定。

四邻诸侯之相与，不可以不相接也，然而不必相亲也，故人主必将有足使喻志决疑于远方者然后可。其辩说足以解烦，其知虑足以决疑，其齐断足以距难[1]，不还秩[2]，不反君，然而应薄捍患[3]足以持社稷，然后可，夫是之谓国具。故人主无便嬖左右足信者谓之暗，无卿相辅佐足任者谓之独，所使于四邻诸侯者非其人谓之孤，孤独而暗谓之危。国虽若存，古之人曰亡矣。《诗》曰："济济多士，文王以宁。"[4]此之谓也。

与四方的国家相互比邻，不可能不接触往来，但不一定都相互友好，所以君主必须有足以执行意志、解决疑难而出使远方的人才行。他的辩论游说足以解决麻烦，他的聪明智慧足以决断嫌疑，他的果敢明断足以抗拒灾祸，不营私，不违背君主，然而应对紧急情况、抵御祸患足以保卫国家，然后才可以，这就叫作国家的人材。因此君主若没有足可信赖的宠信与侍从就叫昏暗，没有足堪大任的卿相辅佐就叫孤独，出使四方与诸侯的人不恰当就叫孤立，孤独、孤立且昏暗就叫危险。国家好像还存在，但古人说它灭亡了。《诗》说："有诸多的贤良之士，文王才得以安宁。"说的就是这个道理。

注释 **1** 齐断足以距难：齐断，果断。齐，疾也。距，通"拒"。 **2** 还秩：还，通"营"。秩，当为"私"之误。 **3** 应薄捍患：薄，急迫；捍，抵御。 **4** 此句引自《诗经·大雅·文王》。此诗是周王祭祀先祖文王的，歌颂了文王的德行，告诫后代诸王当以文王为榜样。

材人[1]：愿悫拘录[2]，计数纤啬而无敢遗丧，是官人使吏之材也。修饬端

依据材质任用人才的方法：诚实勤勉，计算得十分仔细且不敢有遗漏，这是一般官吏与差役的材质。修养品

正，尊法敬分而无倾侧之心，守职循业[3]，不敢损益，可传世也，而不可使侵夺，是士大夫官师之材也。知隆礼义之为尊君也，知好士之为美名也，知爱民之为安国也，知有常法之为一俗也，知尚贤使能之为长功也，知务本禁末之为多材[4]也，知无与下争小利之为便于事也，知明制度、权物称用之为不泥也，是卿相辅佐之材也，未及君道也。能论官[5]此三材者而无失其次，是谓人主之道也。若是，则身佚而国治，功大而名美，上可以王，下可以霸，是人主之要守也。人主不能论此三材者，不知道此道，安值[6]将卑埶出劳，并[7]耳目之乐，而亲自贯日而治详，一内[8]而曲辨之，虑与臣下争小察而綦偏能，自古及今，未有如此而不乱者也。是所

德，端正身心，尊重法律，坚守本分且没有偏邪的想法，恪尽职守，建立功业，对既定的法令不敢随意修改，并使这种精神世代相传，而不能人为地破坏，这是士大夫和官长的材质。知道推崇礼义是为了尊重君主，知道喜好贤士是为了美好的名声，知道仁爱民众是为了安定国家，知道国家要有稳定的法律是为了统一风俗，知道尚贤使能是为了长远的事业，知道重视农业而抑制工商业是为了增加财富，知道不与下属争夺小的利益是为了便于办成事情，知道明确制度、衡量事物的用途是为了不拘泥于成规，这是卿相辅佐的材质，但这些人还没有懂得君主之道。能够选择任用以上三种材质的人做官且秩序不乱，这才是君主之道。如果这样，那么身心安逸且国家平治，功绩大而名声美，往大了说可以称王，往小了说可以称霸，这是君主的职守。若君主不能任用这三种人才，不知道上述的道理，只知降低身份不辞劳苦，抛弃耳目声色之乐，而亲自没日没夜地去处理各种事情，甚至想一日之内就办好全部事情，还想与臣下计较曲直以显示自己的才能，从古到

谓“视乎不可见，听乎不可闻，为乎不可成”，此之谓也。

今，没有这样做而不混乱的。这就是所谓“想看却看不到，想听却听不到，想做却做不成”，说的就是这个道理。

注释 1 材人：因人之材质之不同加以任用。 2 拘录：勤劳。 3 循业：当为“修业”，即建立功业。 4 材：通“财”。 5 论官：选取任用官吏。论，通“抡”。 6 安值：安，语助词；值，通“直”，直接。 7 并：通“屏”，屏弃。 8 内：当为“日”。

臣道

导读　本篇论述了臣子的类别、作用以及须遵循的原则。臣子的类别分为：态臣、篡臣、功臣、圣臣。臣子的表现可分为大忠、次忠、下忠及国贼，这样，臣子的作用就体现在"用圣臣者王，用功臣者强，用篡臣者危，用态臣者亡"。正因为如此，君主应谨慎地选择臣子，应有识人之明，不可误入"偷合苟容，以之持禄养交"之人的奉迎之中。作为臣子的基本原则是"从道不从君"，故臣子应尽其谏诤、辅佐之责任。

原文

人臣之论：有态臣[1]者，有篡臣者，有功臣者，有圣臣者。内不足使一民，外不足使距难，百姓不亲，诸侯不信，然而巧敏佞说[2]，善取宠乎上，是态臣者也。上不忠乎君，下善取誉乎民，不恤公道通义，朋党比周，以环主[3]图私为务，是篡臣者也。

译文

论臣子的类别：有奸诈的臣子，有篡权营私的臣子，有功勋卓著的臣子，有圣明贤能的臣子。对内不足以统一民众，对外不足以抵御敌患，百姓不亲近，诸侯不信任，然而灵巧敏捷、能说会道，善于取悦君主，这就是奸诈的臣子。对上不忠于君主，但对下善于从民众中骗取好名声，不顾及公理与道义，拉帮结派，蒙蔽君主以谋取私利，这是篡权营私的臣子。对内足以统一民众，对外内足使以一民，外足使以距难，民亲之，士信之，上忠乎君，下爱百姓而不倦，是功臣者也。上则能尊君，下则能爱民；政令教化，刑下如影[4]；应卒遇变，齐给如响；推类接誉[5]，以待无方，曲成制象[6]，是圣臣者也。

足以抗拒敌患，百姓亲近，士人信任，在上忠于君主，在下仁爱百姓而不知疲倦，这是功勋卓著的臣子。在上能尊敬君主，在下能仁爱百姓；推行政令教化，其模范作用如影随形一般；应对突发情况与事变，其行动快捷如响应声一样；以类似的道理去处理各类事务，以便应对无常之事态，每件事情都可以成为法度，这就是圣明贤能的臣子。

注释 1 态臣：奸诈之臣。态，通“慝”。 2 说：同“悦”，取悦。 3 环主：蒙蔽君主。 4 刑下如影：影子随物体形状而变化，引申为下民效法长官之德行。刑，通“形”。 5 誉：通“与”，同类。 6 曲成制象：曲，各方面；制象，成为法度。

故用圣臣者王，用功臣者强，用篡臣者危，用态臣者亡。态臣用则必死，篡臣用则必危，功臣用则必荣，圣臣用则必尊。故齐之苏秦[1]，楚之州侯[2]，秦之张仪[3]，可谓态臣者也。韩之张去疾[4]，赵之奉阳[5]，齐之孟尝，可谓篡臣也。齐之管仲，晋之咎犯[6]，楚

所以任用圣明贤能的臣子就能称王，任用功勋卓著的臣子就会强大，任用篡权营私的臣子就会危险，任用奸诈的臣子就会灭亡。奸诈的臣子得到任用君主一定会丧命，篡权营私的臣子得到任用君主一定会危险，功勋卓著的臣子得到任用君主一定会有荣耀，圣明贤能的臣子得到任用君主一定会受到尊重。因此齐国的苏秦，楚国的州侯，秦国的张仪，就可算是奸诈的臣子。韩国的张去疾，赵国的奉阳君，齐国的孟尝君，就可算是篡权营私的

之孙叔敖,可谓功臣矣。殷之伊尹,周之太公,可谓圣臣矣。是人臣之论也,吉凶贤不肖之极也,必谨志之而慎自为择取焉,足以稽矣。

臣子。齐国的管仲,晋国的舅犯,楚国的孙叔敖,就可算是功勋卓著的臣子。殷代的伊尹,周朝的太公,就可算是圣明贤能的臣子。这就是人臣的类别,是吉与凶、贤能与不贤能的标准,君主一定要记住并谨慎地加以选择任用,这些足可用来参考。

注释 1 苏秦:战国时期著名的纵横家、外交家与谋略家。年轻时与张仪一起跟随鬼谷子学习纵横术,磨砺多年以后,最终提出合纵六国以抗秦的战略思想,并最终组建合纵联盟,任“从约长”,兼佩六国相印,使秦十五年不敢出函谷关。后在齐任客卿,因为争宠被人所杀。 2 州侯:楚顷襄王之佞臣,因封于州,故称州侯。 3 张仪:战国时期著名的纵横家、外交家与谋略家。张仪首创“连横”之术,游说秦王,秦惠文王以之为相。尔后,张仪以“横”破“纵”,逐渐使得战国诸雄由合纵抗秦转变为连横亲秦,张仪由此被封为武信君。但秦惠文王死后,继位的秦武王不喜欢张仪,张仪由此出逃至魏,亦为相。 4 张去疾:战国时韩国的宰相,先后相韩昭侯、宣惠王等。同时,这个人可能是汉人张良的祖先。 5 奉阳:本名李兑,战国时赵国权臣。赵国内乱,他保卫赵惠文王,杀死公子章,遂由司寇升任为相,号奉阳君,由此而大权独揽。 6 咎犯:名狐偃,又称舅犯,是晋文公重耳的舅舅,曾随重耳流亡在外。狐偃为人正直,有美德。在流亡过程中,多次劝诫重耳改掉身上的贵族公子习气,体恤百姓,尊重贤臣,忍辱负重,为重耳回国且进一步称霸诸侯立下大功,受到重耳的敬重。

从命而利君谓之顺,从命而不利君谓之

服从君主的命令而做有利于君主的事就叫顺,服从君主的命令却做不利于谄；逆命而利君谓之忠，逆命而不利君谓之篡；不恤君之荣辱，不恤国之臧否，偷合苟容，以持禄养交而已耳，谓之国贼。[1]君有过谋过事，将危国家、陨社稷之惧也，大臣父兄有能进言于君，用则可，不用则去，谓之谏；有能进言于君，用则可，不用则死，谓之争[2]；有能比知[3]同力，率群臣百吏而相与强君挢[4]君，君虽不安，不能不听，遂以解国之大患，除国之大害，成于尊君安国，谓之辅；有能抗君之命，窃君之重，反君之事，以安国之危，除君之辱，功伐足以成国之大利，谓之拂[5]。

君主的事就叫谄；违抗君主的命令却做有利于君主的事就叫忠，违抗君主的命令而做不利于君主的事就叫篡；不顾及君主的荣辱，不顾及国家的兴衰，无原则地迎合、无尊严地谄媚，只求保住俸禄、豢养党羽而已，这就叫国贼。君主有错误的谋划，错误的行为，将会危害国家、败坏社稷，大臣、父兄之中有人能向君主进言，能采纳固好，不能采纳就离去，这就叫作劝谏；如果有人能向君主进言，能采纳固好，不能采纳就以死抗争，这就叫作死谏；如果有人能够联合有智慧的人同心协力，率领群臣百官一起强行矫正君主的过错，君主虽然感到不安，但不能不听从，由此而解除了国家的大患，去除了国家的大害，以至于君主尊荣、国家安定，这就叫作辅佐；如果有人能够违抗君主的命令，暂时借用君主的权力，否定君主的行为，以此来解除国家的危险，去除君主的羞辱，功劳足以成就国家的大利益，这就叫作匡正。

注释　1 臧否(pǐ)：好坏，兴衰。偷合：无原则地迎合。苟容：没有尊严地附和、侍奉。养交：豢养党羽。　2 争：通“诤”，拼命规劝。　3 比知：联合有智慧的人。比，合也。　4 挢：同“矫”，矫正。　5 拂(bì)：通“弼”，匡正过失。

故谏、争、辅、拂之人，社稷之臣也，国君之宝也，明君之所尊所厚也，而暗主惑君以为己贼也。故明君之所赏，暗君之所罚也；暗君之所赏，明君之所杀也。伊尹、箕子，可谓谏矣；比干、子胥[1]，可谓争矣；平原君[2]之于赵，可谓辅矣；信陵君[3]之于魏，可谓拂矣。传曰："从道不从君。"此之谓也。故正义之臣设[4]，则朝廷不颇[5]；谏、争、辅、拂之人信，则君过不远；爪牙之士施，则仇雠不作；边境之臣处，则疆垂[6]不丧。故明主好同而暗主好独，明主尚贤使能而飨其盛[7]，暗主妒贤畏能而灭其功，罚其忠，赏其贼，夫是之谓至暗，桀、纣所以灭也。

所以能劝谏、死诤、辅佐、匡正的人，是社稷的重臣，国君的珍宝，是贤明的君主应尊重优待的，而昏庸迷惑的君主却以为是自己的仇敌。因此贤明的君主所奖赏的，正是昏庸的君主所惩罚的；昏庸的君主所欣赏的，正是贤明的君主所要杀戮的。伊尹、箕子，就属于劝谏的人；比干、子胥，就属于死诤的人；平原君之于赵国，就属于辅佐；信陵君之于魏国，就属于匡正。古书上说："遵从大道而不顺从君主。"说的就是这个道理。所以正义的臣子被任用了，朝廷就不会偏邪不正；劝谏、死诤、辅佐、匡正的人被信任了，君主的过错就不会太远；勇敢的武士被任用了，仇敌就不会犯境；边境的大臣安置好了，国境就不会丧失。所以贤明的君主喜欢与人共谋大业而昏庸的君主喜欢独断专行，贤明的君主尚贤使能而享受他们的成果，昏庸的君主嫉妒贤者、害怕能人而抹杀他们的功绩，处罚忠臣，奖赏奸佞，这就叫极其昏庸，夏桀、商纣由此而灭亡。

注释 1 子胥：即伍子胥，春秋末期吴国大夫，军事家。本为楚国人，因其父兄为楚王所杀，他逃至吴国，成为了吴王阖闾的重臣。在伍子胥的辅佐下,吴国西破楚,北败鲁、齐,成为当时的霸主。 2 平原君:本名赵胜,战国四公子之一,赵武灵王之子,赵惠文王之弟,号平原君。他礼贤下士,门下食客至数千人,多次在危急时刻解救国都邯郸。 3 信陵君:本名魏无忌,亦为战国四公子之一。魏昭王少子、魏安釐王的异母弟。安釐王即位后,被封于信陵,故号信陵君。信陵君处在魏国由盛转衰之时,但因其礼贤下士,急人之困,故两度击败秦军,挽救了魏国与赵国的危局。 4 设:被任用。 5 颇:偏邪,不正。 6 垂:通"陲",边境。 7 飨其盛:飨,通"享";盛,成也。

事圣君者,有听从,无谏争;事中君者,有谏争,无谄谀;事暴君者,有补削,无挢拂[1]。迫胁于乱时,穷居于暴国,而无所避之,则崇其美,扬其善,违[2]其恶,隐其败,言其所长,不称其所短,以为成俗。《诗》曰:"国有大命,不可以告人,妨其躬身。"[3]此之谓也。

侍奉圣明的君主,只须听从,无须谏诤;侍奉中等的君主,可以谏诤,但无须谄媚;侍奉残暴的君主,可以修补其些许过失,但不可能直言匡正其错误。被胁迫在混乱的时势之下,不得已居住在残暴的国家,且无处可逃,那么就推崇君主的美德,宣扬其善行,讳言其丑恶,隐匿其失败,称道其长处,不言说其短处,并以此作为习惯。《诗》说:"国家有重大行动,不可以把它告诉别人,否则就会危害自身。"说的就是这个道理。

注释 1 有补削,无挢拂:暴君残暴不能听从意见,故只能暗中修补其过失,不能明言强行匡正其错误。 2 违:避也。 3 此句不见于今本《诗经》,当为逸诗。躬身,自身。

恭敬而逊，听从而敏，不敢有以私决择也，不敢有以私取与也，以顺上为志，是事圣君之义也。忠信而不谀，谏争而不谄，挢然刚折端志而无倾侧之心，是案曰是，非案曰非，是事中君之义也。调而不流，柔而不屈，宽容而不乱，晓然[1]以至道而无不调和也，而能化易[2]，时关内[3]之，是事暴君之义也。若驭朴马，若养赤子，若食餧人。故因其惧也而改其过，因其忧也而辨[4]其故，因其喜也而入其道，因其怒也而除其怨，曲得所谓[5]焉。《书》曰："从命而不拂，微谏而不倦，为上则明，为下则逊。"[6]此之谓也。

恭敬而谦逊，听从命令且敏捷地执行，不敢以私意加以抉择，不敢以私利妄加取舍，以顺从君主作为基本志向，这是侍奉圣明君主的原则。忠信但不阿谀，谏诤但不谄媚，刚毅不阿、心意端正且没有陷害别人的想法，是就说是，非就说非，这是侍奉中等君主的原则。顺从但不随波逐流，柔顺但不屈从，宽容但不是没有原则，以最高的道理去启发他且没有不调适、顺畅的，使他感化、改变，时时把正确的原则灌输到他的内心中去，这是侍奉暴君的原则。（侍奉暴君）就像驾驭从未训练过的马，就像养育婴儿，就像给饥饿的人喂食。所以要乘他恐惧的时候使其改正错误，乘他忧虑的时候使其改变习惯，乘他高兴的时候使其进入正道，乘他发怒的时候使其去除仇怨，处处做得适当且能达到目的。《书》说："顺从命令而不违抗，小心劝谏而不厌倦，作为君主则圣明，作为臣子则谦逊。"说的就是这个道理。

注释　1 然：衍文。　2 化易：感化，改变。　3 关内：关，入也；内，同"纳"。　4 辨：通"变"。　5 曲得所谓：指"因其惧""因其忧""因其喜""因其怒"处处做得适当，且能达到目的。　6 此句不见今本《尚书》，可能已经亡佚。

事人而不顺者，不疾[1]者也；疾而不顺者，不敬者也；敬而不顺者，不忠者也；忠而不顺者，无功者也；有功而不顺者，无德者也。故无德之为道也，伤疾、堕[2]功、灭苦，故君子不为也。

侍奉人却不顺从他，这是怠慢；不怠慢却依然不顺从，这是不恭敬；恭敬却不顺从，这是不忠诚；忠诚却不顺从，就会没有功劳；有功劳却不顺从，就会没有品德。所以把没有品德作为行为的准则，就会伤害恭敬、毁灭功绩、埋没劳苦，因此君子是不会这样做的。

注释　1 不疾：怠慢。　2 堕(huī)：毁弃。

有大忠者，有次忠者，有下忠者，有国贼者。以德复[1]君而化之，大忠也；以德调君而补[2]之，次忠也；以是谏非而怒之，下忠也；不恤君之荣辱，不恤国之臧否，偷合苟容，以之持禄养交而已耳，国贼也。若周公之于成王也，可谓大忠矣；若管仲之于桓公，可谓次忠矣；若子胥之于夫差[3]，可谓下忠矣；若曹触龙[4]之于纣者，可谓国贼矣。

有上等的忠臣，有次等的忠臣，有下等的忠臣，有危害国家的败类。以德行去覆育君主而感化他，是上等的忠臣；以德行去调养君主而辅佐他，是次等的忠臣；以正确的道理去劝谏君主的错误而激怒他，是下等的忠臣；不顾君主的荣辱，不管国家的好坏，奉迎君主，苟且自保，以此保住俸禄、豢养党羽而已，是国家的败类。像周公之于成王，就是上等的忠臣；像管仲之于桓公，就是次等的忠臣；像伍子胥之于夫差，就是下等的忠臣；像曹触龙之于商纣王，就是国家的败类。

注释　1 复：通"覆"。《韩诗外传》卷四作"覆"。　2 补：当为"辅"。《韩诗外传》卷四作"辅"。　3 夫差：春秋时期吴国末代国君，阖闾之子。

因不听伍子胥的劝谏，放越王勾践回国，后吴国竟被勾践所灭，夫差自杀。 **4** 曹触龙：商纣王时期的大臣，生平事迹不详，但善于谄媚。

仁者必敬人。凡人非贤则案不肖也。人贤而不敬，则是禽兽也；人不肖而不敬，则是狎[1]虎也。禽兽则乱，狎虎则危，灾及其身矣。《诗》曰："不敢暴虎，不敢冯河。人知其一，莫知其它。战战兢兢，如临深渊，如履薄冰。"[2]此之谓也。故仁者必敬人。

仁人必然尊敬别人。大凡一个人若无贤能，就一定无德才。人若贤能但不去敬重他，那么就是禽兽之行；人若不贤能而不去尊敬他，那么就相当于在戏弄老虎。禽兽之行就会引起祸乱，戏弄老虎就会危险，两者都将灾及自身。《诗》说："不敢空手打老虎，不敢徒步涉河。人们只知道其中一个的危险性，却不知其他。小心谨慎啊，就如来到了深渊，就如脚踩薄冰一样。"说的就是这个道理。所以仁德的人必然尊敬别人。

注释 **1** 狎：戏弄。 **2** 此句引自《诗经·小雅·小旻》。暴虎，空手与虎搏斗；冯(píng)河，徒步渡河。依王引之的理解，荀子之引文，应该只到"人知其一，莫知其它"止，因为荀子这里是告诉我们这两种情况("人贤而不敬"与"人不肖而不敬")都会给人带来危险，但一般人只知其一不知其二，故"战战兢兢，如临深渊，如履薄冰"颇不类，从文气上讲可以删掉。这有一定的道理，但文章最后以"故仁者必敬人"总结，则"战战兢兢，如临深渊，如履薄冰"似与文意亦连贯。

敬人有道：贤者则贵而敬之，不肖者则畏而敬之；贤者则亲而敬之，

尊敬人有通行的原则：对于贤能的人就贵重而敬之，对于不贤能的人就畏惧而敬之；贤能的人就亲近而敬之，不

不肖者则疏而敬之。其敬一也,其情二也。若夫忠信端悫而不害伤,则无接而不然,是仁人之质也。忠信以为质,端悫以为统[1],礼义以为文[2],伦类以为理[3],喘[4]而言,臑[5]而动,而一可以为法则。《诗》曰:"不僭不贼,鲜不为则。"[6]此之谓也。

贤能的人就疏远而敬之。其外在的尊敬是一样的,但其本质是不一样的。如果忠信、端正、诚实又不伤害人,那么对待谁都是一样的,这就是仁人的本质。以忠诚、信任作为本质,以端正、诚实作为纲纪,以礼仪、道义作为规范,以伦理、法度作为原则,轻微地说一句,稍微地动一动,就能够成为别人效法的原则。《诗》说:"不犯过错,不伤害别人,很少不能成为别人效法的原则。"说的就是这个道理。

注释 1 统:准则,纲纪。 2 文:外在表现,规范。 3 理:原则。 4 喘:小声说话。 5 臑:通"蠕"(rú),轻微缓慢地动。 6 此句引自《诗经·大雅·抑》。僭,过错;贼,伤害别人。

恭敬,礼也;调和,乐也;谨慎,利也;斗怒,害也。故君子安礼乐利[1],谨慎而无斗怒,是以百举[2]不过也。小人反是。

谦恭尊敬,是礼的表现;协调和谐,是乐的表现;谨小慎微,就会带来利益;争斗,就会招致祸害。所以君子安守礼节、和调音乐,谨小慎微而没有争斗,因此做什么事情都不会犯错。小人正好与此相反。

注释 1 乐利:王念孙认为,"乐利"当为"乐乐",因为"安礼""乐乐"正好对文;但俞樾认为"乐利"当为"和乐"。王先谦以为二说皆可通。 2 百举:办理各种事情。

通忠之顺[1]，权[2]险之平，祸乱之从声[3]，三者，非明主莫之能知也。争然后善，戾[4]然后功，出死无私，致忠而公，夫是之谓通忠之顺，信陵君似之矣。夺然后义，杀然后仁，上下易位然后贞[5]，功参天地，泽被生民，夫是之谓权险之平，汤、武是也。过而通情[6]，和而无经，不恤是非，不论曲直，偷合苟容，迷乱狂生[7]，夫是之谓祸乱之从声，飞廉、恶来是也。传曰："斩而齐，枉而顺，不同而一。"[8]《诗》曰："受小球大球，为下国缀旒。"[9]此之谓也。

使忠诚通达以至于顺畅，改变危险的处境以至于安定，祸乱出现了依然随声附和，这三种情况，若不是贤明的君主是不能够分辨的。对君主谏诤然后才使之归于善，违背了君主的旨意然后才能建立功业，出生入死而无私心，极其忠诚而公正，这就叫使忠诚通达以至于顺畅，信陵君类似这种人。夺取了政权才能做到义，杀掉了君主才能做到仁，君臣变换位置才能安定天下，功业匹配天地，恩泽遍及百姓，这就叫改变危险的处境以至于安定，商汤王、周武王就是这种人。君主有过错却与之同流，附和且没有原则，不顾是非，不论曲直，苟且迎合以求安身，迷惑混乱又狂妄无知，这就叫祸乱出现了依然随声附和，飞廉、恶来就属于这种人。古书上说："有参差才有整齐，有委曲才有顺从，有不同才有划一。"《诗》说："授予大法小法，成为诸侯国的表率。"说的就是这两种人。

注释　1 通忠之顺：忠有所壅塞，故通之以至于顺畅。之，到也。　2 权：变。　3 从声：随声附和。　4 戾：违背。　5 贞：完成，这里指安定天下。　6 通情：同情，即与君主同流合污。　7 狂生：无知妄为的人。《君道》篇的解释是："危削灭亡之情举积此矣，而求安乐，是狂生者也。狂生者，不胥时而落。"　8 此句引自上古之书。其大意在说明：忠臣的行动开始似乎违反常规,但结果是为了追求道义。此句说的是“通忠之顺”的人。 **9** 此句引自《诗经·商颂·长发》。对于“球”字有两种理解:其一,读为“捄”,法则。其二,玉。二者皆可通,但本注解依前一种,以与《荣辱》篇统一。缀旒,挂在旗子上的飘带,这里是表率的意思。此句说的是“权险之平”的人。

致士

导读 所谓“致士”就是招致贤才士人的意思,荀子在此强调了贤才士人对于国家的重要性。荀子认为,“无君子,则道不举”,“君子也者,道法之摠要也”。这里的“君子”就是贤才士人,一个国家混乱的最终根源就在于没有贤才,所以荀子说:“故有良法而乱者有之矣,有君子而乱者,自古及今,未尝闻也。”招引贤才士人的基本原则是“尚贤使能”,其基本方法是衡听、显幽、重明、退奸、进良。其二,若要招引贤才,一定要让他们切实地发挥作用,不可仅停留在口头上。其三,君主自身要有美好的德行,才能使贤才“若蝉之归明火”一样。荀子还论述了成为老师的方法,老师不在于博学多识,而在于“尊严而惮,耆艾而信,诵说而不陵不犯,知微而论”。最后,荀子区分了奖赏与刑罚的基本原则,提出“赏不欲僭,刑不欲滥”,“与其害善,不若利淫”。这些原则都值得我们学习借鉴。

原文

衡听[1]、显幽[2]、重明、退奸、进良之术:朋党比周之誉,君子不听;残贼加累之谮[3],君子不用;隐忌雍蔽[4]之人,君

译文

广泛平正地听取意见,发现隐居的贤士,显扬贤能之人,斥退奸邪之人,进用贤良之士的方法:朋党宗派之间的吹捧,君子不要听;残害贤良、横加罪名的诬陷,君子不要采用;猜忌埋没(贤才)的

子不近；货财禽犊之请，君子不许。凡流[5]言、流说、流事、流谋、流誉、流诉，不官[6]而衡至者，君子慎之。闻听而明誉[7]之，定其当而当，然后士其刑赏而还与之[8]，如是则奸言、奸说、奸事、奸谋、奸誉、奸愬，莫之试也；忠言、忠说、忠事、忠谋、忠誉、忠愬，莫不明通，方起以尚尽[9]矣。夫是之谓衡听、显幽、重明、退奸、进良之术。

人，君子不要靠近；以财货礼物进行贿赂的请求，君子不要答应。凡是没有根据的言论、说法、事情、谋略、称誉、诉告，不是通过正常渠道而来的，君子应小心谨慎。对于听到的东西要仔细分辨察识，确定适当与不适当，然后给予处罚或奖赏并立即执行，如果这样，那么奸邪的言论、说法、事情、谋略、称誉、诉告就没有敢来试探的了；而忠实的言论、说法、事情、谋略、称誉、诉告就没有不明达通畅的，且一齐来到了君主面前。这就是广泛平正地听取意见，发现隐居的贤士，显扬贤能之人，斥退奸邪之人，进用贤良之士的方法。

注释 1 衡听：广泛地听取意见。衡，通“横”，广也。 2 幽：隐居的贤士。 3 谮(zèn)：诬陷。 4 隐忌雍蔽：猜忌贤才，埋没能者。隐忌，即猜忌。 5 流：这里指没有根据、不可靠的东西。 6 不官：不是通过官方，即小道消息。 7 誉：当为“詧”(chá)字之误。詧，同“察”。 8 士其刑赏而还(xuàn)与之：士，当为“出”字之误；还，通“旋”。 9 方起以尚尽：方起，并起；尚尽，上进，即“忠言、忠说、忠事、忠谋、忠誉、忠愬”都来到了君主面前。

川渊深而鱼鳖归之，山林茂而禽兽归之，刑政平而百姓归之，礼义备而

江河湖泊的水深，鱼鳖就会到来；山林里的草木茂盛，禽兽就会到来；刑法政令平正，百姓就会到来，礼仪道义

君子归之。故礼及身而行修，义及国而政明，能以礼挟[1]而贵名白，天下愿，令行禁止，王者之事毕矣。《诗》曰：“惠此中国，以绥四方。”[2]此之谓也。川渊者，龙鱼之居也；山林者，鸟兽之居也；国家者，士民之居也。川渊枯则龙鱼去之，山林险[3]则鸟兽去之，国家失政则士民去之。无土则人不安居，无人则土不守，无道法则人不至，无君子则道不举。故土之与人也，道之与法也者，国家之本作[4]也。君子也者，道法之揔要也，不可少顷旷也。得之则治，失之则乱；得之则安，失之则危；得之则存，失之则亡，故有良法而乱者有之矣，有君子而乱者，自古及今，未尝闻也。传曰：“治生乎君子，乱生于小人。”此之谓也。

齐备，君子就会到来。所以礼体现在自身，行为就会美好；义贯彻到法令，政治就会清明；能够把礼推行贯彻到每个角落，尊贵的名声就会显扬，天下羡慕，令者推行而禁者废止，王者的事业也就完成了。有《诗》说：“施恩于国都，以安抚四方。”说的就是这个道理。江河湖泊，是龙鱼居住的地方；山林草木，是鸟兽居住的地方；国家，是士民居住的地方。江河湖泊干涸了龙鱼就会离去，山林草木稀少了鸟兽就会离去，国家政治混乱了士民就会离去。没有土地，人民就不能安居；没有人民，土地就无法把守；没有道义法度，人民就不会到来；没有君子，道义就不能实行。所以土地与人民，道义与法度，是国家的本源。君子，是道义与法度的枢纽，不可片刻疏离。得到他，国家就治理；失去他，国家就混乱。得到他，国家就安定；失去他，国家就危险。得到他，国家就能够存在；失去他，国家就会灭亡。因此有好的法律却混乱的情况是有的，有了君子却混乱的情况，自古及今，从未听说过。古书上说：“治理产生于君子，混乱产生于小人。”说的就是这个道理。

注释 1 挟:通“浃”,周遍。 2 此句引自《诗经·大雅·民劳》。这是正直官员劝诫周王及同僚的诗。中国,指周王直接统治的地区,即王畿,与“四方”相对。绥,安抚。 3 险:通“俭”,即草木稀少,不丰美。 4 本作:本始,本源。作,始也。

得众动天。美意延年。诚信如神。夸诞逐魂。[1]

得到民众就会感动天地。美善的心境就能延年益寿。诚实守信就会有如神助。虚夸荒诞就会失魂落魄。

人主之患,不在乎不言用贤,而在乎诚[2]必用贤。夫言用贤者,口也;却贤者,行也。口行相反,而欲贤者之至,不肖者之退也,不亦难乎!夫耀蝉[3]者,务在明其火、振其树而已。火不明,虽振其树,无益也。今人主有能明其德[4],则天下归之,若蝉之归明火也。

君主的祸患,不在于不谈论任用贤人,而在于不能真正地任用贤人。谈论任用贤人,那只是语言上的;拒绝贤人,那是行动上的。语言与行动正好相反,而希望贤人到来,不贤能者退却,岂不是很难吗!捕蝉的人,当务求灯火明亮,再摇动树枝而已。灯火不明亮,即使摇动树枝,也没有什么用处。如今若能够有显扬其美德的君主,那么天下人就会归附他,就如蝉之归向明火一样。

注释 1 此四句一韵,文如箴铭,但与本篇颇不相类,疑为他篇之脱文而误入于此。 2 诚:依据文意,“诚”字之前当脱落一“不”字。 3 耀蝉:一种捕蝉方法。夜晚用灯火照蝉,蝉扑向火光,便可捕捉。 4 明其德:当为“明其德者”。明,显示。

临事接民而以义，变应宽裕而多容，恭敬以先[1]之，政之始也；然后中和察断以辅之，政之隆[2]也；然后进退诛赏[3]之，政之终也。故一年与之始，三年与之终。用其终为始，则政令不行而上下怨疾，乱所以自作[4]也。《书》曰："义刑义杀，勿庸以即，女惟曰'未有顺事'。"[5]言先教也。

处理事情、对待民众要以礼义，应付事变要灵活多变且广泛地听取各方意见，以恭敬的态度作为表率，这是政治的开始；然后中正和顺、明察决断地辅助民众，这是政治的中间阶段；最后实行进退诛赏的措施，这是政治的终点。所以政治一般以一年为开始，以三年为结束。如果以政治的终点为开始，那么就会导致政令不能实行且上下抱怨痛恨，这是混乱所以产生的原因。《书》说："即使合乎道义的刑罚与杀戮，也不能立即执行，你只能说'我还没有处理好政事'。"这是说明教化先行的道理。

程[6]者，物之准也；礼者，节[7]之准也。程以立数，礼以定伦，德以叙位，能以授官。凡节奏欲陵[8]，而生民欲宽。节奏陵而文，生民宽而安。上文下安，功名之极也，不可以加矣。

度量衡，是测量物体的标准；礼义，是人伦等级的标准。度量衡是用来标明数量的，礼义是用来规范人伦的，德行是用来序列职位的，能力是用来授予官职的。大凡礼法制度就应严格，而养育百姓就应宽和。礼法制度严格就文明，养育百姓宽和就安定。在上文明在下安定，这是功名的极致，不可能再增加了。

注释　1 先：表率。　2 隆：中间阶段。　3 进退诛赏：进，选拔贤良；退，斥退奸臣；诛，惩处罪犯；赏，奖赏功臣。　4 乱所以自作：混乱之所以会产生，就是因为政治只知赏罚而不知教化。依荀子的理解，政治当以教化开始，以赏罚结束，人们才会无怨疾。这与孔子所说的“不教而杀谓之虐”（《论语·尧曰》）一脉相承。 5 此句引自《尚书·康诰》，但此处引文与原文略有不同。“未有顺事”相当于“万方有罪，罪在朕躬”（《论语·尧曰》）。 6 程：度量衡的总名。 7 节：秩序等级。 8 陵：严峻，严格。

君者，国之隆[1]也；父者，家之隆也。隆一而治，二而乱。自古及今，未有二隆争重，而能长久者。

君主，是国之主导者；父亲，是家之主导者。只有一个主导者就会治理得好，有两个主导者就会混乱。自古及今，没有听说过两个主导者争权而可以长治久安的。

师术有四，而博习[2]不与焉：尊严而惮，可以为师；耆艾[3]而信，可以为师；诵说而不陵不犯[4]，可以为师；知微而论[5]，可以为师：故师术有四，而博习不与焉。水深而回，树落则粪本，弟子通利[6]则思师。《诗》曰：“无言不雠，无德不报。”[7]此之谓也。

成为老师的方法有四点，但博学多识并不包括在内：有尊严而令人敬畏，可以成为老师；年老而有威信，可以成为老师；诵说经典而行动不相违，可以成为老师；知识精微又符合伦理，可以成为老师。所以成为老师的方法有四点，但博学多识并不包括在内。水深了就会打漩涡，树叶落了就会成为树根的肥料，弟子真正得利了就会思念老师。有《诗》说：“没有言语是得不到回应的，没有德行是得不到报答的。”说的就是这个道理。

赏不欲僭[8]，刑不欲滥。赏僭则利及小人，刑滥则害及君子。若不幸而过，宁僭勿滥。与其害善，不若利淫[9]。

奖赏不能过分，刑罚不能泛滥。奖赏过分了就会让小人得利，刑罚泛滥了就会让君子受害。如果不幸发生了失误，那么宁可奖赏过分也不能刑罚泛滥。与其让善良的人受害，还不如让邪恶的人得利。

注释 1 隆:尊贵,处于主导地位。 2 博习:博学多识。与《学记》"记问之学,不足以为人师"意思相同。 3 耆(qí)艾:耆,六十岁;艾,五十岁。 4 诵说而不陵不犯:在行动上不违背其所诵说,即知行合一。 5 知微而论:精微之知识皆符合伦理,即不以异说为学问。论,通"伦"。 6 弟子通利:让弟子真正得到利益了。多指政教德行方面,而不是仅仅获得知识。 7 此句引自《诗经·大雅·抑》。 8 僭:过分。 9 淫:邪恶之人。

议兵

【导读】 本篇采取问答的形式，通过临武君、陈嚣、李斯的发问，引出荀子自己的军事思想。从全文来看，荀子根本没有兴趣去讨论一个具体战役的成败，因为具体战役的成败无非只是一时的战争技巧问题，而技巧总是“胜不胜无常，代翕代张，代存代亡，相为雌雄”。荀子在意的是整个国家的战略问题，这就是用兵之道，所以荀子提出“善附民者，是乃善用兵者也”的光辉思想。实际上，荀子这一思想企图消解暴力杀戮意义上的军队，而走向“无兵的文化”（雷海宗语）。荀子还讨论了将领的职责与操守以及王者的军队制度。对于将领，荀子提出了六种战术要求，五种权衡方法，三条最高原则，其中有一条原则是“可杀，而不可使欺百姓”，最能体现其人道主义情怀。关于王者的军队制度，荀子认为各人的职责不同，要求亦不同，但总体来说，王者的军队应做到“不杀老弱，不猎禾稼，服者不禽，格者不舍，奔命者不获。凡诛，非诛其百姓也，诛其乱百姓者也”。这些都体现了荀子一贯的人道主义立场。总之，以德化民、附民是最好的用兵之道，远胜于以力兼人与以富兼人。前者不必攻占而民自觉来归附，后者只能一时占有，未必能坚守巩固，随时可能被别人夺取。

原文

临武君与孙卿子议兵于赵孝成王前[1]。王曰:“请问兵要?”临武君对曰:“上得天时,下得地利,观敌之变动,后之发[2],先之至,此用兵之要术也。”孙卿子曰:“不然。臣所闻古之道,凡用兵攻战之本在乎壹民。弓矢不调,则羿不能以中微;六马不和,则造父不能以致远;士民不亲附,则汤、武不能以必胜也。故善附民者,是乃善用兵者也。故兵要在乎善附民而已。”

译文

临武君与孙卿子在赵孝成王面前讨论怎样用兵。赵孝成王问:“用兵的要领何在?”临武君回答说:“上得天时,下得地利,观察敌人的动向变化,然后再行动,且比敌人先到达目的地,这是用兵的基本要领。”孙卿子回答说:“不是这样的。我听说古代的用兵之道,其根本在于统一民心。如果弓矢不调整校正,那么羿也不能够射中目标;如果六马不协调合作,那么造父也不可能驾驭而致远方;士民如果不亲近归附,即使汤、武也不能够必然战胜敌人。所以善于归附民心的人,就是善于用兵的人。因此用兵的基本要领只在于使民心归附而已。”

注释 1 临武君与孙卿子议兵于赵孝成王前:临武君,楚国将领,但生年事迹不详。赵孝成王,赵惠文王之子,公元前265—前245年在位。在位期间,以赵括代替廉颇,改守为攻,最后招致长平之战惨败,四十多万赵军被坑杀。 2 后之发:指观察了敌人的动向变化以后再出发。

临武君曰:“不然。兵之所贵者埶利也,所行者变诈也。善用兵者,感

临武君说:“不是这样的。用兵所看重的是形势与条件,所实行的是权变与机诈。善于用兵的人,神出鬼没神秘

忽悠暗[1]，莫知其所从出。孙、吴[2]用之，无敌于天下。岂必待附民哉？”孙卿子曰：“不然。臣之所道，仁人之兵，王者之志也。君之所贵，权谋埶利也；所行，攻夺变诈也：诸侯之事也。仁人之兵，不可诈也。彼可诈者，怠慢者也，路亶[3]者也，君臣上下之间滑然[4]有离德者也。故以桀诈桀，犹巧拙有幸焉；以桀诈尧，譬之若以卵投石，以指挠沸；若赴水火、入焉焦没耳。故仁人上下，百将一心，三军同力，臣之于君也，下之于上也，若子之事父，弟之事兄，若手臂之扞头目而覆胸腹也，诈而袭之，与先惊而后击之，一也。且仁人之用十里之国，则将有百里之听；用百里之国，则将有千里之听；用千里之国，

莫测，没有人知道他在什么地方出现，孙武、吴起运用此法而无敌于天下，哪里依靠归附民心呢？”孙卿子说：“不是这样的。我所说的，是仁人的军队，是王者的志向。你所看重的，是权变计谋与形势条件；所实行的，是攻城略地与机变狡诈：这是诸侯的做法。仁人的军队是不可欺诈的。那些可被欺诈的，是懈怠轻慢的军队，是羸弱疲惫的军队，是君臣上下之间离心离德的军队。所以让桀去欺诈像桀这样的君主，由于计谋有巧拙之差别而有可能成功；若让桀去欺诈像尧这样的君主，这就好像以鸡蛋去袭击石头，以手指去搅动沸水；也好像投身水火之中一样，进去即被烧焦淹没了。所以仁人的军队上下相爱，将士同心，三军同力，臣子对于君主，下级对于上级，就好像儿子对待父亲、弟弟对待兄长一样，就好像手臂可以护住脑袋与眼睛、遮挡胸部与腹部，欺诈而袭击他，与先惊动他然后袭击他，是一样的。况且仁人治理方圆十里的国家，就会了解方圆百里的情况；治理方圆百里的国家，就会了解方圆千里的情况；治理方圆千里的国家，就会了解四海的情

则将有四海之听；必将聪明警戒，和传[5]而一。故仁人之兵，聚则成卒[6]，散则成列；延则若莫邪之长刃，婴之者断[7]；兑则若莫邪之利锋，当之者溃[8]；圜居而方止，则若盘石然，触之者角摧[9]，案角鹿埵、陇种、东笼[10]而退耳。且夫暴国之君，将谁与至哉？彼其所与至者，必其民也。而其民之亲我欢若父母，其好我芬若椒兰；彼反顾其上，则若灼黥，若仇雠。人之情，虽桀、跖，岂又肯为其所恶贼其所好者哉？是犹使人之子孙自贼其父母也，彼必将来告之，夫又何可诈也？故仁人用，国日明[11]，诸侯先顺者安，后顺者危，虑敌之者削，反之者亡。《诗》曰：'武王载发，有虔秉钺，如火烈烈，则莫我敢遏。'[12]此之谓也。"

况。他的人民必然会耳聪目明、警醒戒备，全国团结得如同一个整体。因此仁人的军队聚在一起就是有组织的队伍，分散开来就是有序的队列，战线拉长就如莫邪宝剑之长长的刀刃，碰触它就会折断；冲锋陷阵就如莫邪宝剑之锐利剑锋，阻挡它就会溃败；无论队伍摆成圆形或方形，都坚如磐石，触犯它就会头破血流，最后狼狈不堪地溃败而退。而且残暴之国的君主，将依靠谁去与他一起作战呢？他所依靠的，必然是百姓。但他的百姓亲近仁人就如亲近父母一样，喜欢仁人就像喜欢椒、兰一样；回过头来再看看自己的君主却像犯人，就如仇寇一样。人之常情，即便是夏桀、盗跖这样的人，又岂肯为他所厌恶的人去残害他所喜欢的人呢？这就好像让一个人的子孙去残害他的父母一样，他必将会去告知其父母，怎么可能被欺诈呢？所以仁人治理国家，国家会日益强盛，诸侯先顺从的就会平安无事，后顺从的就会有危险，与他为敌就会削弱，背叛他就会灭亡。有《诗》说：'商汤兵发旌旗舞，庄严威武持大斧；熊熊烈火如席卷，无人能挡我部伍。'说的就是这个意思。"

注释 1 惑(hàn)忽悠暗：惑忽，模糊不清，神出鬼没；悠暗，神秘莫测。 2 孙、吴：孙，即孙武，春秋时齐国人，著名的军事家。经伍子胥推荐，他由齐至吴，以兵法十三篇见吴王阖闾，被任为将，率吴军西破强楚，北威齐、晋。其巨作《孙子兵法》十三篇被称为“兵学圣典”。吴，即吴起（约前440—前381），战国初期著名的军事家、政治家。吴起先学儒术，后弃之学兵家之术。先后在鲁、魏、楚三国出仕，在楚国曾主持“吴起变法”，因其法得罪贵族，被杀害。 3 路亶(dàn)：羸弱疲惫。路，通“露”；亶，通“瘅”。 4 滑然：当为“涣然”。《易·序卦》有“涣者，离也”。 5 和传：当为“和抟”，齐心协力。抟，把散开的东西捏成团。 6 卒：古代军队组织单位，一百人为卒。 7 延则若莫邪之长刃，婴之者断：延，队列横向拉长。莫邪，古代传说中的宝剑，有雄雌二剑，雄剑名“干将”，雌剑名“莫邪”。婴，通“撄”，触犯。 8 兑则若莫邪之利锋，当之者溃：兑，通“锐”，这里指缩短；当，阻挡。 9 角摧：头破血流的样子。 10 案角鹿埵、陇种、东笼：案，语助词；角，衍文。鹿埵、陇种、东笼，俱为古代方言，形容失败披靡的样子。 11 明：盛也。 12 此句引自《诗经·商颂·长发》。武王，指商汤；载发，举起大旗，开始伐桀；发，《诗经》原作“旆”(pèi)，旌旗；虔，虎行之貌，形容将士强武勇敢；钺，大斧；遏，《诗经》原作“曷”。

孝成王、临武君曰：“善！请问王者之兵设何道，何行而可？”孙卿子曰：“凡在大王，将率[1]末事也。臣请遂道王者诸侯强弱存亡之效、安危之埶。君贤者其国治，君不能者其

孝成王、临武君说：“好！那么，请问王者之兵采用什么方法，如何行动才可以呢？”孙卿子回答说：“一切都在君王，将帅是次要的。我就说说称王天下及诸侯强弱存亡的效验、安危的形势吧。君主贤德的国家就治理得好，君主不贤德的国家就混乱；推崇礼法尊敬道义的国家就治理得好，怠慢礼法轻视道义的国家就混乱。

国乱；隆礼贵义者其国治，简礼贱义者其国乱；治者强，乱者弱，是强弱之本也。上足卬[2]，则下可用也；上不足卬，则下不可用也。下可用则强，下不可用则弱。是强弱之常也。隆礼效功，上也；重禄贵节，次也；上功贱节，下也：是强弱之凡也。好士者强，不好士者弱；爱民者强，不爱民者弱；政令信者强，政令不信者弱；民齐者强，民不齐者弱；赏重者强，赏轻者弱；刑威者强，刑侮[3]者弱；械用兵革攻[4]完便利者强，械用兵革窳楛[5]不便利者弱；重用兵者强，轻用兵者弱；权出一者强，权出二者弱：是强弱之常也。

治理得好就强大，混乱就弱小，这是强弱之根本所在。君主足以仰赖，则臣民就可以为其所用；君主不足以仰赖，则臣民就不能为其所用。臣民能为君主所用就强大，臣民不能为君主所用就弱小。这是强弱之常道所在。崇尚礼法考核功绩，这是上等的方法；加重俸禄使节操宝贵，这是次等的方法；推崇战功轻视节操，这是下等的方法：这是造成强弱不同的一般情形。喜欢贤士的国家就强大，不喜欢贤士的国家就弱小；仁爱民众的国家就强大，不仁爱民众的国家就弱小；政令诚信的国家就强大，政令不诚信的国家就弱小；百姓齐心协力的国家就强大，百姓不齐心协力的国家就弱小；奖赏慎重的国家就强大，奖赏轻率的国家就弱小；刑法威严的国家就强大，刑法轻慢的国家就弱小；器械、用具、兵器、盔甲完好便利的国家就强大，器械、用具、兵器、盔甲不完好便利的国家就弱小；谨慎用兵的国家就强大，轻率用兵的国家就弱小；权力出自一人的国家就强大，权力出自二人的国家就弱小：这是国家强弱之常道。

注释　1 将率：即“将帅”。　2 卬：“仰”的古字。能教且化，长养之，即"足仰"。 3 刑侮:刑不当罪,则人侮慢。 4 攻:"攻""功""工"三字多通用。此处当为"工"。 5 窳(yǔ)楛:器物不坚固、粗劣。

"齐人隆技击,其技也,得一首者,则赐赎锱[1]金,无本赏[2]矣。是事小敌毳则偷可用[3]也,事大敌坚则涣然离耳。若飞鸟然,倾侧反覆无日,是亡国之兵也,兵莫弱是矣。是其去赁市佣而战之几矣[4]。魏氏之武卒以度取之。衣三属之甲[5],操十二石[6]之弩,负服[7]矢五十个,置戈其上,冠軸[8]带剑,赢三日之粮,日中而趋百里。中试则复其户[9],利其田宅。是数年而衰,而未可夺也,改造[10]则不易周也。是故地虽大,其税必寡。是危国之兵也。秦人,其生民陕阸[11],其使民也酷烈,劫[12]之以埶,隐之以阸[13],忸[14]之以庆赏,

"齐国推崇杀敌技巧以邀功,其方法是,斩获一首级,就赏赐黄金八两,而不管战事的胜败。这种方法,在战事小、敌人弱的时候苟且可用,而战事大、敌人强的时候就会军心涣散,士兵像飞鸟一样四处逃散,不用多久整个队伍就倾覆了,这是亡国的军队,没有比这更弱小的了。这种军队与租赁市场上等待雇佣的人去打仗相去不远。魏国的士兵按照一定的标准选取,身穿三重铠甲,手拿十二石的弓弩,背负着装有五十支箭矢的箭袋,上面还放着戈,头戴盔甲,佩带利剑,携带三天的干粮,半天就要急行一百里。符合标准的人就免除他的徭役,不征收其田宅税。即使数年以后因衰老而不能打仗了也不能剥夺他的这些权利,重新挑选士兵也不能改变对他的周济。这样,土地虽然广大,但税收必然会很少,这是危害国家的做法。秦国人,其生路狭窄,但君主役使人民很残酷,以权势去逼迫他们,因穷困而限制人民的出路,人们对以战功获得奖赏习以为常,再以刑罚去

鳝[15]之以刑罚，使天下之民所以要利于上者，非斗无由也。陒而用之，得而后功之，功赏相长[16]也，五甲首而隶五家[17]。是最为众强长久，多地以正[18]。故四世[19]有胜，非幸也，数也。故齐之技击，不可以遇魏氏之武卒；魏氏之武卒，不可以遇秦之锐士；秦之锐士，不可以当桓、文之节制[20]；桓、文之节制，不可以敌汤、武之仁义。有遇之者，若以焦熬投石焉。兼是数国者皆干赏蹈利之兵也，佣徒鬻卖之道也，未有贵上、安制、綦节之理也。诸侯有能微妙之以节，则作而兼殆之耳。

威逼他们，使得天下百姓都希望在君主那里获得利益，除了战斗以外别无他途。使人民穷困再使之作战，立功后再奖赏，功劳与奖赏相得益彰，斩首五人就能役使五户人家。秦国因此兵力最多、力量最强、兴盛最久，且有广大的土地征税。所以秦国四世兴盛，并非侥幸，是有其必然性的。因此齐国善于杀敌的军队不可以抵挡魏国的士兵，魏国的士兵不可以抵挡秦国的锐利之师，秦国的锐利之师不可以抵挡齐桓公、晋文公纪律严明的军队，齐桓公、晋文公纪律严明的军队不可以抵挡商汤、武王的仁义之师。若二者相遇，就如以烧焦、烤干的东西去袭击石头一样。以上这些国家，都是追求利益、贪图奖赏的军队，这是雇佣买卖之道，而不知尊重君主、安于礼制、极尽节操的道理。诸侯国中若有人能精微地以节操训练自己的士兵，那么就可以一举歼灭他们的敌人。

注释　1 锱(zī)：古代计量单位，八两为一锱。　2 无本赏：斩得一首级，无论战胜还是战败都有赏；不能斩得首级，即使战胜也无赏。是为无本赏。3 事小敌毳(cuì)则偷可用：事，战事；毳，通“脆”，不坚固，弱小；偷，苟且。4 去赁市佣而战之几矣：去，相去；赁，租赁；市佣，市场上等待雇佣的人；几，接近，不远。　5 三属之甲：三件一套的铠甲。一种披于肩上叫披膊，一种缀于当胸叫胸铠，一种垂于两旁叫腿裙。 6 石：计量重量的单位，一石为一百二十斤。但周代一斤不及现在的半斤，故十二石大概三百公斤。 7 服：通"箙"，一种盛箭的器具。 8 軸：同"胄"。 9 复其户：免除中选者的徭役。复，偿，即抵偿徭役，也就是免除徭役。 10 改造：重选武卒。 11 陕阸(xiáè)：陿，指人民生路狭窄；阸，指生活穷困。 12 劫：逼迫。 13 隐之以阸：他们穷困但别无出路而只能去打仗邀赏，即下文所说的"阸而用之"。隐，痛苦。 14 忸：通"狃"，使习以为常。 15 鰌：通"遒"，逼迫。 16 功赏相长：立功后有奖赏，奖赏后更想立功，是为功赏相长。 17 五甲首而隶五家：五甲首，斩首五人；隶五家，役使五户百姓。 18 正：通"征"。 19 四世：指秦孝公、秦惠文王、秦武王、秦昭襄王。 20 节制：纪律严明。

"故招近[1]募选，隆埶诈，尚功利，是渐[2]之也；礼义教化，是齐之也。故以诈遇诈，犹有巧拙焉；以诈遇齐，辟之犹以锥刀堕太山也，非天下之愚人莫敢试。故王者之兵不试。汤、武之诛桀、纣也，拱挹[3]指麾而强暴之国莫不趋使，诛桀、纣若诛独夫[4]。故《泰誓》曰：'独夫纣。'此之谓也。故兵大齐则制天下，小齐则治[5]邻敌。若

"所以招收募选，推崇权势欺诈，崇尚功利，这些都是欺骗别人为之卖命的手段；礼义教化，才是使人民齐心协力的方法。因此以欺诈去遭遇欺诈，或许因方法巧拙之不同偶有机会取胜；若以欺诈去遭遇齐心协力的人，就好像欲以锥刀去砍毁泰山一样，除非天下最愚蠢的人，是没有人去尝试的。所以王者的军队不用尝试。商汤、武王的军队去讨伐夏桀、商纣的时候，指挥军队就如拱手作揖一样简单，而强暴的国家没有一个不接受驱使的，讨伐桀、纣就像诛杀一个独夫一样容易。因此《泰誓》说：'独夫纣王。'说的就是这个意思。所以军队高

夫招近募选，隆埶诈，尚功利之兵，则胜不胜无常，代翕代张，代存代亡，相为雌雄耳矣。夫是之谓盗兵，君子不由也。故齐之田单[6]，楚之庄蹻[7]，秦之卫鞅[8]，燕之缪虮[9]，是皆世俗所谓善用兵者也，是其巧拙强弱，则未有以相君[10]也。若其道一也，未及和齐也。掎契司诈[11]，权谋倾覆，未免盗兵也。齐桓、晋文、楚庄、吴阖闾、越勾践是皆和齐之兵也，可谓入其域矣，然而未有本统也，故可以霸而不可以王。是强弱之效也。”

度齐心协力就会制服天下，比较齐心协力就会打败邻国。如果是招收募选，推崇权势欺诈，崇尚功利的队伍，那么就会胜负无常，强弱不定，时存时亡，互有胜负而已。这就叫强盗的队伍，君子是不会这样做的。因此齐国的田单，楚国的庄蹻，秦国的商鞅，燕国的缪虮，都是世俗人眼里善于用兵的人，因为他们的方法之巧拙强弱不相上下。他们的用兵方法都是一样的，没有达到让士兵齐心协力的高度，(不过是)抓住敌人的弱点伺机欺诈而已，使用权谋倾覆敌军，故仍不免是强盗的队伍。齐桓公、晋文公、楚庄王、吴王阖闾、越王勾践，都是齐心协力的队伍，可以说进入了礼义教化之境界，但依然没有抓住用兵之道之根本，故可以称霸但不能王天下。这就是用兵强弱的不同效验。”

注释　1 招近：当为“招延”，招引。　2 渐：欺诈。　3 扼：通“揖”。4 独夫：独自一人，指众叛亲离的暴君。　5 治：当为“殆”。　6 田单：战国时齐国将领。燕攻齐，下七十余城，田单坚守即墨城，用反间计使燕将乐毅失势，又用火牛阵打败燕军，收复被占七十余城。因此被封为安平君。　7 庄蹻(qiāo)：楚威王(前340—前329年在位)时的将领，后率军造反，割据云南、贵州一带。　8 卫鞅：即商鞅。姓公孙，名鞅，战国时卫国国君的后裔，故又称卫鞅。善战，屡建战功，被封在商，号商君。他在作战中,常以欺骗手段获得旧友的信任。他又是法家学派的早期代表人物,著有《商君书》。 **9** 缪虮:人名,生平事迹未详。有人认为就是燕国大将乐毅,因为发音相似。 **10** 相君:相上下。 **11** 掎契司诈:掎契,抓住对方的弱点。契,与"挈"通;司,通"伺"。

孝成王、临武君曰:"善!请问为将。"孙卿子曰:"知莫大乎弃疑[1],行莫大乎无过,事莫大乎无悔,事至无悔而止矣,成不可必也。故制号政令,欲严以威;庆赏刑罚,欲必以信;处舍收藏,欲周以固;徙举进退,欲安以重,欲疾以速;窥敌观变,欲潜以深,欲伍以参[2];遇敌决战,必道[3]吾所明,无道吾所疑:夫是之谓六术。无欲将而恶废,无急胜而忘败,无威内而轻外,无见其利而不顾其害,凡虑事欲孰而用财欲泰[4],夫是之谓五权。所以不受命于主有三:可杀而不可使处不完[5],可杀而不

孝成王、临武君说:"好!请问怎样做将军?"孙卿子回答说:"智慧没有比不犹豫不决更高的了,行为没有比不犯过错更好的了,做事没有比不后悔更重要的了,做事至于不后悔就可以了,不必要求一定成功。所以制度号令、政策法令,要严肃而有威信;奖赏、刑罚,要坚决而诚信;构筑营垒、收藏财物,要周密而牢固;转移进退,要安全慎重,且行动迅速;窥探敌情、观察变化,要隐蔽深入,且多加比较核实;与敌人决战,要依据自己明了的情况行动,不依据自己疑虑的情况行动:这是六种战术原则。不要自己喜欢就做而厌恶就不做,不要急于取胜而忘记了失败,不要对内威严而对外轻敌,不要见到好处而忘记了其弊害,举凡考虑事情要成熟而财物奖赏不能吝啬,这是五种需要权衡的事。有三种情况可以不接受君主命令:宁可被杀也不能使军队驻扎在守备不完善的地方,宁可被杀也不能去打一定不能取胜的仗,宁可

可使击不胜，可杀而不可使欺百姓，夫是之谓三至。凡受命于主而行三军，三军既定，百官得序，群物皆正，则主不能喜，敌不能怒，夫是之谓至臣。虑必先事而申之以敬，慎终如始，终始如一，夫是之谓大吉。凡百事之成也，必在敬之；其败也，必在慢之。故敬胜怠则吉，怠胜敬则灭；计胜欲则从[6]，欲胜计则凶。战如守，行如战，有功如幸，敬谋无圹[7]，敬事无圹，敬吏无圹，敬众无圹，敬敌无圹，夫是之谓五无圹。慎行此六术、五权、三至，而处之以恭敬无圹，夫是之谓天下之将，则通于神明矣。"

被杀也不能去欺压百姓，这是三种最高原则。举凡受命于君主而统率三军，三军既已安排妥当，士官各司其职，各方面都正常运转，这时，君主的奖赏不会让他沾沾自喜，敌人的举措也不会让他发怒，这就是最好的将领。行动之前必深思熟虑，且慎之又慎，谨慎地对待结束就如谨慎地对待开始一样，始终如一，这就是最大的吉利。大凡百事的成功，在于敬重其事；其失败，在于怠慢其事。所以恭敬胜过怠慢就吉利，怠慢胜过恭敬就灭亡；计划胜过欲望就顺利，欲望胜过计划就凶险。作战时像驻守一样谨慎，行军时像作战一样警惕，有功劳就如侥幸获得一样。谨慎地谋划而不懈怠，谨慎地做事而不懈怠，谨慎地对待士官而不懈怠，谨慎地对待兵卒而不懈怠，谨慎地对待敌人而不懈怠，这就是五不懈怠。谨慎地执行这六种战术、五种权衡、三种最高原则，且以恭敬不懈怠的态度来对待，这就是天下无敌的将领，其用兵如神。"

注释 1 弃疑：用兵果断，不犹豫不决。 2 欲伍以参：多方面的情况放在一起加以比照。 3 道：行。 4 泰：宽裕，不吝啬。 5 处不完：驻扎在守备不完善的地方。 6 从：顺利。 7 圹：通"旷"，松弛，懈怠。

临武君曰："善！请问王者之军制。"孙卿子曰："将死鼓[1]，御死辔，百吏死职，士大夫[2]死行列。闻鼓声而进，闻金声[3]而退，顺命为上，有功次之。令不进而进，犹令不退而退也，其罪惟均。不杀老弱，不猎[4]禾稼，服者不禽[5]，格者[6]不舍，奔命者不获[7]。凡诛，非诛其百姓也，诛其乱百姓者也。百姓有扞[8]其贼，则是亦贼也。以故顺刃者生，苏刃者[9]死，奔命者贡[10]。微子开[11]封于宋，曹触龙断[12]于军，殷之服民，所以养生之者也，无异周人。故近者歌讴而乐之，远者竭蹶而趋之，无幽闲辟陋之国，莫不趋使而安乐之，四海之内若一家，通达之属，莫不从服，夫是之谓人师。《诗》曰："自西自东，自

临武君说："说得好！请问王者的军队制度。"孙卿子回答说："主将死守战鼓，驾驭战车的死守缰绳，士官死守各自的职责，兵卒死守在战斗的行列中。听到鼓声就前进，闻到钲声就退兵，服从命令为首要，建立军功是次要。命令不要前进却冒进，与命令不要撤退却撤退，其罪责是一样的。不诛杀老者、弱者，不践踏庄稼，不战而退的不捉拿，顽固抵抗的不放过，投诚的不以之为俘虏。大凡诛杀，并非是诛杀他们的百姓，而是诛杀祸乱百姓的人。如果百姓庇护贼寇，则百姓也当贼寇论处。所以，不战而退的放其生路，负隅反抗的格杀勿论，投诚的献于主将(或赦免)。微子启归顺后被封于宋国，曹触龙不降就被斩于军前，商朝那些归顺的遗民，其生活待遇无异于周人。因此近处的百姓讴歌周朝，欢迎周朝，远处的百姓不辞劳苦来投奔周朝，即使闭塞偏僻的国家也没有一个不愿意来投奔且安乐地听其役使的，四海之内就像一家人一样，舟车能够通达的地方没有一个不心悦诚服的，这就是仁者之师。有《诗》说：'自西至东，自南至北，没有不心服的。'说的就是这个道理。王者

南自北,无思不服。"[13] 此之谓也。王者有诛而无战,城守不攻,兵格不击,上下相喜则庆之,不屠城不潜军[14],不留众,师不越时。故乱者乐其政,不安其上,欲其至也。"临武君曰:"善!"

的军队有诛杀但没有战争,敌人坚守城池不去攻打,敌人士气高涨誓死抵抗不去攻打,敌人上下一心就庆贺他们。不屠杀城中的百姓,不乘敌人不备搞阴谋袭击,不让军队久留在外,不超过规定时间用兵。所以混乱国家的人民都喜欢他的国政,不安心于自己君主的统治,都盼望他的到来。"临武君说:"说得好!"

注释 1 将死鼓:主将殉职。古代作战,主将掌握旗帜与战鼓,指挥三军。 2 大夫:衍文。 3 金声:敲钲的声音。古代作战,鼓声表示进军,钲声表示收兵。 4 猎:通"躐",践踏。 5 服者不禽:不战而退的人不捕获。禽,通"擒"。 6 格者:竭力抵抗的人。此处与后文"兵格不击"不同,这里是指正面遭遇战的抵抗者,故格杀。"兵格不击"是指行动前见敌人士气高涨誓死抵抗,故不出击作战。 7 奔命者不获:投诚的人不作为俘虏。 8 扞:保护。 9 苏刃者:顽固抵抗的人。苏,通"傃",向。 10 贡:把投诚的人上交给主将。刘师培认为,贡乃"贳"(shì)之误,贳,赦免。 11 微子开:即微子启。开,避汉景帝之讳,刘向改之。商纣的庶兄,归周后周公旦让他统率殷族而封于宋,是宋国的始祖。 12 断:斩首。 13 此句引自《诗经·大雅·文王有声》。 14 潜军:乘敌军不备而袭击。

陈嚣[1]问孙卿子曰:"先生议兵,常以仁义为本。仁者爱人,义者循理,然则又何以兵为?凡所为有兵者,为争夺也。"孙卿

陈嚣问于孙卿子说:"先生谈论用兵之道,常常以仁义为根本。仁就是爱人,义就是遵循道理,既然这样,为什么还要用兵呢?大凡用兵,就是为了争夺。"孙卿子回答说:"并非如你所知的

子曰："非女所知也。彼仁者爱人，爱人，故恶人之害之也；义者循理，循理，故恶人之乱之也。彼兵者，所以禁暴除害也，非争夺也。故仁者之兵，所存者神[2]，所过者化，若时雨之降，莫不说[3]喜。是以尧伐驩兜[4]，舜伐有苗[5]，禹伐共工[6]，汤伐有夏，文王伐崇[7]，武王伐纣，此四帝两王，皆以仁义之兵行于天下也。故近者亲其善，远方慕其德[8]，兵不血刃[9]，远迩来服，德盛于此，施及四极。《诗》曰：'淑人君子，其仪不忒。'[10]此之谓也。"

那样。那些仁者爱人，正因为爱人，所以厌恶人去害人；义者遵循道理，正因为遵循道理，所以厌恶人去破坏它。用兵，就是用来禁暴除害的，并非为了争夺。所以仁人的军队，其驻守之地社会会得到尽善尽美的治理，其经过之地民众会得到教化，就如时雨之降临，没有一个人不喜悦的。因此，尧讨伐驩兜，舜讨伐有苗，禹讨伐共工，商汤讨伐夏桀，文王讨伐崇国，武王讨伐商纣，这四帝两王，都是以仁义之兵横行天下。所以近处的人都喜欢他们的美德，远方的人都羡慕他们的道义，兵器还没有沾染血迹，远近的人就都来归顺了，德行达到这种程度，就一定会施及四方。有《诗》说：'那善良的君子，他的言行仪表没有差错。'说的就是这个道理。"

注释　1 陈嚣：荀子的学生，生平事迹不详。　2 所存者神：仁人之兵驻扎的地方，其治理都达到了尽善尽美的境界。　3 说：通"悦"。　4 驩(huān)兜：古代部落的首领，传说被尧流放到崇山。　5 有苗：也称"三苗"，古代部落，其首领也被舜流放。　6 共工：古代部落首领，传说被禹流放到幽州。　7 崇：殷商时的一个诸侯国。　8 德：依据上下文，当为"义"。《太平御览》卷三百二十二作"义"。　9 不血刃：刀不沾血，即不流血就解决战斗。　10 此句引自《诗经·曹风·鸤鸠》。引文其下当有"其仪不忒，正是四国"二句。意思是："言行仪表没有差错，就可以悦服四方。"

李斯[1]问孙卿子曰："秦四世有胜，兵强海内，威行诸侯，非以仁义为之也，以便从事[2]而已。"孙卿子曰："非女所知也。女所谓便者，不便之便也；吾所谓仁义者，大便之便也。彼仁义者，所以修政者也；政修，则民亲其上，乐其君，而轻为之死。故曰：'凡在于军[3]，将率，末事也。'秦四世有胜，諰諰然[4]常恐天下之一合而轧己也，此所谓末世之兵，未有本统也。故汤之放桀也，非其逐之鸣条[5]之时也；武王之诛纣也，非以甲子[6]之朝而后胜之也，皆前行素修也，此所谓仁义之兵也。今女不求之于本，而索之于末，此世之所以乱也。"

李斯问于孙卿子说："秦国四世取胜，兵力海内最强大，威名震慑诸侯，并非以仁义取得这样的结果，而是依据时势便利行事罢了。"孙卿子回答说："这并非是你所能懂的。你所说的便利，是不便利的便利；我所说的仁义，是最大的便利。仁义，是用来修明政治的，政治修明了那么百姓就会亲近其君主，喜爱其君主，而乐意为君主去死。所以说：'凡事在于君主，将帅，是次要的。'秦国四世取胜，但依然常常恐惧天下人联合起来打败他，这是所谓的末世之兵，根本没有掌握真正的用兵之道。因此商汤流放夏桀，并非只在鸣条打败他的时候；武王诛杀商纣，并非只在甲子那天早晨战胜他的时候。都是依靠先前的行为、平素的修行才可能的，这就是所谓的仁义之兵啊。现在你不回溯先前的根本却追寻后来的末节，这是世道混乱的原因所在。"

注释　1 李斯：楚国上蔡人，约公元前284—前208年在世，早年学于荀子，学成后入秦，为秦统一六国立下大功，后任秦丞相。是著名的政治家，法家学派的代表人物，同时在文学、书法上的造诣亦颇深。　2 以便从事:依据时势,以功利主义原则追求自己需要的结果。即前面所说的“劫之以埶,隐之以阸,忸之以庆赏,鰌之以刑罚”之类。 3 军:当为“君”。 4 諰(xǐ)諰然:恐惧的样子。 5 鸣条:古地名,今山西运城安邑镇北。这是商汤大败夏桀的地方。 6 甲子:甲子日,是周武王在牧野大败商纣王的日子。

礼者,治辨之极也,强固之本也,威行之道也,功名之总也。王公由之,所以得天下也;不由,所以陨社稷也。故坚甲利兵不足以为胜,高城深池不足以为固,严令繁刑不足以为威。由其道则行,不由其道则废。楚人鲛革犀兕[1]以为甲,鞈[2]如金石;宛钜铁釶[3],惨如蜂虿[4];轻利僄遬[5],卒[6]如飘风。然而兵殆于垂沙[7],唐蔑[8]死;庄蹻起,楚分而为三四。是岂无坚甲利兵也哉?其所以统之者非其道故也。汝、颍[9]以为险,江、汉以为池,限之以邓林[10],缘之以方城[11]。然而秦师至而鄢、郢举[12],若振槁然。是

礼,是治理国家的最高原则,是使国家强大稳固的根本,是威名行于天下的途径,是功绩名声的枢纽。天子诸侯遵循它,就可以得到天下;不遵循它,就会丧失社稷。所以坚甲利兵并非足以取胜,高城深池并非足以稳固,严令繁刑并非足以有威严。遵循礼义之道,这些就通行有用;不能遵循礼义之道,这些都如同废弃之物。楚国人以鲨鱼、犀牛之皮制成铠甲,扣之有金石之声;宛地钢铁制成的矛,厉害得如同蜂蝎一样;士兵行动轻快,迅速如同旋风一样。然而,依然兵败于垂沙,唐蔑被杀;庄蹻起而造反,楚国遂四分五裂。难道这是没有坚甲利兵吗?是因为用以统领它们的不是礼义之道的缘故罢了。以汝水、颍水为天险,以长江、汉江为池,以邓林为屏障,以方城为围墙,然而秦军一到鄢、郢就被攻陷了,如摇落枯树之叶一样容易。这难道是

岂无固塞隘阻也哉？其所以统之者非其道故也。纣刳比干，囚箕子，为炮烙[13]刑，杀戮无时，臣下懔然莫必其命，然而周师至而令不行乎下，不能用其民，是岂令不严、刑不繁也哉？其所以统之者非其道故也。

没有坚固的要塞与险阻吗？乃因为用以统领它们的不是礼义之道的缘故罢了。商纣王将比干剖腹挖心，囚禁箕子，实行炮烙酷刑，任意杀戮，臣下个个害怕，不知能否保住自己的性命，然而周军一到政令就不能向下推行，不能驱使任用其百姓。这难道是政令不严苛、刑罚不繁多吗？乃因为用以统领它们的不是礼义之道的缘故罢了。

注释 1 鲛革犀兕(sì)：鲛革，鲨鱼的皮，可制铠甲；兕，雄性犀牛。 2 鞈(gé)：《史记》与《韩诗外传》诸书皆曰“坚如金石”，故一般人训“鞈”为“坚”。但俞樾认为，训“鞈”为“坚”，其余诸书皆未见，故这里的“如金石”当不以貌言，而以声言，即铠甲扣之其声鞈然如金石。所以，这里的“鞈如金石”与《史记》与《韩诗外传》诸书之“坚如金石”并非同一个意思。 3 宛钜铁釶(shī)：宛，地名，今河南南阳，战国时楚国城邑；钜铁，刚硬的铁；釶，矛。 4 惨如蜂虿(fēngchài)：惨，毒；蜂虿，蜂与蝎一类的毒虫。 5 僄遬(piàosù)：轻松迅速。僄，轻也；遬，同“速”。 6 卒(cù)：同“猝”，急速。 7 垂沙：古地名。今河南唐河西南。 8 唐蔑：又作唐昧，战国时楚国将领。楚怀王二十八年(前301)，齐、魏、韩联合袭击楚国方城，他率兵抵抗，在垂沙大败被杀。 9 汝、颍：俱为水名，皆源自河南。 10 邓林：楚国北部边境古邓国(今河南邓州)一带的山林。 11 方城：楚国北部的山名。 12 鄢、郢举：鄢，在今湖北宜城南；郢，湖北江陵北。二地俱为楚国地名，且皆曾做过楚都。秦昭王二十八年(前279)，秦将白起攻楚，取鄢，次年，取郢。 13 炮烙：相传为商纣王所使用的一种酷刑，即将人体在烧红的铁器物上烫烙。

古之兵，戈矛弓矢而已矣，然而敌国不待试而诎；城郭不辨[1]，沟池不抇[2]，固塞不树，机变不张；然而国晏然不畏外而明内[3]者。无它故焉，明道而钧分[4]之，时使而诚爱之，下之和上也如影响，有不由令者，然后诛之以刑[5]。故刑一人而天下服，罪人不邮[6]其上，知罪之在己也。是故刑罚省而威流，无它故焉，由其道故也。古者帝尧之治天下也，盖杀一人、刑二人而天下治。传曰："威厉而不试，刑错而不用。"此之谓也。

古代的兵器，不过矛、戈、弓、矢而已，然而不等待使用敌国就屈服了；城郭不用修缮，沟池不必挖掘，要塞不用设立，机巧变诈不必施展，然而国家却晏然不畏外敌且非常稳固。这没有别的原因，明白礼义之道且以名分等级来协调而已，依据农时来役使百姓且真诚地爱护他们，下民之应和君主如影随形、如响应声，有不遵守法令的再以刑罚来惩治。所以处罚一人而天下人就敬服了，犯罪的人也不怨恨其君主，知道罪过都在于自己。这样刑罚简省而威名流布，没有别的原因，乃遵循礼义之道的缘故啊。古代尧帝治理天下，只杀了一人、惩治了两人天下就得到治理了。古书上说："威势勇猛却不使用，刑罚设置而不实行。"说的就是这个道理。

注释　1 辨：治理，这里指修缮。 2 抇：当为"扣"(hú)字之误。扣，"掘"的古字。 3 明内：明，衍文；内，当为"固"字之误。 4 钧分：钧，通"均"，协调。分，名分等级。 5 诛之以刑：本作"俟之以刑"。 6 邮：通"尤"，怨恨。

凡人之动也，为赏庆为之，则见害伤焉止矣。故赏庆、刑罚、埶诈，

大凡人的行为，为了奖赏就去行动，这样，一旦见到伤害就会停止。所以，奖赏、刑罚、欺诈，并不足以让人竭尽全

不足以尽人之力，致人之死。为人主上者也，其所以接下之百姓者无礼义忠信，焉虑率用赏庆、刑罚、埶诈除阸其下[1]，获其功用而已矣。大寇则至[2]，使之持危城则必畔，遇敌处战则必北，劳苦烦辱[3]则必奔，霍焉[4]离耳，下反制其上。故赏庆、刑罚、埶诈之为道者，傭徒粥卖[5]之道也，不足以合大众、美国家，故古之人羞而不道也。故厚德音以先之，明礼义以道之，致忠信以爱之，尚贤使能以次之，爵服庆赏以申之，时其事、轻其任以调齐之，长养之，如保赤子。政令以定，风俗以一，有离俗不顺其上，则百姓莫不敦恶[6]，莫不毒孽[7]，若祓[8]不祥，然后刑于是起矣。

力，乃至献出生命。作为君主的人，他们用来对待百姓的不是礼义忠信，大抵通常就用奖赏、刑罚、权势、欺诈去威逼他们，获得其功用罢了。如果大敌入侵，让他们坚守危险的城池一定会反叛，遭遇敌人而与之作战则必然败北，让他们做劳苦烦琐的事情必然会逃跑，涣然离散，他们反过来还会挟制君主。所以奖赏、刑罚、权势、欺诈作为一种方法，不过是雇佣买卖的方法，是不足以团结人民，治理好国家的，所以古人以之为羞耻而不为。这样，加强道德声望以教导人民，彰明礼义以引导他们，做到忠信以爱护他们，尚贤使能以安置他们，用爵位、服饰、奖赏来激励他们，依据时节安排他们做事，减轻他们的负担，以此来调节他们，养育他们，就像保护婴儿一样。政策法令由此而稳定流行，风俗习惯由此而协调统一。如果还有背离政令风俗而不顺从君主的人，那么百姓没有一个不怨恨厌恶他的，没有一个不以为他是祸害妖孽的，就像驱除不祥的东西一样要除去他，刑罚从此就兴起了。

注释 1 焉虑率用赏庆、刑罚、埶诈除阸其下：焉，语助词；虑，大抵；率，通常;除,当为“险”。 2 则至:若至。 3 烦辱:通“繁缛”。 4 霍焉:涣然离散的样子。 5 粥卖:鬻卖。 6 敦恶:怨恨厌恶。敦,同“憝”(duì),怨恨。 7 毒孽:祸害与妖孽。 8 祓(fú):古代除灾避邪的仪式。这里指驱除邪恶的人。

是大刑之所加也,辱孰大焉?将以为利邪?则大刑加焉,身苟不狂惑戆陋[1],谁睹是而不改也哉!然后百姓晓然皆知修[2]上之法,像上之志而安乐之。于是有能化善、修身、正行、积礼义、尊道德,百姓莫不贵敬,莫不亲誉,然后赏于是起矣。是高爵丰禄之所加也,荣孰大焉?将以为害邪?是高爵丰禄以持养之,生民之属,孰不愿也?雕雕焉[3]县贵爵重赏于其前,县明刑大辱于其后,虽欲无化,能乎哉!故民归之如流水,所存者神,所为者化而顺[4],暴悍勇力之属为之化而愿,旁辟曲

这种人(即“离俗不顺其上”之人)是大刑所施加的对象,羞辱还有比这更大的吗?还是认为这是利益呢?然而大刑加诸身,如果不是狂妄迷惑、浅陋无知之人,谁看到这种情况而不改过呢?然后百姓都清楚地知道要遵循国家的法律,依从君主的意志,且以此为安乐。于是若有能改恶从善、修身养性、端正品行、践行礼义、尊重道德的人,则百姓没有一个不尊敬他,没有一个不亲近赞誉他,这样,奖赏由此而兴起了。这是高官厚禄所施加的对象,荣耀还有比这更大的吗?还是认为这是祸害呢?然而高官厚禄供养着他,凡是人,谁不愿意这样呢?明晃晃地把高官厚禄摆在前面,而严明的刑罚与最大的羞辱摆在他的后面,虽然想不受感化迁善,可能吗?所以人民归顺他像流水一样,凡是君主所在的地方都得到了尽善尽美的治理,政策法令所施行的地方都得到教化而顺服。残暴凶悍、勇猛强力之人都被感化而变得

私之属为之化而公，矜纠收缭[5]之属为之化而调，夫是之谓大化至一。《诗》曰："王犹允塞，徐方既来。"[6]此之谓也。

忠厚，偏颇邪僻、枉曲自私之人都被感化而变得公正，骄傲尖刻、急躁暴戾之人都被感化而变得谦和，这就叫教化之极致。有《诗》说："宣王的谋划的确周详，徐国已经归顺了。"说的就是这种教化的结果。

注释 1 戆陋：无知而浅陋。 2 修：遵循。 3 雕雕焉：即"昭昭焉"，明白的样子。 4 此处文句多有争论。俞樾认为，"而顺"当为"顺而"，"顺而"与下句"暴悍勇力之属为之化而愿"接续，相当于"顺而暴悍勇力之属为之化而愿"。但王先谦认为，"化而"二字为衍文，此句当为"所为者顺"。但依据不得擅自更改经典的原则，本书依然照旧，其义亦可通。 5 矜纠收缭：矜，骄傲，不谦和；纠，检举揭发，不客气；收，夺取，不谦让，缭，纠缠，不和睦。 6 此句引自《诗经·大雅·常武》。

凡兼人[1]者有三术：有以德兼人者，有以力兼人者，有以富兼人者。彼贵我名声，美我德行，欲为我民，故辟门除涂[2]以迎吾入；因[3]其民，袭[4]其处，而百姓皆安；立法施令，莫不顺比。是故得地而权弥重，兼人而兵俞强，是以德兼人者也。非贵我名声也，非美我德行也，彼畏我

大凡兼并他国有三种方法：有以德行兼并的，有以武力兼并的，有以财富兼并的。那些国家尊重我的名声，赞美我的德行，希望成为我的子民，所以打开城门扫除道路以迎接我的到来；我沿用他们的习俗，不改变他们的住处，百姓就都很安定；我制定的法律、颁布的命令，没有一人不顺从的。这样，得到土地愈多而权势就愈大，兼并的人愈多而兵力就愈强，这是以德行兼并他国的情形。那些国家并非尊重我的名声，并非赞美我的德行，他们畏惧我的威力，迫于我的权

威，劫我执，故民虽有离心，不敢有畔虑。若是，则戎甲俞众，奉养必费。是故得地而权弥轻，兼人而兵俞弱，是以力兼人者也。非贵我名声也，非美我德行也，用[5]贫求富，用饥求饱，虚腹张口来归我食。若是，则必发夫掌窌[6]之粟以食之，委之财货以富之，立良有司以接之，已綦三年，然后民可信也。是故得地而权弥轻，兼人而国俞贫，是以富兼人者也。故曰：以德兼人者王，以力兼人者弱，以富兼人者贫。古今一也。

势，所以百姓虽然有离弃之心，也不敢有反叛的想法。因为这样，所需要的兵力就更多，供养花费就更大，所以得到的土地愈多，权势反而愈轻，兼并的人愈多而兵力反而愈弱，这是以武力兼并他国的情形。那些国家并非尊重我的名声，并非赞美我的德行，因为贫穷而想追求财富，因为饥饿而想追求吃饱，他们空着肚子张着口来到我这里求食。因为这样，必然要打开米仓、地窖来供给他们粮食，给予一定的财富使他们富裕，派遣优秀的官员管理他们，等到三年，那些百姓才可值得信任。所以得到的土地愈多权势反而愈轻，兼并的人愈多而国家却愈加贫穷，这是以财富兼并他国的情形。所以说：以德行兼并他国的可以称王，以武力兼并他国的就会弱小，以财富兼并他国的就会贫穷。古今是一个道理。

注释　1 兼人：兼并他国。　2 辟门除涂：打开城门，扫除道路。涂，通“途”。　3 因：沿用。　4 袭：承袭，不改变。　5 用：因为。　6 掌窌(jiào)：掌，当作“禀”，禀，通“廪”，米仓；窌，地窖。

兼并易能也，唯坚凝[1]之难焉。齐能并宋[2]而不能凝也，故魏夺

兼并他国容易，唯有坚守巩固却难。齐国能兼并宋国却不能坚守巩固，所以魏国最后夺取了它；燕国能兼并齐国却

之[3];燕能并齐[4]而不能凝也,故田单夺之;韩之上地[5],方数百里,完全富足而趋赵[6],赵不能凝也,故秦夺之[7]。故能并之而不能凝,则必夺;不能并之又不能凝其有,则必亡。能凝之,则必能并之矣。得之则凝,兼并无强。古者汤以薄[8],武王以滈[9],皆百里之地也,天下为一,诸侯为臣,无他故焉,能凝之也。故凝士以礼,凝民以政;礼修而士服,政平而民安。士服民安,夫是之谓大凝,以守则固,以征则强,令行禁止,王者之事毕矣。

不能坚守巩固,所以田单最后夺取了它;韩国的上党郡,方圆数百里,城池完整、府库富足地归附了赵国,但赵国不能坚守巩固,所以秦国最后夺取了它。所以能兼并而不能坚守巩固,就必然会被别人夺取;不能兼并又不能坚守巩固其已有的土地,就必然会灭亡。能坚守巩固其已有之土地,就必然能兼并他国。得到了他国的土地并能坚守巩固,那么再去兼并别人就不会遭遇强大的对手了。古时候的商汤凭借亳,武王凭借镐,都不过是方圆百里的地方,最后一统天下,诸侯臣服,没有别的原因,能坚守巩固已取得的土地罢了。所以团结士人以礼义,团结人民以美政,礼义美好士人就悦服,政治清明人民就安定。士人悦服人民安定,这就叫最大的凝聚,以之守卫就很坚固,以之征伐就很强大,有令必行,有禁必止,王者之事也就完成了。

注释 1 坚凝:坚守巩固。 2 齐能并宋:公元前 286 年,齐伐宋,宋王偃出逃,齐遂兼并了宋国。 3 魏夺之:公元前 284 年,魏与秦、赵、韩、燕一起伐齐而攻破都城临淄,齐闵王出逃且死于淖齿之手,齐国遂被瓜分,魏国得到了原属宋国的大部分土地。 4 燕能并齐:公元前 284 年,燕昭王以乐毅为上将军攻齐,且与秦、韩、赵、魏协同作战,乐毅破齐临淄,随后又攻占齐城七十余座,齐仅剩莒、即墨二城。 5 上地:上党郡,今山西长治北。 6 趋赵:公元前262年,秦将白起攻韩,攻占了韩之野王(即今河南沁阳),由此完全阻断了韩与上党郡的交通,上党郡守冯亭不愿降秦而归降了赵国。 7 秦夺之:公元前262年,秦将白起攻伐已降赵的上党郡,赵国老将廉颇率兵拒秦,相持三年,不分胜负。公元前260年,赵国中了秦国的反间计,以赵括代替廉颇为将,被白起大败于长平。公元前259年,秦军完全攻占上党郡。 8 薄:通“亳”。 9 滈:通“镐”。

强国

导读　本篇是关于强国的思想。荀子认为，国家尚只是一个毛坯，要强国，必须要砥砺，而砥砺之关键在于礼，因为“国之命在礼”。由此，荀子得出“隆礼尊贤而王，重法爱民而霸，好利多诈而危，权谋、倾覆、幽险而亡”的结论。在此基础上，荀子认为，道德的威强才是真正的威强，故“假今之世，益地不如益信之务也”。以此作为论述的出发点，荀子通过与齐相孟尝君、秦相范雎的对话，指陈齐国与秦国的弊端。他认为齐国应行胜人之道，即礼让忠信之道。对于秦国，荀子尽管给予了很高的评价，但依然认为离王道很远，其根本原因是没有依从儒术治国。另外，荀子还认为楚国将领子发推辞奖赏，尽管态度谦恭，但做法极其浅陋。

原文

刑范[1]正，金锡美；工冶巧，火齐得[2]，剖刑[3]而莫邪已。然而不剥脱，不砥厉[4]，则不可以断绳。剥脱之，砥厉之，则劙盘盂[5]、刎牛马忽然耳。彼国者，亦强国之

译文

模具标准，（铸剑所用的）金属材料精美，技术工序精巧，火候配料适宜，打开模具，莫邪之剑就铸造好了。但如果不刮去其表面粗糙的部分，不砥砺其锋口，那么连绳子也不可能割断；如果刮去其表面粗糙的部分，砥砺其锋口，那么砍割各种铜器，宰杀牛马，都十分轻快。国家，也只

剖刑已。然而不教诲，不调一，则入不可以守，出不可以战；教诲之，调一之，则兵劲城固，敌国不敢婴也。彼国者，亦有砥厉，礼义节奏是也。故人之命在天，国之命在礼。人君者，隆礼尊贤而王，重法爱民而霸，好利多诈而危，权谋、倾覆、幽险而亡。

是一个毛坯形态的强国而已。如果不进行教诲，不加以协调统一，那么对内不能守卫，对外不能作战；如果进行教诲，加以协调统一，那么兵力强劲城池坚固，敌国不敢来犯。国家，也有砥砺磨炼之术，这就是礼义法度。所以人的命运取决于上天，国家的命运取决于礼义。统治人民的君主，推崇礼义、尊重贤能就可称王，重视法律、爱护民众就可称霸，贪图利益、多行欺诈就会危险，玩弄权术、倾轧陷害、阴暗险恶就会灭亡。

注释　**1** 刑范：铸剑的模具。刑，通“型”；范，规范，模型。　**2** 火齐(jì)得：火，火候生熟得宜；齐，配料。古代铸剑，其火候与配料有直接的关系。　**3** 剖刑：打开模具。　**4** 厉：“砺”的本字。　**5** 劙(lí)盘盂：劙，割；盘盂，都是铜器，古代常以此来试验剑的利钝。

威有三：有道德之威者，有暴察之威者，有狂妄之威者。此三威者，不可不孰察也。礼乐则修，分义则明，举错则时，爱利则形[1]。如是，百姓贵之如帝，高之如天，亲之如父母，畏之如神明。故赏不用而民劝，罚不用而威行，夫是之

有三种威势：有道德教化的威势，有暴戾严苛的威势，有肆意妄为的威势。这三种威势，不可以不仔细考察分辨。礼乐制度完备，名分等级分明，行为举措适宜，爱人、利人有法可依。这样，百姓尊贵他如同天帝，推崇他如同上天，亲近他如同父母，敬畏他如同神明。所以不用奖赏而百姓得到劝化，不用刑罚而权威自然流行，这就叫道德

谓道德之威。礼乐则不修，分义则不明，举错则不时，爱利则不形；然而其禁暴也察，其诛不服也审，其刑罚重而信，其诛杀猛而必，黭然而[2]雷击之，如墙厌[3]之。如是，百姓劫则致畏，嬴则敖上[4]，执拘则最[5]，得间则散，敌中[6]则夺，非劫之以形埶，非振之以诛杀，则无以有其下，夫是之谓暴察之威。无爱人之心，无利人之事，而日为乱人之道，百姓讙敖[7]则从而执缚之，刑灼之，不和人心。如是，下比周贲[8]溃以离上矣，倾覆灭亡可立而待也，夫是之谓狂妄之威。此三威者，不可不孰察也。道德之威成乎安强，暴察之威成乎危弱，狂妄之威成乎灭亡也。

教化的威势。礼乐制度不完备，名分等级不分明，行为举措不适宜，爱人、利人无法可依，然而禁止强暴很明察，惩治不服从的人也很谨慎，刑罚严酷且有诚信，诛杀严厉且坚决，其威力突然得如同雷电一般和坍塌的墙一样。这样，百姓受威逼时就畏惧君主，宽松时就傲视君主，强行集中就聚拢，一有机会就逃散，敌人袭击时就会被争夺过去，如果不是以形势威逼，不是以诛杀震慑，就没有可以统治的百姓，这就叫暴戾严苛的威势。没有爱人之心，不做利益人民的事，每天干着扰乱人民的事，百姓有怨恨之声就逮捕起来，以酷刑胁迫他们，而不去调和人心。这样，下民就会结伴逃散而背离君主，倾覆灭亡立刻就会到来，这就叫肆意妄为的威势。这三种威势，不可以不仔细考察分辨。道德教化的威势可使国家安定强大，暴戾严苛的威势导致国家危险衰弱，肆意妄为的威势导致国家倾覆灭亡。

注释　1 爱利则形：爱人、利人皆有法可依，不为私恩小惠。　2 黭(yǎn)然而：黭然，突然；而，如。　3 厌(yā)：覆压。　4 嬴则敖上：嬴，通“赢”，宽松;敖,通“傲”,傲视。 5 最:聚合。 6 敌中:敌人进行进攻。中,进攻,袭击。 7 讙敖:喧哗,叫喊。即不听从指挥。 8 贲:同“奔”。

公孙子[1]曰:“子发[2]将西伐蔡,克蔡,获蔡侯,归,致命[3]曰:‘蔡侯奉其社稷而归之楚,舍属[4]二三子而治其地。’既[5],楚发其赏,子发辞曰:‘发诫布令而敌退,是主威也;徙举相攻而敌退,是将威也;合战用力而敌退,是众威也。臣舍不宜以众威受赏。’”讥[6]之曰:“子发之致命也恭,其辞赏也固[7]。夫尚贤使能,赏有功,罚有罪,非独一人为之也,彼先王之道也,一[8]人之本也,善善恶恶之应也,治必由之,古今一也。古者明王之举大事,立大功也,大事已博[9],大功已立,则君享其成,群臣享其功,士大夫益爵,官人益秩,庶人益禄。是以为善者劝,为不善者沮,上下一心,三军

公孙子说:“子发率兵向西征伐蔡国,亡蔡,捕获了蔡侯,回来并向楚王复命说:‘蔡侯捧着他的社稷归顺了楚国,我已委派几个人在那里治理了。’论功既毕,楚王行赏,子发推辞说:‘发布命令而敌人退却,这是君主的威名;进军攻击而敌人退却,这是将领的威力;协力作战而敌人退却,这是士兵的威猛。我不应该因为这些威势而受赏。’”荀子评论说:“子发回来复命很恭敬,但其辞却奖赏很浅陋。因为尚贤使能,奖赏有功之人,惩罚有罪的人,并非一个人这样做,这是先王的治国之道,是统一人民的根本,是称许善行、处罚恶行的表现,治国必须遵循此道,古今是一样的。在古代,贤明的君王要举行大事,建立大功,若大事业已完成,大功业已取得,那么,君主享受它的成果,群臣享受它的功劳,士大夫晋爵,各级官吏晋升官阶,士卒增加俸禄。这样,为善的得到勉励,为恶的得以禁止,上下一心,三军同力,所以

同力,是以百事成而功名大也。今子发独不然,反先王之道,乱楚国之法,堕[10]兴功之臣,耻受赏之属,无僇[11]乎族党而抑卑其后世,案独以为私廉,岂不过甚矣哉!故曰:子发之致命也恭,其辞赏也固。”

百事都能成功而功名显赫。现在唯独子发不这样,违反先王之道,扰乱楚国的法律,挫伤有功之臣的积极性,让受赏之人感到惭愧,即使没有让宗族乡党蒙受羞辱也使后代受到了抑制,还欣欣然以为这是个人廉洁,难道不是大错特错了吗?所以说:子发回来复命很恭敬,但其辞却奖赏很浅陋。”

注释 1 公孙子:齐国宰相,生平事迹不详。姓公孙,不知其名;子,男子尊称。 2 子发:楚宣王(前370—前340年在位)时的令尹(相当于别国的相),姓景,名舍,字子发。 3 致命:古代臣子奉命外出执行任务,归来向君王汇报情况,称之为致命,也叫复命。 4 属:通“嘱”。 5 既:这里指评定完功绩。 6 讥:评论。这里是荀子的评论。 7 固:浅陋。荀子以为子发之辞赏非坦明之道。 8 一:这里作动词,统一。 9 博:取得。这里是完成。 10 堕:挫伤。 11 僇(lù):羞辱。

荀卿子说齐相[1]曰:“处胜人之埶,行胜人之道,天下莫忿,汤、武是也;处胜人之埶,不以胜人之道,厚于有天下之埶,索为匹夫不可得也,桀、纣是也。然则得胜人之埶者,其不如胜人之道远矣。夫主相者,胜人以埶

荀卿劝说齐国的相国道:“处在制服别人的地位上,行使制服别人的大道,天下没有怨恨,商汤、武王就是这样的人;处在制服别人的地位上,不行使制服别人的大道,拥有整个天下的威势,最后却连做个普通人的愿望都不可能实现,夏桀、商纣就是这样的人。这样看来,拥有制服别人的权势,远不如行使制服别人的大道。君主与相国,拥

也，是为是，非为非，能为能，不能为不能，并[2]己之私欲，必以道夫公道通义之可以相兼容者，是胜人之道也。今相国上则得专主，下则得专国，相国之于胜人之埶，亶[3]有之矣。然则胡不驱[4]此胜人之埶，赴胜人之道，求仁厚明通之君子而托王焉，与之参国政，正是非？如是，则国孰敢不为义矣？君臣上下，贵贱长少，至于庶人，莫不为义，则天下孰不欲合义矣？贤士愿相国之朝，能士愿相国之官，好利之民莫不愿以齐为归，是一天下也。相国舍是而不为，案直为是世俗之所以为，则女主乱之宫，诈臣乱之朝，贪吏乱之官，众庶百姓皆以贪利争夺为俗，曷若是而可以持国乎？

有制服别人的权势，是就是是，非就是非，有才能就认为有才能，没有才能就认为没有才能，摒弃自己的私欲，且必然遵循公正之道与普遍之理兼容并包的原则，这就是制服别人的大道。现在相国在上得到君主的宠信，在下独揽国家大权，制服别人的权势之于相国来说，诚然是拥有了。然而，为什么不利用这种制服别人的权势，行使制服别人的大道，寻找仁慈、宽厚且明通事理的人去辅佐君王，与他们一起参与国政、端正是非呢？如果这样，国家还有谁敢不做正义的事情？君臣上下、贵贱长少，以至于黎民百姓，没有一个做不义的事，天下还有谁不想符合道义呢？贤德的士人希望进入相国的朝廷，有能力的士人希望到相国这里做官，喜欢利益的民众没有不想归附齐国的，由此就统一天下了。相国舍弃这些而不做，却仅仅做一些世俗人所做的事，那么，王妃会在后宫作乱，奸诈的臣子会在朝廷作乱，贪婪的官吏会败坏官场，黎民百姓都以贪图利益争夺好处为风俗，难道这样还可以治理国家吗？

注释 1 齐相:指孟尝君,齐湣王的宰相,是齐国的权相。 2 并:摒弃。 3 亶(dǎn):诚然。 4 驱:利用。

“今巨楚县吾前,大燕鰌吾后,劲魏钩[1]吾右,西壤之不绝若绳,楚人则乃有襄贲、开阳[2]以临吾左。是一国作谋,则三国必起而乘我。如是,则齐必断而为四三,国若假城然耳,必为天下大笑。曷若,两者[3]孰足为也?夫桀、纣,圣王之后子孙也,有天下者之世也,埶籍[4]之所存,天下之宗室也。土地之大,封内千里;人之众,数以亿万。俄而天下倜然[5]举去桀、纣而奔汤、武,反然[6]举恶桀、纣而贵汤、武,是何也?夫桀、纣何失而汤、武何得也?曰:是无它故焉,桀、纣者,善为人所恶也;而汤、武者,善为人所好也。人之所恶何也?曰:污漫[7]、争夺、贪利是也。

“现在强盛的楚国威逼在我们前面,庞大的燕国盘踞在我们后面,强劲的魏国牵制在我们右边,西边犹如还没有完全断开的绳子一样岌岌可危,楚国又有襄贲、开阳两座城池虎视我们的左边。这样,若一国想进攻我们,三个国家必然会一起乘我之危而图谋不轨。如果这样,齐国必然会四分五裂,国家就如借来的城池一样(尽数归还给了别人),必然为天下人大笑。这样看来(“胜人之势”与“胜人之道”)哪一种更可行呢?夏桀与商纣,是圣王的后世子孙,是享有天下的继承人,是权势地位之所在,也是天下的王室。土地广大,疆域千里;人民众多,数以亿万计。顷刻之间天下人都远离了桀、纣而投奔了汤、武,反掌之间都厌恶桀、纣而尊重汤、武,这是为什么呢?桀、纣所失在哪里,汤、武所得在何处呢?回答说:没有别的原因,桀、纣,喜欢做别人厌恶的事;而汤、武,喜欢做别人喜爱的事。人所厌恶的事是什么?

人之所好者何也？曰：礼义、辞让、忠信是也。今君人者，辟称比方则欲自并乎汤、武，若其所以统之，则无以异于桀、纣，而求有汤、武之功名，可乎？

回答是：污秽、轻慢、争夺、贪利。人所喜爱的事是什么？回答是：礼义、辞让、忠信。现在的君主，谈论起来总自以为可与汤、武并列，至于其统治人民的方法，则与桀、纣无异，由此希望得到汤、武那样的功业名声，可能吗？

注释 1 钩：牵制。 2 襄贲、开阳：均为楚国的城邑，在今山东临沂北。 3 两者：指前文所说的"胜人之势"（桀、纣之所为）与"胜人之道"（汤、武之所为）。 4 籍：也是"势"的意思。《儒效》篇："反籍于成王。" 5 偶然：超然疏远的样子。 6 反然：即"翻然"，改变的样子。 7 漫：慢。

"故凡得胜者必与[1]人也，凡得人者必与道也。道也者，何也？曰：礼让、忠信是也。故自四五万而往者，强胜，非众之力也，隆在信矣；自数百里而往者，安固，非大之力也，隆在修政矣。今已有数万之众者也，陶诞[2]、比周以争与；已有数百里之国者也，污漫突盗以争地。然则是弃己之所安强，而争己之所以危弱也；损己之所不足，

所以大凡取得胜利必然依靠人民，大凡取得人心必然依靠大道。大道，是什么呢？回答是：礼让、忠信。所以人口在四五万以上的国家，能够强大取胜，依靠的不是众人的力量，而在于推崇信用；土地在数百里以上的国家，能够安全稳固，依靠的并非土地广大，而在于搞好政治。现在拥有数万之众的国家，却依靠虚妄夸诞、拉帮结派的方法来争取盟国；拥有数百里之地的国家，却用污秽狡诈的手段去争夺土地。这样做正是放弃自己欲求的安定强大，而追求自己厌恶的危险衰弱，减损自己所不足的，加重自己所有

以重己之所有余。若是其悖缪也，而求有汤、武之功名，可乎？辟之是犹伏而咶天，救经而引其足也，说必不行矣，愈务而愈远。为人臣者，不恤己行之不行，苟得利而已矣，是渠冲[3]入穴而求利也，是仁人之所羞而不为也。故人莫贵乎生，莫乐乎安，所以养生安乐者莫大乎礼义。人知贵生乐安而弃礼义，辟之是犹欲寿而歾颈[4]也，愚莫大焉。故君人者，爱民而安，好士而荣，两者无一焉而亡。《诗》曰：'价人维藩，大师维垣。'[5]此之谓也。"

余的。如此之悖乱荒谬，而想追求汤、武那样的功业名声，可能吗？这就好像伏地而想舔天，拯救自缢者而去拉他的脚一样，必然是行不通的，越去做离目的越远。作为臣子不关心自己的行为美不美好，只苟且追求利益罢了，这就像攻城的大车冲入洞穴去获取利益一样，是仁人感到羞耻而不肯做的。所以人没有比生命更尊贵的，没有比安定更快乐的，用以滋养生命取得安定的方法没有比礼义更重要的了。人们知道应尊重生命乐于安定却抛弃礼义，这就好像希望长寿却引颈自杀一样，愚蠢没有比这更大的了。所以君主仁爱人民就会安定，喜好士人就会带来荣耀，二者缺一就会灭亡。有《诗》说："贤士是篱笆，民众是城墙。"说的就是这个意思。

注释 1 与：依靠。 2 陶(yáo)诞：虚妄夸诞。 3 渠冲：古代攻城用的大车。 4 歾(wěn)颈：自杀。 5 此句引自《诗经·大雅·板》。

"力术止，义术行，曷谓也？"[1]曰："秦之谓也。威强乎汤、武，广大乎舜、

（李斯问：）"强力的方法行不通，礼义的方法却行得通，这是对谁说的呢？"（荀子）回答说："这针对秦国说

禹，然而忧患不可胜校也。諰諰然常恐天下之一合而轧己也，此所谓力术止也。”曷谓乎威强乎汤、武？“汤、武也者，乃能使说己者用耳。今楚父死[2]焉，国举焉，负三王之庙[3]，而辟于陈、蔡之间[4]，视可、司间[5]，案欲剡其胫而以蹈秦之腹[6]，然而秦使左案左，使右案右，是乃使仇人役也。此所谓威强乎汤、武也。”曷谓广大乎舜、禹也？曰：“古者百王之一天下、臣诸侯也，未有过封内千里者也。今秦南乃有沙羡[7]与俱，是乃江南也。北与胡、貉[8]为邻，西有巴、戎[9]，东在楚者乃界于齐，在韩者逾常山乃有临虑[10]，在魏者乃据圉津[11]，即去大梁[12]百有二十里耳，其在赵者剡然有苓[13]而据松柏之塞，负西海而固常山，是

的。秦国的兵力比汤、武还要威武强大，其土地比舜、禹还要广大辽阔，尽管如此，它的忧患却不可胜数，常常战战兢兢地担心天下诸侯联合起来打败自己，这就是所谓强力的方法行不通的原因。”（李斯问：）“为什么说秦国的兵力比汤、武还要威武强大呢？”（荀子回答说：）“商汤、武王，只能够驱使悦服自己的人。如今楚王的父亲客死于秦，国都被攻占，楚王背负着楚国三代君王的牌位，逃亡于陈、蔡之间，总想寻找机会、等待时机，抬起小腿踩踏秦人的腹部，然而秦国让他向左他就向左，让他向右他就向右，这是让仇人为自己所驱使。这就是我说的秦国的兵力比汤、武还要威武强大。”（李斯问：）“为什么说秦国的土地比舜、禹还广大辽阔呢？”（荀子）回答说：“古代历代帝王统一天下，臣服诸侯，其疆域没有超过千里的。而如今，秦国南边有沙羡一带相连，已到江南了，北边与胡貉边远地区为邻，西边据巴、戎之地，东边所占之楚地与齐国交接，在韩国所占者越过了恒山且据有了临虑，在魏国占有了圉津，距离都城大梁只有一百二十里，在赵国

地遍天下也。威动海内，强殆中国，然而忧患不可胜校也，諰諰然常恐天下之一合而轧己也。此所谓广大乎舜、禹也。[14]”然则奈何？曰：“节威反文，案用夫端诚信全之君子治天下焉，因与之参国政，正是非，治曲直，听咸阳[15]，顺者错之，不顺者而后诛之。若是，则兵不复出于塞外而令行于天下矣；若是，则虽为之筑明堂[16]于塞外而朝诸侯，殆可矣。假今之世，益地不如益信之务也。”

侵削了苓且占据松柏要塞，背靠西海而以恒山为屏障，所以土地遍天下。这就是我说的秦国的土地比舜、禹还广大辽阔。”（李斯问：）“威势震慑海内，强大危及中国，然而它的忧患不可胜数，常常战战兢兢地担心天下诸侯联合起来打败它，这将怎么办呢？”（荀子）回答说：“节制威强返回到礼义上来，用端正、诚实、守信、美好的君子治理天下，与他们一起参与国政，端正是非，治理曲直，听政于咸阳，顺从的放置不管，不顺从的就诛伐。如果这样，军队不用出征塞外而政令就畅通于天下了；如果这样，即使构筑明堂于塞外之地而使诸侯前来朝拜，也是可以的。当今之世，增加土地不如加强诚信更为迫切。”

注释　**1** 此句应为李斯之发问。　**2** 楚父死：楚父，楚顷襄王的父亲楚怀王（前329—前299年在位）。公元前299年，楚怀王与秦昭襄王会盟于武关，被秦扣留，秦王胁迫其割地，遭到怀王的拒绝，三年后，客死于秦。　**3** 三王之庙：楚国三代君王的牌位。三王，指楚国开创、受封和称霸的三个君主，即鬻熊、熊绎、庄王。　**4** 辟于陈、蔡之间：楚顷襄王二十一年（前278），秦大将白起攻楚，破楚都郢，楚退守于陈、蔡之间。陈、蔡俱为周分封之诸侯国，后都为楚所灭。　**5** 视可、司间：观察可乘之机，等待机会。　**6** 剡（yǎn）其胫而以蹈秦之腹：剡，抬起，《玉藻》有“剡剡起屦”；胫，小腿；蹈，踩。　**7** 沙羡：古代地名，汉代属江夏郡，在今湖北武昌西南。 8 胡、貉：古代北方的少数民族。 9 巴、戎：巴，古国名，在四川东部一带；戎，古代西部的少数民族。 10 逾常山乃有临虑：常山，即恒山，汉时避文帝之讳，改常山；临虑，古地名，在今河南。 11 圉(yǔ)津：当为"围津"，古地名，在今河南。 12 大梁：魏国都城，今河南开封。 13 在赵者剡(shàn)然有苓：指秦在赵国侵削了苓这个地方。剡然，侵削的样子。苓，古地名，地址不详。 14 此所谓广大乎舜、禹也：此一句有错乱，当上承"是地遍天下也"。而"威动海内，强殆中国，然而忧患不可胜校也，諰諰然常恐天下之一合而轧己也"则下启"然则奈何"，此乃李斯之发问。 15 咸阳：秦国都城。 16 明堂：古代天子宣明政教的场所，朝会、祭祀、选士等大典也在此举行。

应侯[1]问孙卿子曰："入秦何见？"孙卿子曰："其固塞险，形埶便，山林川谷美，天材之利多，是形胜也。入境，观其风俗，其百姓朴，其声乐不流污，其服不挑[2]，甚畏有司而顺，古之民也。及都邑官府，其百吏肃然，莫不恭俭、敦敬、忠信而不楛[3]，古之吏也。入其国，观其士大夫，出于其门，入于公门；出于公门，归于其家，无有私事也；不比周，不朋党，倜然莫不明通而

应侯问孙卿子说："到秦国，看到了什么？"孙卿子回答说："它的关塞险要坚固，地形有利，山林川谷美丽，物产丰富，这是地理优势。进入其境内，观察其民俗，百姓淳朴，音乐不庸俗下流，服饰不轻佻奇异，非常敬畏长官而顺从，俨然有古时百姓之风。到了各级城邑、官府，它们的官吏严肃认真，没有一个不端庄节俭、敦厚恭敬、忠诚守信而不懈怠的，俨然有古时官吏之风。到了其都城，观察它的士大夫，走出家门，进入公门，再走出公门，回到家里，没有徇私的，不拉帮结派，不结党营私，卓尔超群没有不明智通达且公正的，俨然有古时士大夫之风。观察其朝廷，其退朝时没

公也，古之士大夫也。观其朝廷，其闲[4]听决百事不留，恬然如无治者，古之朝也。故四世有胜，非幸也，数也。是所见也。故曰：佚而治，约而详，不烦而功，治之至也，秦类之矣。虽然，则有其諰[5]矣。兼是数具者而尽有之，然而县之以王者之功名，则倜倜然其不及远矣。”“是何也？”“则其殆无儒邪。故曰：粹而王，驳而霸，无一焉而亡。此亦秦之所短也。”

有遗留积压的政事，安闲得好像没有什么事可做，俨然有古时朝廷之风。所以四世都能取得胜利，并非侥幸，而是有其必然性的。这是我所看到的。所以说：安逸且得以治理，简约却周详细致，不烦扰而有功绩，这是治理的最高境界。秦国类似这样。尽管如此，依然有其恐惧忧虑。具备以上数种有利条件且拥有所有的优长，然而以王者的功绩名声来衡量却依然远远不及。”（应侯问：）“这是为什么呢？”（荀子回答说：）“大概是因为没有儒者吧。所以说：纯用儒术就会称王，用驳杂之术就可称霸，二者无一有之就会灭亡。这也是秦国之所不足。”

注释　1 应侯：即秦昭王时的宰相范雎（？—公元前255年），因封于应，故曰应侯。　2 挑：通“佻”，即奇异、妖艳。　3 楛：本指器物粗劣，这里指做事马虎、懈怠。　4 闲：退朝。　5 諰：忧虑，恐惧。

积微：月不胜日，时不胜月，岁不胜时。凡人好敖慢小事，大事至然后兴之务之，如是则常不胜夫敦比[1]于小事者矣。是何也？则小事

积累细微事情的效果：每月累积不如每日累积，每季累积不如每月累积，每年累积不如每季累积。大凡人都喜欢马虎怠慢小事，大事到来的时候才努力去做，这样，就常常不如谨慎对待小事的人。这是为什么呢？因为小事来得频繁，耗费

之至也数[2],其县日[3]也博,其为积也大;大事之至也希,其县日也浅,其为积也小。故善日者王,善时者霸,补漏者危,大荒者亡。故王者敬日,霸者敬时,仅存之国危而后戚之。亡国至亡而后知亡,至死而后知死,亡国之祸败不可胜悔也。霸者之善著焉,可以时托[4]也;王者之功名不可胜日志也。财物货宝以大为重,政教功名反是,能积微者速成。《诗》曰:"德輶如毛,民鲜克举之。"[5]此之谓也。

的时间也多,所以它磨炼人的功效就大;大事来得稀少,耗费的时间也少,所以它磨炼人的功效就小。因此善于珍惜每一天的人就可称王,善于珍惜每个季节的人就可称霸,出了漏洞才去弥补的人就会危险,国事荒废不治的人就会灭亡。所以称王的人重视每一天,称霸的人重视每一季,勉强生存的国家陷入危险以后才知道忧戚。灭亡的国家等到灭亡时才知道灭亡的道理,死难之时才知道死难的道理,亡国的祸害,悔不胜悔。称霸的人的善政显著,可以按照季节来记录;称王的人的功业名声,却以日志也记录不完。财产、货物、宝贝以大为贵重,政教、功名却正与之相反,能够在细微处磨炼的人很快能成功。有《诗》说:"德行轻如毛发,但很少有人能够举起。"说的就是这个道理。

注释 1 敦比:谨慎治理。 2 数:频繁。 3 县日:系结、纠缠的日子。县,系也。 4 托:当为"记"。 5 此句引自《诗经·大雅·烝民》。这是一首送别仲山甫的诗,颂扬了其官守、德行及事业。輶(yóu),轻。

凡奸人之所以起者,以上之不贵义,不敬义也。夫义者,所以限禁人之为恶与奸者也。今上不贵义,不敬

大凡奸人产生的原因,在于君主不崇尚礼义,不尊敬礼义。礼义,是用来限制人为恶为奸的。现在在上之君主不崇尚礼义,不尊敬礼义,

义，如是，则下之人百姓皆有弃义之志，而有趋奸之心矣，此奸人之所以起也。且上者，下之师也，夫下之和上，譬之犹响之应声，影之像形也。故为人上者不可不顺[1]也。夫义者，内节于人而外节于万物者也，上安于主而下调于民者也，内外上下节者，义之情也。然则凡为天下之要，义为本而信次之。古者禹、汤本义务信而天下治，桀、纣弃义倍[2]信而天下乱，故为人上者，必将慎礼义、务忠信然后可。此君人者之大本也。

这样，在下的百姓就都有背弃礼义的思想，且有作奸的心思与趋向，所以奸人就由此产生了。况且君主，是百姓的表率，百姓应和君主，就好像响之应声、影之随形一样。所以作为君主不可以不谨慎。礼义，对内调制性情而对外调制万物，上能使君主安和而下能使百姓和谐。内外上下都能节制、调和，这是礼义的本质。这样，治理天下的关键在于，礼义为根本而诚信为其次。古时候大禹、商汤立足于礼义，致力于诚信而天下得到治理，夏桀、商纣违背礼义、抛弃诚信而天下大乱，所以作为君主必须谨慎于礼义、致力于忠信然后才可以。这是统治人民的关键所在。

注释　1 顺：通“慎”。　2 倍：通“背”，背叛。

堂上不粪[1]，则郊草不瞻旷芸[2]；白刃扞[3]乎胸，则目不见流矢；拔[4]戟加乎首，则十指不辞断。非不以此为务也，疾养缓急之有相先者也。

堂上不扫除，那么郊外的野草就顾不上拔除了；白晃晃的刀子架在胸膛上，那么眼睛就看不见飞来的箭；迅猛的戟即将刺向头颅，那么就顾不上十指被砍断。并非是这些东西不重要，而是痛痒缓急有先后之分。

注释 1 粪:扫除。 2 不瞻旷芸:瞻,通"赡",此指时间而言;旷,闲暇;芸,通"耘",除草。一说,"瞻旷"为衍文。俱可通。 3 扞:触。 4 拔:迅猛。

天论

【导读】 本篇最能体现荀子的思想特色，荀子与孔子、孟子的分歧由此亦可概见。孔子、孟子的思想虽有极其中庸的世间面向，但亦有极其高明的形上追求。故孔子说："下学而上达。"孟子亦欲尽心、知性而知天。但荀子与孔子、孟子不同，他倡言"圣人为不求知天"，又云"夫是之谓知天"。这是什么意思呢？"圣人为不求知天"，即表示荀子对于形上之思无兴趣。在荀子看来，天命是有的，但其神秘性却是人无法窥探的，人完全没有必要在此枉费心机。所以，在荀子那里，有一个作为最高主宰的天命，它外在于人，它的秘密是不可能完全向人展示的，且有其客观性与严酷性，不会随世间的治乱而不同。另一方面，人在这种神秘性面前又不是完全被动而无所作为的，天命通过它的作用与运行又向人展示了其可被把握与利用的一面，所以，荀子又高唱"知天"。"知天"并不是去追索天之神秘性，而是去把握天之"垂象"，即"象之可以期者"，即去分析、理解物质世界。这里可见荀子思想的实在论根底与经验论性格。荀子既承认天的神秘性，又让人坦然接受这种神秘性，于是，他认为对于天命觉得奇怪是可以的，觉得可怕完全没有必要。不但没有必要，而且天之作用完全可以被人利用。荀子把天又完全限制在自然的意义上，而人世之兴废与天无关，故上天的奇异现象并不可怕，可怕的是"人祆"，即人间的不道德、荒谬的现象，由此告诫君主要以礼义治国。所以，荀子最后落脚在礼义之上，礼义才是人类之"天"、治国之"天"。

原文

天行有常，不为尧存，不为桀亡。应之以治则吉，应之以乱则凶。强本[1]而节用，则天不能贫；养备而动时，则天不能病；修道而不贰[2]，则天不能祸。故水旱不能使之饥渴[3]，寒暑不能使之疾，祆怪不能使之凶。本荒而用侈，则天不能使之富；养略而动罕，则天不能使之全；倍道而妄行，则天不能使之吉。故水旱未至而饥，寒暑未薄[4]而疾，祆怪未至而凶。受时与治世同，而殃祸与治世异，不可以怨天，其道然也。故明于天人之分，则可谓至人矣。

译文

天有其固有的运行原则，不会因为尧而存在，也不会因为桀而灭亡。人以治世之道应和它就吉利，以乱世之道应和它就会凶险。加强农业生产、节制用度，那么上天也不能使之贫穷；各种供给充足且活动适时，那么上天也不能使之生病；遵循常道而不出差错，那么上天也不能使之祸乱。所以水涝旱灾不能使他挨饿，严寒酷暑不能使他生病，灾害怪异不能使他凶险。农业荒废且用度奢侈，那么上天也不能使之富有；供给不足且懒于活动，那么上天也不能使之健康；违背常道而肆意妄为，那么上天也不能使之吉利。因此水涝旱灾没有发生就有饥饿，严寒酷暑没有到来就生疾病，灾害怪异没有出现就遭凶险。所遭受的时势与太平盛世是一样的，但灾殃祸患的结果与太平盛世不一样，这是不可以抱怨上天的，是人的行为造成的。所以明白了天人之间的这种差别，可谓是最高明的人了。

注释　1 本：农业生产。　2 修道而不贰：修，当为“循”；贰，当为“忒”，差错。《群书治要》卷三十八引文作“循道而不忒”。　3 渴：衍文。　4 薄：迫近。

不为而成，不求而得，夫是之谓天职[1]。如是者，虽深，其人不加虑焉；虽大，不加能[2]焉；虽精，不加察焉。夫是之谓不与天争职。天有其时，地有其财[3]，人有其治，夫是之谓能参[4]。舍其所以参而愿其所参[5]，则惑矣。列星随旋，日月递照，四时代御，阴阳大化，风雨博施，万物各得其和以生，各得其养以成，不见其事而见其功，夫是之谓神[6]。皆知其所以成，莫知其无形，夫是之谓天[7]。唯圣人为不求知天。

不通过人的作为就能成就，不通过人的求取就能产生，这就是天的运行方式。这样，（天的运行方式）虽然深远，人们也不需要去加以考虑；虽然广大，人们也不需要去加以干预；虽然精微，人们也不需要去加以审察。这就叫作不与天竞争职能。天有其季节更替，地有其财物资源，人有其依据天时地利而来的治理方法，这就叫作人与天地相互配合。舍弃依据天时地利而来的治理方法而指望天地自身的恩赐，那就太迷惑无知了。星辰旋转，日月交替，四时更迭，阴阳和合万有，风雨滋润万物，万事万物各自得其和合而产生，各自得其滋养而成长，看不见其和合、滋养的作用而只能见其结果，这就叫作神。都能察知其结果、成就，但不能知晓其作用、行迹，这就是天的运行与作用。只有圣人不想去了解天的运行与作用。

注释 **1** 天职：指天的作用与运行方式，这里有其固有的神秘性。这里的“不为”“不求”是指人不必为、不必求，并非天不必为。天亦有作为，只是它的方式人类不知道而已。如刮风下雨，这是人不必为、不必求的，但刮风下雨自身就是天有所为的方式，只是其方式具有神秘性。对于这种神秘性，荀子以为人应该坦然接受而不必去求其究竟，故有“不加虑”“不加能”“不加察”之论。 **2** 能：能力，作用，引申为干预。 **3** 财：通“材”。 **4** 参：参与，配合。此指人利用天时地利以求其治。 **5** 舍其所以参而愿其所参:所以参,指人利用天时地利以求其治的方法;所参,指天地自身。 6 神:《周易·系辞》说:"阴阳不测之谓神。"这里的神不是人格神,如西方的上帝,而是指阴阳二气和合生出万有,但阴阳二气是如何和合以生成万有的,人们却不能知晓,故曰"不测",而其造化之结果却朗然在目,这就是"不见其事而见其功"。这个意思,如同孔子所言"天何言哉?四时行焉,百物生焉"。 7 天:脱落"功"字,"天功"二字下文凡三见。天功,即天的作用,也就是"神"。天功指无形的阴阳造化,但其结果却是有形的万物。荀子的意思是,人不必去窥探无形的阴阳造化,只需去利用有形之万物即可,此为"唯圣人为不求知天"。

天职既立,天功既成,形具而神生,好恶、喜怒、哀乐臧焉,夫是之谓天情[1]。耳目鼻口形能,各有接而不相能也,夫是之谓天官[2]。心居中虚以治五官,夫是之谓天君[3]。财非其类,以养其类,夫是之谓天养[4]。顺其类者谓之福,逆其类者谓之祸,夫是之谓天政[5]。暗[6]其天君,乱[7]其天官,弃[8]其天养,逆其天政,背[9]其天情,以丧天功,夫是之谓大凶。圣人清其天

天的职分已经确立,天的成果已有表现,人的形体具备而神情就产生了,好恶、喜怒、哀乐这些情感也就蕴藏于其中了,这就叫作天生的情感。耳、目、鼻、口、形体,各自分担不同的职能而不能相互代替,这就叫作天生的器官。心灵处在身体中间虚空的部分以统率五官,这是每个人天生的"君主"。物质财富并非与人同类,但人可利用它们以供养人类,这就叫作天生的供养。顺应以上各种天生之物而善加利用就是福,违背以上天生之物而不能善加利用就是祸,这就叫作"天政"。使天生的"君主"昏乱,放纵天生的器官,抛弃天生的供养,悖逆"天政",违反天生的情感,以至于使天之造化混乱丧失,这就叫作大的凶险。圣人使人心

君，正其天官，备其天养，顺其天政，养其天情，以全其天功。如是，则知其所为，知其所不为矣，则天地官[10]而万物役矣。其行曲[11]治，其养曲适，其生不伤，夫是之谓知天[12]。

纯正，使天生的器官端正，备足天生的供养，顺从自然法则，涵养天生的情感，以成全天的造化和合。这样，就知道什么是应该做的，什么是不应该做的，那么天地就可被利用而万物就可被役使了。由此他的行动就处处合理，他的供养就处处合适，他的生命不会受到伤害，这就叫作知天。

注释 **1** 天情：上天给予人的天然的气质与性情。人这种存在，荀子认为是上天造就的，具有如此这般的形体，也就具有了如此这般的神情，这就叫"形具而神生"。有如此这般的神情，于是，人的好恶、喜怒、哀乐也就具有了。 **2** 天官：指眼、耳、口、鼻、四肢等形体器官。这些形体器官各有其功能，且不能相互代替，荀子认为，这也是上天安排的，至于为什么如此安排，这是天的神秘性，人不必去探求。 **3** 天君：心是思维器官，它能统率眼、耳、口、鼻、四肢等形体器官，故曰"天君"。但心为什么能够如此，这也是天的神秘性。 **4** 天养：上天化生万物来滋养人类，是为"天养"。但天为什么会化生万物来滋养人类，这是天的秘密，无人知晓。 **5** 天政：人虽然无从知晓上天为什么要如此安排，但完全可以利用、顺应上天的这种安排，不必探究上天的安排甚至违背其安排而行事，这就叫"天政"。 **6** 暗：使昏乱。 **7** 乱：任意，放纵。 **8** 弃：抛弃。 **9** 背：违背。此指喜怒哀乐无常。 **10** 官：任用，掌握。 **11** 曲：周遍，各方面。 **12** 知天：前文讲"唯圣人为不求知天"，这里又讲"夫是之谓知天"，为什么？不求知天，是指不求知晓天的神秘性，上天为什么必如此造化和合，的确是人类难以知晓的，故庄子曰："六合之外，圣人存而不论。"也就是荀子所说的"知其所不为"，即对于天之神秘性，人类不应该去枉费心机。

今人常以自然规律说之，至于为什么有这样的自然规律，人也是无从知晓的。但荀子以“天”说之，在他那个宗教盛行的时代，既是肯定这种神秘性，亦是坦然接受这种神秘性。虽然不知上天为什么如此造化和合，但其如此造化的结果朗然在目，人们却可掌握利用，这就叫“知其所为”。知天，就是去探求那个朗然在目的部分。“不求知天”与“知天”，是荀子在为人的作为划界，人的作为不应该超过朗然在目的部分，故荀子的思想有很强的实在论与经验论根底，而其形上性却不足，这也是与孔子、孟子最大的差别。

故大巧在所不为[1]，大智在所不虑。所志[2]于天者，已[3]其见象之可以期者矣；所志于地者，已其见宜之可以息[4]者矣；所志于四时者，已其见数之可以事者矣；所志于阴阳者，已其见知[5]之可以治者矣。官人守天而自为守道也。

所以最大的技巧在于有些事情不去做，最大的智慧在于有些问题不去思考。对于天的认知，应该止于其表现出来的现象去预测它的变化；对于地的认知，应该止于其条件适合种植之处；对于四时的认知，应该止于其变化便于农事之处；对于阴阳的认知，应该止于其和合利于治理之处。任用人才来持守这些道理而自己把握最根本的大道。

注释 **1** 大巧在所不为：不去做违背自然的事，就是最大的技巧。同理，最大的智慧就是不要去思虑形而上的问题。 **2** 志：认知。 **3** 已：停止，止于。荀子以为，对于天的探求应止于“象之可以期者”，也就是朗然在目者，过此以往，俱为“所不为”“所不虑”之列。地、四时、阴阳，也是如此。 **4** 息：繁殖生长。 **5** 知：当为“和”。

治乱，天邪？曰：日月、星辰、瑞历[1]，是禹、桀之所同也，禹以治，桀以乱，治乱，非天也。时邪？曰：繁启蕃长[2]于春夏，畜积收臧于秋冬，是又禹、桀之所同也，禹以治，桀以乱，治乱，非时也。地邪？曰：得地则生，失地则死，是又禹、桀之所同也，禹以治，桀以乱，治乱，非地也。《诗》曰："天作高山，大王荒之。彼作矣，文王康之。"[3]此之谓也。

治乱的不同，是因为上天吗？答曰：日月、星辰、天体的运行，是大禹、夏桀所相同的，但大禹因此而治，夏桀因此而乱，可见，治乱的不同并非因为上天。是因为时节吗？答曰：万物繁衍、发芽、茂盛于春、夏，收获、蓄积、收藏于秋、冬，这又是大禹、夏桀之所相同的，但大禹因此而治，夏桀因此而乱，可见，治乱的不同并非因为时节。是因为大地吗？答曰：万物得到土地就生长，失去土地就死亡，这又是大禹、夏桀之所相同的，但大禹因此而治，夏桀因此而乱，可见，治乱之不同并非因为大地。《诗》说："天造了这座山，太王使它名声增大。既已使它名声增大，文王就在此安居建国。"说的就是这个意思。

注释　1 瑞历：历象，指天体之运行。　2 繁启蕃长：繁，多；启，发芽；蕃，茂盛。　3 此句引文出自《诗经·周颂·天作》。

天不为人之恶寒也辍冬，地不为人之恶辽远也辍广，君子不为小人匈匈[1]也辍行。天有常道矣，地有常数矣，君子有常体矣。君子道其常而小人计其功。《诗》

上天并不因为人厌恶寒冷就废止冬天，大地并不因为人厌恶遥远就不再广大，君子并不因为小人喧哗、吵嚷就停止修行。上天有其固有的常道，大地有其固有的规律，君子有其固有的德行操守。君子依据其固有的德行操守行事，小人却计较功利而行。《诗》说："（礼曰:"何恤人之言兮!"[2]此之谓也。

义上不出差错,)何必顾及人之闲言碎语呢!"说的就是这个道理。

注释 1 小人匈匈:当为"小人之匈匈"。匈匈,喧哗,吵嚷。2 此句引自逸诗。在此句之前,当有"礼义之不愆(qiān)"一句。《荀子·正名》及《文选》卷四十五《答客难》均有此句。愆,过失,过错。

楚王后车千乘,非知也;君子啜菽饮水,非愚也。是节然[1]也。若夫心[2]意修,德行厚,知虑明,生于今而志乎古,则是其在我者也。故君子敬其在己者,而不慕其在天者;小人错[3]其在己者,而慕其在天者。君子敬其在己者而不慕其在天者,是以日进也;小人错其在己者而慕其在天者,是以日退也。故君子之所以日进与小人之所以日退,一也[4]。君子小人之所以相县者,在此耳。

楚王后面跟随千乘车辆,并不是因为他聪明;君子吃着粗食、饮用清水,并不是因为他愚蠢。这是偶然的命运造成的。如果思想美好,德行敦厚,思虑明达,生在当今之世而期慕远古之道,这些都是能自我做主的。所以君子敬重能够自我做主的,而不期慕那不能自我做主的;小人放弃能够自我做主的,而总是期慕那不能自我做主的。君子敬重能够自我做主的而不期慕那不能自做做主的,因此德行日益进步;小人放弃能够自我做主的而总是期慕那不能自我做主的,因此德行日益退步。君子日益进步而小人日益退步,原因是一样的。君子与小人之所以差别悬殊,原因即在这里。

注释 1 节然:偶然的命运。《荀子·正名》有"节遇谓之命"。与"其在己"相较,"车千乘""啜菽饮水"皆为在天者,皆是自己不能做主的,所以称“节然”。子夏云:“死生有命,富贵在天。”也是这个意思。荀子这里要求我们,敬“在己者”即可,至于“在天者”,君子不必强求。 2 心:当为“志”。 3 错:通“措”,放置,放弃。 4 一也:指君子与小人都有所慕、有所不慕。

星队[1]、木鸣,国人皆恐。曰:是何也?曰:无何也,是天地之变,阴阳之化,物之罕至者也。怪之,可也;而畏之,非也。夫日月之有蚀,风雨之不时,怪星之党[2]见,是无世而不常有之。上明而政平,则是虽并世起,无伤也;上暗而政险,则是虽无一至者,无益也。夫星之队,木之鸣,是天地之变,阴阳之化,物之罕至者也。怪之,可也;而畏之,非也。

流星坠落、树木鸣响,人们都很害怕,问:这是为什么?答曰:没有什么奇怪的,这是天地的变化,阴阳的作用,是事物中很少出现的现象。觉得奇怪,是可以的;害怕畏惧,就不对了。日月常有日食与月食,暴风骤雨不时到来,奇怪的星辰偶尔出现,这些现象是任何一个时代都曾有的。若君主圣明且政治清平,那么即使这些现象一齐到来,也没有什么问题;如果君主昏庸且政治险恶,那么即使这些现象没有一个出现,也没有什么好处。所以,流星的坠落、树木的鸣响,是天地的变化,阴阳的作用,是事物中很少出现的现象。觉得奇怪,是可以的;害怕畏惧,就不对了。

注释 1 队(zhuì):同“坠”。 2 党:通“傥”,偶尔。

物之已至者,人祆则可畏也。楛耕伤稼,耘耨失薉[1],政险失民,

已经出现的现象中,人事中的反常现象才是可怕的。粗劣地耕种伤害庄稼,粗劣地锄草影响收成,政治险恶丧失

田薉稼恶，籴[2]贵民饥，道路有死人，夫是之谓人袄。政令不明，举错不时，本事不理，夫是之谓人袄。礼义不修，内外无别，男女淫乱，则[3]父子相疑，上下乖离，寇难并至，夫是之谓人袄。袄是生于乱，三者错，无安国。其说甚尔[4]，其菑甚惨。勉力不时，则牛马相生，六畜作袄。[5]可怪也，而不可畏也。[6]传曰："万物之怪，书不说。"无用之辩，不急之察，弃而不治。若夫君臣之义，父子之亲，夫妇之别，则日切瑳而不舍也。

民心，田野荒芜庄稼歉收，粮食昂贵百姓挨饿，道路上常有饿死的人，这就是人事中的反常现象。政策法令不清明，举措不合时宜，农业生产不甚措意，（役使民力不顾农时，牛马相互生出怪胎，六畜也出现反常，）这就是人事中的反常现象。礼义不加修饰，内外没有分别，男女淫荡乱伦，父子相互猜疑，上下乖离，外寇内乱一起到来，这就是人事中的反常现象。人事中的反常现象产生于政治混乱，三种怪现象到来，就不可能有安定的国家。这种道理很浅显，但其灾害很惨重。的确令人畏惧，但不必觉得奇怪。古书上说："万物中的反常现象，书中是不解说的。"不适用的辩说，不切实的明察，放弃而不加研究。但如果是君臣之间的道义，父子之间的亲情，夫妇之间的差别，那么就应该每日研讨勉励而不放弃。

注释　1 耘耨失薉：《韩诗外传》卷二作"枯耘伤岁"。即马虎地锄草会影响收成。　2 籴(dí)：买进粮食。　3 则：衍文。　4 尔：通"迩"，浅近。　5 勉力不时，则牛马相生，六畜作袄：依据文义此三句应该在"本事不理"之后。　6 可怪也，而不可畏也：当为"可畏也，而不可怪也"。

雩[1]而雨，何也？曰：无何也，犹不雩而雨也[2]。

祭祀求雨即下雨了，这是为什么？答曰：没有什么，这与不祭祀也下雨是日月食而救之，天旱而雩，卜筮然后决大事，非以为得求也，以文[3]之也。故君子以为文，而百姓以为神。以为文则吉，以为神则凶也。

一样的。日食、月食发生了就去抢救，天旱就祭祀求雨，以卜筮裁决大事，并不是以此就可以得到所求的东西，不过以此文饰政事罢了。所以君子以为这是文饰，而百姓以为这是求神。以为是文饰政事就吉利，以为是求神就凶险。

注释　**1** 雩(yú)：古代为求雨而举行的祭祀。 **2** 犹不雩而雨也：荀子根本不相信祭祀真的可以求雨，即使此时下雨了也不是祭祀求来的，祭祀不过只是文饰政事罢了，与下雨并无直接关系。也就是说，祭祀时虽下雨了，但不祭祀也会下雨，因为该下雨了。 **3** 文：文饰。

在天者，莫明于日月；在地者，莫明于水火；在物者，莫明于珠玉；在人者，莫明于礼义。故日月不高，则光晖不赫；水火不积，则晖润不博；珠玉不睹[1]乎外，则王公不以为宝；礼义不加于国家，则功名不白[2]。故人之命在天，国之命在礼。君人者，隆礼尊贤而王，重法爱民而霸，好利多诈而危，权谋、倾覆、幽险而尽[3]亡矣。

天上的东西，没有比日月更明亮的；地上的东西，没有比水火更明亮的；万物之中，没有比珠玉更明亮的；人世之中，没有比礼义更光耀的。所以日月如果不高悬，那么它的光辉就不显赫；水火如果不积聚，那么它的光辉、湿润就不广博；珠玉如果不显耀于外，那么王公就不会把它们当作宝贝；礼义如果不在国家中体现，那么功绩名声就不会显扬于天下。所以人的命运取决于上天，国家的命运取决于礼义。统治人民的君主，推崇礼义、尊重贤能就可称王，重视法律、爱护民众就可称霸，贪图利益、多行欺诈就会危险，玩弄权术、倾轧陷害、阴暗险恶就会灭亡啊。

注释 1 晵:当为"啓",显露,显耀。 2 白:显扬于天下。 3 尽:衍文。

大天而思之[1],孰与物畜而制[2]之?从天而颂之,孰与制天命而用之?望时而待之,孰与应时而使之?因物而多[3]之,孰与骋能[4]而化之?思物而物之[5],孰与理物而勿失之[6]也?愿于物之所以生,孰与有物之所以成?故错人而思天,则失万物之情。

敬畏天而仰慕它,哪里比得上把天作为物蓄养起来而裁制它?顺从天而颂扬它,哪里比得上掌握天命而利用它?期盼天时而等待它,哪里比得上顺应天时而驱使它?依据物之自然而增加,哪里比得上发挥人之才能而改造它?羡慕万物而欲占有它,哪里比得上研究物理而不丧失它?希望追索万物产生的原因,哪里比得上利用万物已呈现出来的?所以放弃人为的努力而仰慕上天,必然丧失万物的本性。

注释 1 大天而思之:即认为上天的诸多现象太令人敬畏,让人好奇,由此去思考为什么会如此。荀子在此不赞成人们的形而上学的追思。大,敬畏,尊重。 2 制:当为"裁"。 3 多:增加。 4 骋能:尽力施展人的才能。 5 物之:占有物。 6 理物而勿失之:尽物之理以成物。

百王之无变,足以为道贯[1]。一废一起,应之以贯,理贯不乱。不知贯,不知应变。贯之大体未尝亡也,乱生其差,治尽其详。故道之所善,中

历代帝王都有不变的原则,足以成为一贯的原则。兴废无常,依据一贯的原则,并运用好就不会生乱。不知一贯的原则,就不知道如何去应对事物的变化。一贯的原则的作用从未消失,混乱产生于贯彻此原则发生偏差,政治清明因为贯彻得周详。所以凡是一贯的原则所昭示的,符合就遵从,偏

则可从，畸则不可为，匿[2]则大惑。水行者表深，表不明则陷；治民者表道，表不明则乱。礼者，表也。非礼，昏世也；昏世，大乱也。故道无不明，外内异表，隐显有常，民陷乃去。

离了就不要去做，错误了就会造成极大的惑乱。涉水的人需要标识水的深度，标识不明就会陷没；治理民众的人需要标识一贯的原则，一贯的原则不明就会混乱。礼义，就是（作为一贯的原则的）标识。悖逆礼，就是黑暗之世；黑暗之世，就会大乱。所以如果一贯的原则无所不明，内外有不同的标准，明的、暗的都有一定的法度，百姓的祸难就可避免了。

注释 1 道贯：礼可为一贯之道。 2 匿：同“慝”，差错。

万物为道一偏[1]，一物为万物一偏。愚者为一物一偏，而自以为知道，无知也。慎子有见于后，无见于先[2]；老子有见于诎，无见于信[3]；墨子有见于齐，无见于畸[4]；宋子有见于少，无见于多[5]。有后而无先，则群众无门；有诎而无信，则贵贱不分[6]；有齐而无畸，则政令不施[7]；有少而无多，

万物只是道的一部分，一物只是万物的一部分。愚蠢的人只看见一物的一个方面，就自以为把握了道，这是无知的表现。慎到对于在后之法治有所见，但对于在前的引导无所知；老子对于委曲无为有所见，但对于刚强有为无所知；墨子对于兼爱齐同有所见，但对于差别等级无所知；宋钘对于寡情少欲有所见，但对于肆情多欲无所知。只有在后之法治，而无在前的引导，那么群众永远进不了礼义文明之门；只有委曲无为，而没有刚强有为，那么贵贱就没有区分；只有齐同而无差别，那么政令就没有办法施行；只知道少欲而

则群众不化[8]。《书》曰:“无有作好,遵王之道;无有作恶,遵王之路。”[9]此之谓也。	不知道多欲,那么群众就不可能被教化。《尚书》说:“不要有所偏好,遵从王道就行;不要有所偏恶,遵从王道就行。”说的就是这个道理。

注释 1 万物为道一偏:道周遍万有,可见的世界只是其中的一部分,故曰“万物为道一偏”。 2 慎子有见于后,无见于先:慎到主张法治,而疏于礼治,法禁于已然之后,礼导于将然之前,故荀子认为慎到知后而不知先。 3 老子有见于诎,无见于信:老子之道,主张虚无、柔弱、无为,并以为此道足以胜刚强。诎,委曲,这里指虚无、柔弱、无为;信,伸,这里指刚强与有为。 4 墨子有见于齐,无见于畸:墨子主张兼爱而泯灭等级,故云“有见于齐,无见于畸”。畸,不齐。 5 宋子有见于少,无见于多:宋钘的学说主张,《庄子·天下》谓“以情欲寡浅为内”,“五升之饭足矣”,即宋钘认为人的情欲不应太多。 6 有诎而无信,则贵贱不分:荀子认为,卑贱者固可以委曲无为而服从,但高贵者必须刚强而有为,若都委曲无为,那么就没有了贵贱的分别。 7 有齐而无畸,则政令不施:若世人都齐同而无等级差别,那么,国家的政令靠谁制定,又指派谁去执行? 8 有少而无多,则群众不化:利用人的多欲以教化百姓,不然,教化不能施行。 9 此句引自《尚书·洪范》。

正论

导读　本篇乃荀子对世俗一些流行的观点，如“主道利周”“汤、武篡夺天下”“治古无肉刑”“汤、武不能禁令”“尧、舜禅让天下”“太古薄葬”及宋钘的一些观点进行了批驳与辩正。荀子的这些批驳与辩正并非是基于历史的考据，也不是基于学理的探究，因此，不免在某些问题上易引发误解。荀子的批驳与辩正乃是依据儒家王道理想之大义，而这些流行说法可能恰恰与此相抵触，从而妨碍统治者行王道、重礼义。如，他力辩汤、武并非篡夺桀、纣之天下，乃行仁道使百姓自然归附的结果，这与孟子的观点是一致的。另外，他还力辩“禅让天下”之为非，尽管与儒家固有之观点相异(孟子就承认“舜受尧之天下”)，但荀子在此提出了一种更高的观点，即天子并非权势，亦非职位，而是一个“理”，只要能尽天子之理，就无所谓禅让，因为“理”是一个持续的永恒存在。也就是说，现实中的天子可以由不同的人来担任，但天子之理从未退场，也无轮替，故无禅让。

原文

世俗之为说者曰：“主道利周[1]。”

是不然。主者，民之唱也；上者，下之仪也。

译文

世俗流行的观点说：“君主之道以隐秘难知为贵。”

不是这样的。君主，是民众的引导者；君上，是百姓的表率。百姓依据他所彼将听唱而应，视仪而动。唱默则民无应也，仪隐则下无动也。不应不动，则上下无以相有[2]也。若是，则与无上同也，不祥莫大焉。故上者，下之本也。上宣明，则下治辨矣；上端诚，则下愿悫矣；上公正，则下易[3]直矣。治辨则易一，愿悫则易使，易直则易知。易一则强，易使则功，易知则明，是治之所由生也。上周密，则下疑玄[4]矣；上幽险，则下渐[5]诈矣；上偏曲，则下比周矣。疑玄则难一，渐诈则难使，比周则难知。难一则不强，难使则不功，难知则不明，是乱之所由作也。故主道利明不利幽，利宣不利周。故主道明则下安，主道幽则下危。故下安则贵上，下危则贱上。故上易知，则下

听到的应和，依据他所看到的行动。君主不先呼应那么百姓就无法应和，表率幽隐了那么民众就不知如何行动。不应和又不行动，那么上下之间就不能相互影响、相互依靠。如果这样，就如没有君主一样，不吉利的事情没有比这更大的了。所以君上，是民众的根本。君上公开明确，民众就治理得好；君上端正诚实，民众就忠厚老实；君上公正无私，民众就坦荡正直。治理得好就易于统一，忠厚老实就容易驱使，坦荡正直就容易知晓。易于统一就强大，容易驱使就有功，容易知晓就明了，这是安定得以产生的缘由。如果君上隐秘，那么民众就会怀疑迷惑；君上阴险，那么民众就会狡猾奸诈；君上偏袒，那么民众就会结党营私。怀疑迷惑就难以统一，狡猾奸诈就难以驱使，结党营私就难以知晓。难以统一就不会强大，难以驱使就不会有功，难以知晓就不会明了，这是混乱得以产生的缘由。所以君主之道以明朗而不是以幽险为贵。因此君主之道明朗则臣民安定，君主之道幽险则臣民危险。所以臣民安定就会尊重君主，臣民危险就会鄙视君主。所以君主容易知晓臣民就会

亲上矣；上难知，则下畏上矣。下亲上则上安，下畏上则上危。故主道莫恶乎难知，莫危乎使下畏己。传曰："恶之者众则危。"《书》曰："克明明德。"[6]《诗》曰："明明在下。"[7] 故先王明之，岂特玄之耳哉！

亲近君主，君主难以知晓臣民就会畏惧君主。臣民亲近君主那么君主就会安全，臣民畏惧君主那么君主就会危险。所以君主之道没有比难以知晓更可恶的了，没有比使臣民畏惧自己更危险的了。古书上说："厌恶的人多了就危险。"《书》说："要发扬光明之德行。"《诗》说："以美德昭示天下。"所以，先王之道都在于光明，哪里只是迷惑难知呢！

注释 1 周：周密，幽隐，不使人知。 2 有：当为"胥"。 3 易：坦荡，不险恶。 4 玄：通"眩"，迷惑。 5 渐：诈。 6 此句引自《尚书·尧典》。原作"克明俊德"。 7 此句引自《诗经·大雅·大明》，此诗颂扬了周人伐殷商之胜利。明明，德行明明可察。

世俗之为说者曰："桀、纣有天下，汤、武篡而夺之。"

是不然。以桀、纣为常有天下之籍[1]则然，亲有天下之籍则不然[2]，天下谓在桀、纣则不然。古者天子千官，诸侯百官。以是千官也，令行于诸夏之国谓之王。以是百官也，令行于境内，国虽不安，

世俗流行的观点说："桀、纣拥有天下，但汤、武篡夺了它。"

这种说法不对。认为桀、纣曾经拥有天子之威势是对的，认为桀、纣亲自占有过天子之职位也是对的，但若以为天下就应该属于桀、纣，那是不对的。古代天子有上千个官吏，诸侯有上百个官吏。依靠这上千个官吏，把政令推行于中原各诸侯国，这就叫王；依靠这上百个官吏，把政令推行于国境之内，国家即使不安定，也不至

不至于废易遂[3]亡，谓之君。圣王之子也，有天下之后也，埶籍之所在也，天下之宗室也。然而不材不中，内则百姓疾之，外则诸侯叛之，近者境内不一，遥者诸侯不听，令不行于境内，甚者诸侯侵削之，攻伐之。若是，则虽未亡，吾谓之无天下矣。圣王没，有埶籍者罢[4]不足以县天下。天下无君，诸侯有能德明威积，海内之民莫不愿得以为君师，然而暴国独侈，安能诛之[5]，必不伤害无罪之民，诛暴国之君，若诛独夫。若是，则可谓能用天下矣。能用天下之谓王。汤、武非取天下也，修其道，行其义，兴天下之同利，除天下之同害，而天下归之也。桀、纣非去天下也，反禹、汤之德，乱礼义之分，禽兽之行，积其凶，全其恶，而天下去之也。天下归之之

于废弛而灭亡，这就叫君。圣王的子孙，是拥有天下人的后代，威势地位之所在，乃天下之宗主。然而没有才能又不中正，在内百姓痛恨他，在外诸侯背叛他，从近处讲是国内不统一，从远处讲是诸侯不听从，政令不能推行于国内，甚至诸侯侵犯削弱它，攻打讨伐它。如果这样，即使没有灭亡，我认为他已经没有了天下。圣王死了以后，拥有权势职位的子孙因不贤能不足以治理天下，天下相当于没有了君主，诸侯之中有德行昭明、名震天下的人，海内之百姓没有一个不愿意他作为其君主的。然而残暴之国的君主骄奢放纵，他就诛杀之，且必然不会伤害无罪之百姓，诛杀残暴之国的君主就像诛杀独夫一样。如果这样，他就可谓拥有了天下。像这样能够拥有天下的就是君王。汤、武并非夺取天下，而是遵从治国之道，实行礼义，振兴天下之共同利益，剪除天下之普遍祸害，故天下人都归顺了他们。桀、纣并非失去天下，他们违背大禹、商汤之德行，破坏礼义之等级名分，如禽兽之行为，积累凶残，全尽邪恶，所以天下人都离开了他

谓王，天下去之之谓亡。故桀、纣无天下而汤、武不弑君，由此效之也。汤、武者，民之父母也；桀、纣者，民之怨贼也。今世俗之为说者，以桀、纣为君而以汤、武为弑，然则是诛民之父母而师民之怨贼也，不祥莫大焉。以天下之合为君，则天下未尝合于桀、纣也。然则以汤、武为弑，则天下[6]未尝有说也，直堕[7]之耳。

们。天下人都归顺了他就是王，天下人都离开了他就是亡。所以桀、纣并不拥有天下，汤、武也没有诛杀君主，由此得以说明。汤、武，是百姓的父母；桀、纣，是百姓的仇寇。如今世俗之论说者，以为桀、纣是君主而汤、武乃弑君者，这样的话那就是诛杀了百姓的父母而以百姓之仇寇为君长，不吉祥没有比这更大的了。若以天下人归附就该为君，那么天下人从未曾归附于桀、纣。若以为汤、武是弑君者，这种说法并不能作合理的解释，只是污蔑罢了。

注释 1 常有天下之籍：常，尝；天下之籍，当为“天子之籍”。下同。2 不然：当为“然”。 3 遂：通“坠”。 4 罢(pí)：不贤能。 5 安能诛之：依据文义，当为“则诛之”。安，则；能，衍文。 6 天下：衍文。 7 堕：毁，污蔑。

故天子唯其人[1]。天下者，至重也，非至强莫之能任；至大也，非至辨莫之能分；至众也，非至明莫之能和。此三至者，非圣人莫之能尽，故非圣人莫之能王。圣人备道全美者也，是县天下之权称[2]也。桀、

所以天子唯有合适的人才能担任。治理天下，是最重的担子，不是最强大的人不能胜任；有最繁杂的事务，不是最明辨的人不能区分；有最众多的人口，不是最圣明的人不能和谐。这三个“最”，如果不是圣人是不能尽其责的，所以如果不是圣人就没有人能当王。圣人是道德完备、尽善

纣者，其知虑至险也，其至意[3]至暗也，其行之为至乱也；亲者疏之，贤者贱之，生民怨之，禹、汤之后也，而不得一人之与；刳比干，囚箕子，身死国亡，为天下之大僇[4]，后世之言恶者必稽焉。是不容妻子之数[5]也。故至贤畴[6]四海，汤、武是也；至罢不能容妻子，桀、纣是也。今世俗之为说者，以桀、纣为有天下而臣汤武，岂不过甚矣哉！譬之是犹伛巫、跛匡[7]大自以为有知也。故可以有夺人国，不可以有夺人天下；可以有窃国，不可以有窃天下也。可以[8]夺之者可以有国，而不可以有天下；窃可以得国，而不可以得天下。是何也？曰：国，小具也，可以小人有也，可以小道得也，可以小力持也；天下者，大具也，不可以小人有也，不可以小道得也，

尽美的人，是治理天下的标准。桀、纣，他们的谋虑极其阴险，他们的心志极其黑暗，他们的行为极其淫乱；亲近的人疏远他们，贤能的人鄙视他们，百姓怨恨他们，他们虽然是大禹、商汤的后代，却得不到一个人的辅助；挖心比干，囚禁箕子，身死国亡，被天下人视为最大的耻辱，是后世谈论邪恶的人必然会提到的。这是连妻子都保护不了的一类人。所以最贤能的人保有四海，汤、武就是这样的人；最不贤能的人不能保护妻子，桀、纣就是这样的人。如今的世俗论说者，以为桀、纣拥有天下而以汤、武为臣子（加以弑君之恶名），难道不是大错特错了吗？这就好像女巫、瘸腿的残疾人却自以为很有智慧一样。所以可以夺取别人的国家，却不可以夺取别人的天下；可以窃取别人的国家，却不可以窃取别人的天下。夺取的人可以拥有国家，却不可以拥有天下；窃取可以得到国家，却不可以得到天下。这是为什么呢？答曰：国家，是小器具，小人可以拥有，可以以小的谋术得到，也可以以小的力量去维持；天下，是大的器具，小人不

不可以小力持也。国者，小人可以有之，然而，未必不亡也；天下者，至大也，非圣人莫之能有也。

能拥有，小的谋术也不能得到，小的力量也不能维持。国家，小人可以拥有，但是未必不灭亡；天下，是最大之物，如果不是圣人就不能拥有。

注释 1 唯其人：适合的人。 2 权称：标准。 3 至意：当为“志意”。 4 僇：耻辱。 5 数：此指不能保护妻子的人。 6 畴：保。 7 跛匡：从事巫术的残疾人。匡，通“尪”(wāng)，骨骼弯曲的残疾人。 8 可以：衍文。

世俗之为说者曰：“治古无肉刑而有象刑[1]：墨黥；慅婴；共，艾毕；菲，对屦；杀，赭衣而不纯，治古如是。”

是不然。以为治邪？则人固莫触罪，非独不用肉刑，亦不用象刑矣。以为人或触罪矣，而直轻其刑，然则是杀人者不死，伤人者不刑也。罪至重而刑至轻，庸人不知恶矣，乱莫大焉。凡刑人之本，禁暴恶恶，且征其未[2]也。杀人者不死而伤人者不刑，是

世俗流行的观点说：“古代的治世没有肉刑只有象征性的刑罚：用墨画脸代替黥刑；系上草编的帽带代替劓刑；宫刑，以割去衣服的蔽膝代替；剕刑，以穿麻鞋代替；大辟，以赤红色的无领上衣代替。古代的治世就是这样。”

这种说法不对。认为是太平盛世吗？那么人们本来就没有犯罪，不但不用肉刑，象征性的刑罚也不会用。如果总有人会犯罪，而径直减轻其刑罚，那么就会导致杀人者不偿命，伤人者不受惩罚。罪恶极其大而惩罚极其轻，庸众就不知道什么是犯罪了，祸乱没有比这更大的了。大凡刑罚的出发点，乃在禁止残暴惩罚邪恶，且防范于未然。若杀人者不偿命而伤人者不受惩罚，这样就

谓惠暴而宽贼也，非恶恶也。故象刑殆非生于治古，并起于乱今也。治古不然。凡爵列、官职、赏庆、刑罚，皆报也，以类相从[3]者也。一物失称，乱之端也。夫德不称位，能不称官，赏不当功，罚不当罪，不祥莫大焉。昔者武王伐有商，诛纣，断其首，县之赤旆[4]。夫征暴诛悍，治之盛也。杀人者死，伤人者刑，是百王之所同也，未有知其所由来者也。刑称罪则治，不称罪则乱。故治则刑重，乱则刑轻，犯治之罪固重，犯乱之罪固轻[5]也。《书》曰："刑罚世轻世重。"[6]此之谓也。

是给残暴的人恩惠而宽恕作乱的人，这并不是惩罚邪恶。所以象征性的刑罚大概不是产生于古代治世，而是起源于当今之乱世。古代之治世则不是这样。大凡爵位、官职、奖赏、刑罚，都是善恶的回报，以与自己的行为相适应。一件事情没有做到善恶相称，就是祸乱的开始。德行不配职位，能力不配官职，奖赏不配功绩，刑罚不抵罪恶，不吉祥没有比这更大的了。往古武王讨伐殷商，杀死纣王，割下其头颅，悬挂在旗帜上。征伐残暴诛杀凶悍，是治世之盛举。杀人者偿命，伤人者受惩罚，是历代君王所相同的措施，虽然没有人知道其起源。刑罚与罪恶相称就是治世，刑罚与罪恶不相称就是乱世。所以治世犯罪就刑罚重，乱世犯罪就刑罚轻，在治世犯罪其刑罚本来就应该重，在乱世犯罪其刑罚本来就应该轻。《书》说："刑罚随世之推移而有轻有重。"说的就是这个道理。

注释 **1** 无肉刑而有象刑：肉刑，实际的肉体惩罚；象刑，象征性的惩罚以代替肉体惩罚。古代的肉刑有：黥（脸上刺字后涂墨）、劓（割鼻子）、剕（剁脚）、宫（破坏生殖器）、大辟（砍头），而墨、慅（cǎo）婴、艾毕、对屦、赭衣而不纯，都是代替上述五种肉刑的象征性惩罚。墨，以黑墨画脸代替黥刑。慅婴，系上草编的帽带代替劓刑。艾毕，割去衣服的蔽膝代替宫刑。

艾，通“刈”(yì)，割；毕，同“韠”(bì)，蔽膝，缝于长衣之前，是古代官服上的一种装饰。对屦，穿麻鞋以代替剕刑。对，当为“緋”(běng)，麻鞋。赭衣而不纯，以赤红色的无领上衣代替大辟。不纯，无领之上衣。 **2** 征其未：征，通“惩”。未，将要发生的恶行。 **3** 以类相从：指善恶相报。 **4** 旆(pèi)：古代竖挂的旗帜下边垂悬的装饰品。 **5** 犯乱之罪固轻：在乱世，人们迫于饥寒，故犯罪者多，不可尽用重典，故当轻。 **6** 此句引自《尚书·吕刑》。

世俗之为说者曰：“汤、武不能禁令。是何也？”曰：“楚、越不受制。”

是不然。汤、武者，至天下之善禁令者也。汤居亳，武王居鄗，皆百里之地也，天下为一，诸侯为臣，通达之属莫不振[1]动从服以化顺之，曷为楚、越独不受制也？彼王者之制也，视形埶而制械用，称远迩而等贡献，岂必齐哉！故鲁人以榶[2]，卫人用柯[3]，齐人用一革[4]，土地刑制不同者，械用、备饰不可不异也。故诸夏之国同

世俗流行的观点说：“汤、武不能实行禁令。这是为什么？”有人答曰：“楚国、越国不接受汤、武的制约。”

这种说法是不对的。汤、武，是天下最善于实行禁令的人。商汤居亳邑，武王住镐地，都是百里大的地方，但最后一统天下，诸侯臣服，舟车能够通达的地方没有不敬畏服从、接受教化而归顺的，为何楚国、越国不接受制约呢？王者的制度，依据各地的形势、风俗制定器械用具，衡量远近来规定进贡物品的不同，难道必然要一样(才算接受制约)吗？所以鲁国人用榶(盛食)、卫国人用柯(盛食)、齐国人用一革(盛食)，地区风俗不同，器械用具、服饰不可能不相异。所以中原华夏诸国同样服事天子且礼仪相同，蛮、夷、戎、狄诸国同样服事天子但礼仪不同。王畿之内以种王田的方式服事天子，

服[5]同仪，蛮、夷、戎、狄之国同服不同制。封内甸服[6]，封外侯服[7]，侯、卫宾服[8]，蛮、夷要服[9]，戎、狄荒服[10]。甸服者祭[11]，侯服者祀，宾服者享，要服者贡，荒服者终王[12]。日祭、月祀、时享、岁贡，夫是之谓视形埶而制械用，称远近而等贡献，是王者之至[13]也。彼楚、越者，且时享、岁贡，终王之属也，必齐之日祭、月祀之属，然后曰受制邪？是规磨[14]之说也，沟中之瘠[15]也，则未足与及王者之制也。语曰："浅不足与测深，愚不足与谋知，坎井[16]之蛙不可与语东海之乐。"此之谓也。

王畿之外以守卫边境的方式服事天子，侯圻、卫圻等地区以按时进贡的方式服事天子，蛮夷之地以实施教化约束百姓的方式服事天子，戎狄之地以不定期进贡的方式服事天子。甸服的国家供给每日的祭品，侯服的国家供给每月的祭品，宾服的国家供给每季的祭品，要服的国家每年进贡祭品，荒服的国家新王即位朝贡觐见。日祭、月祀、时享、岁贡，这就叫依据形势、风俗之不同而制定器械用具，衡量远近来规定不同的进贡物品，这就是王者的制度。楚国、越国，本来是属于每季供给祭品、每年进贡、新王即位朝觐的国家，一定要与每日供给祭品、每月供给祭品的国家等同才算接受制约吗？这是错误的说法，是无知浅陋的人，不足以与之谈论王者的制度。古语说："浅陋的人不足以与之探究深刻的道理，愚昧的人不足以与之谋划智慧的事情，废弃水井中的青蛙不足以与之谈论东海的快乐。"说的就是这个道理。

注释　1 振：通"震"，恐惧。　2 榶(táng)：碗。　3 柯：盂，古代盛食物的器具。　4 一革：不详，可能是皮制食物器具。　5 服：服事天子。　6 封内甸服：封内，王畿之内，盖距都城五百里；甸服，以耕种王田的方式服事天子。　7 封外侯服：封外，王畿之外五百里；侯服，以侦探敌情、守卫边境的方式服事天子。 8 侯、卫宾服:据《周官·职方氏》,封外之后又分五圻,每圻五百里,分别是侯、甸、男、采、卫。这里以侯、卫代表五圻。宾服,以按时进贡朝见的方式服事天子。 9 要服:用礼义教化约束,使之悦服。 10 荒服:以不定期进贡的方式服事天子。 11 甸服者祭:祭,指日祭(祭祀父亲、祖父)。下文所说的祀(祭祀曾祖、高祖)、享(祭祀远祖)、贡(祭祀天地神灵),分别是指月祀、季享、岁贡。 12 终王:指新王即位,朝贡觐见以承认其地位。 13 至:当为"制"。 14 规磨:差错。 15 沟中之瘠:浅陋无知的人。 16 坎井:废坏的井。

世俗之为说者曰:"尧、舜擅[1]让。"

是不然。天子者,埶位至尊,无敌于天下,夫有谁与让矣?道德纯备,智惠[2]甚明,南面而听天下,生民之属莫不振动从服以化顺之,天下无隐士,无遗善。同焉者是也,异焉者非也,夫有恶擅天下矣[3]?

世俗流行的观点说:"尧、舜把天下禅让给了别人。"

这种说法是不对的。天子,权威地位至为尊贵,天下无人与之匹敌,有谁可以禅让呢?尧、舜道德纯洁完备,智慧聪睿圣明,南面而君临天下,百姓没有不敬畏悦服乃至接受教化而归顺他们的(因悦服百姓自然成为了天子,并非谁把天子作为私有物而禅让),天下没有隐居的贤士,没有遗漏的善行。德行同于尧、舜者百姓就归附他,他自然就成为了天子;德行不同于尧、舜者百姓就会离弃他,即使拥有其位也不可能是天子,哪里有什么禅让之说呢?

注释 1 擅:通"禅"。 2 惠:通"慧"。 3 夫有恶擅天下矣:哪里有什么禅让天下之说呢?从历史事实上说,确实有禅让一说,但荀子为什么反对禅让说呢?盖持禅让说者,多以为天下乃私有之物,禅让即是把私物转让给别人，这是儒者坚决反对的。孟子亦有类似的看法，《孟子·万章上》载：万章问曰："人有言'至于禹而德衰，不传于贤而传于子'，有诸？"孟子曰："否，不然也。天与贤则与贤，天与子则与子。"孟子的意思是，天下并非私有物，不能以个人的名义转让，无论这个人是贤者还是自己的儿子；哪怕是转让给了贤者，儒者也不认可，这并非是指转让的对象非其人，而是一旦认可其转让，则认可天下乃私有物，那就很危险了。所以，孟子一再强调"天与之"，这表示天下非私有物的个人转让，而是公有物之德位相配。荀子说"同焉者是也，异焉者非也"，即是说若德行美如尧舜，那么他就是天子，但这个天子并非是别人以私有物的方式禅让给他的，而是他就应该是天子，因百姓自然会归附于他；若德行不如尧舜，他就不应该是天子。"应该"与"不应该"完全从公义与正道而论，并非私有物之禅让。尽管历史事实上尧的确禅位给了舜，但这必须从公义与正道之应该看，所谓"生民之属莫不振动从服以化顺之"，这意味着是公义与正道让百姓归附，自然就成了天子，而绝不是尧把私有物禅让给了舜。荀子在此否认的并不是禅让的历史事实，而是否认任何人不能把天下据为私有而转让给别人。多数译者把"同焉者是也，异焉者非也"译为："言行与尧舜一样的就是正确的，不一样的就是错误的。"若是这个意思，则与这里所说的禅让无关。

曰："死而擅之。"

是又不然。圣王在上，图德而定次，量能而授官，皆使民载其事而各得其宜。不能以义制利，不能以伪饰性[1]，则兼以为民。圣王已没，天下

世俗流行的观点又说："圣王死了以后把职位禅让给了别人。"

这种说法也不对。圣王在位的时候，依据德行决定位次，衡量才能授予官职，都能够使臣民从事各自的事情而各得其宜，那些不能以礼义限制利益，不能以教化矫饰本性的人，就让他们全都

无圣,则固莫足以擅天下矣。天下有圣而在后[2]者,则天下不离,朝不易位,国不更制,天下厌然[3]与乡无以异也;以尧继尧,夫又何变之有矣?圣不在后子而在三公[4],则天下如归,犹复而振之矣,天下厌然,与乡无以异也;以尧继尧,夫又何变之有矣?唯其徙朝改制为难。故天子生则天下一隆,致顺而治,论德而定次,死则能任天下者必有之矣。夫礼义之分尽矣,擅让恶用矣哉?[5]

做百姓。若圣王去世,天下根本就没有了圣王,那本来就没有足以堪任天下的人了。若天下有继起的圣王且是圣王的后代,那么天下人不会离弃,朝廷不会改变,家国不会更换制度,承平之象与先前之圣王无异,这是以类似尧的人继承尧,哪里有什么变化呢?若继起的圣王不是圣王的后代而是辅政大臣,那么天下人都归向他,天下重新振兴,承平之象与先前之圣王无异,这是以类似尧的人继承尧,哪里有什么变化呢?只有改朝换代、变更制度为最难。所以,天子在世时则天下一心,极其顺从而得以治理,依据德行决定位次,去世以后能够统治天下的圣王就一定会有。若治国能尽礼义之本分,哪里还用得着禅让呢?

注释 1 以伪饰性:即荀子所说的"化性起伪",以后天人为之教化化除先天邪恶的本性,这是荀子性恶论之教化理念。伪,人为。 2 后:"后"字之后脱落一"子"字,后文有"圣不在后子而在三公",可资印证。 3 厌然:顺从的样子,即承平之气象。 4 三公:这里指重要的辅政大臣,如周公。 5 夫礼义之分尽矣,擅让恶用矣哉:在荀子那里,天子既不是权势,也不是职位,它只是一个理。什么理?依礼义而治,尽礼义之分。现实中当天子的人有传子、传贤或以革命的方式获得(如武王伐纣)之不同,但天子之理是一永恒而不间断的存在,并无传递、夺取之可能,故不但禅让不存在,夺取也不存在。因此,无论是圣王之子还是三公,若尽了天子之理,在荀子看来,没有什么不同;若无圣王,即无人能尽天子之理了,即使有人禅让天子之位,也是不能得到认可的。荀子反对禅让说所强调的是,不要总是去盯着天子之职位、权势和职位上的那个人不放,如果只是如此,人们并不懂得什么是天子,乃至只羡慕其权势与富有;而是要去关注现实中的天子后面的那个“理”,只有如此,我们才能懂得什么是天子,我们才知道怎样去做。只有懂得了这个,荀子才有信心说圣王“死则能任天下者必有之矣”。

曰:“老衰而擅。”

是又不然。血气筋力则有衰,若夫智虑取舍则无衰。

曰:“老者不堪其劳而休也。”

是又畏事者之议也。

天子者,埶至重而形至佚,心至愉而志无所诎,而形不为劳,尊无上矣。衣被则服五采[1],杂间色[2],重文绣,加饰之以珠玉;食饮则重大牢[3]而备珍怪,期[4]臭味,曼而馈[5],代睪[6]而食,《雍》而彻乎五祀[7],执荐者百人[8]侍西房;居则设张容[9],负依[10]而坐,诸侯趋走乎堂

世俗流行的观点又说:“圣王年老体衰了就把职位禅让给了别人。”

这种说法也不对。气血、体力有衰老,但智慧思考及判断力并无衰老。

世俗流行的观点又说:“圣王年老体衰不堪其劳累想休息了(而禅让职位给别人)。”

这是那些怕劳累之人的议论。

天子,权势至为贵重而形体至为安逸,心情至为愉快而精神无所拘束,且身体不会劳累,尊贵无比。身穿五彩之服装,相配各种颜色,表以华美的刺绣,饰以珍贵的珠玉;饮食则是太牢和各种珍馐美味,香气扑鼻,在舞蹈中列队送食,在鼓声中轻快进餐,宴罢奏《雍》以祭祀灶神,端菜者有百余人侍候在西厢房;临朝听政时设置帷帐与小屏风,背负着大屏风端坐,诸侯王在堂下小跑来

下；出户而巫觋有事[11]，出门而宗祀有事[12]，乘大路、趋越席[13]以养安，侧载睪芷[14]以养鼻，前有错衡[15]以养目，和鸾[16]之声，步中《武》《象》，驺[17]中《韶》《护》以养耳，三公奉軶持纳[18]，诸侯持轮、挟舆、先马，大侯编后，大夫次之，小侯、元士次之，庶士介[19]而夹道，庶人隐窜，莫敢视望。居如大神，动如天帝。持老养衰，犹有善于是者与不？老者，休也，休犹有安乐恬愉如是者乎？故曰：诸侯有老，天子无老。有擅国，无擅天下，古今一也。[20]

夫曰"尧、舜擅让"，是虚言也，是浅者之传、陋者之说也，不知逆顺之理，小大、至不至之变者也，未可与及天下之大理者也。

觐见；出了宫廷之门则巫觋为其驱除不祥，出了王城门则宗祝为其祈求福祥，乘坐着大车、踩着洁净柔软的蒲草席子以养安，旁边放着香草以养鼻，前面有雕刻花纹的横木以养目，车中的铃声，慢行时合着《武》《象》之乐，疾行时合着《韶》《护》之音以养耳，三公扶着车辕、牵着缰绳，诸侯或护着车轮、或护着车厢、或在马前面引路，大国之诸侯排列在后面，大夫又随其后，小国之诸侯、元士又随其后，士兵们穿着铠甲站在道路两边，百姓隐藏回避，不敢正面张望；天子端坐时像大神一样尊贵，行动时犹天帝一样自如，保养身体、预防衰老，还有比这更好的待遇吗？老了，需要休息，但休息还有比这更安乐愉快的吗？所以说：诸侯有告老退休的，天子没有告老退休的，有禅让国家的，没有禅让天下的，古今是一个理。

说"尧、舜把天下禅让给了别人"，是虚妄之言，是无知者的谣传，鄙陋者的胡诌。他们不懂得对错的道理，不懂得国家、天下之不同，至尊与不至尊的殊异，是一些不能与他们讨论天下大道理的人。

注释 1 衣被则服五采:被,通“披”;五采,青、黄、赤、白、黑五种颜色,古代称之为正色。 2 间色:非正色者为杂色,如粉红、绿、碧、紫等,它们是由正色相间调配而成,所以叫间色。 3 重大牢:重,多;大牢,太牢,指祭祀时,猪、牛、羊全备。 4 期:通“綦”,极。 5 曼而馈:列长队送与食物。曼,长。一说,曼,通“万”,一种送食时的舞蹈。 6 代睪:代,当为“伐”,击鼓;睪,同“鼛”,大鼓。《淮南子·主术训》云:“鼛鼓而食,奏《雍》而彻。”高诱注云:“鼛,王者之食乐也。” 7 《雍》而彻乎五祀:《雍》,《诗经·周颂》中的乐章名,为天子撤膳时所奏;彻,通“撤”; 五祀,五种祭祀,即祭户神、灶神、中霤神(宅神)、门神、行神(路神),此文专指祭灶神。按古代礼制,天子用餐毕,当祭祀灶神。 8 执荐者百人:天子享用一百二十种食物。百人,取其成数。 9 张容:帐子与床头之间的小屏风。张,通“帐”;容,小屏风。 10 依:通“扆”,宫殿内门与窗之间画斧形的大屏风。 11 出户而巫觋有事:出户,走出宫殿门;有事,指为天子占卜吉凶并祈祷驱除不祥。 12 出门而宗祀有事:出门,走出王城之门;宗祀,当为“宗祝”,即大宗伯与大祝,前者掌祭祀之礼,后者掌祈福祥;有事,指为天子祭路神求福。 13 乘大路、趋越席:大路,即大辂,天子乘坐的大车。《礼记·乐记》云:“大辂者,天子之车也。”越席,蒲草制成的席子,这种席子清洁柔软,以供车上垫坐。 14 睪(zé)芷:湖水边生长的一种香草。 15 错衡:镌刻交错花纹的车前横木。 16 和鸾:俱为车铃。车架上的为和,车前横木上的为鸾。 17 驺:通“骤”,车快走,与“步”,即车慢行相对。 18 奉軶持纳:侍奉着车轭,护持着缰绳。軶,同“轭”,驾车时套在马脖子上的曲木;纳,通“軜”(nà),靠外侧的两匹马的内侧缰绳。 19 介:穿着盔甲。 20 有擅国,无擅天下:荀子在此指出,若认为天子太累或衰老而需禅让天下,这是不能成立的,因为在荀子看来,天子应该是很安逸的,其安逸并非是不理朝政之安逸(如后世之万历皇帝),乃是修身而尽天子之理,万事俱得其人而顺遂,所谓“笃恭而天下平”,故安逸。

若认为太累或衰老不能任事，则与荀子一贯的天子安逸之主旨是背道而驰的，故他坚决否认。

世俗之为说者曰："尧、舜不能教化。"是何也？曰："朱、象[1]不化。"

是不然也。尧、舜至天下之善教化者也，南面而听天下，生民之属莫不振动从服以化顺之。然而朱、象独不化，是非尧、舜之过，朱、象之罪也。尧、舜者，天下之英也；朱、象者，天下之嵬、一时之琐也。今世俗之为说者，不怪朱、象而非尧、舜，岂不过甚矣哉！夫是之谓嵬说[2]。羿、蠭门者，天下之善射者也，不能以拨弓、曲矢中[3]；王梁、造父者，天下之善驭者也，不能以辟[4]马、毁舆致远。尧、舜者，天下之善教化者也，不能使嵬琐化。何世而无嵬？何时而无琐？

世俗流行的观点说："尧、舜不能教化人。"为什么这样说呢？答曰："丹朱、象就没有教化好。"

这种说法是不对的。尧、舜是天下最善于教化百姓的人，南面而君临天下，百姓没有不敬畏悦服乃至接受教化而归顺他们的。然而唯独丹朱、象没教化好，这并非尧、舜之过错，乃丹朱、象之罪过。尧、舜，是天下的英杰；丹朱、象，是天下奸诈之徒，当世卑劣之人。如今世俗流行的观点不去责怪丹朱、象，反而非议尧、舜，难道不是大错特错了吗！这就叫狂妄荒诞之说法。羿、蠭门，是天下最善于射箭的人，但也不能以偏斜的弓、弯曲的箭射中细微的目标；王梁、造父，是天下最善于驾马的人，但也不能以瘸腿的马、毁坏的车到达远方；尧、舜，是天下最善于教化的人，但也不能使奸诈之徒、卑劣之人被教化。哪个社会没有奸诈之徒，哪个时代没有卑劣之人，自从伏羲氏、燧人氏以来就没有缺少过。所以提出这种自太皞、燧人[5]莫不有也。故作者不祥，学者受其殃，非者有庆。《诗》曰："下民之孽，匪降自天。噂沓背憎，职竞由人。"[6]此之谓也。

说法的人会遭遇不吉祥，宣传这种说法的人会遭殃，非难这种说法的人会有庆赏。有《诗》说："百姓遭受灾祸，并非降自上天；而是人们当面欢声笑语背后痛恨猜忌，都是因为人造成的。"说的就是这个道理。

注释 1 朱、象：指丹朱与象。丹朱，尧的长子，但不肖，故尧把天子之位传给了舜而不是丹朱。象，舜之异母弟，多次想谋杀舜。 2 嵬说：狂妄荒诞的说法。儒家的传统虽然承认人人都可以被教化，乃至成为圣贤，这是理上如此说，因为人人皆有可被教化的根基，那就是孟子所说的四端，尽管荀子未必赞成孟子四端之说。但荀子也认为途之人可以为禹，之所以可以，乃因为人有对于礼义的可知之明与可行之能，这是先天固有的。这个可知之明与可行之能与孟子之四端并无差异。但四端或可知之明与可行之能总是陷在人的气质之中才能发用，而人的气质总有清浊之差别，人之气质过于浑浊，其被教化的可能性较小。丹朱、象就属于这种人。这与圣贤善不善教化无关，故孔子也感叹"朽木不可雕也，粪土之墙不可杇也"（《论语 · 公冶长》）。 3 不能以拨弓、曲矢中：拨弓，弓偏斜不正；中，后面脱落一"微"字。 4 辟：通"躄"(bì)，腿瘸。 5 太皞、燧人：太皞，即伏羲，古代传说中的东方部落首领；燧人，传说发明了钻燧取火，使民熟食，被推举为王，号燧人氏。二者都是古代圣人。 6 此句引自《诗经 · 小雅 · 十月之交》。这首诗将异常之天象与人的政治作为联系起来，告诫统治者应行仁政，不可奸佞误国。噂(zǔn)沓背憎，指小人相聚则笑语，相背则憎恨。噂沓，聚语貌，议论纷纷。

世俗之为说者曰："太古薄葬，棺厚三寸，衣衾三领，葬田不妨田[1]，故不掘也；乱今厚葬饰棺，故扣[2]也。"

是不及知治道，而不察于扣不扣者之所言也。凡人之盗也，必以有为[3]，不以备不足，则以重有余也。而圣王之生民也，皆使当厚优犹不知足[4]，而不得以有余过度。故盗不窃，贼不刺[5]，狗豕吐[6]菽粟，而农贾皆能以货财让。风俗之美，男女自不取于涂[7]而百姓羞拾遗。故孔子曰："天下有道，盗其先变乎！"虽珠玉满体，文绣充棺，黄金充椁，加之以丹矸[8]，重之以曾青，犀象以为树，琅玕、龙兹、华觐[9]以为实，人犹且莫之扣也。是何也？则求利之诡[10]缓，而犯分之羞大也。

世俗流行的观点说："远古时代崇尚薄葬，棺材三寸厚，衣服、被子各三件，埋葬的地方不妨碍耕种，所以不会被盗掘。混乱的当今之世却厚葬且棺材装饰华美，故常被盗掘。"

这是不懂得治理之道，且是不分析盗墓与不盗墓的原因的人所说的。大凡人盗墓，总是有原因的，或者是为了补充不足，或者是为了有更多的盈余。而圣明的君主养育百姓，都能够使他们富足宽裕且知足，但不能奢侈过度。所以强盗不偷窃，劫贼不掠夺，粮食多得连猪狗都不吃，而农夫、商人都能把财货让给别人。风俗淳美，男女别途且百姓以捡拾遗失的东西为羞耻。所以孔子说："天下有道，盗贼会率先改变！"即使死者珠宝玉器戴满全身，绫罗绸缎塞满内棺，黄金财富充满外棺，再加上硃砂点缀，曾青装饰，以犀牛角、象牙为树，以琅玕、龙兹、华觐为果实，人们也不会去盗掘。为什么呢？因为求取利益的奸诈心减少了，而触犯名分的羞耻心增大了。

注释　1 葬田不妨田：商代以前墓葬不封不树，故不妨碍耕种。　2 扣

(hú):挖掘,即盗墓。 3 有为:有原因。 4 当厚优犹不知足:本句当为"富厚优犹知足"。"当"为"富","不"乃衍文。优犹,即"优游",宽舒的样子。 5 贼不刺:入室偷窃者为盗,拦路打劫者为贼。刺,掠夺。 6 吐:弃而不食,指粮食特别多。 7 男女自不取于涂:古代礼俗,男女不同路或左右分途,以避免相遇。《吕氏春秋·先识览·乐成》有"男子行乎涂右,女子行乎涂左"之说。取,通"聚"。 8 丹矸(gān):硃砂。 9 琅玕(gān)、龙兹、华觐:俱为珠玉宝石之类。 10 诡:奸诈。

夫乱今然后反是。上以无法使,下以无度行;知者不得虑,能者不得治,贤者不得使。若是,则上失天性[1],下失地利,中失人和。故百事废,财物诎而祸乱起。王公则病不足于上,庶人则冻馁羸瘠[2]于下,于是焉桀、纣群居,而盗贼击夺以危上矣。安禽兽行,虎狼贪,故脯巨人[3]而炙婴儿矣。若是,则有何尤扫人之墓、抉人之口[4]而求利矣哉?虽此倮而薶之[5],犹且必扫也,安得葬薶哉!彼乃将食其肉而龁[6]其骨也。夫曰:"太

当今之乱世正好与此相反。君主不以法度役使人民,臣下不以礼义行为处事;智慧的人不能为国出谋划策,有才能的人得不到治理国家的机会,贤德的人不能得到任用。像这样,在上则失天时,在下则失地利,在中则失人和。所以百事都废弛不兴,财货匮乏而祸乱就生起了。王公大臣高高在上且忧虑不足,庶民在下就会受冻挨饿瘦小疲弱,于是,像桀、纣一样的人就会聚集在一起,而盗贼就会抢掠以危及国家的统治。整个国家都安于禽兽般的行为,虎狼般的贪婪,所以把成人做成肉干而把婴儿烤着吃。像这样,又何必怨恨责怪掘人之墓、撬人之口以求钱财利益呢?即使赤身裸体埋葬,也会被盗掘,哪里能平安埋葬呢?因为那些盗掘的人要吃他的肉啃他的骨头啊。那种说法:"远

古薄葬，故不抇也；乱今厚葬，故抇也。”是特奸人之误于乱说，以欺愚者而潮陷[7]之以偷取利焉，夫是之谓大奸。传曰：“危人而自安，害人而自利。”此之谓也。

古薄葬，没有盗掘；如今厚葬，盗掘猖獗。”只不过是奸佞之人迷惑于邪说之中，以此欺诈愚蠢的人而陷害他们，自己再从中获取利益而已，这种人就是最大的奸人。古书上说：“使别人危险而自求安全，陷害别人而自取利益。”说的就是这种人。

注释 1 天性：天时。 2 羸瘠：瘦弱。 3 脯巨人：把成人做成肉干。脯，肉干，这里做动词用；巨人，成人。 4 抉人之口：古人死后口里一般含有蝉形玉，预示人可复活。 5 倮而薶之：倮，通“裸”；薶，通“埋”。6 龁（hé）：啃。 7 潮陷：当为“淖（nào）陷”。

子宋子[1]曰：“明见侮之不辱，使人不斗。人皆以见侮为辱，故斗也；知见侮之为不辱，则不斗矣。”

应之曰：“然则亦以人之情为不恶侮乎？”

曰：“恶而不辱也。”

曰：“若是，则必不得所求焉。凡人之斗也，必以其恶之为说，非以其辱之为故也。今俳优、侏儒、狎徒詈[2]侮而不斗者，是岂钜知[3]见侮之为不辱

宋钘说：“明白了受侮辱并非耻辱的道理，就可以使人不争斗。人们都以为受侮辱是耻辱，所以才会争斗；知道了受侮辱并非耻辱，就不会有争斗了。”

回应者问：“既然如此，那么也会以为人之性情本来就不厌恶侮辱吗？”

回答说：“厌恶但不觉得是耻辱。”

回应者说：“如果是这样，那么必然得不到你想要的不斗的结果。大凡人之间的争斗，必然是因为有所厌恶，而不是因为耻辱的缘故。现在俳优、侏儒、狎徒这些人之所以被责骂受侮辱却不争斗，难道是因为受到侮辱而不觉得耻

哉？然而不斗者，不恶故也。今人或入其央渎[4]，窃其猪彘，则援剑戟而逐之，不避死伤，是岂以丧猪为辱也哉？然而不惮斗者，恶之故也。虽以见侮为辱也，不恶则不斗；虽知见侮为不辱，恶之则必斗。然则斗与不斗邪，亡于辱之与不辱也，乃在于恶之与不恶也。夫今子宋子不能解人之恶侮，而务说人以勿辱也，岂不过甚矣哉！金舌弊口[5]，犹将无益也。不知其无益，则不知；知其无益也，直以欺人，则不仁。不仁不知，辱莫大焉。将以为有益于人，则与[6]无益于人也，则得大辱而退耳。说莫病是矣。”

辱吗？然而他们不争斗，乃因为不厌恶侮辱。假如有人爬进别人家的排水沟，偷了他的猪，那么主人必然会拿着剑戟追赶，不怕死伤而与之打斗，难道是以丢失了猪为耻辱吗？然而不惧怕打斗，是因为厌恶憎恨盗贼。即使以受侮辱为耻辱，若不厌恶受侮辱就不会争斗；即使知道受侮辱不是耻辱的道理，若厌恶受侮辱必然也会争斗。这样看来，争斗与不争斗，不在于是耻辱与不是耻辱，而在于是否厌恶受侮辱。如今宋钘不能解决人厌恶受侮辱的问题，却极力劝说人不要感到耻辱，难道不是大错特错吗？即使说破嘴皮，也徒劳无功。不知这样没有什么用处，就是无智慧；知道这样没有什么用处，还要以此欺骗人，就是不仁慈。不仁慈又不智慧，耻辱没有比这更大的了。原本以为有益于人，结果全部无益于人，只落得奇耻大辱而离开罢了。学说没有比这更糟糕的了。”

注释　1 宋子：即宋钘。《庄子·天下》谓其学说“见侮不辱，救民之斗”。　2 詈(lì)：被责骂。　3 岂钜知：岂知。钜，通“讵”，常与“岂”连用。　4 央渎：排水沟。　5 金舌弊口：金舌，喻指铁嘴巴；弊口，铁嘴巴都累了。　6 与：举。

子宋子曰："见侮不辱。"

应之曰："凡议，必将立隆正[1]然后可也。无隆正，则是非不分而辨讼不决。故所闻曰：'天下之大隆，是非之封界，分职名象之所起，王制是也。'故凡言议期命，是非[2]以圣王为师，而圣王之分，荣辱是也。是有两端矣：有义荣者，有埶荣者；有义辱者，有埶辱者。志意修，德行厚，知虑明，是荣之由中出者也，夫是之谓义荣。爵列尊，贡禄[3]厚，形埶胜，上为天子诸侯，下为卿相士大夫，是荣之从外至者也，夫是之谓埶荣。流淫、污僈，犯分、乱理，骄暴、贪利，是辱之由中出者也，夫是之谓义辱。詈侮捽搏[4]，捶笞、膑脚[5]，斩、断、枯、磔[6]，藉靡、舌縪[7]，是辱之由外至者也，夫是之谓埶辱。是荣辱之两端也。

宋钘说："受到侮辱并非耻辱。"

回应者答曰："大凡言论，必须先确立大义然后才可行。没有大义，那么就会是非不分而辩论争讼无法判决。所以常听人说：'天下的大义，是非的界限，名分、职位、名物的确立，是王者的制度之所由来。'因此大凡发表议论、约定名称，无不以圣王(之大义)作为标准。而圣王之大义，就是荣辱二字。荣辱各有两个方面：有道义上的荣耀，有权势上的荣耀；有道义上的耻辱，有权势上的耻辱。志向美好，德行敦厚，思虑明睿，这是荣耀出自内在的德性，这就叫道义上的荣耀。爵位尊贵，贡品俸禄丰厚，地位优越，在上为天子诸侯，在下为卿相士大夫，这是荣耀出自外在的职位，这就叫权势上的荣耀。淫邪、污秽，违反名分、破坏伦理，骄横残暴、贪婪争利，这是耻辱出自内在的德性，这就叫道义上的耻辱。被责骂侮辱、揪着头发痛打，被杖刑鞭打、剔除膝盖骨，被砍头断尸、弃市车裂，被捆绑、割舌，这是耻辱出自外在的遭遇，这就叫权势上的耻辱。以上是荣辱的两个方面。

注释 1 立隆正:指言论应该不失大义。 2 是非:当为“莫非”。 3 贡禄:贡品与俸禄。前者就天子诸侯而言,后者就卿大夫而言。 4 捽(zuó)搏:揪着头发打。 5 捶笞、膑脚:捶笞,杖刑,用鞭子或棍棒打;膑脚,剔除膝盖骨的酷刑。 6 斩、断、枯、磔(zhé):斩、断,砍头、断尸;枯、磔,即车裂。 7 藉靡、舌縪:靡,通“縻”,绳;縪,疑为“绝”之异体字。藉靡,捆绑;舌縪,割舌。

“故君子可以有埶辱,而不可以有义辱;小人可以有埶荣,而不可以有义荣。有埶辱无害为尧,有埶荣无害为桀。义荣、埶荣,唯君子然后兼有之;义辱、埶辱,唯小人然后兼有之。是荣辱之分也。圣王以为法,士大夫以为道,官人以为守,百姓以为[1]成俗,万世不能易也。今子宋子案不然,独[2]诎容为己,虑一朝而改之,说必不行矣。譬之是犹以砖涂[3]塞江海也,以焦侥而戴[4]太山也,蹎[5]跌碎折不待顷矣。二三子之善于子宋子者,殆不若止之,将恐得伤其体也。”

“所以君子可以遭受权势的耻辱,而不可以有道义的耻辱;小人可以有权势的荣耀,而不可能有道义的荣耀。遭受权势的耻辱并不妨碍其为尧,有权势的荣耀并不妨碍其为桀。道义之荣耀,权势之荣耀,只有君子才能兼而有之;道义之耻辱,权势之耻辱,只有小人才能兼而有之。这是荣辱的分别。圣王以此为法度,士大夫以此为准则,官人以此为职守,百姓以此为风俗,这是万世不能改变的大义。如今宋钘却不这样,独自臆造委屈受辱之观念,希望有朝一日改变既成之大义,他的说法必然行不通。这就好像捏泥团而欲堵住江海,用焦侥去背负泰山一样,跌倒骨折立马就会到来。你们几个与宋钘要好的人,不如及时去制止他,不然,将来恐怕会伤害你们自身。”

注释 1 为:衍文。《礼论》篇有“官人以为守,百姓以成俗”句。 2 独:独自臆造。 3 砖涂:砖,揉捏成团;涂,泥。 4 戴:背负。 5 蹎(diān):跌倒。

子宋子曰:“人之情,欲寡,而皆以己之情为欲多,是过也。”故率其群徒,辨其谈说,明其譬称,将使人知情欲之寡[1]也。

应之曰:“然则亦以人之情为欲[2],目不欲綦色,耳不欲綦声,口不欲綦味,鼻不欲綦臭,形不欲綦佚。此五綦者,亦以人之情为不欲乎?”

曰:“人之情,欲是已。”

曰:“若是,则说必不行矣。以人之情为欲此五綦者而不欲多,譬之是犹以人之情为欲富贵而不欲货也,好美而恶西施[3]也。古之人为之不然。以人之情为欲多而不欲寡,故赏以富厚而罚以杀[4]损也,是百王之所同也。故

宋钘说:“人之本性是寡欲的,但人们都以为人的欲望是很多的,这是错误的。”所以率领他的门徒,辩论其学说,阐明其比喻指谓,以便使人知道情欲寡少的道理。

回应者问:“然而,也会认为人之本性就是眼睛不想看到最美的颜色,耳朵不想听到最美的声音,嘴巴不想吃到最美的味道,鼻子不想闻到最美的气味,身体不想得到最大的安逸。这五种最美的享受,人之本性并不欲求吗?”

宋钘之徒答曰:“人之本性,是欲求这些的。”

应之者回复说:“如果人的本性是欲求这些的,那么宋钘之学说必然行不通。认为人的本性欲求这五种最美的享受而又要他们欲望不多,这就好像人之本性乃欲求富贵而又要人不迷恋财货,喜欢美色而又要人厌恶西施一样。古代的人不这样论说。认为人之本性乃欲求更多而不是更少,所以用丰厚的财富去奖赏而以减少俸禄来惩罚,这是历代帝

上贤禄天下,次贤禄一国,下贤禄田邑,愿悫之民完衣食。今子宋子以是之情为欲寡而不欲多也,然则先王以人之所不欲者赏,而以人之欲者罚邪?乱莫大焉。今子宋子严然[5]而好说,聚人徒,立师学,成文曲[6],然而,说不免于以至治为至乱[7]也,岂不过甚矣哉!”

王所相同的。所以上等的贤人享有天下的俸禄,次等的贤人享有一国的俸禄,下等的贤人享有封邑的俸禄,诚实本分的百姓则衣食无忧。如今宋钘以为人的本性乃欲求少而不是多,那么先王将以人们不想要的东西去奖赏,而以想要的东西去处罚吗?混乱没有比这更大的了。如今宋钘珍视其学说,聚集门徒,创立学派,著书立说,然而其学说终不免将最安定的社会带到最危乱的境地,这岂不是大错特错了吗!”

注释 **1** 情欲之寡:当为“情之欲寡”。 **2** 欲:衍文。此句当为“然则亦以人之情为目不欲綦色”。 **3** 西施:春秋时越国的美女。 **4** 杀(shài):减少。 **5** 严然:同“俨然”,庄重的样子。 **6** 文曲:当为“文典”。 **7** 说不免于以至治为至乱:宋钘之徒的学说是否会像荀子所说的那样导致乱世,尚不能预言,荀子对于宋钘的批驳虽有价值,然对于宋钘的思想可能颇多误解。比如,“见侮不辱”,宋钘乃告诉我们应该有忍受侮辱的能力,因为一个人一辈子总免不了受辱,若动辄打斗,世界必乱,故我们时常被告诫当忍辱负重。但荀子以为,“见侮不辱”乃是要抹掉人的羞耻心,而羞耻心乃君子之所以为君子的根本保障。再如,“人之情欲寡”,宋钘这是告诫我们个人修身当要寡欲,尽管事实上人的情欲是多的,但荀子把“人之情欲寡”放在治国的层次上来理解,以为这样会导致统治者不去满足百姓的基本欲望,这当然不是儒者所能容忍的。孔子在这方面就比较圆满,他既要求个人修身之无欲,如“无欲则刚”,又要求统治者当富民以满足其欲望。

礼论

导读 中国古代社会是礼乐之治,因此,对于礼特别重视。本篇主要论述了礼的起源、内容与作用。关于礼的起源,荀子以为礼有三本,即“天地者,生之本也;先祖者,类之本也;君师者,治之本也”;但礼还有一个现实的起源,即为了节制人的欲望,防止混乱。礼的内容则广泛地规定了社会生活的各个方面,荀子在此特别详细地介绍了丧礼,对于丧礼的饮食、服饰、居处等都作了详尽的说明,对于丧服的分期,也作了说明。关于礼的作用,荀子认为要以礼来确立等级秩序,所谓“贵贱有等,长幼有差,贫富轻重皆有称”,以确保社会的正常运转。但礼的这种确立等级的作用,最终并非是让人觉得受限制,而是让人愉悦,所谓“凡礼,始乎棁,成乎文,终乎悦校”。正因为礼的价值与作用的重要性以及内容的广泛性,礼乃是衡量一切事物的最高标准,是治国的根本,人道之极则。遵从礼就天下太平,否则就会混乱,是以必须“隆礼”。

原文

礼起于何也?曰:人,生而有欲,欲而不得,则不能无求;求而无度量分界,则不能不争;争则乱,乱则穷。先王恶其乱

译文

礼是因何而起?答曰:人,生来就有欲望,欲望不能满足,则不能不去追求;追求欲望若没有法度与界限,就不可能没有争斗;争斗就会混乱,混乱就会使社会陷入困境。先王厌恶这种混

也，故制礼义以分之，以养人之欲，给人之求，使欲必不穷乎物，物必不屈[1]于欲，两者相持而长，是礼之所起也。故礼者，养[2]也。刍豢稻粱，五味调香[3]，所以养口也；椒兰芬苾[4]，所以养鼻也；雕琢、刻镂、黼黻、文章，所以养目也；钟鼓、管磬、琴瑟、竽笙，所以养耳也；疏房、檖貌[5]、越席、床笫、几筵[6]，所以养体也。故礼者，养也。

乱，所以制定礼义以确立名分等级，来调节人的欲望，满足人的需求，使得欲望不因财物之匮乏而得不到满足，财物亦不因满足了欲望而消耗殆尽，两者相得益彰，是礼的起源。所以礼，是用来调养性情、疏导欲望的。刍豢稻粱，五味调和，是用来调养味觉的；椒兰芳香，是用来调养嗅觉的；雕刻精美的器物，绣有华丽花纹的衣服，是用来调养视觉的；钟鼓、管磬之声，琴瑟、笙竽之乐，是用来调养听觉的；宽敞深邃的宫殿，柔软的席子与舒适的床笫、几筵，是用来调养四肢之安逸的。所以礼，是用来调养性情、疏导欲望的。

注释 1 屈(jué)：竭尽。 2 养：这里是指培养、疏导人的性情与欲望，端正人的行为与品格。 3 调香：调和。香，当为“盉”，调味，今作“和”。 4 椒兰芬苾(bì)：椒、兰，俱为芳香植物；芬苾，芳香。 5 疏房、檖貌(suìmào)：疏房，敞亮通明的房子。檖貌，深邃的宫殿。檖，通“邃”；貌，古“貌”字，庙宇，宫殿。 6 床笫(zǐ)、几筵：笫，竹编的床席。几筵，几席。古人席地而坐，放在座位边上供倚靠用的叫几，竹制的垫席叫筵。

君子既得其养，又好其别。曷谓别？曰：贵贱有等，长幼有差，贫富轻重皆有称者也。故天

君子既得到了礼的滋养调护，又喜好礼的等级差别。何谓别？答曰：贵贱有等级，长幼有差别，富贵尊卑各得其宜。所以天子乘坐大辂，踩着蒲草编的

子大路越席，所以养体也；侧载睪芷，所以养鼻也；前有错衡，所以养目也；和鸾之声，步中《武》《象》，趋中《韶》《护》，所以养耳也；龙旗九斿[1]，所以养信[2]也；寝兕、持虎、蛟韅、丝末、弥龙[3]，所以养威也；故大路之马必倍[4]至教顺，然后乘之，所以养安也。孰知夫出死要节之所以养生也！孰知夫出费用之所以养财也！孰知夫恭敬辞让之所以养安也！孰知夫礼义文理之所以养情也！故人苟生之为见，若者必死；苟利之为见，若者必害；苟怠惰偷懦之为安，若者必危；苟情说之为乐，若者必灭。故人一之于礼义，则两得之矣；一之于情性，则两丧之矣。故儒者将使人两得之者也，墨者

席子，是为了保养身体；侧边放着香草，是为了保养鼻子；前面有花纹交错的横木，是为了保养眼睛；车中的铃声，慢行时合着《武》《象》之乐，疾行时合着《韶》《护》之音，是为了保养耳朵；龙旗上有九条飘带，是为了保持其身份；车轮上画着伏卧的犀牛、蹲着的老虎、马肚子上系着鲨鱼皮带、丝质的车帘及龙形图案的车耳，是为了保持其威严；所以驾车的马匹一定要教化驯服，然后才能乘坐，这是为了保持平安。谁知道出生入死坚守名节恰恰是为了保养生命呢！谁知道花费钱财恰恰是为了保养钱财呢！谁知道恭敬辞让恰恰是为了保持安乐呢！谁知道礼义制度恰恰是为了保养性情呢！所以一个人若只看到生，这样恰恰会死；若只看到利益，这样恰恰会损害利益；若只以懈怠、懒惰、苟且为安逸，这样恰恰会招致危险；若只以纵情愉悦为快乐，这样恰恰会招致灭亡。所以若人专一于礼义，那么礼义性情两方面都可以得到；若只专一于性情，那么礼义性情两个方面都会失去。所以儒家的学说使人两方面都得到，墨

将使人两丧之者也[5],是儒、墨之分也。

家的学说使人两方面都丧失,这是儒家与墨家的分别。

注释 1 斿(liú):同“旒”,古代旗帜上的装饰品。 2 信:符信。“龙旗九斿”能彰明天子的身份地位,故曰“养信”。 3 寝兕、持虎、蛟韅(xiǎn)、丝末、弥龙:寝兕,卧着的犀牛;持虎,以猛兽皮所作的车饰。二者都是天子车轮上的图案。蛟韅,系在马肚子上的鲨鱼皮带。蛟,通“鲛”,鲨鱼。丝末,古代覆盖在车轼上的丝帜帷席。弥龙,车厢两旁龙形图案的车耳。 4 倍:当为“信”。 5 墨者将使人两丧之者也:墨家虽然没有“非礼”,但因为他们“僈等差”,其结果必然导致对礼的否定,因为礼主别异。故荀子有此论。

礼有三本:天地者,生之本[1]也;先祖者,类之本[2]也;君师者,治之本[3]也。无天地,恶生?无先祖,恶出?无君师,恶治?三者偏亡焉,无安人[4]。故礼上事天,下事地,尊先祖而隆君师,是礼之三本也。故王者天太祖[5],诸侯不敢坏,大夫士有常宗[6],所以别贵始。贵始,得[7]之本也。郊[8]止乎天子,而社止于诸侯[9],道[10]及士大夫,所以别尊者事尊,卑者事卑,

礼有三个本源:天地,是生命的本源;先祖,是族类的本源;君师,是治理的本源。没有天地,哪有生命?没有祖先,哪有族类?没有君师,怎能治理?三者缺其一,人类即不成其为人类。所以礼上能侍奉天,下能侍奉地,尊敬祖先而崇尚君师,这是礼的三个本源。所以王者以太祖为天,诸侯不敢毁坏祖庙,大夫与士也有百世不迁的大宗,这些制度都是为了区别各自尊奉的始祖。尊奉始祖,乃德行的根本。郊祭独为天子所有,社祭至于诸侯而止,除丧服的祭祀可以行于士大夫,这是用以区别尊贵的人才能侍奉尊贵者,卑贱的人只能

宜大者巨，宜小者小也。故有天下者事十世[11]，有一国者事五世，有五乘之地[12]者事三世，有三乘之地者事二世，持手而食者[13]不得立宗庙，所以别积厚，积厚者流泽广，积薄者流泽狭也。

侍奉卑贱者，（祭祀）该大的就大，该小的就小。所以拥有整个天下的天子祭祀七庙，拥有一国的诸侯祭祀五庙，拥有五十里封地的大夫祭祀三庙，拥有三十里封地的士人祭祀二庙，自食其力的百姓不得立宗庙，这是用来区别功绩大小的，功绩大的流布的恩泽就广大，功绩小的流布的恩泽就狭小。

注释 1 生之本：即天地是所有生命的根本。 2 类之本：父母乃至祖宗，让一个人降生在家族之中，这就是类之本。 3 治之本：君师治理国家、教化民众，给人以富足、安定而有序的生活，这就是治之本。 4 无安人：即人类社会不成其为人类社会。 5 天太祖：把太祖当作天看待。太祖，后世称创立国家的皇帝为太祖。 6 常宗：嫡长子所传之宗，祖庙永不迁。 7 得：通“德”，德行。 8 郊：古代天子每年冬至在南郊祭天，这是只有天子才有资格举行的祭祀活动。 9 社止于诸侯：《风俗通义·祀典》云：“社者，土地之主，土地广博，不可遍敬，故封土以为社而祀之，报功也。”止，当为“至”。 10 道：祭名，除丧服的祭祀。 11 十世：当为“七世”，即天子立七代始祖的神庙。据《礼记·祭法》，天子立七庙，诸侯立五庙，大夫立三庙，士立二庙，庶士、庶人无庙。 12 五乘之地：古代十里为一成，每成出兵车一辆。五乘之地是指五十里见方的封地，一般为大夫之封地。 13 持手而食者：自食其力者，即百姓。持，通“恃”。

大飨[1]，尚玄尊[2]，俎[3]生鱼，先大羹[4]，贵食饮之本

在行合祭历代祖先的大飨礼时，以盛有清水的酒杯与生鱼的俎为最高祭品，先奉上没有加调味品的肉汁，这是为了尊重饮食的

也。飨[5],尚玄尊而用酒醴[6],先黍稷而饭稻粱。祭[7],齐大羹而饱庶羞[8],贵本而亲用也。贵本之谓文,亲用之谓理,两者合而成文[9],以归大一[10],夫是之谓大隆。

本源。行四季祭祀祖先的飨礼时,以盛有清水的酒杯为最高祭品,酌献甜酒,首先献上黍、稷,再奉上稻、粱。行每月祭祀祖先的祭礼时,首先奉上没有加调味品的肉汁,再端上各种美味佳肴,这是为了尊重饮食的本源而又切于实用。尊重饮食的本源是礼的形式,切于实用是礼的实质,两者相结合乃是完备的礼,趋向于上古时代的礼的朴质,这是对礼的最高尊重。

注释 1 大飨(xiǎng):天子合祀历代先王的祭祀,一般三年举行一次。 2 玄尊:玄,祭祀时用以代替酒的清水,古人认为水配黑,故曰玄;尊,同“樽”,酒杯。 3 俎:祭祀时盛牺牲的礼器。 4 大羹:不加调味品的肉汁。 5 飨:通“享”,每季举行的祭祀祖先的仪式。 6 酒醴:甜酒。 7 祭:每月举行的祭祀。 8 齐(jī)大羹而饱庶羞:齐,通“跻”,升;庶,众多;羞,美味。 9 两者合而成文:两者,指文与理。文,指礼的形式;理,指礼的实质。形式与内容相结合,就是完备的礼仪。 10 大一:即太一。《礼记·礼运》云:“是故夫礼必本于大一。”孔颖达疏“大一”云:“谓天地未分混沌之元气也。”荀子“以归大一”的意思合于《礼运》的思想,即礼并非人为制定的,乃有形而上的价值根基。

故尊之尚玄酒也,俎之尚生鱼也,俎[1]之先大羹也,一也。利爵之不醮也[2],成事之不俎不尝也,三臭[3]之

所以酒杯里以清水代替酒,俎里盛放生鱼,豆中加没有调味品的肉汁,这与上古时代是一样的。代死者受祭的人不把佐食者所献的酒喝光,祭祀完毕以后俎中的祭品留下来不吃,劝受祭者吃东西三次而自

不食也，一也。大昏之未发齐也[4]，大庙之未入尸也，始卒之未小敛[5]也，一也。大路之素未集[6]也，郊之麻絻[7]也，丧服之先散麻[8]也，一也。三年之丧，哭之不文[9]也，《清庙》之歌，一倡而三叹[10]也，县一钟，尚拊之膈[11]，朱弦而通越[12]也，一也。

己不吃，这与上古时代是一样的。婚礼中还没有举行醮的仪式，祭祀太庙尚未使代表死者受祭的人进入，人刚刚去世时尚未穿上寿衣，这与太古时代是一样的。天子乘坐的大车是素色的车帘，郊祭时戴麻布帽子，居丧期间腰间系着散乱的麻绳，这与上古时代是一样的。三年服丧期间，哭声直号而不曲折，唱《清庙》之曲，一人领唱而三人应和，悬挂一口钟磬，和打击乐器拊搏一起奏乐，用熟丝制的琴弦，打通琴瑟的底孔，这与上古时代是一样的。

注释 1 俎：当为“豆”。古代一种盛食物的器皿，形似高脚盘，也可用作祭器。 2 利爵之不醮(jiào)也：古代祭祀时代替死者接受祭品的人叫作“尸”，把祭品端给“尸”的人叫作“利”，即佐食者。爵，酒杯。醮，喝光。 3 臭：劝食。 4 大昏之未发齐也：昏，同“婚”；发，举行；齐，通“醮”，古代婚礼中的一种仪式。 5 小敛：给死者穿上寿衣。 6 未集：未，当为“末”；集，衍文。 7 麻絻：麻布帽。絻，通“冕”。 8 散麻：腰间系着散乱的麻绳。 9 三年之丧，哭之不文：三年之丧，指古代儿子及未嫁的女儿为父及寡母、妻妾为夫、诸侯为天子、臣为君等服三年的丧期，但实际上只服二十五个月，在此期间禁止夫妻同房、宴饮娱乐及出仕。不文，当为“不反”，即哭声直号，无曲折。 10《清庙》之歌，一倡而三叹：《清庙》，《诗·周颂》中周朝统治者祭祀文王的颂歌。一倡而三叹，一人先唱，三人应和。 11 拊之膈：当为“拊膈”，即“拊搏”，为古代打击乐器。之，衍文。 12 朱弦而通越：朱弦，用熟丝制的琴弦；通越，在琴瑟底通一孔，使声音更低沉。

凡礼，始乎棁，成乎文，终乎悦校。[1]故至备，情文俱尽[2]；其次，情文代胜[3]；其下，复情以归大一[4]也。天地以合，日月以明，四时以序，星辰以行，江河以流，万物以昌，好恶以节，喜怒以当，以为下则顺，以为上则明，万物变而不乱，贰之[5]则丧也。礼岂不至矣哉！立隆以为极，而天下莫之能损益也。本末相顺，终始相应，至文以有别，至察以有说。天下从之者治，不从者乱；从之者安，不从者危；从之者存，不从者亡。小人不能测也。

大凡礼，始于疏略，成于文饰，终于愉悦。所以礼的完备，情感与仪式达到高度的协调；其次，情感与仪式互有偏至；最下等，使情感复归于远古的朴质状态。礼使天地和谐，日月光明，四时有序，星辰正常运行，江河永不干涸，万物昌盛，好恶顺畅而节制，喜怒舒展而得当，在下位则和顺，在上位则圣明，万物变化而不混乱，若背弃礼则上述一切都会丧失。礼的作用难道不是至高无上的吗？建立最完善的礼义制度且把它作为最高原则，那么天下就没有谁能够损益它了。礼制的根本原则和具体细节之间相互一致，礼的开始与结束相互应合，极其完美而有明确的等级规定，极其明察而有详尽的程序说明。天下遵从礼就得到治理，不遵从礼就会混乱；遵从礼就会安定，不遵从礼就会危险；遵从礼就会生存，不遵从礼就会灭亡。小人是不能够理解礼的这些作用的。

注释　1 始乎棁(tuō)，成乎文，终乎悦校：棁，通“脱”，疏略；文，文饰；校，当作“恔”，快意。　2 情文俱尽：指礼的形式与内容(如丧礼之哀，祭礼之敬)相配极佳，相当于孔子所说的“文质彬彬”。　3 情文代胜：指礼的情感胜过礼的仪式或礼的仪式胜过情感。　4 复情以归大一：虽无礼之文，然情能复归于远古之朴质，亦礼之表现。　5 贰之：背离礼。

礼之理诚深矣，“坚白”“同异”之察入焉而溺；其理诚大矣，擅作典制辟陋之说入焉而丧；其理诚高矣，暴慢、恣睢、轻俗以为高之属入焉而队[1]。故绳墨诚陈矣，则不可欺以曲直；衡诚县矣，则不可欺以轻重；规矩诚设矣，则不可欺以方圆；君子审于礼，则不可欺以诈伪。故绳者，直之至；衡者，平之至；规矩者，方圆之至；礼者，人道之极也。然而不法礼，不足礼，谓之无方[2]之民；法礼足礼，谓之有方之士。礼之中焉能思索，谓之能虑；礼之中焉能勿易，谓之能固。能虑能固，加好者焉[3]，斯圣人矣。故天者，高之极也；地者，下之极也；无穷者，广之极也；圣人者，道之极也。故学者，固学为圣人也，非特学为无方之民也。

礼的道理的确深刻，“坚白”“同异”的苛察诡辩一旦进入礼即刻就埋没了；礼的道理的确广大，擅自制作的典章制度及邪僻、浅陋的学说一旦进入礼即刻就消亡了；礼的道理的确高明，残暴傲慢、恣意放纵、轻佻媚俗自以为高明的东西一旦进入礼即刻就垮塌了。所以墨线一旦拉开，曲直就无法欺骗了；秤杆一旦悬挂，轻重就无法欺骗了；规矩一旦陈设，方圆就无法欺骗了；君子精审于礼，就不可能用诈伪来欺骗了。所以绳墨，是直之中最直的；杆秤，是最公平的；规矩，是画方和圆的最高标准；礼，是人道的极致。既然这样，不遵循礼，不重视礼，这就叫作无道之民，遵循礼，重视礼，就叫作有道之人。在礼的范围内思索，才叫善于思考；在礼的范围内不变易，才叫足够坚定。善于思考足够坚定，再加上喜好礼，这样就是圣人了。所以天，是最高的；地，是最低的；无穷，是最广大的；圣人，是道的极致。所以学者本来就是为了学做圣人，不是学习做无道之民。

注释 1 队:同“坠”,丧失。 2 无方:无道。 3 加好者焉:当为“加好之者焉”。

礼者,以财物为用,以贵贱为文,以多少为异,以隆杀[1]为要。文理繁,情用省,是礼之隆也;文理省,情用繁,是礼之杀也;文理、情用相为内外表里,并行而杂[2],是礼之中流也。故君子上致其隆,下尽其杀,而中处其中。步骤、驰骋、厉骛[3]不外是矣,是君子之坛宇、宫廷[4]也。人有[5]是,士君子也;外是,民也;于是其中焉,方皇周挟[6],曲得其次序,是圣人也。故厚者,礼之积也;大者,礼之广也;高者,礼之隆也;明者,礼之尽也。《诗》曰:“礼仪卒度,笑语卒获。”[7]此之谓也。

礼,以钱财物品作为费用,以贵贱等级为文饰,以多少殊异为差别,以丰厚简省为枢要。礼节仪式繁多,但所体现的情感、达到的作用简省,这是隆重的礼;礼节仪式简省,但所体现的情感、达到的作用繁多,这是简约的礼;礼节仪式、体现的情感、达到的作用互为表里,并行而兼用,这是适中的礼。所以君子对大礼要隆重,对小礼要简约,而适中的礼则以适中处之。漫步、驾车驰骋、奔跑都要遵循这些礼节,这是君子在社会上安身立命之所。人在礼的范围内活动,就是君子;人不在礼的范围内活动,就是贱民;在礼的范围内,随意活动而又都符合礼的次序要求,就是圣人。所以圣人的敦厚,是因为礼不断积累的结果;圣人的大度,是因为处处遵循礼;圣人的高明,是因为推崇礼;圣人的明察,是因为完全运用礼。《诗》说:“礼仪全部符合法度,谈笑尽皆时宜得当。”说的就是这个意思。

注释 1 隆杀:丰厚与简省。 2 杂:通“集”,会合,兼用。 3 厉骛:奔跑。 4 坛宇、宫廷:指人的安身之所。 5 有:居住。 6 方皇周挟:

活动自如。方皇，遨游。周挟，周遍。挟，通“浃”。 7 此句引自《诗经·小雅·楚茨》。

礼者，谨于治生死者也。生，人之始也；死，人之终也。终始俱善，人道毕矣。故君子敬始而慎终，终始如一，是君子之道、礼义之文也。夫厚其生而薄其死，是敬其有知而慢其无知也，是奸人之道而倍叛之心也。君子以倍叛之心接臧穀[1]，犹且羞之，而况以事其所隆亲乎！故死之为道也，一而不可得再复也，臣之所以致重其君，子之所以致重其亲，于是尽矣。故事生不忠厚、不敬文，谓之野；送死不忠厚、不敬文，谓之瘠[2]。君子贱野而羞瘠，故天子棺椁十重[3]，诸侯五重，大夫三重，士再重，然后皆有衣衾[4]多少厚薄之数，皆有翣菨[5]文章之等，以敬饰之，使生死终始若一，一足

礼，是严谨地处理生死问题的。生，是生命的开始；死，是生命的终结。生死都能得到妥善对待，人道就完备了。所以君子严肃地对待生而慎重地对待死，生与死一样对待，乃君子的原则、礼义的表现。若注重生而轻视死，那就是敬重人有知之时而轻慢人无知之时，这是奸邪之人的原则，而且是一种背叛的心态。君子以背叛的心态对待卑微之人，尚且觉得羞愧，何况以此心态对待其君主与父母呢！死亡这种事情，只有一次而不可能有第二次，臣子对君主的敬重，儿子对父母的敬重，在这个时候最能体现。所以若侍奉生者不忠诚厚道，不依据礼节，这就叫粗野；安葬死者不忠诚厚道，不依据礼节，这就叫轻薄。君子鄙视粗野而羞于轻薄，所以天子的棺椁有七重，诸侯的棺椁五重，大夫的棺椁三重，士人的棺椁两重，除此以外还有或多或少的衣食等陪葬品，还有装饰品与各种图案的差别，用这些恭敬地装饰它，使他们觉得死时与生时是一个样子，这足

以为人愿，是先王之道、忠臣孝子之极也。

以满足人的愿望，是先王之大道，也是忠臣孝子的最高原则。

注释 1 臧穀：泛指身份低微的人。臧，奴婢；穀，小孩。 2 瘠：薄，简约。 3 十重：当为“七重”。 4 衣衾：当为“衣食”。 5 翣菨(shàshà)：古代棺材的装饰物。

天子之丧动四海，属[1]诸侯；诸侯之丧动通国[2]，属大夫；大夫之丧动一国，属修士；修士之丧动一乡，属朋友；庶人之丧合族党，动州里；刑余罪人之丧，不得合族党，独属妻子，棺椁三寸，衣衾三领，不得饰棺，不得昼行，以昏殣[3]，凡缘[4]而往埋之，反无哭泣之节，无衰麻[5]之服，无亲疏月数之等[6]，各反其平，各复其始，已葬埋，若无丧者而止，夫是之谓至辱。

天子之丧牵动四海，诸侯都来参加；诸侯之丧牵动盟国，大夫都来参加；大夫之丧牵动一国，上士都来参加；上士之丧牵动一乡，朋友都来参加；百姓之丧聚集同族亲戚，牵动乡里；刑余罪犯之丧不得聚集同族亲戚，妻子和子女独自办理，棺椁三寸厚，衣服、被子各三件，不能装饰棺材，不能白天而只能黄昏埋葬，穿着平常的服饰去埋葬，返回时没有哭泣的礼节，没有披麻戴孝的丧服，没有依据亲疏而来的不等的丧期规定，各自回到平常的生活，各自回复原来的状态，已经埋葬了，就好像没有死人一样，一切丧葬之礼废止，这就是最大的耻辱。

注释 1 属：会合，此指参加葬礼。 2 通国：交通往来之国，即盟国。 3 昏殣：黄昏时埋葬。 4 凡缘：平常的服饰。缘，衣服的边饰。 5 衰(cuī)麻：古代的一种丧服。 6 无亲疏月数之等：古代的丧礼规定，生者和死者的亲疏关系不同,服丧的期限也就有三年、一年、九个月、五个月、三个月不等,但受过刑罚之人,不在此规定之列。

礼者,谨于吉凶不相厌[1]者也。紸纩[2]听息之时,则夫忠臣孝子亦知其闵[3]已,然而殡敛之具未有求也;垂涕恐惧,然而幸生之心未已,持生之事未辍也;卒矣,然后作具之。故虽备家,必逾日然后能殡,三日而成服,然后告远者出矣,备物者作矣。故殡,久不过七十日,速不损五十日。是何也?曰:远者可以至矣,百求可以得矣,百事可以成矣,其忠至矣,其节大矣,其文备矣。然后月朝卜日,月夕卜宅[4],然后葬也。当是时也,其义止,谁得行之?其义行,谁得止之?故三月之葬,其须以生设饰死者也,殆非直留死者以安生也,是致隆思慕之义也。

礼,是严谨地对待吉凶使其互不相凌的。以新丝棉絮安放在将死者的鼻子旁边观察其气息之时,忠臣孝子知其病危了,但这时殡殓丧葬的用具还不必去考虑;流泪且担心,但希望他能活下来的心理并未中止,侍奉他生活之事并未停止;去世以后,然后才去办理殡葬之事。即使是丧葬物品准备较好的家庭,必须要过一天才能殡殓,三天后才能穿上孝服,然后去远方报丧的人才出发,置办丧葬物品的人才开始办理。殡葬,长不超过七十天,短不少于五十天。这是为什么呢?答曰:远方的人可以来送葬,各种需要都已备齐,万事都已完成了,忠诚尽到了,礼节周全了,仪式完备了。既而月初占卜墓地,月末占卜葬期,然后安葬。在这个时候,不符合礼义的事情,谁还会去做呢?符合礼义的事情,谁还会去禁止呢?所以三个月的葬期,表面上以生者的陈设安置死者,实际上并非以此来安慰生者,而是表达最厚重的思慕之情啊。

注释 1 厌(yà):即凶吉互不相凌。 2 紸纩(zhùkuàng):把新丝棉絮放在将死者的鼻子旁边,观察其是否断气。《礼记·丧大记》云:"疾病,外内皆扫。……彻亵衣,加新衣,体一人。男女改服。属纩以俟绝气。"紸,安放;纩,新丝棉絮。 3 闵:病危。 4 月朝卜日,月夕卜宅:王引之认为,当为"月朝卜宅,月夕卜日",没有先占卜日期,后占卜墓地的习俗。

丧礼之凡[1]:变而饰[2],动而远[3],久而平[4]。故死之为道也,不饰则恶[5],恶则不哀;尔则玩[6],玩则厌,厌则忘,忘则不敬。一朝而丧其严亲[7],而所以送葬之者,不哀不敬,则嫌于[8]禽兽矣,君子耻之。故变而饰,所以灭恶也;动而远,所以遂敬也;久而平,所以优生也。

丧礼的大旨是:人去世了就需要修饰(、化妆美容),举行丧礼之时死者逐渐远离(原来的居所),时间久了生者内心渐渐恢复平静。所以安葬死者这样的事情,不修饰死者的样子就显得难看,样子难看悲哀之情就不能产生;离死者近了就不严肃,不严肃就会厌弃,厌弃就会怠慢,怠慢就会不恭敬。有朝一日死了君主与父母,但送葬的人不哀不敬,这就近于禽兽了,君子以此为耻。所以去世了就修饰,是为了避免样子难看;举行丧礼之时死者逐渐远离,是为了成就恭敬;时间久了渐渐恢复平静,是为了有利于生者。

注释 1 凡:大旨。 2 变而饰:变,指变故,即死亡;饰,指饭含、小殓、大殓等丧礼。 3 动而远:对于"远"字,可参考《礼记·檀弓上》的一句话:"饭于牖下,小敛于户内,大敛于阼,殡于客位,祖于庭,葬于墓,所以即远也。"即在办理丧事的各种仪式中,死者越来越远离原来的居所,最后至于坟墓。 4 久而平:时间久了,生者的哀痛之心逐渐平复。 5 恶:丑陋,此指死者的样子难看。 6 尔则玩:尔,通“迩”;玩,戏狎。 7 严亲:君主与父母。严,尊,指君主。 8 嫌于:近似于。

礼者断长续短,损有余,益不足,达爱敬之文,而滋成行义之美者也。故文饰粗恶[1],声乐哭泣,恬愉忧戚,是反也;然而礼兼而用之,时举而代御。故文饰、声乐、恬愉,所以持平奉吉也;粗衰[2]、哭泣、忧戚,所以持险奉凶也。故其立文饰也不[3]至于窕冶,其立粗衰也不至于瘠弃[4],其立声乐恬愉也不至于流淫惰慢,其立哭泣哀戚也不至于隘慑[5]伤生,是礼之中流也。

礼,是取长补短的,减损多余的,弥补不足的,表达爱慕恭敬的仪式,养成践行道义的美德。所以文饰与粗恶,音乐与哭泣,愉悦与忧戚,本是相反的,但在礼中兼而用之,交替运用。文饰、音乐、愉悦,是用来表达平安吉祥的;粗恶、哭泣、忧戚,是用来表达凶恶与不幸的。所以确立文饰的规范,不使其流于妖艳;确立粗恶的规范,不使其流于刻薄;确立音乐愉悦的规范,不使其流于放荡怠慢;确立哭泣忧戚的规范,不使其流于过度忧伤而伤害身体,这是礼的中庸之道。

注释 1 粗恶:不精细。此指丧礼之时饮食、穿戴粗陋。 2 粗衰:当为“粗恶”,下同。 3 不:底本无,据文义补。 4 瘠弃:谓哀伤过度而消瘦。此指刻薄。 5 隘慑:过度悲伤。

故情貌之变,足以别吉凶,明贵贱亲疏之节,期[1]止矣,外是,奸也,虽难,君子贱之。故量食而食之,量

所以(丧礼中)神情容貌的变化足以辨别吉凶,表明贵贱亲疏的不同,就可以了,超出此限度,都是奸逆之情,虽然难以做到,君子还是鄙

要[2]而带之。相高以毁瘠[3]，是奸人之道也，非礼义之文也，非孝子之情也，将以有为者[4]也。故说豫娩泽，忧戚萃恶，是吉凶忧愉之情发于颜色者也。[5]歌谣謸笑，哭泣谛号，是吉凶忧愉之情发于声音者也。[6]刍豢、稻粱、酒醴、餰鬻、鱼肉、菽藿、酒浆，是吉凶忧愉之情发于食饮者也。[7]卑絻、黼黻、文织，资粗、衰绖、菲繐、菅屦，是吉凶忧愉之情发于衣服者也。[8]疏房、檖貌、越席、床笫、几筵、属茨、倚庐、席薪、枕块，是吉凶忧愉之情发于居处者也。[9]两情者，人生固有端焉。若夫断之继之，博之浅之，益之损之，类之[10]尽之，盛之美之，使本末终始莫不顺比[11]，足以为万世则，则是礼也。非顺[12]孰修为之君子，莫之能知也。

视它。因此，依据食量吃东西，根据腰围系带子。为了追求好的名声而故意毁坏自己的身体，这是奸人之道，并非礼义的要求，也不是孝子本有之真情，是别有所求者的行为。所以愉悦温润，忧戚憔悴，乃吉凶忧愉之情表现在脸上的结果。歌唱嬉笑，哭泣啼号，乃吉凶忧愉之情表现在声音上的结果。刍豢、稻粱、美酒、鱼肉、粥食、菽藿、水浆，乃吉凶忧愉之情表现在饮食上的结果。裨冕、黼黻、文织、粗衣、丧服、薄衣、草鞋，乃吉凶忧愉之情表现在服饰上的结果。疏房、檖貌、越席、床笫、几筵、属茨、倚庐、席薪、枕块，乃吉凶忧愉之情表现在居所上的结果。愉悦与悲哀，乃人生固有的两种情感。至于使之断绝或接续，薄厚或简略，增加或减损，触类旁通且尽情表达，盛大且美好，使得情感的本末、始终没有不顺畅，足以成为万世的法则，这正是礼的作用。若不是谨慎于礼且努力践行的君子，是不可能知道这些道理的。

注释　1 期：当为"斯"。　2 要：同"腰"。　3 相高以毁瘠：相高，追求更高的名利；毁瘠，居丧过哀而毁伤自己的身体。 4 有为者：此指别有所图，并非真正的行孝。《庄子·外物》云："演门有亲死者，以善毁，爵为官师，其党人毁而死者半。" 5 说豫娩(wǎn)泽，忧戚萃恶：说豫，喜悦欢乐；说，同"悦"。娩泽，面色润泽。萃恶，憔悴丑恶；萃，通"悴"。6 歌谣謸笑，哭泣谛号：歌谣，有音乐伴奏的歌唱叫"歌"，无音乐伴奏的歌唱叫"谣"；謸笑，戏谑；谛，通"啼"。 7 刍豢、稻粱、酒醴、餰(zhān)鬻、鱼肉、菽藿、酒浆：餰，稠粥；鬻，同"粥"，稀粥。在古代，刍豢、稻粱、酒醴、鱼肉乃吉事之饮食，而餰鬻、菽藿、水浆乃凶事之饮食。因此，这里的"酒浆"当为"水浆"，"餰鬻"当置于"鱼肉"之后。故这七种饮食当为"刍豢、稻粱、酒醴、鱼肉、餰鬻、菽藿、水浆"。 8 卑絻、黼黻、文织，资粗、衰绖(cuīdié)、菲穗、菅(jiān)屦：卑，通"裨(pí)"，裨是一种次等礼服，诸侯卿大夫觐见天子时所穿；文织，有彩色花纹的丝织品；资粗，守丧期间的粗布衣；衰绖，丧服；菲穗，稀而薄的布；菅屦，菅草做的鞋子。前三者是吉事之服饰，后四者乃凶事之服饰。 9 属茨、倚庐、席薪、枕块：属茨，茅草盖的屋顶；倚庐，守丧期间所住的简陋房子，乃木头斜倚在墙上搭成的，故称倚庐；席薪，柴草做的垫席；枕块，土块做的枕头。 10 类之：犹触类旁通。 11 顺比：和顺。 12 顺：通"慎"。

故曰：性者，本始材朴也[1]；伪[2]者，文理隆盛也。无性则伪之无所加，无伪则性不能自美。性伪合，然后圣人之名一，天下之功于是就也。故曰：天地合而万物生，阴阳接而变化起，性伪合而

所以说：原始的人性，是源于自然的材质；人为的教化，是源于礼义的制度仪式。没有原始的人性，人为的教化就没有施加的对象；没有人为的教化，原始的人性就不可能自我完善。原始的人性与人为的教化相结合，圣人之名才能成就，天下的功业才能完成。所以说：天地相合使万物得以产生，阴阳相合使变化

天下治。天能生物，不能辨物也；地能载人，不能治人也；宇中万物、生人之属，待圣人然后分也。《诗》曰："怀柔百神，及河乔岳。"[3] 此之谓也。

得以兴起，性伪相合使天下得以治理。天能产生万物，但不能治理万物；地能承载人类，但不能治理人类；宇宙中的万物、人类，依靠圣人（之教化）才能各得其名分。《诗》说："安抚百神，祭祀河流山岳。"说的就是这个意思。

注释 **1** 性者，本始材朴也：本，指树根；材朴，指未加工的原始材料。依据荀子的看法，就如一棵幼苗由树根长成大树一样，人由原始的基质长成健全的肉体生命，人性就是在这个自然过程中形成的。一言以蔽之，荀子把人性定位在自然的材质之上。有学者依据这一句话认为荀子主张"性朴"而非"性恶"，乃至认为《性恶》篇不是荀子的主张，而是荀子后学的主张。实际上，只要是把人性定位在自然的材质之上，不管是主张"性朴"抑或"性恶"，其间的区别极小。因为孟子讲性善，他并非基于材质主义，乃是先验主义，归根到底是一种宗教论，是顺子思"天命之谓性"接着讲的，故孟子讲"尽心、知性而知天"。总之，孟子讲性善乃是要把人性与天贯通起来，而"善"最终根源于天。但以材质主义的思路讲人性，不管是"性朴"抑或是"性恶"，因不能与天贯通起来，最终依然是"恶"，因为从纯粹的材质来说其可为善，这是不可理解的，因动物之性也是材质的，如果说材质之性可以为善，则动物也可为善，由此，则动物与人的区别便没有了。故云"性恶""性朴"之区别极小。《孟子·告子上》所引的"性无善无不善也""性可以为善，可以为不善""有性善，有性不善"诸说，与"性朴""性恶"没有差别，最终都摆脱不了"性恶"的窠臼。所以，唯有子思、孟子的思路，才是讲人性的中正大道。 **2** 伪：人为，这里指后天施予人的教化。 **3** 此句引自《诗经·周颂·时迈》。此诗写武王巡狩天下，祭祀江河山岳。怀柔，安抚。

丧礼者，以生者饰死者也，大象其生以送其死也。故如死如生，如亡如存[1]，终始一也。始卒，沐浴、鬠体、饭唅[2]，象生执也。不沐则濡栉三律[3]而止，不浴则濡巾三式[4]而止。充耳而设瑱[5]，饭以生稻，唅以槁骨[6]，反生术矣。说亵衣[7]，袭三称[8]，缙绅[9]而无钩带矣。设掩面儇目[10]，鬠而不冠笄[11]矣，书其名置于其重[12]，则名不见而柩独明矣。

丧礼，是以生者的样子来修饰死者，模仿其生前的情形，以送别安葬。所以对待死者要像对待生者一样，对待死亡要像对待活着一样，始终如一。刚刚去世，洗头洗澡，梳理头发修整手足，把珠、米等物放入口中含着，这是模仿他生前的行为。若不洗头那么就用湿梳子梳理三次就够了，若不洗澡就用湿毛巾擦拭三次就够了。用玉塞住耳朵，口里放入生米，含着白色的贝壳，与生前相反。穿上内衣，外面加三套衣服，把笏板插在腰带上但没有带钩。用黑色方巾把脸遮盖起来，束发但不戴冠与不插笄，把死者的名字写在明旌上，再安放在神主牌位上，那么名字就只能在灵柩前才能看清楚。

注释 1 如死如生，如亡如存：俞樾以为应为“事死如生，事亡如存”。2 鬠(kuò)体、饭唅：鬠，束发；体，肢体，特指手足；唅，古代办理丧事时，塞在死者口中的珠、玉、贝、米等物。 3 濡栉三律：濡，打湿；栉，梳子与篦子；律，梳头发。 4 式：通“拭”。 5 瑱(tiàn)：古代塞在死者耳朵里的玉。 6 槁骨：白色的贝壳。槁，当为“皜”；骨，当为“贝”。 7 说亵衣：说，当为“设”；亵衣，内衣。 8 袭三称：袭，穿衣加服；三称，三套外衣。9 缙绅：把笏板插在腰带上。 10 儇(xuān)目：掩盖死者面目的黑色方巾。 11 冠笄：古人成人之后，插在头上的饰物。男人称冠，女人称笄。12 书其名置于其重：书其名，即把死者的名字写在明旌上；重，木头做的神主牌，长三尺到九尺，依死者的地位而定。

荐器[1]：则冠有鍪而毋缍[2]，瓮庑[3]虚而不实，有簟席而无床笫，木器不成斫[4]，陶器不成物[5]，薄器不成内[6]；笙竽，具而不和[7]；琴瑟，张而不均；舆藏而马反，告不用也。具生器以适墓，象徙道[8]也。略而不尽，貌而不功[9]，趋舆而藏之，金革辔靷[10]而不入，明不用也。象徙道，又明不用也，是皆所以重哀也。故生器文而不功，明器貌而不用。

陪葬的器物：帽子上有头盔但没有束发的丝巾，瓮、瓶等器物空着不放东西，有竹席但没有床垫，木器不雕琢，陶器不是制成品，竹器不能使用，笙竽陈设但不能弹奏，琴瑟摆放但不必调和，把拉棺材的车子埋葬但把马牵回来，表明随葬的东西是不用的。把生前的器物送到墓中，就像搬家一样。简略而不必完备，徒具其表而不必精致，丧车埋掉，但套车的工具却不埋进去，表明这些都不用了。像搬家，但又表明不用，这都是为了加重哀伤之情。所以生前的器物只起礼仪作用而不起实际功用，随葬的器物只略具形貌而不实用。

注释　1 荐器：即给死者奉送随葬品。　2 鍪(móu)而毋缍(shǐ)：鍪，头盔；毋，没有；缍，古时包头发的丝巾。　3 瓮庑(wèngwǔ)：庑，"瓶"的古字。瓮、瓶俱为陶制器皿。　4 不成斫(zhuó)：没有加工雕饰。斫，雕凿。　5 不成物：不是制成品，即半成品。　6 薄器不成内：薄器，竹子或芦苇制品；内，当为"用"。　7 不和：指不能调和音节，即不能演奏。与下文之"不均"同义。　8 徙道：搬家。　9 不功：不精致完备。　10 辔靷(yǐn)：御马的缰绳和引车前行的皮带。靷，引车前进的皮带，一端套在车上，一端套在牲口前。

凡礼，事生，饰欢也；送死，饰哀也；祭祀，饰敬也；师旅，饰威也。是百王之所同，古今之所一也，未有知其所由来者也。故圹垄[1]，其須象室屋也；棺椁，其須象版、盖、斯、象、拂[2]也；无、帾、丝、歶、缕、翣[3]，其須以象菲、帷、帱、尉[4]也；抗折[5]，其須以象槾茨、番、阏[6]也。故丧礼者，无它焉，明死生之义，送以哀敬而终周藏也。故葬埋，敬藏其形也；祭祀，敬事其神也；其铭、诔、系世[7]，敬传其名也。事生，饰始也；送死，饰终也。终始具而孝子之事毕，圣人之道备矣。刻死而附生[8]谓之墨，刻生而附死谓之惑，杀生而送死谓之贼。大象其生以送其死，使死生终始莫不称宜而好

大凡礼，若是侍奉生者的，是为了使其欢乐；若是送别死者的，是为了表示哀伤；若是祭祀死者的，是为了表达敬意；若是军队的礼仪，是为了显示威武。这是历代王者所相同，也是古今一样的，尽管没有人知道其来历。所以坟墓，就像房屋一样；棺椁，就像车子一样；尸体与棺材上的覆盖物、丧车的饰品及棺材两旁的悬挂物，其形状分别模仿门帘与各种帷帐；承受坟冢防止垮塌的抗折，其形状就如墙壁、屋顶、篱笆和门户。因此丧礼，没有别的，就是为了彰明生死的大义，以哀伤的心情送别死者，最后周全地安葬。所以埋葬，是恭敬地埋藏死者的形体；祭祀，是恭敬地侍奉其神灵；死者的铭文、悼词、谱系，是为了恭敬地传扬其名声。侍奉出生的礼仪，是装点人生的开始；送别死者的礼仪，是装点人生的终结。开始与终结都周全，孝子的事情就完成了，圣人的大道也就具备了。侵削死者而厚养生者就叫刻薄，侵削生者而厚养死者就叫迷惑，杀死生者而去陪葬死者就叫残害。大体模仿生前的情形而送别死者，使得生死的情形没有不相

善，是礼义之法式也，儒者是矣。

适宜而完美，这是礼义的原则，儒者就是这样。

注释 1 圹垄：犹坟墓。 2 版、盖、斯、象、拂：象，衍文。其余俱为车的组成部分。版，车厢板；盖，车盖；斯，当为“靳”之误，“靳”借作“鞎”(hén)，古代车前的皮制遮蔽物；拂，通“茀”，遮蔽车后门的皮帘。3 无、帾(dǔ)、丝、歶(yú)、缕、翣(shà)：无，通“幠”，覆盖尸体的布；帾，同“褚”，覆盖在棺材上的赤色布；丝、歶，丧车车饰品；翣，垂于棺材两旁的饰品。4 菲、帷、帱、尉：菲，挡门的草帘；帷，围在四周的帐幕；帱，帐子；尉，通“罻”，网状的帷帐。 5 抗折：木材葬具，用来承受泥土的压力，防止墓穴垮塌。 6 槾茨、番、阏(è)：槾，同“墁”，粉刷过的墙壁；茨，茅草、芦苇盖的屋顶；番，通“藩”，篱笆。阏，堵塞，即门户。 7 铭、诔、系世：铭，刻在器物上的死者的生平功德；诔，哀悼死者，彰表其功德的文章；系世，记载人之世系的谱牒。 8 附生：厚养生者。

三年之丧何也？曰：称情而立文，因以饰[1]群，别亲疏贵贱之节，而不可益损也，故曰无适不易之术也。创巨者其日久，痛甚者其愈迟。三年之丧，称情而立文，所以为至痛极也；齐衰、苴杖、居庐[2]、食粥、席薪、枕块，所以为至痛饰也。三年之丧，二十五

三年的丧期，为什么要如此规定？答曰：依据人情而制定礼制，以此来使群体整齐有序，辨别亲疏、贵贱的不同，这种期限是不可随意增加或减少的，所以说这是普遍适用且不可变易的制度。若创伤大恢复起来就长，悲痛深痊愈起来就慢。三年的丧期，是依据人情而制定的礼制，就是为了给极度悲痛的人制定规则；穿着粗麻布制成的丧服，拄着粗劣的拐杖，住在矮小的房子里，喝着稀粥，睡着柴草，枕着土块，就是为了表达深沉

月而毕，哀痛未尽，思慕未忘，然而礼以是断之者，岂不以送死有已，复生有节也哉！凡生乎天地之间者，有血气之属必有知，有知之属莫不爱其类。今夫大鸟兽则[3]失亡其群匹，越月逾时，则必反铅[4]；过故乡，则必徘徊焉，鸣号焉，踯躅[5]焉，踟蹰焉，然后能去之也。小者是燕爵[6]，犹有啁噍[7]之顷焉，然后能去之。故有血气之属莫知于人，故人之于其亲也，至死无穷。将由夫愚陋淫邪之人与？则彼朝死而夕忘之，然而纵之，则是曾鸟兽之不若也，彼安能相与群居而无乱乎？将由夫修饰之君子与？则三年之丧，二十五月而毕，若驷之过隙，然而遂之，则是无穷也。故先王圣人安[8]

的哀痛。三年的丧期，二十五个月就完毕了，但哀痛没有完结，思慕之情永驻，然而礼制以三年为限，难道不是表示送别死者总有个完结，而恢复生活总有个期限吗？大凡生于天地之间的存在者，有血气的必然就有知觉，有知觉的存在者没有不喜爱其同类的。假如大的鸟兽失去了其群体或配偶，即使经过了一个月或一段时间，也会返回寻找其群体或配偶；经过故乡的时候，必然会徘徊不前，鸣叫啼号，飞来飞去，犹豫不决，然后才会离去。哪怕是小小的燕雀，也会悲鸣一会儿，然后才飞走。所以有血气的存在者没有比人更聪明的，因此人对于其亲人之情，至死也不会穷尽。难道要依从那些愚蠢、鄙陋、淫荡、邪恶之人的做法吗？他们的亲人早晨去世，晚上就忘记了，若放任这种情况，那么就会弄到竟然连鸟兽都不如的地步，他们怎么能与人群居而不生祸乱呢？难道要依从修行的君子的做法吗？那么三年的丧期，二十五个月就完结了，他们觉得如同四匹马拉的车子飞越一个缝隙一样快，如果遂了他们的心愿，丧期就没完没了了。所以先王圣人基于此而为人们设立了适为之立中制节，一使足以成文理，则舍之矣。

中的制度加以节制，使得人们一律依从礼制，以此结束丧期。

注释 1 饰：通“饬”(chì)，整治。 2 齐衰(zīcuī)、苴(jū)杖、居庐：齐衰，古人丧期分五种，称之为五服，分别是斩衰、齐衰、大功、小功、缌麻，依据生者与死者的亲疏程度，服丧期从三年到三个月不等，其丧服以粗疏的麻布制成，衣裳分制，缘边部分缝缉整齐，故名“齐衰”，有别于斩衰的毛边；苴杖，哭丧期间用粗劣的竹子做成的手杖；居庐，居丧期间住的简陋的房子，一般是在中门之外的东墙下把木头斜倚在墙上搭成的，所以又叫倚庐。 3 则：若。 4 反铅：指返回来合群。反，通“返”；铅，同“沿”，依循。 5 踯躅(zhízhú)：徘徊不前。下文的“踟蹰”(chíchú)，指犹豫不决。6 爵：雀。 7 啁噍(zhōujiào)：小鸟的叫声。 8 安：语助词。

然则何以分之？曰：至亲以期断[1]。是何也？曰：天地则已易矣，四时则已遍矣，其在宇中者莫不更始矣，故先王案以此象之也。然则三年何也？曰：加隆焉，案使倍之，故再期也。由九月以下何也？曰：案使不及也。故三年以为隆，缌、小功以为杀[2]，期、九月以为间。上取象于天，下取象于地[3]，中取则于人，人

既然如此，丧期为什么又有期限不同的分别呢？答曰：父母的丧期本来以一周年为期限。这是为什么呢？答曰：天地已经变化了，四时已经运转一遍了，宇宙中的万物无不更化重新开始了，所以先王以一年为期限即取法于此。那么为什么又要三年之丧呢？答曰：这是为了更加隆重，使得时间加倍，于是再多两年丧期。服丧九月以下是为什么呢？答曰：为了显示恩情不及父母。所以三年之丧最为隆重，服丧三月的缌麻与五月的小功是最轻的，服丧一年、九个月居于中间。这些丧期都是上

所以群居和一之理尽矣。故三年之丧,人道之至文者也。夫是之谓至隆,是百王之所同、古今之所一也。

取法于天,下取象于地,中间源于人之性情,人们群居和谐的道理由此而表现殆尽。所以三年的丧期,是人道最高的礼制。这就叫作最隆重的礼,是历代帝王所相同、古今所一致的。

注释 1 至亲以期断:指父母的丧期以一年为期限。至亲,父母;期,一年。 2 缌(sī)、小功以为杀(shài):缌,五种丧服中最轻的一种,以细麻布做成,服丧期为三个月,表示与死者关系较为疏远;小功,五种丧服中的第四等,用熟麻布制成,服丧期为五个月,一般是为堂伯父、堂叔父服小功。杀,减少。 3 上取象于天,下取象于地:五种丧服的期限分别为三年、一年、九个月、五个月和三个月。这对应着天地运行的五种时间规律。三年,取法于每隔三年有一闰月;一年,取法于天地一年往返循环;九月,取法于天地之阳数(九为阳数);五月,取法于地有金、木、水、火、土;三月,取法于一季有三月。

君子[1]丧所以取三年,何也?曰:君者,治辨之主也,文理之原也,情貌之尽[2]也,相率而致隆之,不亦可乎?《诗》曰:"恺悌君子,民之父母。"[3]彼君子[4]者,固有为民父母之说焉。父能生之,不能养之;母能食之,不能教诲之;君者,已能食之

君主的丧期也是三年,这是为什么?答曰:君主是治理的主人,礼义制度的本源,对于内在之诚与外在之恭的要求也是最高的,人们争先恐后地推崇他,这样做难道不应该吗?《诗》说:"平易和蔼的君子,是百姓的父母。"君主,本来就有百姓父母之说。父亲能生育子女,但不能喂养;母亲能喂养子女,但不能教化;君主,既能喂养他,又善于教化他,服丧三年就完毕了吗?乳母,

矣，又善教诲之者也，三年毕矣哉？乳母，饮食之者也，而三月；慈母[5]，衣被之者也，而九月；君，曲备之者也，三年毕乎哉？得之则治，失之则乱，文之至也；得之则安，失之则危，情之至也。两至者俱积焉，以三年事之，犹未足也，直无由进之耳。故社[6]，祭社也；稷[7]，祭稷也；郊者，并百王于上天而祭祀之也。

是喂养的人，所以服丧三个月；慈母，是抚养的人，所以服丧九个月；君主，各方面都照顾的周到完备，难道服丧三年就完毕了吗？做到这一点，国家就会治理；做不到这一点，国家就会混乱，这是最高的礼制的体现。做到这一点，国家就会安全；做不到这一点，国家就会危险，这是最高的情感表达。两个“最高”合起来，就会觉得三年之丧期还显得不足，只是没有办法再增加了。所以，社祭，是祭祀土地神的；稷祭，是祭祀谷神的；郊祭，是把历代君王与上天一起合起来祭祀。

注释　1 子：疑为“之”。 2 情貌之尽：在人中，君主内在的忠诚之情及外在的恭敬之貌，其规格要求是最高的。 3 此句引自《诗经·大雅·泂酌》。这是一首关于祭祀的歌曲。恺悌，平易和蔼。 4 子：衍文。 5 慈母：养育自己长大的人，一般由父亲的妾充任。 6 社：土地神。 7 稷：谷神。

三月之殡[1]，何也？曰：大之也，重之也。所致隆也，所致亲也，将举错[2]之，迁徙之，离宫室而归丘陵也；先王恐其不文也，是以繇[3]其期，足之日也。故天

三个月以后才出殡埋葬，这是为什么？答曰：这是为了使丧礼重大，使丧礼隆重。对于最值得尊敬的人，最值得亲近的人，将要安葬他了，迁移居所，离开原来的宫室而到丘陵中去；先王担心丧葬不符合礼制，于是延长了停柩的时间，让人有足够的时间去准备。所以天子停柩七个

子七月，诸侯五月，大夫三月，皆使其须[4]足以容事，事足以容成，成足以容文，文足以容备，曲容备物之谓道矣。

月，诸侯停柩五个月，大夫停柩三个月，这种等待都是为了让人足以去办理各种事务，事务准备好了便能够使安葬成功，安葬成功了便符合礼制，礼制可以确保安葬的物质完备，礼仪周到、物质完备就是丧礼之道。

注释 1 殡：入殓之后，安葬之前，停放灵柩的这段时间，称之为"殡"。一般是三个月，实际只有七十天。 2 举错：举措。 3 繇：通"遥"。 4 须：等待。

祭者，志意思慕之情[1]也。愅诡、唈僾[2]而不能无时至焉，故人之欢欣和合之时，则夫忠臣孝子亦愅诡而有所至[3]矣。彼其所至者，甚大动也；案屈然[4]已，则其于志意之情者惆然不嗛[5]，其于礼节者阙然不具。故先王案为之立文，尊尊亲亲之义至矣。故曰：祭者，志意思慕之情也，忠信爱敬之至矣，礼节文貌之盛矣，苟非圣人，莫之能知也。圣人明知之，士君子安行之，官人

祭祀，是情感与思念积累后的表达。因为人们的感动、郁结之情总要不定时地得到表达，所以当人们欢欣和合的时候，忠臣孝子总会因先君与父母已不在而有所触动。他们的触动奋发之情非常大，以至于若没有表达的渠道，则他们的情感就会怅然若失而不满足，对于礼节就会欠缺而不完备。于是先王因此而确立礼制，使尊敬君主、敬爱父母之情得以表达。所以说：祭祀，是情感与思念积累后的表达，是忠信、喜爱、敬重之情的极致，是礼节仪式的最高形式，如果不是圣人，没有人能知其大义。圣人清楚地知晓它，士君子安乐地实行它，官员把它作为职守，百姓把

以为守，百姓以成俗。其在君子以为人道也，其在百姓以为鬼事也。

它作为习俗。在君子那里，把它作为人道的表现；在百姓那里，把它看作鬼神之事。

注释 1 情：王念孙以为，当为“积”字。因为“志意”与“情”相近，可言“思慕之情”，不可言“志意思慕之情”。 2 愅(gé)诡、悒僾(yìài)：愅诡，变异感动的样子；悒僾，郁闷不乐的样子。 3 愅诡而有所至：人们欢欣之时，忠臣孝子因不见先君与父母而有所触动。 4 屈(juē)然：空缺的样子。这里指不行祭祀之礼。 5 嗛(qiè)：满足。

故钟鼓、管磬、琴瑟、竽笙，《韶》《夏》《护》《武》《汋》《桓》《箾》、简《象》[1]，是君子之所以为愅诡其所喜乐之文也；齐衰、苴杖、居庐、食粥、席薪、枕块，是君子之所以为愅诡其所哀痛之文也；师旅有制，刑法有等，莫不称罪，是君子之所以为愅诡其所敦[2]恶之文也。卜筮视日[3]，斋戒修涂[4]，几筵、馈、荐[5]，告祝[6]，如或飨之；物取而皆祭之，如或尝之；毋利[7]举爵，主人有尊[8]，如或觞之；宾出，主人拜送；

所以钟鼓、管磬、琴瑟、笙竽，《韶》《夏》《护》《武》《汋》《桓》《箾》《象》等乐舞曲，是君子表达喜乐的礼仪；穿着粗布丧服，拄着粗劣的拐杖，住在矮小的房子里，喝着稀粥，睡着柴草，枕着土块，是君子表达哀痛的礼仪；军队有制度，刑法有等级，刑罚没有不与罪行相符合的，是君子表达憎恨的礼仪。占卜日子的吉凶，斋戒身心、清扫祠庙，摆好桌席，献上祭品，祭祀祈福，好像神真的来享用一样；取出祭品一一祭祀，好像神真的要品尝一样；不让助食者向受祭者敬酒，主人亲自敬酒，好像神真的在喝酒一样；(以上这些完毕以后，)宾客退出，主人拜谢相送；返回以后，脱掉祭服，换上丧服，坐在座位痛哭，好像神反,易服,即位而哭,如或去之。哀夫!敬夫!事死如事生,事亡如事存,状乎无形影,然而成文。

远离而去一样。哀伤啊!恭敬啊!对待死亡就如对待出生,侍奉亡故的人就如侍奉活着的人,虽然无形无影,然而却成为了礼仪。

注释 1《韶》《夏》《护》《武》《汋》《桓》《箾(xiāo)》、简《象》:《韶》,舜时乐曲名;《夏》,禹时乐曲名;《护》,汤时乐曲名;《武》,武王时乐曲名;《汋》《桓》,周代乐曲名,见《诗经·周颂》;《箾》,周文王时舞曲名;简,衍文;《象》,武王伐纣时的乐曲名。 2 敦:通"憝"(duì),憎恨。 3 卜筮视日:古人占卜以查看日子的吉凶。 4 修涂:修饰、扫除。涂,通"除"。 5 馈、荐:祭祀时进献谷物、牺牲等祭品。 6 告祝:祭祀时尸祝为主人祈福。 7 利:祭祀时帮助把祭品端给尸的人。 8 有尊:有,即"侑",劝;尊,酒杯,这里指饮酒。

乐论

导读　本篇中荀子具体论述了音乐的根基及其作用等问题。荀子认为，音乐并非纯粹外在于人的制作，而是根基于人之性情，是人所不能免的："夫乐者，乐也，人情之所必不免也，故人不能无乐。"但人之性情必须养其正，故亦须正其乐，具体地说，就是重《雅》《颂》之乐而辟郑卫之音。正因为音乐为人情所不能免，音乐在人之教化与社会治理中有着巨大的作用。从个人来讲，音乐的作用是"乐行而志清，礼修而行成，耳目聪明，血气和平"；从社会来讲，音乐的作用是"移风易俗，天下皆宁，美善相乐"。总的来说，音乐是"治人之盛者"。由此，墨子反对音乐是根本不能成立的。荀子还对各种乐器的声音曲调进行了区分与描述，认为它们都象征着天地中的某一物，如"鼓似天，钟似地，磬似水，竽笙、箫和、管籥似星辰日月，鞉、柷、拊、鞷、椌、楬似万物"。这表明，音乐不但根基于性情，亦根基于天地，通过音乐，人可以与天地万物相贯通。因此，音乐根本不是纯娱乐性的，它是教化中非常重要的一个环节。

原文

夫乐者，乐也，人情之所必不免也，故人不能无乐。乐则必发于声音，形于动静，而人之道，声

译文

音乐，是对人的情感的表现，是人的情感所不可避免的一种表达，所以人不能没有音乐。音乐必然会发出声与音，表现动与静，而人之所以为人之道，

音、动静、性术之变尽是矣。故人不能不乐，乐则不能无形，形而不为道[1]，则不能无乱。先王恶其乱也，故制《雅》《颂》[2]之声以道之，使其声足以乐而不流，使其文足以辨而不諰[3]，使其曲直、繁省、廉肉[4]、节奏，足以感动人之善心，使夫邪污之气无由得接焉。是先王立乐之方也，而墨子非之[5]，奈何！

即其声音、动静、性情举止之变化都在音乐中得到了尽情的表达。所以人不能没有情感表达，情感表达就不能不表现出来，表现出来若不加以引导，就不可能不混乱。先王厌恶这种混乱，所以制定了《雅》《颂》这样的雅乐加以引导，使得其声音足以和乐而不淫荡，使得其文辞足以辨明事理而无失，使得其曲直、繁简、高亢与婉转、节奏足以感动人的善心，从而使邪恶污秽的情感无法得以接近人。这是先王设立音乐的原则，墨子却反对音乐，真的不可理解！

注释　1 道：引导。　2《雅》《颂》：《诗经》中的两类乐曲。雅是正的意思，是朝廷的正声雅乐，又分《大雅》与《小雅》；颂是宗庙祭祀乐曲，分为《周颂》《鲁颂》与《商颂》。　3 辨而不諰(shāi)：辩明道理而无失。辨，通“辩”；諰，语有所失。　4 廉肉：指乐声的高亢与婉转。　5 墨子非之：墨子明确表示对乐的反对，他在《墨子·非乐上》中问：“然即当为之撞巨钟、击鸣鼓、弹琴瑟、吹竽笙而扬干戚，民衣食之财将安可得乎？”于是，他主张，“今天下士君子，请将欲求兴天下之利，除天下之害，当在乐之为物，将不可不禁而止也”。

故乐在宗庙之中，君臣上下同听之，则莫不和敬；闺门之内，父子兄弟同听之，则莫不和亲；乡

所以音乐在庙堂中演奏，君臣上下一起倾听，没有不和谐恭敬的；在家门之内演奏，父子兄弟一起倾听，没有不和谐亲近的；在乡里宗族演奏，老小

里族长之中，长少同听之，则莫不和顺。故乐者审一以定和[1]者也，比物以饰节[2]者也，合奏以成文者也。足以率一道[3]，足以治万变。是先王立乐之术也，而墨子非之，奈何！

长幼一起倾听，没有不和谐顺从的。所以音乐，是审定一个主音来确定曲调的和谐，配合着乐器以调整节奏，一起演奏以成旋律。因此音乐足以统率最高的形而上之道，也足以治理形而下的各种变化。这是先王确立音乐的根本方法，墨子却反对它，真的不可理解啊！

注释　1 审一以定和：古代音调分宫、商、角、徵(zhǐ)、羽，其中一个主音定了，其余四个音也就定了，从而形成音乐之和谐。如《淮南子·原道训》说“故音者，宫立而五音形矣”，说的就是“审一以定和”。　2 比物以饰节：比物，指协调众物，使配合得当；饰，通“饬”，调整；节，节奏。　3 一道：指最高的道，以与下文之“万变”相对应。

故听其《雅》《颂》之声，而志意得广焉；执其干戚[1]，习其俯仰屈伸，而容貌得庄焉；行其缀兆[2]，要[3]其节奏，而行列得正焉，进退得齐焉。故乐者，出所以征诛也，入所以揖让也。征诛揖让，其义一也。出所以征诛，则莫不听从；入所以揖让，则莫不从服。故乐者，天下之大

所以倾听了《雅》《颂》之音，志向心胸就变得开阔了；手执盾牌、斧头等舞具，表演俯仰屈伸的动作，容貌就变得庄重了；活动在舞蹈的行列上，配合音乐的节奏，那么行列就端正了，进退就整齐了。所以音乐，对外用来征伐，对内用来礼让。征伐礼让，音乐的作用是一样的。对外用来征伐，那么就没有不听从的；对内用来礼让，那么就没有不悦服的。所以音乐，是天下最大的齐同协一之道，是中正平和的纲纪，是人

齐也，中和之纪也，人情之所必不免也。是先王立乐之术也，而墨子非之，奈何！且乐者，先王之所以饰喜也；军旅铁钺[4]者，先王之所以饰怒也。先王喜怒皆得其齐焉。是故喜而天下和之，怒而暴乱畏之。先王之道，礼乐正其盛者也，而墨子非之。故曰：墨子之于道也，犹瞽之于白黑也，犹聋之于清浊也，犹欲之楚而北求之也。

的情感表达所必不能免的。这是先王确立音乐的根本方法，但墨子却反对它，真的不可理解啊！而且音乐，是先王用来表达喜悦之情的；军队、斧钺是先王用来表达忿怒之情的。先王的喜悦与忿怒通过音乐得以恰如其分的表现。这样，喜悦时天下之人就应和他，忿怒时暴乱之人就畏惧他。先王的治国原则中，礼与乐正是其中的重要内容，但墨子却反对它。所以说：墨子对于治国之道，就如盲人之于色之黑白，聋子之于音之清浊，去楚国却往北方走一样。

注释　**1** 干戚：盾牌与斧头。这里指表演战争内容的舞蹈道具。　**2** 缀兆：舞蹈时的行列位置。缀，行列的标识；兆，行列的区域。　**3** 要(yāo)：符合。　**4** 铁钺(fǔyuè)：铁，通“斧”；钺，大斧。这里指刑具。

夫声乐之入人也深，其化人也速，故先王谨为之文。乐中平则民和而不流，乐肃庄则民齐而不乱。民和齐则兵劲城固，敌国不敢婴[1]也。如是，则百姓莫不安其处，乐其乡，以至足其上[2]矣。然

音乐浸润人心很深入，改变人的性情很迅速，所以先王十分谨慎地修饰音乐。音乐中正平和那么百姓就和睦而不放纵，音乐严肃庄重那么百姓就整齐而不混乱。百姓和睦、整齐就会兵力强劲、城池坚固，敌国就不敢来犯。这样，百姓没有不满足于自己的住处，喜欢自己的家乡，以至于使君主也很满足。然

后名声于是白[3]，光辉于是大，四海之民莫不愿得以为师[4]，是王者之始也。乐姚冶[5]以险，则民流僈鄙贱矣；流僈则乱，鄙贱则争；乱争则兵弱城犯，敌国危之。如是，则百姓不安其处，不乐其乡，不足其上矣。故礼乐废而邪音起者，危削侮辱之本也。故先王贵礼乐而贱邪音。其在序官[6]也，曰："修宪命，审诛赏[7]，禁淫声，以时顺修，使夷俗邪音不敢乱雅，太师[8]之事也。"

后君主的名声就会显赫，光辉就会盛大，天下的百姓没有不愿意把他作为自己的君长，这是王天下的开始。音乐靡艳险恶，那么百姓就会流荡散漫、卑鄙下贱；流荡散漫就会有祸乱，卑鄙下贱就会有争斗；祸乱、争斗就会导致兵力被削弱、城池被破坏，敌国就会来侵犯。这样，百姓就不会安居于他的住处，不喜欢他的家乡，也不会使君主满足。所以礼乐废弃了邪僻之音就会兴起，这是国家遭受危害、削弱、侮辱的根源。因此先王尊重礼乐而鄙视邪僻之音。他在论列官职的时候说："依据法令，审查诗歌，禁止淫邪之音，依时整治，使得蛮夷之俗与邪僻之音不敢扰乱雅正之声，这是太师的职责。"

注释　1 婴：通"撄"，侵犯。　2 足其上：使君主满足。　3 白：显赫。　4 师：君长。　5 姚冶：美艳的样子。这里指靡靡之音。　6 序官：论列官员的职责，这里指乐官的职责。　7 修宪命，审诛赏：修，当为"循"；诛赏，当为"诗商"。　8 太师：古代乐官之长，掌管乐律。《文心雕龙·史传》有"于是就太师以正《雅》《颂》，因鲁史以修《春秋》"。

墨子曰："乐者，圣王之所非也，而儒者为之，过也。"君子以为不然。乐者，

墨子说："音乐，是圣人所反对的，但儒者倡导，这是不对的。"君子以为不是墨子所说的那样。音乐，是

圣王之所乐也，而可以善民心，其感人深，其移风易俗[1]，故先王导之以礼乐，而民和睦。夫民有好恶之情，而无喜怒之应则乱。先王恶其乱也，故修其行，正其乐，而天下顺焉。故齐衰之服，哭泣之声，使人之心悲；带甲婴軸[2]，歌于行伍，使人之心伤[3]；姚冶之容，郑、卫之音[4]，使人之心淫；绅端章甫[5]，舞《韶》歌《武》，使人之心庄。故君子耳不听淫声，目不视女色，口不出恶言。此三者，君子慎之。

圣王所喜欢的，它可以改善人心，感化人很深入，移风易俗很容易，所以先王倡导礼乐，百姓就会和睦。人天然有好恶之情，但若没有规导、调节喜欢、忿怒的法度就会有祸乱。先王厌恶这种祸乱，所以修养德行，修正音乐，天下就和顺了。所以齐衰之丧服，哭泣之哀声，使人心悲切；穿着铠甲戴着头盔，在行列中歌唱，使人心振作；美艳的容貌，郑、卫之邪音，使人心淫荡；腰束官带，穿着礼服，戴着礼帽，跳《韶》乐之舞，唱《武》乐之歌，使人心庄重。所以君子的耳朵不听淫荡之声，眼睛不看妖艳的女色，嘴巴不说污秽的言语。这三者，是君子应该谨慎的。

注释　1 移风易俗：下文脱落一“易”字。　2 婴軸：戴上头盔。婴，系着；軸，同“胄”，头盔。　3 伤：当为“扬”，振作。　4 郑卫之音：指《诗经》中郑国与卫国的民歌，多写男女情爱，与《雅》《颂》之正音形成强烈的对比，故多以为郑卫之音邪淫。孔子说：“放郑声，远佞人。郑声淫，佞人殆。”　5 绅端章甫：绅，古代士大夫束在腰间的大带子；端，即玄端，黑色礼服，祭祀时穿；章甫，古代的一种礼帽。

凡奸声感人而逆气应之，逆气成象而乱生焉；正声感人而顺气应之，顺

大凡奸邪之音感动人心便会生起横逆之气，横逆之气成为社会现象就会产生混乱；雅正之音感动人心便会生

气成象而治生焉。唱和有应，善恶相象，故君子慎其所去就也。君子以钟鼓道[1]志，以琴瑟乐心，动以干戚，饰以羽旄[2]，从以磬管。故其清明象天，其广大象地，其俯仰周旋有似于四时。故乐行而志清，礼修而行成，耳目聪明，血气和平，移风易俗，天下皆宁，美善相乐。故曰：乐者，乐也。君子乐得其道，小人乐得其欲。以道制欲，则乐而不乱；以欲忘道，则惑而不乐。故乐者，所以道乐也。金石丝竹，所以道德也。乐行而民乡方[3]矣。故乐者，治人之盛者也，而墨子非之。

起和顺之气，和顺之气成为社会现象就会形成治理。唱和相互感应，善恶也随之产生，所以君子谨慎地取舍音乐。君子以钟鼓疏导心志，以琴瑟愉悦心灵，舞动盾牌与刀斧，装饰雉羽与牛尾，伴奏钟磬与管箫。所以君子的清明之德像天，广大之德如地，俯仰周旋好像四时更替一样有秩序。所以音乐流行心志就清明了，礼仪美好行为就养成了，耳聪目明，血气和平，移风易俗，天下都安宁，美与善相互促进。所以说：音乐，就是表达快乐的。君子以得道为快乐，小人以遂欲为快乐。以道义去限制欲望，就会快乐而不昏乱；因欲望而忘记道义，就会迷惑而不快乐。所以音乐，是用来引导快乐的。金石丝竹，是用来规导道德的。音乐流行百姓就向往仁义了。所以音乐，是治理人民最理想的工具，墨子却反对它。

注释 1 道：通“导”，引导。 2 羽旄：乐舞时所执的雉羽和旄牛尾。 3 乡方：归向仁义之道。乡，通“向”；方，道。

且乐也者，和之不可变者也；礼也者，理[1]之不可易者也。乐合

而且音乐，是使人心和谐不可变更的手段；礼义，是治理国家不可变易的措施。音乐使人们和谐一致，礼义使人们区分等

同，礼别异。礼乐之统，管乎人心矣。穷本极变[2]，乐之情也；著诚去伪，礼之经也。墨子非之，几遇刑[3]也。明王已没，莫之正也。愚者学之，危其身也。君子明乐，乃其德[4]也。乱世恶善，不此听也。於乎[5]哀哉！不得成也。弟子勉学，无所营[6]也。

级。礼乐这样的体系构造，掌管着思想、人心。深入人性的究极之地变化人的气质而达到最好的效果，这是音乐的本质；显明真诚，去除虚伪，这是礼义的常道。墨子却反对它，这就近乎犯罪。明王已经去世，没有人能够纠正他了。愚蠢的人学习了墨子的理论，就会危害自身。君子彰明音乐之道，乃是其义务。但乱世憎恶善行，并不听从这个道理。呜呼哀哉！音乐由此而不再流行了。弟子们要努力学习音乐，不要受墨子理论的迷惑。

注释 1 理：治理。 2 穷本极变：指深入人性的究极之地变化人的气质而达到最好的效果。本，人性的究极之地；极，最好的效果；变，变化气质。 3 几遇刑：近乎犯罪。 4 德：本性，义务。 5 於乎：同“呜呼”。 6 营：迷惑。

声乐之象[1]：鼓大丽[2]，钟统实[3]，磬廉制[4]，竽笙箫和[5]，管籥发猛[6]，埙篪翁博[7]，瑟易良[8]，琴妇好[9]，歌清尽，舞意天道兼。鼓，其乐之君邪！故鼓似天，钟似地，磬似水，竽笙、箫和[10]、管籥似星辰日月，鼗、柷、拊、鞷、椌、楬[11]似

音乐的气象：鼓声激越高亢，钟声洪亮浑厚，磬声明晰有度，笙竽之声肃静和缓，管籥之声高昂粗犷，埙篪之声低沉宽广，瑟音平和温润，琴音柔美温婉，歌声清朗而完美，舞蹈的意象与自然相合。鼓，是音乐中的主宰啊！所以鼓声就像天，钟声恰似地，磬声如同水，笙竽、管籥之声类似星辰日月，鼗、柷、拊、鞷、椌、楬之声拟诸万物。怎么

万物。曷以知舞之意？曰：目不自见，耳不自闻也，然而治俯仰、诎信、进退、迟速莫不廉制，尽筋骨之力以要钟鼓俯会之节，而靡有悖逆者，众积意謘謘乎[12]！	知道舞蹈的意象呢？答曰：舞者的眼睛不能看见自己的形体，耳朵不能听到自己的声音，然而他们的俯仰、屈伸、进退、快慢无不清晰而有韵律，竭尽身体的力量去配合钟鼓的节奏，而无所违逆，乃因为众人聚精会神而诚恳谨慎啊！

注释　**1** 象：气象。　**2** 丽：通“厉”，形容声音激越高亢。　**3** 统实：洪亮浑厚。　**4** 廉制：清晰有度。廉，清也。　**5** 箫和：当为“肃和”，肃静和缓。　**6** 管籥发猛：管籥，古代编管乐器；发猛，高昂粗犷。　**7** 埙篪(xūnchí)翁博：埙，一种陶土烧制的吹奏乐器，大如鹅蛋，形如秤锤，上尖下平中空，一般有1~5个孔；篪，用竹子制成的单管横吹乐器；翁博，同“滃渤”，声音低沉而宽广。　**8** 易良：平和温润。　**9** 妇好：柔婉。　**10** 箫和：衍文。　**11** 鼗(táo)、柷(zhù)、拊(fǔ)、鞷(gé)、椌(qiāng)、楬(qià)：均为古代打击乐器。鼗，拨浪鼓；柷，漆筒似的打击乐器；拊、鞷，二者相似，均为皮革制成的打击乐器，内塞谷糠，声音低沉；椌、楬，虎形的木制打击乐器。　**12** 众积意謘(chí)謘乎：众，指跳舞的人；积意，聚精会神；謘謘，诚恳谨慎的样子。

吾观于乡，而知王道之易易也。[1]主人亲速宾及介[2]，而众宾皆从之，至于门外，主人拜宾及介而众宾皆入，贵贱之义别矣。三揖至于阶，三让以	我看到乡饮酒的礼仪，就知道王道政治的实践是非常容易的。主人亲自迎接主宾与陪客，一般的宾客跟在后面，到门外的时候，主人向主宾及陪客拱手拜谒，而其他宾客都直接进门，高贵与卑贱的不同由此体现出来。主人作揖三次与主宾一起至于阶梯前，三行揖让礼而使主宾登堂，拜谢主

宾升,拜至,献酬[3],辞让之节繁,及介省矣。至于众宾,升受、坐祭、立饮,不酢而降,隆杀[4]之义辨矣。工入,升歌三终[5],主人献之;笙入三终[6],主人献之;间歌三终[7],合乐三终[8],工告乐备,遂出。二人扬觯[9],乃立司正[10],焉[11]知其能和乐而不流也。

宾的到来,主人向主宾敬酒,主宾回敬,相互推让的礼节十分繁多,陪客的礼节就简省多了。至于一般的宾客,登堂受酒,坐着祭祀,站着饮酒,不回敬主人就下堂,隆重、减省的区别由此而体现出来了。乐工进入,登堂演奏三支曲子,主人献酒;吹笙的人进去也吹奏三支曲子,主人献酒;乐工与吹笙的人再轮流各奏三支曲子,又一起合奏三支曲子,乐工报告奏乐完毕,就退堂了。主人的两个侍从举杯敬酒,又设置两个人监督礼仪,从中使他们能够和谐安乐而不流于淫邪。

注释 1 吾观于乡,而知王道之易易也:此语出自《礼记·乡饮酒义》,为孔子所言。观于乡,指观于乡饮酒礼。 2 主人亲速宾及介:主人,乡大夫,主管乡里政教刑法的官员,他时常邀请贤德的人饮酒商量乡里的政事;速,迎接;在乡饮酒的礼仪中,最贤能的叫宾,其次叫介,再次叫宾客。 3 献酬:乡饮酒礼中主客之间互相敬酒,主人先向客人敬酒叫"献",客人用酒回敬主人叫"酢",主人再次向客人敬酒以表答谢叫"酬"。4 隆杀:隆重与减省。 5 升歌三终:终,将一首歌曲或乐曲从头到尾歌唱或演奏一遍叫一终。依据孔颖达《礼记正义》,乐工升堂把《诗经·小雅》中的诗歌《鹿鸣》《四牡》《皇皇者华》各唱一遍,就叫三终。 6 笙入三终:吹笙的人把《诗经·小雅》中的乐曲《南陔》《白华》《华黍》各奏一遍。7 间歌三终:乐工先唱《诗经·小雅》中的《鱼丽》,接着吹笙的吹奏《小雅》中的《由庚》;乐工再唱《南有嘉鱼》,吹笙的再吹《崇丘》;乐工再唱《南山有台》,吹笙的再吹《由仪》。间,轮流。 8 合乐三终:指乐工在唱《诗经·周南》中的《关雎》《葛覃》《卷耳》时，吹笙的同时吹奏《诗经·召南》中的《鹊巢》《采蘩》《采蘋》。 **9** 觯(zhì)：青铜制的酒杯。 **10** 司正：负责监督饮酒礼仪的人。 **11** 焉：于之。即通过监督的方式。

宾酬主人，主人酬介，介酬众宾，少长以齿，终于沃洗者[1]，焉知其能弟长而无遗也。降，说[2]屦，升坐，修爵[3]无数。饮酒之节，朝不废朝，莫[4]不废夕。宾出，主人拜送，节文终遂，焉知其能安燕而不乱也。贵贱明，隆杀辨，和乐而不流，弟长而无遗，安燕而不乱，此五行者，是足以正身安国矣。彼国安而天下安。故曰：吾观于乡，而知王道之易易也。

主宾向主人敬酒，主人向陪客敬酒，陪客向一般的宾客敬酒，依据年齿为顺序依次进行，最后到清洗酒器的人，从中知道他们能够尊敬长者而不遗漏一个人。下堂，脱下鞋子，然后再升堂入座，相互不停敬酒。饮酒的原则是，早晨饮酒不影响早上的工作，傍晚饮酒不影响晚上的工作。宾客离去，主人拜谢相送，整个礼仪就结束了，从中可以看出礼仪中人们安乐闲适而不混乱。高贵与卑贱彰明，隆重与简省分别，和谐安乐又不流荡，尊敬长者而无遗漏，安乐闲适且不混乱，这五种行为，足以端正身心、安定国家。国家安定了天下就安定了。所以说：我看到乡饮酒的礼仪，就知道王道政治的实践是非常容易的。

注释 **1** 沃洗者：清洗酒器的人。 **2** 说：通“脱”。 **3** 修爵：即敬酒。 **4** 莫：同“暮”。

乱世之征：其服组[1]，其容妇，其俗淫，其志利，其行杂，其声乐险，其文章慝[2]而采，其养生无度，其送死瘠墨[3]，贱礼义而贵勇力，贫则为盗，富则为贼。治世反是也。

乱世的征兆：衣服华丽奢侈，容貌妖艳如妇人，风俗淫荡，唯利是图，行为驳杂，音乐邪僻，文章邪恶而有文采，保养生命时纵欲无度，送终时却刻薄简省，鄙视礼义却崇尚武力，贫穷时去偷盗，富裕时去残害别人。安定的社会与此相反。

注释 1 组：华丽奢侈。 2 慝：同"慝"，邪恶。 3 瘠墨：刻薄简省。

解蔽

导读 在本篇荀子主要论述了阻碍人们获得正确认识的影响因素。人们之所以不能获得正确的认识，根本原因在于"蔽于一曲而暗于大理"。"一曲之见"是如何造成的呢？荀子首先分析了其外在因素，"欲为蔽，恶为蔽；始为蔽，终为蔽；远为蔽，近为蔽；博为蔽，浅为蔽；古为蔽，今为蔽"，这些都是造成蒙蔽的外在原因。不但君主、大臣容易被这些外在因素所蒙蔽，就是当世学者，像墨翟、宋钘、慎到、申不害、惠施、庄子等人，莫不如此。唯有孔子仁且智而不被蒙蔽。荀子还进一步分析了造成"一曲之见"的内在因素。在荀子看来，心不明于大道，于是蒙蔽就生成了。但心如何明于大道呢？就是保持"虚一而静"的状态。那么，什么是"虚""一""静"呢？荀子作了很有见地的回答："不以所已臧害所将受谓之虚"，"不以夫一害此一谓之一"，"不以梦剧乱知谓之静"。总之，"未得道而求道者，谓之虚一而静"。可见，"虚一而静"并非是虚空状态，而是心灵栖居在道中，由此为正确认识准备好条件。每个人都可使心灵栖居在道中，而开显人的认知万物的本性。但是人的认知并非没有边界，而是直指圣王之道。因此，荀子提倡"解蔽"，千言万语，实际上是要为圣王之道开辟道路。因为"圣也者，尽伦者也；王也者，尽制者也。两尽者，足以为天下极矣"，学不至于此，皆不过"治怪说，玩奇辞"耳，焉能无蔽？！

原文

凡人之患，蔽于一曲而暗于大理。治则复经，两疑[1]则惑矣。天下无二道，圣人无两心。今诸侯异政，百家异说，则必或是或非，或治或乱。乱国之君，乱家[2]之人，此其诚心莫不求正而以自为也，妒缪于道，而人诱其所迨[3]也。私其所积，唯恐闻其恶也；倚[4]其所私，以观异术，唯恐闻其美也。是以与治虽[5]走而是己不辍也。岂不蔽于一曲而失正求也哉！心不使焉，则白黑在前而目不见，雷鼓在侧而耳不闻，况于使[6]者乎？德[7]道之人，乱国之君非之上，乱家之人非之下，岂不哀哉！

译文

大凡人的祸患，皆因蒙蔽于一曲之见而不明于大道。明乎此而加以纠正就可复归到常道上来，若在一曲之见与大道之间徘徊不定就会有迷惑。天下并无二道，圣人没有二心。现在诸侯政令不同，百家学说殊异，那么就一定有对的有错的，有使社会安定的有使社会混乱的。使国家混乱的君主，使思想片面的学者，他们的真心没有一个不是欲求正道而为自己的目标服务的，但因为他们对于大道既妒忌又有偏见，而别人又投其所好地引诱他们，于是就偏离大道而至于一曲之见了。偏从自己所学的知识或经验，生怕听到自己所厌恶的；依据自己偏爱的思想，去观察不同的学说，生怕听到赞美别人的言辞，所以与大道相背离而自以为是且乐此不疲，这难道不是蒙蔽于一曲之见而失去对正道的追求吗！不用心于正道，即使黑白就在眼前眼睛也看不见，雷鼓在旁边耳朵也听不到，何况对于那些蒙蔽的人呢？而真正得到大道的人，（却落得个）混乱国家的君主在上面反对他，儒家之外的各个学派的学者在下面反对他，这难道不是学术的悲哀吗！

注释 1 两疑：两，指“一曲”与“大理”；疑，在两者之间左右摇摆。 2 乱家：指不明于正道的诸子百家。 3 迨：及。 4 倚：依据。 5 虽：当为“离”。 6 使：当为“蔽”。 7 德：即“得”。

故[1]为蔽？欲为蔽，恶为蔽；始为蔽，终为蔽；远为蔽，近为蔽；博为蔽，浅为蔽；古为蔽，今为蔽。凡万物异则莫不相为蔽[2]，此心术之公患也。

是什么造成了蒙蔽呢？欲望导致蒙蔽，厌恶也导致蒙蔽；只见其始导致蒙蔽，只见其终也导致蒙蔽；疏远导致蒙蔽，亲近也导致蒙蔽；广博导致蒙蔽，肤浅也导致蒙蔽；好古导致蒙蔽，颂今也导致蒙蔽。万物殊异那么就没有不相互造成蒙蔽的，这是人们思考问题的共同弊端。

注释 1 故：犹“胡”。 2 相为蔽：相互蒙蔽。

昔人君之蔽者，夏桀、殷纣是也。桀蔽于末喜、斯观[1]，而不知关龙逢，以惑其心而乱其行；纣蔽于妲己[2]、飞廉，而不知微子启，以惑其心而乱其行。故群臣去忠而事私，百姓怨非而不用，贤良退处而隐逃，此其所以丧九牧之地而虚宗庙之国[3]也。桀死于亭山[4]，纣县于赤旆[5]，身不先知，

从前君主被蒙蔽的，是夏桀与商纣王。夏桀蒙蔽于末喜、斯观两人，而不能信任关龙逢，是以心志被迷惑而行为暴戾；商纣王蒙蔽于妲己、飞廉，而不能信任微子启，是以心志被迷惑而行为暴戾。所以群臣抛弃忠诚而谋求私利，百姓怨恨其君主而不听从驱使，贤良之才离开朝廷而隐居逃亡，这就是他们丧失天下而宗庙毁弃的原因。夏桀死于鬲山，商纣王的头悬挂在红旗之上，他们自身不能先知先觉，又没有人讽谏，这就导致了蒙蔽闭塞之祸。成汤有鉴于

人又莫之谏,此蔽塞之祸也。成汤监于夏桀,故主其心[6]而慎治之,是以能长用伊尹而身不失道,此其所以代夏王而受九有[7]也。文王监于殷纣,故主其心而慎治之,是以能长用吕望而身不失道,此其所以代殷王而受九牧也。远方莫不致其珍,故目视备色,耳听备声,口食备味,形居备宫,名受备号,生则天下歌,死则四海哭,夫是之谓至盛。《诗》曰:"凤凰秋秋,其翼若干,其声若箫。有凤有凰,乐帝之心。"[8]此不蔽之福也。

夏桀之故事,所以心立于正道而不被邪说所迷惑,谨慎地治理国家,因此能长期重用伊尹而不偏离大道,这就是他能取代夏朝而统治天下的原因。文王有鉴于商纣之故事,所以心立于正道而不被邪说所迷惑,谨慎地治理国家,因此能长期重用吕望而不偏离大道,这就是他能取代商朝而统治天下的原因。远方的国家没有不来进贡其珍宝的,所以他们的眼睛能看到各种美丽的颜色,耳朵能听到各种优美的声音,嘴巴能吃到各种珍馐美味,居住在华丽的宫室里,享受着各种尊贵的称号,活着的时候天下人歌颂,死去的时候天下人痛哭,这就叫极其隆盛伟大。《诗》说:"凤凰翩翩起舞,翅膀恰如盾牌,声音宛若洞箫。有凤又有凰,君王喜洋洋。"说的就是没有被蒙蔽的福乐。

注释　**1** 末喜、斯观:末喜,又称"妺喜",本有施氏之女,夏桀在位时,发动大军攻打有施氏,有施氏兵败求和,献出他们的牛羊、马匹、美女,其中包括妺喜。妺喜非常美丽,夏桀对其宠爱有加。妺喜喜欢看人们在大到可以划船的酒池里饮酒,史载夏桀首先处死了阻止建造这种酒池的关龙逄,然后邀请三千名饮酒高手在击鼓声中下池畅饮,结果他们中的一些人因醉酒而淹死。斯观,夏桀时的佞臣。　**2** 妲己:有苏氏部落之女,骨肉匀称,眉宇清秀,商纣王征伐有苏氏时得到她,从此纵情声色,不理朝政。 3 丧九牧之地而虚宗庙之国:九牧,即九州,这里代指天下。牧,州的长官。虚,“墟”的本字。 4 亭山:当为“鬲(lì)山”之误,即历山,又称历阳山,在今安徽和县西北四十里,相传桀被流放在此。 5 纣县于赤旆:周武王伐纣,纣大败。《史记·殷本纪》载:“纣走,入登鹿台,衣其宝玉衣,赴火而死。周武王遂斩纣头,县之大白旗。”与此处所说略异。 6 主其心:指心立于正道而不被邪说所迷惑。 7 九有:即九囿,也就是九州。有,通“囿”。 8 此句不见于《诗经》,可能引自逸诗。秋秋,犹“跄跄”,腾跃飞舞的样子。

昔人臣之蔽者,唐鞅、奚齐[1]是也。唐鞅蔽于欲权而逐载子[2],奚齐蔽于欲国而罪申生[3];唐鞅戮于宋,奚齐戮于晋。逐贤相而罪孝兄,身为刑戮,然而不知,此蔽塞之祸也。故以贪鄙、背叛、争权而不危辱灭亡者,自古及今,未尝有之也。鲍叔、宁戚、隰朋[4]仁知且不蔽,故能持管仲而名利福禄与管仲齐;召公、吕望仁知且不蔽,故能持周公而名利福禄与周公齐。传曰:“知贤之谓明,辅贤之谓能。勉之强之,其福必长。”此之谓也。此不蔽之福也。

以前臣子被蒙蔽的,是唐鞅、奚齐。唐鞅蒙蔽于权力欲望而驱赶了戴驩,奚齐蒙蔽于夺取政权而陷害申生;最后唐鞅在宋国被杀,奚齐在晋国被杀。驱赶贤明的宰相陷害孝顺的兄长,最后身首异处,然而却不能反省自知,这正是蒙蔽惹的祸。所以贪婪卑鄙、背叛君主、争夺权力而不导致危险、侮辱、灭亡之祸的,自古及今,还没有过。鲍叔牙、宁戚、隰朋仁智双全且不被蒙蔽,所以能推荐、扶持管仲且名利福禄与管仲齐同;召公、吕望仁智双全且不被蒙蔽,所以能推荐、扶持周公且名利福禄与周公齐同。古书上说:“了解贤人就叫明智,辅佐贤人就叫才能。勤勉努力于此,福禄必定长久。”说的就是这个意思。这是不被蒙蔽的福乐。

注释 1 唐鞅、奚齐：唐鞅，宋康王时的宰相，奸佞无道。《吕氏春秋·审应览·淫辞》载："宋王谓其相唐鞅曰：'寡人所杀戮者众矣，而群臣愈不畏，其故何也？'唐鞅对曰：'王之所罪，尽不善者也。罪不善，善者故为不畏。王欲群臣之畏也，不若无辨其善与不善而时罪之，若此则群臣畏矣。'"但不久，宋康王也把唐鞅杀了。奚齐，晋献公宠妃骊姬的儿子，因母受宠而立为嗣，遂废太子申生，晋献公死后，晋国内乱，奚齐即被里克所杀，时年十四岁。 2 载子：当作"戴子"，指戴驩(huān)，他曾任宋国太宰，后来被唐鞅驱逐而逃往齐国。 3 申生：晋献公太子，乃齐姜所生。晋献公听信宠妃骊姬的谗言，遂废。申生最后在新城曲沃(今山西闻喜)自缢而死。 4 鲍叔、宁戚、隰朋：鲍叔，即鲍叔牙，春秋时期齐国大夫，早年辅佐公子小白，后推荐管仲为相，管仲死后，鲍叔牙继任宰相。鲍叔牙为政重教化，沿用了管仲的治国方略，使得齐国的强盛得以维持。宁戚，本出身于卫国乡下的贫困家庭，后来成为齐桓公的大臣，与管仲、隰朋、宾胥无、鲍叔牙五人皆为齐桓公功臣，为齐桓公称霸起到重要作用。隰朋，春秋时期齐国大夫，齐庄公曾孙，与管仲、鲍叔牙一起辅佐齐桓公，齐国大治。管仲死后推荐他继任，但不久亦病逝。

昔宾孟[1]之蔽者，乱家是也。墨子蔽于用而不知文[2]，宋子蔽于欲而不知得[3]，慎子蔽于法而不知贤[4]，申子蔽于埶而不知知[5]，惠子蔽于辞而不知实[6]，庄子蔽于天而不知人[7]。故由用谓之道，尽利矣；由俗[8]谓之道，

从前游说之士有被蒙蔽的，就是诸子百家的各种学说。墨子蒙蔽于实用而不知人文化成，宋钘蒙蔽于欲望而不知欲望所带来的动力，慎到蒙蔽于法律的威势而不知贤德的教化，申不害蒙蔽于权势而不知才智的作用，惠施蒙蔽于言辞而不知实在之物，庄子蒙蔽于自然而不知人为的功绩。所以若从实用看待道，那道就是利益；若从欲望看待道，那

尽嗛矣；由法谓之道，尽数矣；由埶谓之道，尽便[9]矣；由辞谓之道，尽论矣；由天谓之道，尽因[10]矣。此数具者，皆道之一隅也。

道就是满足人的物质；若从法律看待道，那道就是条文；若从权势看待道，那道就是为所欲为；若从言辞看待道，那道就是理论；若从自然看待道，那道就是因循自然。这诸多方面，都只是道的一部分。

注释 1 宾孟：战国时对游士的称呼，他们以一孔之见的学说游说诸侯，故荀子称之为乱家。宾，客；孟，又作“萌”“氓”。 2 蔽于用而不知文：墨子是肤浅的经验主义或功利主义者，故对于文化的形而上价值体认不够，于是，他根本不能理解儒家的礼乐教化，乃至认为礼乐根本是浪费财物的行为。故荀子认为墨子蒙蔽于实用而不知文化。 3 宋子蔽于欲而不知得：宋子，即宋钘。宋钘的主要思想是人应当“寡欲”，但荀子站在社会发展的立场上认为，寡欲可能导致社会停滞不前，而多欲恰恰能带来发展的动力。 4 慎子蔽于法而不知贤：慎子，即慎到，早期法家的代表人物，其主要思想是任“法”与“势”，他根本不相信圣贤的教化作用，故《庄子·天下》谓慎到“笑天下之尚贤”“非天下之大圣”。 5 申子蔽于埶而不知知：申子，即申不害，法家学派的代表人物，其思想重“法”与“术”，但“法”与“术”为君主所独有，是君主权势的体现。荀子认为，若治国仅依赖于君主独有的“法”与“术”，而不知利用众人之才智，必不得善治，唯得君主之独裁耳。 6 惠子蔽于辞而不知实：惠子，即惠施。惠施通过逻辑思辨泯灭一些常见的差异，如南北之不同，就一定点而言，偏南者即是南方，偏北者即是北方；但我们若南移，则向之偏南者又为北矣。同理，若我们北移，则向之偏北者又为南矣。可见，没有一个地点一定属于南，也没有一个地点一定属于北，故南北之差别泯灭。从逻辑上讲，惠施的辩说是合理的。但荀子认为，落实到现实中的方位上来，则一定有南北之差别，故谓惠施“蔽于辞而不知实”。 7 蔽于天而不知人：

天，即自然；人，即人为。道家主张“道法自然”，反对人为造作，故荀子有是说。 8 俗：当为“欲”。 9 便：便利，即权势可为所欲为。 10 因：因循。

夫道者，体常而尽变，一隅不足以举之。曲知之人，观于道之一隅而未之能识也。故以为足而饰[1]之，内以自乱，外以惑人，上以蔽下，下以蔽上，此蔽塞之祸也。孔子仁知且不蔽，故学乱[2]术，足以为先王者也。一家得周道[3]，举而用之，不蔽于成积[4]也。故德与周公齐，名与三王并，此不蔽之福也。

道，本体永恒而作用万变，片面之说是不能穷尽它的。一孔之见的人，观察了道的一个方面而不能全面地了解，所以满足其一孔之见而文饰为理论，在内扰乱自身，在外迷惑别人，上级蒙蔽下级，下级也蒙蔽上级，这就是蒙蔽的灾祸。孔子仁德智慧且不被蒙蔽，所以学习治理之道，足以辅佐先王。以一家之言得道之全体，皆可推广并适用，不被旧习成见所蒙蔽。所以道德与周公齐名，名声与三王并列，这就是不被蒙蔽的福乐。

注释 1 饰：指文饰成理论。 2 乱：治。 3 一家得周道：孔子以一家之言而得周备之道。 4 成积：旧习，成见。

圣人知心术之患，见蔽塞之祸，故无欲无恶，无始无终，无近无远，无博无浅，无古无今，兼陈万物而中县衡焉[1]。是故众异不得相

圣人知道人心思虑之患，看到了蒙蔽闭塞的祸乱，所以既不立于爱好，也不立于厌恶；既不立于开始，也不立于结束；既不立于近，也不立于远；既不立于广博，也不立于浅近；既不立于古，也不立于今，不滞于其中的任何一隅而心里

蔽以乱其伦也。何谓衡？曰：道。故心不可以不知道。心不知道，则不可道而可非道。人孰欲得恣而守其所不可，以禁其所可？以其不可道之心取人，则必合于不道人，而不知[2]合于道人。以其不可道之心与不道人论道人，乱之本也。夫何以知？曰：心知道，然后可道；可道，然后能守道以禁非道。以其可道之心取人，则合于道人，而不合于不道之人矣。以其可道之心与道人论非道，治之要也。何患不知？故治之要在于知道。

自有标准。因此事物的不同不足以相互蒙蔽而扰乱正常的关系。标准是什么？答曰：就是道。所以人心不能不了解道。心里不了解道，就会不肯定道而肯定非道。人们有谁放肆到坚守其所不认可的，而不去做其所认可的东西呢？凭借不认可道的思想去选择人，那么必然得到不遵循道的人，而不会得到遵循道的人。凭借其不认可道的思想，又与不遵循道的人去评价遵循道的人与事，是混乱的根本原因。怎样才能做到明智呢？答曰：心里了解道，然后就会肯定道；肯定道，然后才能坚守道而禁止非道。凭借认可道的思想去选择人，那么必然得到遵循道的人，而不会得到不遵循道的人。凭借认可道的思想，又与遵循道的人去评价不遵循道的人与事，这是治理的关键。这样，何必担心不明智呢？所以治理的关键在于了解道。

注释　1 兼陈万物而中县衡焉：圣人因无欲无恶，无始无终，无近无远，无博无浅，无古无今，故能不滞于一隅，但自有其标准。这意味着圣人不以个人偏好和经验为心术，而是以道为心术。衡，标准。　2 知：衍文。

人何以知道？曰：心。心何以知？曰：虚一而静。心未尝不臧也，然而有所谓虚；心未尝不满[1]也，然而有所谓一；心未尝不动也，然而有所谓静。人生而有知，知而有志[2]；志也者，臧也；然而有所谓虚，不以所已臧害所将受谓之虚。心生而有知，知而有异；异也者，同时兼知之；同时兼知之，两也；然而有所谓一，不以夫一害此一谓之一。心，卧则梦，偷则自行[3]，使之则谋；故心未尝不动也，然而有所谓静，不以梦剧[4]乱知谓之静。

人怎么能够了解道呢？答曰：心。心为什么能够了解道呢？答曰：因为心能够"虚一而静"。心灵未尝不装着记忆，然而依然可以虚心；心灵未尝不能接受两种相异的东西，但依然可以专一；心灵未尝不活动，然而依然可以寂静。人生来就有知觉，知觉便会产生记忆；记忆，就是收藏在心灵里的东西，然而依然可以虚心，不以心灵已收藏着的东西排斥将要进入心灵的东西就叫虚心。心灵生来就有认识能力，有认识能力就会导致别异；别异，就是同时认知两种不同的东西；同时认知两种不同的东西，就是两用；然而依然可以专一，不以对一种东西的认识去干扰对另一种东西的认识就叫作专一。心灵，静卧时就会做梦，松懈时就会放纵而胡思乱想，使用时就会思考谋划；所以心灵未尝不活动，然而依然可以寂静，不以梦境与想象扰乱智慧就叫寂静。

注释 1 满：当为"两"。 2 志：记忆。 3 偷则自行：偷，松懈；自行，放纵而胡思乱想。 4 梦剧：对应前面的"卧则梦，偷则自行"而言。剧，烦乱的思绪。

未得道而求道者，谓之虚一而静。作之，则

对于那些没有得道却追求道的人，告诉他们应当"虚一而静"。具体的做将须道者之虚则人[1],将事道者之一则尽,尽将思道者静则察。知道察,知道行,体道者也。虚一而静,谓之大清明。万物莫形而不见,莫见而不论,莫论而失位。坐于室而见四海,处于今而论久远。疏观万物而知其情,参稽治乱而通其度,经纬天地而材官[2]万物,制割大理而宇宙里[3]矣。恢恢广广,孰知其极!睪睪广广[4],孰知其德!涫涫纷纷[5],孰知其形!明参日月,大满八极,夫是之谓大人。夫恶有蔽矣哉!

法是,像追求道的人那样虚心就能进入道,像侍奉道的人那样专一就能全面认识道,像思考道的人那样寂静就会明察道。了解道且做到明察,明察道且能够践行,这就是真正体道的人。虚一而静,就叫最大的清楚明白。万物没有隐形而看不见的,没有看见而不能论说的,没有论说而失其当的。端坐屋宇之内而明察四海之外,独处当今之世而究论远古,洞察万物而了解其性情,稽考社会的治乱而通晓其律则,治理天地而利用万物,掌握大道而宇宙都能得以治理。(得道之人)宽宏广大,谁知其思想多宽广!浩瀚无垠,谁知其德行多高尚!变化无常,谁知其生命多灵觉!(他的)光明比肩日月,渊博充塞宇宙,这就叫大人!这样哪里还有什么蒙蔽呢!

注释 1 将须道者之虚则人:须,求;人,当为“入”。 2 材官:谓区别事物的特性而加以利用。材,通“裁”。 3 里:通“理”。 4 睪(hào)睪广(kuàng)广:睪睪,广大貌;睪,通“皞”。广广,空旷貌。 5 涫(guàn)涫纷纷:涫涫,水沸腾的样子,形容极其活跃;纷纷,变化无常。

心者,形之君也,而神明之主也,出令而无所受令。自禁也,自

心灵,是形体的君主,精神的主宰,命令形体但不接受形体的命令。心灵自我约束,自我驱使,自我裁夺,自我求取,自

使也，自夺也，自取也，自行也，自止也。故口可劫而使墨云[1]，形可劫而使诎申，心不可劫而使易意，是之则受，非之则辞。故曰：心容，其择也无禁，必自见[2]；其物也杂博，其情[3]之至也不贰。《诗》云："采采卷耳，不盈顷筐。嗟我怀人，置彼周行。"[4]顷筐易满也，卷耳易得也，然而不可以贰周行。故曰：心枝[5]则无知，倾[6]则不精，贰则疑惑。以赞稽之[7]，万物可兼知也。身尽其故[8]则美，类[9]不可两也，故知者择一而一焉。

我行动，自我休止。所以口可迫使其缄默或言语，形体可迫使其弯曲或伸展，心灵却不可以迫使其改变主意，它认为对的就接受，认为错的就拒绝。所以说：就心灵的容受而言，它对事物的选择不受外界的限制，必然自作主宰；它对事物的认知虽然驳杂广博，但当心灵精一至诚之时依然可专一不二。《诗》说："采卷耳啊采卷耳，但总是装不满浅浅的箩筐。思念我心上的人啊，眼睛总是向大路的远方张望。"浅浅的箩筐是容易装满的，卷耳也是容易采得的，但是（采摘要专心致志，）不可以三心二意于大路。所以说：心灵有所旁骛就得不到知识，精力分散就无法纯一，三心二意就会有疑惑。专一于道以此来考察万物，万物就都可以被认知。全身心地专一于一件事就会有好的结果，任何事物都不是三心二意能够了解的，所以明智的人选择一件事而专心致志。

注释　1 墨云：墨，通"默"，静默；云，说话。　2 必自见：自作主宰，即"是之则受，非之则辞"。　3 情：当为"精"。　4 此句引自《诗经·周南·卷耳》。此诗是思念征夫之歌，哀婉悲切。卷耳，又名"苓耳"，菊科一年生草本植物，叶子青白色，嫩苗可作蔬菜食用；果实呈枣核形，名"苍耳子"，可作药用。顷筐，斜口的浅箩筐。置，放置。周行(háng)，大路。　5 心枝：心有旁骛，不专一。　6 倾：倾斜，指不专一。　7 以赞稽之：后文有

“君子一于道而以赞稽物”,则知此句前脱落“一于道”三字。 8 故:事。9 类:许多相同或相似事物的综合。此指任何事物。

农精于田而不可以为田师,贾精于市而不可以为贾[1]师,工精于器而不可以为器师。有人也,不能此三技而可使治三官,曰:精于道者也,精于物者也[2]。精于物者以物物[3],精于道者兼物物。故君子一于道而以赞稽物。一于道则正,以赞稽物则察,以正志行察论,则万物官[4]矣。

农夫精通种田但不可以做管理农业的官吏,商人精通经商却不可以做管理市场的官吏,工人精通器具却不可以做管理制造的官吏。有些人,虽然不精通这三种技艺中的任何一种却可以让他管理这三种行业,答曰:这是精通于道的人,不是仅仅精通于物的人。精通于物的人支配其所精通之物,精通于道的人无物不被其支配。所以君子专一于道并以此来考察事物。专一于道就能中正,以此来认知万物就能明察事理,以此来端正意志、品行,考察言论,那么万事万物就能各尽其用了。

注释 1 贾:当为“市”。 2 精于物者也:“精”字前脱落一“非”字。3 物物:第一个“物”作动词,支配、驱使。即支配、驱使具体的事物。4 官:即材官,谓区别事物的特性而加以利用,使万物各尽其用。

昔者舜之治天下也,不以事诏而万物成[1]。处一危之[2],其荣满侧[3];养一之微[4],荣矣而未知。故《道经》曰:“人心之

从前舜治理天下,(因专一于道)不用事事诏告而万事都完成得很好。处于道的境界且时时戒惧自己,故光荣就会充满在左右;涵养大道而至于精微的境界,那么光荣就会在不知不觉中到来。

危,道心之微。”[5]危微之幾[6],惟明君子而后能知之。故人心譬如槃水,正错[7]而勿动,则湛浊[8]在下而清明在上,则足以见须眉而察理矣。微风过之,湛浊动乎下,清明乱于上,则不可以得大形[9]之正也。心亦如是矣。故导之以理,养之以清,物莫之倾,则足以定是非、决嫌疑矣。小物引之,则其正外易,其心内倾,则不足以决庶理矣。

所以《道经》中说:“人心戒惧之时,就是道心精微之处。”戒惧精微的征兆,只有成为了聪明睿智的君子以后才能知道。所以人心就如静止的水一样,放置平正且不动,那么污浊的东西在下而清澈的水在上,如此就足以照见人的胡须、眉毛以及肌肤的纹理了。微风吹过,污浊的东西在下泛起,清澈的水在上被搅动,如此就不能照见人的形体的本来面目。心灵也是如此。所以若引导以大道之理,涵养以清明之气,那么外物就不能干扰心灵,这样就可以判定是非、决断嫌疑了。若用小事来干扰它,人的端正的神态在外表发生改变,心灵亦随之倾斜而被干扰,那么就不足以决断各种事理了。

注释 1 不以事诏而万物成:指舜掌握了道,任用贤才,故不必亲自诏告而万事皆成。 2 处一危之:一,专一于道的境界;危之,当为“之危”,危,不自安,戒惧之意。 3 满侧:充满左右。 4 养一之微:涵养大道而达到精微的境界。 5《道经》:上古谈论道的书,今已不可考。人心之危,道心之微:今本《尚书·大禹谟》有“人心惟危,道心惟微;惟精惟一,允执厥中”。其大意是:人心若常保持戒惧,道心的微妙就会显现;保持精诚专一,永远停留在道心的微妙之中。荀子的引语,其意亦如此。 6 幾:征兆。 7 错:通“措”,放置。 8 湛(chén)浊:污浊。湛,通“沉”。 9 大形:指人的形体。

故好书者众矣，而仓颉[1]独传者，一也；好稼者众矣，而后稷[2]独传者，一也；好乐者众矣，而夔[3]独传者，一也；好义者众矣，而舜独传者，一也。倕[4]作弓，浮游[5]作矢，而羿精于射；奚仲[6]作车，乘杜[7]作乘马，而造父精于御。自古及今，未尝有两而能精者也。曾子[8]曰："是其庭[9]可以搏鼠，恶能与我歌矣！"

所以喜欢文字的人很多，但只有仓颉流传了下来，因为他用心专一；喜欢农业劳动的人很多，但只有后稷流传了下来，因为他用心专一；喜欢音乐的人很多，但只有夔流传了下来，因为他用心专一；喜欢道义的人很多，但只有舜流传了下来，因为他用心专一。倕改进了弓，浮游发明了矢，但只有后羿精于射箭；奚仲发明了车，乘杜创立了马拉车，但只有造父精于驾驭。自古及今，从来没有过三心二意而能精通一件事的。曾子说："看着手中的小木棍而以为可以用它来捕获老鼠，怎么能和我一起唱歌呢？"

注释　1 仓颉：黄帝时期的史官，见鸟兽的足迹受到启发，从而发明了汉字。　2 后稷：尧舜时期掌管农业之官，相地之宜，教民耕种。　3 夔：尧舜时期的乐官，是中国最早的音乐家，相传他奏乐能使鸟兽起舞。　4 倕(chuí)：尧舜时期的巧匠。传说他创造耒耜、规矩、准绳，但创造弓的是黄帝时的挥公，此文说"倕作弓"，当是指他改进了弓。　5 浮游：又称"牟夷"，黄帝时人，传说他发明了箭。　6 奚仲：夏朝时期工匠，相传是两轮马车最早的发明者。　7 乘杜：一位相士，商朝祖先契的孙子，相传他发明了四马拉车法。　8 曾子：名参，字子舆。孔子晚年弟子，以孝名世。孔子死后，对儒学的传播与发展起了重要作用，是儒家学派的代表人物，参与了《论语》《大学》《孝经》的编撰与写作。后人辑录其作品为《曾子全书》。　9 是其庭：是，通"视"；庭，当作"莛"，唱歌时用来打拍子的小木棍。

空石[1]之中有人焉，其名曰觙，其为人也，善射[2]以好思。耳目之欲接则败其思，蚊虻之声闻则挫[3]其精，是以辟耳目之欲，而远蚊虻之声，闲居静思则通。思仁若是，可谓微乎？孟子恶败而出妻，可谓能自强矣；有子恶卧而焠掌，可谓能自忍矣，未及好也。辟耳目之欲，可谓能自强矣，未及思也。蚊虻之声闻则挫其精，可谓危矣，未可谓微也。[4]夫微者，至人也。至人也，何强，何忍，何危？故浊明外景，清明内景。[5]圣人纵其欲，兼其情，而制焉者理矣。夫何强，何忍，何危！故仁者之行道也，无为也；圣人之行道也，无强也。仁者之思也恭，圣者之思也乐。此治心之道也。

空石这个地方有一个人，名叫觙，他这个人，善于猜谜语喜欢思考。但耳目有所接触就会扰乱他的思考，蚊子、苍蝇的声音传到耳朵里就会分散他的精神，所以他不让耳目有所接触，远离蚊子、苍蝇的声音，只有独居、静思时才能够思考通达。如果思考仁德的境界也像这样，算得上是精微吗？孟子担心败德想休掉妻子，算得上是勉力向上了(，但还没有达到思考仁德的境界)；有若担心读书时睡觉用火烤手掌，算得上是自我克制了，但还没有达到爱好思考仁德的境界。不让耳目有所接触，远离蚊子、苍蝇的声音，算得上是谨慎戒惧了，但还没有达到精微的境界。精微，乃圣人的境界。圣人，哪里用得上勉力、克制、戒惧？所以混浊的光明只在外表，明晰的光明才在内心。圣人放纵其欲望，满足其性情，但万事得以治理。哪里用得着勉力、克制、戒惧呢？所以仁者践行大道，无为而自然；圣人践行大道，没有勉强而轻快。仁者思考时谨慎，圣者思考时愉快。这是修养身心的方法。

注释 1 空石:即穷石,古地名。 2 射:即射覆,古时的一种猜物游戏。 3 挫:毁损。此指扰乱。 4 从“孟子恶败而出妻”至“未可谓微也”:此段文字错乱脱落处甚多,正确的文句当为:“孟子恶败而出妻,可谓能自强矣,未及思也;有子恶卧而焠掌,可谓能自忍矣,未及好思也。辟耳目之欲,而远蚊虻之声,可谓能自危矣,未可为微也。”孟子出妻的典故见《韩诗外传》卷九,孟子最终并没有休妻。有子,即有若,孔子的重要弟子,孔子死后,众弟子尝以师礼待之。焠掌,用火烧灼手掌。这是形容有子夜以继日,刻苦读书。 5 浊明外景,清明内景:混浊的光明只在外表,明晰的光明才在内心。荀子这里是突出圣人无须“强、忍、危”,批评了觙、孟子与有若皆有所不足。圣人自然无勉强,所谓“圣人纵其欲,兼其情,而制焉者理矣”,亦即孔子所说“七十而从心所欲,不逾矩”。这种境界,就是无“强、忍、危”的境界,也就是荀子所说的“仁者之行道也,无为也;圣人之行道也,无强也”的境界。荀子的意思是,“强、忍、危”依然容易造成蒙蔽,只有自然无为才能够无蔽。

凡观物有疑:中心不定,则外物不清;吾虑不清,则未可定然否也。冥冥而行者,见寝石以为伏虎也,见植林以为后人[1]也:冥冥蔽其明也。醉者越百步之沟,以为蹞步之浍[2]也;俯而出城门,以为小之闺[3]也,酒乱其神也。厌目[4]而视者,视一以为两;掩耳而听者,

大凡观察事物有疑问的情况是:内心模糊不定,则对外物的认知就不清楚;思考神志不清,则无法判断是非对错。在夜色中行路的人,看见倒卧的石头以为是蹲伏的老虎,看见直立的树木以为是站立的人:这是夜色遮蔽了他的视力。醉酒的人越过百步宽的大水沟,以为是半步宽的小水沟;低头出城门,以为是狭窄的小门:这是酒扰乱了他的神志。按压眼睛去看的人,一个东西以为有两个;塞住耳朵去听的人,没什么声音

听漠漠而以为哅哅[5]：埶乱其官也。故从山上望牛者若羊，而求羊者不下牵也，远蔽其大也；从山下望木者，十仞之木若箸[6]，而求箸者不上折也，高蔽其长也。水动而景摇，人不以定美恶，水埶玄[7]也。瞽者仰视而不见星，人不以定有无，用精[8]惑也。有人焉，以此时[9]定物，则世之愚者也。彼愚者之定物，以疑决疑，决必不当。夫苟不当，安能无过乎？

却以为喧闹嘈杂：这是外力扰乱了他的感官。所以从山上望山下的牛就以为是羊，但找羊的人并不下山去牵：这是距离遮蔽了其大小；从山下看山上的树木，十仞的大树好像筷子一般长，但做筷子的人并不上山砍伐：这是高度遮蔽了其长短。水晃动影子也随之摇动，但人不因此断定人的美丑，因为水摇动使人眼花目眩。瞎子仰视但看不见星星，人不因此判定星星的有无，因为眼睛看不见。如果有人在这个时候判断事物（的真假对错），那就是世上愚蠢的人。那些愚蠢的人判定事物，以疑惑不清的态度去判定值得怀疑的事物，如此判定一定不得当。如果不得当，怎能没有错误呢？

注释 1 后人：当为“立人”。 2 浍(kuài)：小水沟。 3 闺：上圆下方的小门。 4 厌目：用手指按住眼睛。 5 漠漠而以为哅哅(xiōng)：漠漠，无声；哅哅，喧闹声。 6 箸(zhù)：筷子。 7 玄：通“眩”，眼花看不清。 8 精：通“睛”，眼睛的视力。 9 此时：指“中心不定”“吾虑不清”之时。

夏首[1]之南有人焉，曰涓蜀梁[2]，其为人也，愚而善畏。明月而宵行，俯见其影，以为伏鬼也；卬[3]

夏首的南面有一个人，名叫涓蜀梁，他这个人，生性愚蠢而且容易害怕。在明月之夜行走，低头看到自己的影子，以为是卧伏的鬼；抬头看见自己的视其发，以为立魅也。背而走，比至其家，失气而死，岂不哀哉！凡人之有鬼也，必以其感忽[4]之间、疑玄之时正[5]之。此人之所以无有而有无之时[6]也，而已以正事。故伤于湿而击鼓鼓痹[7]，则必有敝鼓丧豚之费矣，而未有俞[8]疾之福也。故虽不在夏首之南，则无以异矣。

头发，以为是站立的怪物。于是转身就跑，等到了家的时候，气绝而亡，这不是很悲哀吗！大凡人以为有鬼，必定是在其精神恍惚、神志不清的时候作出的判定。这是人以无为有、以有为无的时候，但自己偏偏在此时判定事物。所以有人因受潮而得了风湿，于是打鼓驱鬼、烹猪祭神，那就一定会有打破鼓、丧失猪的破费，却没有治愈风湿的福气。这种人虽然不住在夏首的南面，与涓蜀梁也没什么区别。

注释　1 夏首：夏水之口。夏水，古河流名。据《水经注》，故道从湖北沙市东南分江水东出，流经今监利北，折东北至仙桃附近入汉水。自此以下的汉水，也兼称夏水。今汉口古称夏口。　2 涓蜀梁：人名，生平事迹不详。　3 卬：通“仰”。　4 感忽：与下文之“疑玄”一样，谓人的精神恍惚、神志不清。　5 正：当为“定”。　6 无有而有无之时：人在精神恍惚、神志不清的时候，容易以无为有、以有为无。　7 伤于湿而击鼓鼓痹：此句有错乱脱误，当为“伤于湿而痹，痹而击鼓烹豚”。　8 俞：通“愈”。

凡以知，人之性也；可以知，物之理也。以可以知人之性，求可以知物之理，而无所疑[1]止之，则没世穷年不能遍也。其所以贯理焉虽亿万，已

一般来说，可以认识事物，是人的本性；可以被认识，是事物的规律。以可以认识事物的本性，去寻求能够被认识的事物的原理，但若没有边界与终止，那么即使穷其一生也不能遍求事物之理。即使用来贯通事物之理的方法

不足以浃[2]万物之变，与愚者若一。学，老身长子而与愚者若一，犹不知错[3]，夫是之谓妄人。故学也者，固学止之也。恶乎止之？曰：止诸至足。曷谓至足？曰：圣[4]也。圣也者，尽伦者也；王也者，尽制者也。两尽者，足以为天下极[5]矣。

有亿万条之多，还是不足以应付万物的变化，最终与愚蠢的人是一样的。年纪老了、儿子大了却还做着与愚蠢人一样的事，而且还不知搁置、放弃，这就叫无知的人。所以学习，本来就是要知道有所终止。终止在哪里？答曰：至足而止。什么是至足呢？答曰：圣者与王者的境界为至足。圣者，就是娴熟伦理的人；王者，就是娴熟制度的人。两者都娴熟，足以为天下人的表率了。

注释　**1** 疑：通"凝"，止息。 **2** 浃：周遍。 **3** 错：通"措"，搁置，放弃。 **4** 圣：脱落一"王"字，当为"圣王"。 **5** 极：准则，引申为表率，模范。

故学者以圣王为师，案以圣王之制为法，法其法以求其统类[1]，以务象效其人。向是而务[2]，士也；类是而幾[3]，君子也；知之，圣人也。故有知非以虑是，则谓之惧[4]；有勇非以持是，则谓之贼；察孰[5]非以分是，则谓之篡；多能非以修荡[6]是，则谓之知[7]；辩

所以学习，就是以圣王为老师，以圣王的制度为法度，效法其制度，追求其纲纪，最后以圣王为目标。朝着圣王这个目标而努力，就是士人；以圣王作为榜样而不断接近，就是君子；通晓圣王之道的人，就是圣人。所以有智慧但不去思考圣王之道，就叫作攫取；有勇气但不去担当圣王之道，就叫作盗贼；察辨甚明但不去分析圣王之道，就叫作狡辩；有才能却不去光大圣王之道，就叫作巧诈；能言善辩却不去宣扬圣王之道，就叫作废

利非以言是，则谓之詍[8]。传曰："天下有二：非察是，是察非。"谓合王制与不合王制也。

话。古书上说："天下之事有两种：以错误的去考察正确的，以正确的去考察错误的。"这是说只有合乎王者的制度与不合乎王者的制度。

注释　1 统类：纲纪和条例。　2 向是而务：朝着圣王这个目标努力。是，指圣王。　3 类是而幾：以圣王为榜样而不断接近。幾，接近。　4 惧：当为"攫"，攫取。　5 孰：通"熟"。　6 荡：广大，推广。　7 知：在这里特指巧诈。　8 詍(yì)：多言，废话。

天下有不以是为隆正也，然而犹有能分是非、治曲直者邪？若夫非分是非，非治曲直，非辨治乱，非治人道，虽能之无益于人，不能无损于人。案直将治怪说，玩奇辞，以相挠滑[1]也；案强钳[2]而利口，厚颜而忍诟，无正而恣睢，妄辨而幾利[3]；不好辞让，不敬礼节，而好相推挤。此乱世奸人之说也，则天下之治说者方多然矣。传曰："析辞而为察，言物而为辨，君子贱之；博闻强

天下有不以圣王之道作为最高原则，还能够分辨是非、断定曲直的可能吗？（一种学说）如果不是为了分清是非，断定曲直，辨别治乱，治理人道，那么即使善于此道也无益于人，不善于此道也无损于人。这只不过是研究怪异的理论，玩弄新奇的言辞，以相互干扰生乱罢了；这只不过是强词夺理而能说会道，厚颜无耻而不怕责骂，歪门邪道而放纵性情，狡辩妄说而希求利益；不喜欢谦让，不敬重礼节，却喜欢相互排挤、诋毁。这是乱世之中奸邪之人的学说，但现今天下研究学说的人大多是这样。古书上说："玩弄言辞以为明察，空谈名物以为善辩，君子鄙视它；博学多

志，不合王制，君子贱之。”此之谓也。

闻，强记广识，但不合乎圣王之道，君子也鄙视它。”说的就是这个道理。

注释 1 挠滑(gǔ)：挠，扰；滑，乱。 2 强钳：强行压制，即强词夺理。3 幾利：希求利益。幾，通“冀”。

为之无益于成也，求之无益于得也，忧戚之无益于幾[1]也，则广焉能弃之[2]矣。不以自妨也，不少顷干之胸中。不慕往，不闵来，无邑[3]怜之心，当时则动，物至而应，事起而辨，治乱可否，昭然明矣。

如果（依据一种学说）去做了也无益于成功，追求了也无助于收获，忧戚不安也无益于愿望的实现，那么就早早地抛弃它。不要让这种学说来妨碍自己，不使其片刻干扰于心。不羡慕过往，不忧虑将来，没有不快怜悯之情，时机合适就行动，事物来了就应对，事情发生了就处理，治乱对错，就昭然若揭了。

注释 1 幾：实现。 2 广焉能弃之：广，通“旷”，远远地；能，犹“而”。3 邑：通“悒”(yì)，愁闷不安。

周而成，泄而败，明君无之有也；宣而成，隐而败，暗君无之有也。故君人者，周则谗言至矣，直言反[1]矣，小人迩而君子远矣！《诗》云：“墨以为明，狐狸而苍。”[2]此言上幽而下险

周密、隐蔽就能成功，坦白、光明就会失败，圣明的君主没有这种事；宣明、公开就能成功，隐蔽、幽深就会失败，昏庸的君主没有这种事。所以君主周密、隐蔽则谄媚的语言就会到来，而正直的语言就会退去，最后导致小人靠近而君子远离。《诗》说：“若把黑暗说成光明，狐狸也能成为苍色。”这是说在上位者幽暗，那么

也。君人者，宣则直言至矣，而谗言反矣，君子迩而小人远矣！《诗》云："明明在下，赫赫在上。"[3] 此言上明而下化也。

在下位者就会阴险。君主坦白、光明则正直的语言就会到来，而谄媚的语言就会退去，最后使得君子靠近而小人远离。《诗》说："之所以下面光明闪亮，乃因为上面爽朗辉煌。"这是说在上位者圣明而在下位者就会被感化啊。

注释 1 反：同"返"。 2 此句不见于今本《诗经》，乃逸诗。狐狸，一般为浓艳的红褐色或高贵的白色。 3 此句引自《诗经·大雅·大明》。

正名

导读　本篇是讨论名实关系的专文。在先秦时代，名实乖乱直接影响了国家的治乱，故治理国家首先当"正名"，《论语》中就有明确的表述。荀子亦承袭了孔子的思想，希望通过正名来达到国家的善治，因此，荀子的正名不只是纯粹的逻辑概念问题，并非像名家那样，而是有明确的伦理指向的。所以，本篇以讨论性、情、欲的关系结束，虽说好像也是为性、情、欲正名，但显然伦理的意义大于纯概念的意味，荀子最终告诉我们处理三者之间的关系须明"道"，不然，就可能引起灾祸。由此，荀子正名的伦理意味就昭然若揭了。荀子多次在他的书中批驳惠施、公孙龙等名家学者，表明荀子对于纯粹概念逻辑的思考没有多大兴趣，但尽管如此，他还是在名实关系上提出了一些有见地的思想：第一，制定名称的根据是"缘天官"，即人的感觉器官直觉到的"相"，而"相"乃由天官摄取外物而来，这样，就保证了名称与外物之间的对应关系；第二，制定名称的原理是"制名以指实"，这是为了反映名称与外物之间的对应关系；第三，制定名称的规则是"约定俗成"。需要特别指出的是，荀子的正名从纯概念逻辑的立场看是不太严密的，同时他的伦理指向也影响了他的判断，正因为如此，他对宋钘、墨子、惠施等人的思想是有一些误解的。

原文

后王之成名：刑名从商，爵名从周，文名从《礼》[1]，散名之加于万物者，则从诸夏之成俗曲期[2]。远方异俗之乡，则因之[3]而为通。

散名之在人者：生之所以然者谓之性[4]。性之和所生，精合感应，不事而自然谓之性。性之好、恶、喜、怒、哀、乐谓之情。情然而心为之择，谓之虑。心虑而能为之动，谓之伪[5]。虑积焉、能习焉而后成谓之伪。正利而为谓之事。正义而为谓之行。所以知之在人者谓之知。知有所合谓之智。智[6]所以能之在人者谓之能。能有所合谓之能。性伤谓之病[7]。节遇[8]谓之命。是散名之在人者也，是后王之成名也。

译文

后王确定名称的原则：刑法的名称遵从商代，爵位的名称遵从周代，礼仪制度的名称依据《仪礼》，赋予万物的具体名称，则依照中原各国的习俗与各方的共同约定。远方不同习俗的地区，则依据上述四种命名的原则与之相交通。

人自身的各种名称是：本然就如此的就叫天性。天生的阴阳二气和合作用，两者的精神相互感应，人于此无能为力而自然如此的就叫本性。本性的好、恶、喜、怒、哀、乐就叫情感。情感本然如此而心对之加以选择就叫思虑。心选择以后能够依此而行动就是人为。反复思考、不断践行而形成的规则，也叫作人为。为了利益去做就叫事。为了道义去做就叫德行。人自身本来具有的认知能力就叫知性。知性正确反映了外物就叫智慧。人自身具有的能够处事的能力就叫本能。本能能够正确地完成事情就叫才能。本性受到伤害而不得其正就叫病。不期然而然的遭遇就叫命运。这是人自身所具有的名称，是后王制定的名称。

注释 1《礼》:指《仪礼》。 2 曲期:共同约定。 3 之:上述四种确定名称的方法,以与远方异俗之地交通,所谓“名从中国”。 4 生之所以然者谓之性:本然就如此的叫天性。这是就天地间本然就有的阴阳二气而言。这个“性”,人人都一样,与下文之“不事而自然谓之性”的“性”不同。“不事而自然谓之性”可称之为人的本性,因禀受阴阳二气的清浊不同,人的本性亦有差异,其具体表现就是各人的“情”“虑”“伪”“行”“知”“能”“命”之殊异。当然,这种殊异只是程度的殊异,如贵贱、贤不肖、君子小人等区别。 5 伪:人为。 6 智:衍文。 7 性伤谓之病:指本性的发用不得其正,《中庸》云:“发而皆中节谓之和。”性之病正所谓“发而不中节”也。 8 节遇:偶然的遭遇。如孔子困厄于陈、蔡,冉伯牛之恶疾,颜渊之早夭皆是。

故王者之制名,名定而实辨,道行而志通,则慎率民而一焉。故析辞擅作名[1]以乱正名,使民疑惑,人多辨讼[2],则谓之大奸,其罪犹为[3]符节、度量之罪也。故其民莫敢托为奇辞以乱正名。故其民悫,悫则易使,易使则公[4]。其民莫敢托为奇辞以乱正名,故一于道[5]法而谨于循令矣。如是,则其迹长[6]

所以王者制定名称,名称定了实物就分别开了,确立名称的基本原则通行了交流就畅通了,由此谨慎地率领百姓统一他们的行动就成为可能。因此玩弄言辞擅自制造名称而扰乱正确统一的名称,使百姓疑惑,众人争辩、诉讼,那就是最大的奸人,其罪行与伪造符节、度量是一样的。这样,王者的百姓就不敢假托奇谈怪论来扰乱正确统一的名称,王者的百姓由此而诚实,诚实就容易役使,容易役使就会有功绩。王者的百姓不敢假托奇谈怪论来扰乱正确统一的名称,因此他们专心地实行礼法,且谨慎地遵循政令。这样,王者的统治时间就会长久。统治时间长久就矣。迹长功成，治之极也，是谨于守名约[7]之功也。

会建功立业，这是治理国家的最高境界，这是严格地遵守名称以之来约束天下所达成的功绩。

注释 1 名：衍文。 2 辨讼：争辩，诉讼。 3 为：伪造。 4 公：当为"功"。 5 道：遵循，实行。 6 迹长：指圣王统治的时间长久。 7 名约：以统一的名称来约束百姓从而达到长治久安。

今圣王没，名守慢[1]，奇辞起，名实乱，是非之形不明，则虽守法之吏、诵数之儒[2]，亦皆乱也。若有王者起，必将有循于旧名，有作于新名。然则所为有名，与所缘以同异，与制名之枢要，不可不察也。

现在圣王已经去世，名称的管理懈怠了，于是奇谈怪论生起，名实乖乱，是与非的情形不清楚，即使是维护法制的官吏，讲述礼乐制度的儒生，也不甚清楚了。如果有新的王者兴起，必然要遵循旧的名称，也会制定新的名称。既然如此，为什么要制定新的名称，制定新的名称有同有异的根据，以及制定新的名称的基本原则，就不能不加以考察了。

注释 1 慢：松懈。 2 诵数之儒：熟悉礼乐制度的儒者。

异形离心交喻[1]，异物名实玄纽[2]，贵贱不明，同异不别，如是，则志必有不喻之患，而事必有困废之祸。故知者为之分别，

不同的人思想观念殊异而相互交流，事物变化了但名实关系不随之变化而混乱纠结，（若不能统一名称或制作新的名称）就会导致贵贱不能明确，同异不能区分，如果这样，就会有思想观念不能相互理解的祸患，而事情亦有陷入困顿而被废弃的危

制名以指实，上以明贵贱，下以辨同异。贵贱明，同异别，如是，则志无不喻之患，事无困废之祸，此所为有名也。

险。所以聪明的人把它们加以分别，制定名称来指代实物，上用来明确贵贱，下用来区分同异。贵贱明确了，同异区分了，这样，就不会有思想观念不能相互理解之祸患，事情亦不会有陷入困顿而被废弃的危险，这就是为什么要制定名称的原因。

注释 1 异形离心交喻：异形，不同的人；离心，殊异的思想；交喻，相互交流。这里可能主要是指伦理观念而言。荀子的意思是，若不能统一伦理观念，那么就会造成“贵贱不明”的弊病。 2 异物名实玄纽：异物，指同一事物已发生了变化。玄，通“眩”，繁乱。纽，结。从名实关系来看，应该有新的名称来指称这个变化了的“实”，如果依然还是沿用旧的名称指称这个变化了的“实”，就会造成“同异不别”“名实玄纽”之病。

然则何缘而以同异？曰：缘天官[1]。凡同类、同情者，其天官之意物也同，故比方之疑[2]似而通，是所以共其约名以相期[3]也。形体、色、理[4]以目异，声音清浊、调竽[5]奇声以耳异，甘、苦、咸、淡、辛、酸、奇味以口异，香、臭、芬、郁、腥、臊、洒、酸[6]、奇臭以鼻异，疾、养、沧、热、滑、铍[7]、轻、重以

那么，根据什么来区分同异呢？答曰：依据人的感官。大凡同一族类及相同情感习俗的人，他们的感官感知事物是相同的，其模仿相似而能相互理解，这就是他们约定名称以便交流的原因。形体、颜色、纹理，因眼睛感觉其异同；声音的清浊、乐曲的和谐与不和谐，因耳朵感觉其异同；甜的苦的、咸的淡的、辣的酸的，以及各种奇怪的味道，因嘴巴感觉其异同；香味与臭味、芬芳与浓郁、腥味与臊味、马臭与牛臊，以及各种奇异的嗅味，因鼻子感觉其异同；痛、痒、

形体异，说、故[8]、喜、怒、哀、乐、爱、恶、欲以心异。心有征知[9]。征知，则缘耳而知声可也，缘目而知形可也，然而征知必将待天官之当簿其类[10]然后可也。五官簿之而不知，心征之而无说[11]，则人莫不然谓之不知，此所缘而以同异也。

冷、热、滑、涩、轻、重因身体而不同；高兴与烦闷、喜悦与忿怒、哀伤与欢乐、喜好与厌恶，以及各种欲望，因心灵感觉其异同。心能够验证知识。验证就是依据耳朵识别声音就行，依据眼睛识别形状就行，但是验证知识必然要依靠感觉器官与事物相接触才行。五官接触后却不能辨识，心里验证后却不能说出来，就不会有人认为他有知识，这就是为什么要区别同异制名指实的原因。

注释 **1** 天官：人的感官，即耳、目、口、鼻、心、身。 **2** 疑：通“拟”。 **3** 相期：相互交流。 **4** 理：纹理。 **5** 调竽：当为“调节”。 **6** 洒、酸：当为“漏、庮(yǒu)”。漏，马的臭气；庮，牛的臭气。 **7** 疾、养、沧、热、滑、铍：养，通“痒”；沧，寒；铍，乃“鈒”字之误，即“涩”，不滑爽。 **8** 说、故：高兴与烦闷。说，通“悦”；故，通“固”，烦闷。 **9** 征知：验证知识。 **10** 簿其类：接触同类的事物，如耳之接触声，目之接触色等。簿，同“薄”，接近。 **11** 五官簿之而不知，心征之而无说：五官接触后却不能辨识，心里验证后却不能说出来。为什么会这样？因为没有一个相应的名称指代。感官与心灵一定是可以识别外物的异同的，因其为“直观”，但把这种“直观”说出来，必然要有一个恰当的名称。这是说明为何要区别同异的名称。为了克服这种“无知”的状态，故须“制名指实”。

然后随而命之[1]：同则同之，异则异之，单足以喻则单，单不足

然后随着感官直观到的“相”而命名：相同的事物就取相同的名称，相异的事物就取相异的名称，单名足以表达就用单

以喻则兼[2],单与兼无所相避则共[3],虽共,不为害矣。知异实者之异名也,故使异实者莫不异名也,不可乱也,犹使异实[4]者莫不同名也。故万物虽众,有时而欲遍举之,故谓之物。物也者,大共名也。推而共之,共则有共,至于无共然后止。[5]有时而欲遍[6]举之,故谓之鸟兽。鸟兽也者,大别名也。推而别之,别则有别,至于无别然后止。[7]

名,单名不足以表达就用兼名,单名与兼名如果不相互违背就共用一个名称,虽然共用一个名称,也没有什么损害。知道不同的事物应有不同的名称,所以使得相异的事物没有不是相异的名称,这是不能混乱的,就如使得相同的事物要有相同的名称一样。所以万物虽然众多,有时希望全部列举出来,那就叫物。物,就是最大的共名。同类中可逐渐推出共名,共名中又可推出高一级的共名,以至于没有高一级的共名被推出了为止。有时希望列举其中的一部分事物,比如“鸟兽”。鸟兽,就是一个个别共名。同类中可逐渐推出个别共名,个别共名中又可推出次一级的个别共名,以至于没有次一级的个别共名被推出为止。

注释 1 随而命之:依据感官直观到的“相”而命名。 2 单足以喻则单,单不足以喻则兼:若只指代直观到的一个“相”,就用单名;若要指代直观到的两个或以上的“相”,就要用兼名。如若只指代马之“形体”这个“相”,则“马”这个单名就够了;但若还要指代马之“毛色”这个“相”,那么就还应该加上“白”“黄”等名,从而形成“白马”“黄马”之兼名。 3 单与兼无所相避则共:单名与兼名不相矛盾,就可以用共名。如“马”是单名,“白马”是兼名,二者可用“马”这个共名,因为“马”是属概念,而“白马”是种概念,属概念“马”包含种概念“白马”。但若“牛”这个单名,就不能与“白马”这个兼名用“马”这个共名,因为两者相违背,但可以用

“动物”这个共名。因为“动物”是属概念,而“牛”“白马”都是种概念。可见,共名与单名或兼名之间,一定是属概念与种概念的关系。 **4** 异实:当为“同实”。 **5** 推而共之,共则有共,至于无共然后止:如“白马”与“黄马”之上有共名曰“马”,但“马”之上又有共名曰“动物”,“动物”之上又有共名曰“生物”,“生物”之上又有共名曰“物”。“物”是最大的共名,名称至此而止。 **6** 遍:当为“偏”。 **7** 推而别之,别则有别,至于无别然后止:即在属概念中寻找种概念,但种概念依然可以作为属概念,再往下找种概念。如“动物”是属概念,“马”是种概念,但“马”之下依然有种概念“白马”,“白马”之下依然有种概念“小白马”,“小白马”之下依然有种概念“小雌性白马”。这样,似乎无法至于无别而后止,最后只能止于“这一个”,即感官直观中呈现的独一无二的“这一个”,也就是个别事物。只要是共名,就不能止。

名无固宜,约之以命。约定俗成谓之宜,异于约则谓之不宜。名无固实,约之以命实,约定俗成谓之实名。名有固善,径易而不拂[1],谓之善名。物有同状而异所者[2],有异状而同所者[3],可别也。状同而为异所者,虽可合,谓之二实。状变而实无别而为异者,谓之化。有化而无别,谓之一实。此事

名称不是本来就应当如此的,而是人们共同约定的。约定俗成后就必须如此,就像如果没有约定俗成就可不如此一样。一个名称本来也没有一定要以之指代那种实物,人们共同约定了以之指代,约定俗成后就成了那种实物的名称了。名称有取得好的,简单易懂且不违背事理,就是好的名称。事物有形状相同而实体不同的,也有形状有异而实体相同的,这要有所区别。形状相同而实体不同的,虽然可共用同一名称,但属于两个不同的实体。形状有异而实体相同却成为异物的,就叫变化。虽然有变化但实体无别,

之所以稽实定数也,此制名之枢要也。后王之成名,不可不察也。

还是同一实体。这是考察事物的实质从而确立名称的方法,这是制名指实的关键。后王制定名称,不可以不善加明察。

注释 1 径易而不拂:简单易懂且不违背事理。拂,违背。 2 物有同状而异所者:同状,即形状相同;异所,即实物不同。如两匹同样大小和肤色的马,形状完全相同,却是两个实体。 3 有异状而同所者:异状,即形状发生了变化;同所,指同一个实体。如一个人从小到大,形状不断发生变化,但还是属于同一个人。

"见侮不辱"[1],"圣人不爱己"[2],"杀盗非杀人也"[3],此惑于用名以乱名者也。验之所以为有名,而观其孰行,则能禁之矣。"山渊平"[4],"情欲寡"[5],"刍豢不加甘,大钟不加乐"[6],此惑于用实以乱名者也。验之所缘无以同异而观其孰调[7],则能禁之矣。"非而谒楹"[8],"有牛马非马也"[9],此惑于用名以乱实者也。验之名约,以其所受悖[10]其所辞,则能禁之矣。凡邪说辟言之离正道而擅作者,无不类

"被侮辱不是羞辱","圣人不爱惜自己","杀死盗贼不是杀人",这些都是乱用名称,从而以名称来扰乱名称的说法。以为什么要制定名称的道理去验证它们,从而看哪一个更可行,就能禁止这些说法了。"高山与深渊一样平","人的欲望本来就少","刍豢不更令人喜悦,大钟之声不更令人悦耳",这些都是不顾事实而扰乱名称的说法。以事实的同异去验证它们,从而看哪一个与事实更符合,就能禁止这些说法了。"飞矢不会停止","有牛马但没有马",这些都是以名称来扰乱事实的说法。以约定的名称去验证,再用他们能够接受的去反驳他们所反对的,就能禁止这些说法了。凡是离开正道而擅自妄作的奇

原文	译文
于三惑者矣。故明君知其分而不与辨也。	谈怪论，总不出这三种情况。所以圣明的君主知道其分别而不与之争辩。

注释　1 见侮不辱：此言出自宋钘。这是告诉我们应有忍辱负重之心，若人之修养足够大，则侮≠辱，即完全可以受到侮辱不觉得羞耻，这是精神修持后的辩证法。但荀子乃纯从概念的立场看，侮＝辱，这是同一律“A是A”的思路，故他说这是“用名以乱名”。但因此而批驳“见侮不辱”却是不对的，因为宋钘说的是精神修持问题，而不是纯粹的名实问题。接下来的两句荀子的思路都是如此，都未触及问题的实质。　2 圣人不爱己：此言不知出自何典，但此类思想儒道两家大概都能承认。即圣人不太在意肉体本身，因为肉体正是修持的主要负累与障碍。故老子说：“何谓贵大患若身？吾所以有大患者，为吾有身，及吾无身，吾有何患？”若人一辈子生活在自身肉体的欲望之中，那么就有大患。但是人除了肉体生命以外，还有一个理性生命，这是人人需要修持爱护的，故孔子说：“古之学者为己。”这个“己”乃指人的理性生命，这是圣人倍加爱护的，正因为圣人爱这个“己”（理性生命），故能克服那个“己”（肉体生命）之大患。故老子又说：“故贵以身为天下，若可寄天下；爱以身为天下，若可托天下。”这个“身”已是理性生命了，故可“寄天下”“托天下”。但荀子没有肉体生命与理性生命的区分，因为他主张“性恶”，圣人亦性恶，圣人若不爱己，任凭此性恶之生命发展下去，则必非圣人。总之，在荀子那里，圣人乃是一个肉体，“己”也只是一个肉体，整个“化性起伪”的修持工夫都在这个肉体里完成，焉能说“圣人不爱己”？这里依然是“A是A”的思路。3 杀盗非杀人也：此言出自《庄子·天运》。强盗从肉体而言当然也是人，但因为他们丧失德性，若从“人禽之辩”的立场看，他们已堕落为禽兽，故“杀盗非杀人”并非完全不可以讲。但荀子依然从强盗一肉体，人亦一肉体，即“A是A”的思路，认为“杀盗非杀人”不能成立。　4 山渊平：此言出自惠施。这是一遮拨语，意在表明高、低、平、正皆是关系词，即在实

物的比较中,描述两者的关系以便获得更好的认知的关系词,并非实物自身的属性。也就是说,若实物发生变化,则关系词亦发生变化。如山虽比渊高,但若把此山与更高的山比,此山即不高矣。或根本不作比较,则亦无所谓“平”或“不平”。如若世界全部为渊,则焉能有“平”之概念?惠施的意思是要表明,关系词不是实物自身的属性。然而,一旦落入到实物的比较中,一定有高、低、平、正的关系,这是人认识世界必然需要的描述。惠施也并不反对这种关系描述。荀子就是落在这种实物的关系中,故认为是客观必然的,没有理解惠施遮拨实物自身的属性的意思,故他说“用实以乱名者也”。 5 情欲寡:亦出自宋钘。这是告诫我们修身当减少情欲,不然即成大障碍。但荀子主张“性恶”,正是看到了人的情欲之多,故须“化性起伪”。在荀子看来,这与事实不合。 6 刍豢不加甘,大钟不加乐:此种思想出自墨子。墨子主张“节用”“非乐”,他的这些思想都有特别的意涵,从墨子的角度看,是可以成立的。但荀子基于纯经验的立场,认为刍豢自然是美食,大钟自然是美乐,故其主张与事实也不合。 7 所缘无以同异而观其孰调:无,衍文;孰调,哪一种与事实更相符。 8 非而谒楹:当为“飞矢过楹”。此言出自《墨子·经说上》,“止,无久之不止,当牛非马,若矢过楹”。这句话的意思是:飞矢若没有遭遇外力,就不会停止,故飞矢可以飞过楹门,这是如此明白的事,就像牛不是马一样。这个意思从物理学上讲,是正确的,但事实上,飞矢总会停止,荀子可能不知道空气中的阻力,但此与事实不合,故他认为是错误的。 9 有牛马非马也:此言出自《墨子·经说下》,“且牛不二,马不二,而牛马二。则牛不非牛,马不非马,而牛马非牛非马,无难”。这句话的意思是:牛不是复合名词,马也不是复合名词,但牛马是复合名词。所以,牛这个概念并非不指代牛,马这个概念并非不指代马,但牛马这个概念却不只是指代单一的牛或单一的马,这并非难以理解。墨子的意思也是很清楚的,但荀子从事实上看,有牛马虽然不只是有马但一定包括马,而

“有牛马非马”(即有牛马却没有马)就不对。显然,荀子误解了墨子的意思。 **10** 悖:反驳。

夫民易一以道,而不可与共故[1],故明君临之以埶,道之以道,申之以命,章[2]之以论,禁之以刑。故其民之化道也如神,辨埶[3]恶用矣哉!今圣王没,天下乱,奸言起,君子无埶以临之,无刑以禁之,故辨说也。实不喻然后命,命不喻然后期[4],期不喻然后说,说不喻然后辨。故期、命、辨、说也者,用之大文也,而王业之始也。名闻而实喻,名之用也。累而成文,名之丽[5]也。用、丽俱得,谓之知名。名也者,所以期累实[6]也。辞也者,兼异实之名以论[7]一意也。辨说也者,不异实名以喻动静[8]之道也。期命也者,辨说之用也。辨说也者,

百姓容易以道来统一他们的行动,却不易使他们知晓所以然的原因,所以圣明的君主以权势来统治他们,以道来引导他们,以命令来告诫他们,以理论来晓谕他们,以刑罚来禁止他们。这样,百姓融化于大道之中就会很神速,哪里用得着辩说其所以然呢!如今圣王去世了,天下大乱,奸言四起,君子没有权势来统治他们,没有刑罚来禁止他们,所以需要辩说。事物弄不明白就命名,命名了还不明白就描绘、形容,描绘、形容了还不明白就用言辞解说,言辞解说了还不明白就相互论辩。因此描绘、命名、论辩、解说,是非常重要的治国形式,是王者基业的开始。一听到名称就明白其实物,这是名称的功用。累积文字而形成文章,是对命名的进一步的解说。功用与解说都能得其当,就是精通于名称。名称,就是为了表达各种实物。言辞,是以不同实物的名称来表达一定的意思。辩说,就是不改变名实关系而说明是非的道理。描绘与命令,是用来

心之象道也。心也者，道之工宰[9]也。道也者，治之经理也。

服务于辩说的。辩说，是用来服务于内心的表达的。心，是道的主宰。道，是治理国家的根本原则。

注释 1 共故：知其所以然，犹如"民可使由之，不可使知之"之意。2 章：彰明。 3 辨執：当为"辩说"。 4 期：描绘，形容。 5 丽：联合。即名称不易使人知晓，以别的文字加以解说。 6 期累实：通过约定表达各种事物。累，各种。 7 论：当为"喻"。 8 动静：此指是非。 9 工宰：主宰。

心合于道，说合于心，辞合于说。正名而期，质请[1]而喻，辨异而不过，推类而不悖。听则合文[2]，辨则尽故[3]。以正道而辨奸，犹引绳以持曲直，是故邪说不能乱，百家无所窜[4]。有兼听之明而无奋矜[5]之容，有兼覆[6]之厚而无伐德之色。说行则天下正，说不行则白道而冥穷[7]，是圣人之辨说也。《诗》曰："颙颙卬卬，如珪如璋，令闻令望。岂弟君子，四方为纲。"[8]此之谓也。

心灵符合大道，辩说符合心灵，言辞符合辩说。使名称正确且符合约定，名称与事物一致以便于明白，辨别不同的事物而不出现过失，推导相同的情况而不违背。听起来合乎礼节，辩说起来深究原因。以正义之道辨别奸邪之见，就如以绳子衡量曲直一样，所以奸邪的学说不能使人混乱，百家学说的错误也无处躲藏。有兼听各家之见的明智而无骄傲自大之貌，有博采众长的厚重而无自夸之色。其学说流行能使天下中正，其学说不能够流行就会宣明大道而退隐，圣人的辩说就是如此。《诗》说："态度恭良，气宇轩昂，如珪如玉，美名威望。和乐平易的君子啊，是天下人的好榜样。"说的就是这种人。

注释 1 质请：即名称与实情一致。请，通“情”。 2 合文：合乎礼节。 3 尽故：深究原因。 4 窜：躲藏。即百家之学的错误被揭示出来。 5 奋矜：骄傲自大。 6 兼覆：无所不包。 7 冥穷：隐居。穷，通“躬”。 8 此句引自《诗经·大雅·卷阿》。此诗写周王与群臣出游卷阿，群臣陈诗以颂周王。颙(yóng)颙，恭敬温良的样子；卬(áng)卬，气宇轩昂的样子；令，美好。

辞让之节得矣，长少之理顺矣；忌讳不称，袄辞[1]不出；以仁心说，以学心听，以公心辨；不动乎众人之非誉，不治[2]观者之耳目，不赂贵者之权埶，不利[3]传辟者之辞。故能处道而不贰，吐[4]而不夺，利而不流，贵公正而贱鄙争，是士君子之辨说也。《诗》曰：“长夜漫兮，永思骞兮。大古之不慢兮，礼义之不愆兮，何恤人之言兮！”[5]此之谓也。

谦让的礼节得当，长幼的伦理有序；禁忌与避讳不说，奇谈怪论不讲；以仁德之心说话，以学习之心听讲，以公正之心辩说；不为大众的毁誉所动摇，不蛊惑旁观者的耳目，不贿赂有权势的人，不传播邪僻者的言辞。所以能够坚守大道而无贰心，大胆发言而不随便改变观点，口齿伶俐而不随时俯仰，尊重公正而鄙视争斗，士君子的辩说就是这样。《诗》说：“长夜漫漫，我常常反思我的过错。对上古的传统不怠慢，礼义上也没有什么过错，又何必担心别人的言论呢！”说的就是这种人。

注释 1 袄辞：奇谈怪论。 2 治：当为“冶”，蛊惑。 3 利：有利于，即传播。 4 吐：发言。 5 此句不见今本《诗经》，当为逸诗。骞，通“愆”，过失；大古，太古。

君子之言，涉然[1]而精，俯然[2]而类，差差然[3]而齐。彼正其名，当其辞，以务白其志义者也。彼名辞也者，志义之使也，足以相通，则舍之[4]矣。苟之，奸也。故名足以指实，辞足以见极[5]，则舍之矣。外是者，谓之讱[6]，是君子之所弃，而愚者拾以为己宝。故愚者之言，芴然[7]而粗，啧然[8]而不类，誻誻然[9]而沸。彼诱其名，眩其辞，而无深于其志义者也。故穷藉[10]而无极，甚劳而无功，贪而无名。故知者之言也，虑之易知也，行之易安也，持之易立也，成则必得其所好而不遇其所恶焉。而愚者反是。《诗》曰："为鬼为蜮，则不可得。有靦面目，视人罔极。作此好歌，以极反侧。"[11]此之谓也。

君子的言论，深入事理而精微，贴近人情而法度统一，表述有异而思想一致。使用正确的名称，恰当的言辞，以表达其意义。名称与言辞，是意义的表达，足以使人明白就够了。在此方面不严肃而乱用，就是奸邪。所以名称足以指代实物，言辞足以表达主旨，就可以了。除此以外，都是苛察缴绕，是君子所抛弃的，而愚蠢的人却捡起来作为宝贝。因此愚蠢的人的言论，飘忽不定而粗俗，艰深晦涩而无条理，啰啰嗦嗦而嘈杂。他们使用诱人的名称，令人眼花缭乱的言辞，却没有深刻的意义。所以玩弄各种辞藻而无主旨，非常劳累却无功绩，贪图名声却不能成名。所以智者的言论，思考起来容易知晓，实行起来易于安定，坚持起来容易站得住，成功了就会得到其所喜好的东西而不会遭遇其所厌恶的东西。但愚蠢的人的言论正好与之相反。《诗》说："你若是那无形的鬼怪，人们自然就无法看清。但你丑陋邪恶的面容清晰可见，总是表现出一副让人看不清的样子。作这首善意的诗歌，来揭露你无常邪恶的嘴脸。"说的就是这种人。

注释 1 涉然：深入的样子。 2 俯然：贴近的样子。 3 差差然：参差不齐的样子。 4 舍之：指言辞能够表情达意就够了。 5 极：中心。即人的中心思想，主旨。 6 讱：本指语言迟钝，不能表情达意。这里指苛察缴绕，故意绕圈子。 7 芴然：模糊不清的样子。芴，通“忽”。 8 啧(zé)然：艰深的样子。 9 誻(tà)誻然：多言嘈杂的样子。 10 穷藉(jiè)：指用尽各种辞藻。 11 此句引自《诗经·小雅·何人斯》。

凡语治而待去欲者，无以道欲而困于有欲者也。凡语治而待寡欲者，无以节欲而困于多欲者也。有欲无欲，异类也，生死[1]也，非治乱也。欲之多寡，异类也，情之数[2]也，非治乱也。欲不待可得，而求者从所可。欲不待可得，所受乎天也；求者从所可，受乎心也。所受乎天之一欲，制于所受乎心之多，固难类所受乎天也。[3]人之所欲，生甚矣；人之所恶，死甚矣。然而人有从生成死[4]者，非不欲生而欲死也，不可以生而可以死也。故欲过之而

凡是治理国家要靠去除人的欲望的，不但没有办法引导人的欲望，反而受困于人的欲望。凡是治理国家要靠减少人的欲望的，不但没有办法节制人的欲望，反而受困于人的多欲。有欲望的社会与没有欲望的社会，是不同种类的存在，犹如生与死的不同，与国家的治乱无关。欲望的多与少，也是不同的，由人的性情与气质所决定，也与国家的治乱无关。欲望不是依靠得到才会产生，而追求的人认为可以得到就会去争取。欲望不是依靠得到才会产生，它是生来就有的；追求的人争取其想得到的，这是受人心的驱使。人们禀受于天的欲望，因受制于人心，故现实中的表现就多种多样了。人的欲望，莫过于求生；人之所恶，莫过于死。然而有的人放弃生而走向死，并非不欲求生而欲求死，是因为不可以偷生但可以选择死。所以欲望强烈但并

动不及,心止之也。[5]心之所可中理,则欲虽多,奚伤于治?欲不及而动过之,心使之也。心之所可失理,则欲虽寡,奚止于乱?故治乱在于心之所可,亡于情之所欲。不求之其所在,而求之其所亡,虽曰我得之,失之矣。

未行动,是因为心的制止。人心所裁决的符合道理,即使欲望多,怎么会有害于治理呢?欲望不强烈但已经行动了,也是心的驱使、鼓动。人心所鼓动的不符合道理,即使欲望少,怎么会有利于制止混乱呢?所以国家的治乱在于人心的裁决、鼓动,与性情的欲望无关。不去深究其有关系的地方,而去深究其没有关系的地方,虽然宣称自己找到了,实则失之甚远。

注释 1 生死:荀子以为人生而有欲望,只有死人才无欲望,故有欲、无欲的区别就是生者与死者的区别。若要人无欲望,那么就是把人推到死亡的境地,但死后显然不属于治理的范围了。 2 情之数:荀子认为,人的欲望的多寡是不同的,由人的性情与气质决定。 3 所受乎天之一欲,制于所受乎心之多,固难类所受乎天也:此句颇为难解。"一欲"注解者多训为"单纯的欲望",实则欲望无所谓"单纯",当训为"一种欲望",如"求生"之欲望。人人皆欲"求生",但因为受到经验的制约,其"求生"的表现各不相同,如有人遵从道德而求生,有人败坏道德而求生。这样,就很难像受之于天那样,只是一种表现了。 4 从生成死:放弃生而走向死。从,通"纵",放弃。 5 欲过之而动不及,心止之也:欲望强烈但并不采取行动,是因为心制止了。荀子在此是为了强调心的作用与欲望之有无、多寡无关,关键看是否"中理"。

性者,天之就也;情者,性之质也;欲者,

本性,是上天造就的;情感,是本性的本质;欲望,是情感的应和。认为自己所情之应也。以所欲为可得而求之,情之所必不免也;以为可而道之,知所必出也。故虽为守门[1],欲不可去,性之具也;虽为天子,欲不可尽。欲虽不可尽,可以近尽也;欲虽不可去,求可节也。所欲虽不可尽,求者犹近尽;欲虽不可去,所求不得,虑者欲节求也。道者[2],进则近尽,退则节求,天下莫之若也。

欲求的可以得到而去争取,这是情感所不可避免的;认为可以得到并采取行动,这是心智的必然结果。所以,即使是看门的卑贱之人,欲望也不能去除,因为这是本性生来就具有的;即使贵为天子,他的欲望也不能全部满足。欲望虽然不能全部满足,但可以近似于满足;欲望虽然不能去除,但可以节制。欲望虽然不能全部满足,追求的人可以做到近似于满足;欲望虽然不能去除,但所求得不到的时候,善于思考的人会节制自己的欲求。引导欲望的原则是,高贵者做到近似于满足,卑贱者做到节制欲望,天下没有比这更好的方法了。

注释 1 守门:看门的卑贱之人。 2 道者:引导欲望的原则。

凡人莫不从其所可,而去其所不可。知道[1]之莫之若也,而不从道者,无之有也。假之有人而欲南无多[2],而恶北无寡,岂为夫南者之不可尽也,离南行而北走也哉!今人所欲无多,所恶无寡,

大凡人没有不遵从其所认可的,而放弃其所不认可的。知晓道义是最好的而不加以遵从,这样的人是没有的。假如有一个人想到南方去,他会不管路途有多远,但若厌恶到北方去,也不会在意有多近,难道会因为南方路途遥远,就会调转方向往北走吗?人的欲望无论有多无穷,人的厌恶无论有多寡

岂为夫所欲之不可尽也，离得欲之道而取所恶也哉？故可道而从之，奚以损之而乱？不可道而离之，奚以益之而治？故知者论道而已矣，小家珍说[3]之所愿皆衰矣。

少，难道会因为欲望得不到满足，就会放弃欲望而追求厌恶的东西吗？所以，符合道义并追求它，怎么会有损害而导致混乱呢？不符合道义并放弃它，哪有什么比这更能使国家得以善治的呢？因此智慧的人只谈论道义，诸子百家的奇谈怪论就自然式微了。

注释　**1** 知道：知晓道义。　**2** 无多：不管路途有多远。下文“无寡”，不管路途有多近。　**3** 小家珍说：此指诸子百家的奇谈怪论。

凡人之取也，所欲未尝粹[1]而来也；其去也，所恶未尝粹而往也。故人无动而不可以不与权俱[2]。衡不正[3]，则重县于仰而人以为轻，轻县于俯而人以为重，此人所以惑于轻重也。权不正，则祸托于欲而人以为福，福托于恶而人以为祸，此亦人所以惑于祸福也。道者，古今之正权也，离道而内自择，则不知祸福之所托。

大凡人在追求时，所欲求的东西不可能全部得到；在抛弃时，所厌恶的东西不可能全部离去。所以人的行动时刻应以标准作为规范。秤不准，那么重的物体悬挂上去使秤杆仰起来人们却以为是轻了，轻的物体悬挂上去使秤杆俯下去人们却以为是重了，这是秤不准导致人们对轻重的错乱。标准不正，那么灾祸寄托在欲望之中人们却以为是福乐，福乐寄托在厌恶之中人们却以为是灾祸，这是标准不正导致人们对祸福的错乱。道，是古今最正确的衡量标准，离开道而靠纯粹主观的自我选择，那么就不知道祸福所依存的地方了。

注释 1 粹:全部。 2 权俱:以标准衡量自己的行为。因为世界并非总是依据人之所愿发展,故在交杂混乱之中,以一定的原则规范自己的行为最为重要。 3 衡不正:悬挂秤杆的支点偏于一边。

易者,以一易一,人曰无得亦无丧也;以一易两,人曰无丧而有得也;以两易一,人曰无得而有丧也。计者取所多,谋者从所可。以两易一,人莫之为,明其数也。从道而出,犹以一易两也,奚丧!离道而内自择,是犹以两易一也,奚得!其累百年之欲,易一时之嫌[1],然且为之,不明其数也。

交换,以一换一,人们会说没有收获也没有亏损;以一换二,人们会说没有亏损反而有收获;以二换一,人们会说没有收获反而有亏损。善于计算的人择取多的,善于谋划的人追求合宜的。以二换一,没有谁愿意做,因为大家都明白计算。依从道去行动,就好像以一换二一样,哪里有什么损失呢?离开道而自我选择,就好像以二换一一样,哪里有什么收获呢?积累百年的欲望,去换取一时的满足,尚且还去做,这就是不懂得计算啊。

注释 1 嫌:通“慊”(qiè),满足。

有尝试深观其隐而难其[1]察者:志轻理而不重物[2]者,无之有也;外重物而不内忧者,无之有也;行离理而不外危者,无之有也;外危而不内恐者,无之有也。心忧恐,

又尝试深入地观察那些隐蔽而难以明察的情况:内心轻视道理而外面不看重物质的人,是没有的;外面看重物质而内心不忧虑的人,是没有的;行为背离伦理而外面不危险的人,是没有的;外面危险而内心不恐惧的人,是没有的。内心忧虑恐惧,那么即使口里

则口衔刍豢而不知其味，耳听钟鼓而不知其声，目视黼黻而不知其状，轻暖平簟[3]而体不知其安。故向[4]万物之美而不能嗛也，假而得问[5]而嗛之，则不能离也。故向万物之美而盛忧，兼万物之利而盛害，如此者其求物也，养生也？粥[6]寿也？故欲养其欲而纵其情，欲养其性而危其形，欲养其乐而攻其心，欲养其名而乱其行。如此者，虽封侯称君，其与夫盗无以异；乘轩戴絻[7]，其与无足[8]无以异。夫是之谓以己为物役矣。

吃着美食也不知其味道，耳朵里听着钟鼓也不辨其声音，眼睛看着华贵的服饰也不知其美丽，身体睡在柔软、温暖的竹席上也不知其舒适。所以享受着万物之美却不能满足，即使得到暂时的满足，但忧虑恐惧依然不能释怀。因此享受着万物之美却忧心忡忡，占有万物的好处却反而贻害无穷，这样的人，是寻求物质呢，还是养生呢？抑或是出卖寿命呢？所以本想满足欲望却放纵性情，本想存养本性却危害身体，本想追求快乐却戕害心灵，本想保全名声却胡乱作为。这样的人，即使封为诸侯、称作君主，他们与盗贼没有什么区别；即使乘坐大车戴着礼帽，他们与遭受断足之刑的人也没有什么区别。这就叫作自己被外物所奴役。

注释　1 其：衍文。　2 重物："重"字之前脱落一"外"字。　3 平簟：竹席。　4 向：通"享"。　5 得问：当为"得间"，片刻，暂时。　6 粥：同"鬻"。　7 乘轩戴絻：轩，有篷车，为达官贵人所乘。絻，通"冕"，古代贵族所戴的礼帽。　8 无足：指遭受断足之刑的人。

心平愉，则色不及佣[1]而可以养目，声不及佣而可以养耳，蔬食菜羹而可

心情平正愉悦，即使颜色不漂亮也可以养目，声音不动听也可以养耳，粗食菜汤也可以供给口腹的需要，粗

以养口，粗布之衣、粗𬘓[2]之履而可以养体，屋室、庐庾、葭稾蓐、尚机筵[3]而可以养形。故无万物之美而可以养乐，无埶列之位而可以养名。如是而加天下焉，其为天下多，其和乐[4]少矣，夫是之谓重己役物。无稽之言，不见之行，不闻之谋，君子慎之。

布衣、粗麻鞋也可以保养身体，局促的小屋、芦苇帘子、稻草垫子及破旧的椅子也让人舒适。所以没有万物之美也可以享受乐趣，没有权势地位也可以获得名声。这样的人若把治理天下的大权交给他，那么他一定为天下的公共利益多，而为自己的私利少，这就是看重自己而役使外物。没有根据的言论，未见过的行为，未听说的计谋，君子应该慎重。

注释 1 佣：庸俗，平常。 2 𬘓：用丝线编成的圆形细带。 3 屋室、庐庾、葭稾蓐、尚机筵：屋室，当为"局室"，狭窄的房屋；庐庾，当为"庐帘"，芦苇做的帘子；葭稾蓐，芦苇或稻草做的垫子；尚机筵，当为"敝几筵"，即破旧的椅子。 4 和乐：当为"私乐"。

性恶

导读 本篇是荀子的人性理论,乃荀子一切理论的价值根基,对于理解《荀子》颇为重要。本篇的主旨有二:其一是“人之性恶”;其二是“其善者伪也”。荀子之所以认定人的本性是恶的,是因为他从自然的肉体生命看待人,人性就是这个肉体生命的欲求。若如此看待人及其本性,那么,荀子的理论自然是对的。但问题是,仅如此看待人性,并不能尽人性之蕴,人除了肉体之性外,尚承袭了天命,还有天命之性,这个天命之性足以保证人禽之辨与人性尊严。不然,人与禽兽只有程度的差别,没有根本的差别。孟子主张性善,就是看到了肉体之性以外的天命之性。质言之,荀子所说的,孟子都能够承认,但孟子以为,仅此不足以尽人性之蕴,于是主张性善。这是鸿蒙开辟之音,确保了人禽之辨与人性的尊严。但荀子并没有看到孟子性善论的价值所在,反而批评孟子的理论错误,认为它既不符合事实,也不能被验证。荀子虽然反复申说“人之性恶”,但他是要由此强调其“化性起伪”的主张。在荀子看来,人性尽管恶,但人做到善依然是可能的。人如何做到善呢?就是改变恶的本性而接受圣王的礼义教化。人为什么能接受圣王的礼义教化呢?因为每个人都有知晓礼义的资质及践行教化的官能,这是先天具有的。实际上,若荀子承认人人有知晓礼义的资质及践行教化的官能,则必当肯定孟子的性善论。荀子之所以误解孟子,只是一间未达,这其中的义理分际,在本文注释中作了进一步疏解。无论如何,荀子尽管主张性恶,但依然要求人化性从善而为圣人，只是成圣的理路不同于孟子而已：孟子是存养本性而扩充之，荀子则更强调外在的熏习而已。

原文

人之性恶，其善者伪[1]也。今人之性，生而有好利焉，顺是，故争夺生而辞让亡焉；生而有疾恶焉，顺是，故残贼生而忠信亡焉；生而有耳目之欲，有好声色焉，顺是，故淫乱生而礼义文理亡焉。然则从[2]人之性，顺人之情，必出于争夺，合于犯分乱理而归于暴。故必将有师法之化、礼义之道[3]，然后出于辞让，合于文理，而归于治。用此观之，然则人之性恶明矣，其善者伪也。

译文

人的本性是恶的，其良善是后天教化的结果。人的本性，生来就喜欢利益，顺着这种本性，相互争夺就产生而推辞谦让就没有了；生来就痛恨祸害，顺着这种本性，相互残害就产生而忠心诚信就没有了；生来就有耳目的欲望，喜好美丽的声音与颜色，顺着这种本性，淫乱就产生而礼法就被无视了。所以放纵人的本性，顺从人的性情，必然会有争夺，最后不顾等级破坏伦理而导致暴乱。因此必须依靠老师的教化、礼义的引导，然后才能有推辞谦让之心，行为合乎礼法而得到善治。由此观之，人的本性恶是非常明显的，其良善不过是后天教化的结果。

注释 1 伪：后天的人为教化。 2 从：通“纵”。 3 道：引导。

故枸木必将待檃栝、烝、矫然后直[1]，钝金必将待砻、厉[2]然后利。今人之性恶，必将待师法然后

所以弯曲的木头必须依靠檃栝这种工具和蒸烤的方法才能矫正，不锋利的兵器必须依靠磨刀石才能锋利。人的本性恶，也必须依靠老师的教化

正，得礼义然后治。今人无师法，则偏险而不正；无礼义则悖乱而不治。古者圣王以人之性恶，以为偏险而不正，悖乱而不治，是以为之起礼义、制法度，以矫饰人之情性而正之，以扰化人之情性而导之也，使皆出于治，合于道者也。今之人，化师法、积文学[3]、道礼义者为君子；纵性情、安恣睢[4]而违礼义者为小人。用此观之，然则人之性恶明矣，其善者伪也。

才能端正，得到礼义的引导才能良善。如果没有老师的教化就会偏邪阴险而不端正，没有礼义的引导就会惑乱而不良善。古代的圣王正因为知晓人的本性恶，偏邪阴险而不端正，惑乱而不良善，因此就确立礼义、制定法度，用以整饬人的性情而使之端正，用来教化人的性情而加以引导，这样，(性情)才开始变得良善，合乎正道。人，依从于老师的教化，熏陶于文化学术之中，以礼义来引导就是君子；放纵性情，安于肆意妄为，违背礼义就是小人。由此观之，人的本性恶是非常明显的，其良善不过是后天教化的结果。

注释 1 枸(gōu)木必将待檃栝(yǐnkuò)、烝(zhēng)、矫然后直：枸，弯曲；檃栝，矫正竹木弯曲的器具；烝，用火或蒸汽加热，以使木材柔软利于矫正，后作"蒸"。 2 砻(lóng)、厉：即砻与砺，俱为磨刀石。 3 积文学：熏陶于学术文化之中。 4 恣睢(suī)：肆意妄为。

孟子曰："人之学者，其性善。"[1] 曰：是不然。是不及知人之性，而不察乎人之性、伪之分者也。凡性者，天之就也，不可学，不可事。[2]

孟子说："人之所以能够学习，乃因其性善。"答曰：这是不对的。这是还不知人的本性，没有明察人的本性与后天教化的不同的言论。大凡本性，是上天造就的，不是学习得来的，也不是人为外加上去的。礼义，是圣人设立的，是人通过学礼义者，圣人之所生也，人之所学而能、所事而成者也。不可学、不可事而在人者谓之性；可学而能、可事而成之在人者谓之伪。是性、伪之分也。今人之性，目可以见，耳可以听。夫可以见之明不离目，可以听之聪不离耳，目明而耳聪，不可学明矣。

习就能获得、人为教化就能成功的。那个不是学习得来，也不是人为从外面加上去且自然属于人的就叫本性；通过学习就能获得，通过教化就能成功且后天属于人的就叫人为。这是本性与人为的区别。人的本性就是眼睛自然可以看，耳朵自然可以听。那个可以看得清的"明"是离不开眼睛这种天然存在的，那个可以听得清的"聪"是离不开耳朵这种天然存在的，"明"自然属于眼睛，"聪"自然属于耳朵，不是通过学习得来的，这是很明显的。

注释　**1** 人之学者，其性善：此句不见于今本《孟子》，但并不违背孟子的意思。这句话的意思是：人之所以能够遵从老师的教化，正是因为人性是善的。荀子不认可孟子的看法，乃因为荀子不理解孟子的意思。老师的教化是外在的，但人之所以能够接受老师的教化，一定有一种特别的能力，正是这种能力使得教化得以可能，也就是说，人在接受教化之前，并非从零开始，一定有一个根基作为接受教化的准备，这是天生而固有的，即先天的，不然，人接受教化即不可能。这个作为接受教化的固有的先天准备，就是孟子性善（或四端之心）的意思。人为什么能够接受教化而动物不能，就是因为动物没有这个先天的固有的准备。老师的教化是学来的，但先天的固有的准备却不是学来的。虽然先天的固有的准备使得教化成为可能，但教化能否成为现实，还要看经验中的各种因素，否则，教化亦不可能。正如荀子所说的，眼睛之明是天生固有的，它为人看见东西准备了条件，但若经验中的要素不具备，也不能看见东西，比如人处于黑暗中。荀子的不足在于，他没有看到那个先天的固有的准备（实则人总得有一个接受教化的先天准备,荀子后面也提到了),而孟子恰恰看到了,孟子的性善,其深意在此,所以性善亦不可否认。 2 凡性者,天之就也,不可学,不可事:性分中本有的东西,如好利避害、耳聪目明等,不是学来的,也不是人为加上去的。

孟子曰:"今人之性善,将皆失丧其性故也。"[1]曰:若是,则过矣。今人之性,生而离其朴,离其资,必失而丧之。[2]用此观之,然则人之性恶明矣。所谓性善者,不离其朴而美之,不离其资而利之也。[3]使夫资朴之于美,心意之于善,若夫可以见之明不离目,可以听之聪不离耳,故曰目明而耳聪也。

孟子说:"人的本性是善的,但由于丧失了其本性,所以就变恶了。"答曰:如果这样认为,就是不对的。人的本性,若生下来就离开其本质,离开其禀赋,就会丧失其本性。由此观之,人的本性恶是非常明显的。所谓性善,是在不离其本质的基础上就认为它美好,不离其禀赋的基础上就认为它向善。使得本质自身的美好、心意自身的向善,就好像看得见的"明"离不开眼睛、听得清的"聪"离不开耳朵一样,所以说眼睛本性就"明"耳朵本性就"聪"。(只有这样,我们才能说本性自身就是善的。)

注释 1 今人之性善,将皆失丧其性故也:此句有错漏,当为"今人之性善,将皆失丧其性,故恶也"。但这样的句子并不见于今本《孟子》,然并不违背孟子之思想。 2 离其朴,离其资,必失而丧之:所谓"朴"与"资"就是原始材料,在荀子那里,就是血肉之生命体,人的本性都寄居在这个地方。失而丧之,即丧失本性,就是指肉体生命的欲望都没有了,这可能吗?所以,荀子说"人之性恶明矣"。 3 所谓性善者,不离其朴而美之,不离其资而利之也:这是荀子在反驳孟子,若要证明性善是对的,那么必须说明，人的生命中的原始材料自身就是美的、好的。在荀子那里，形而下的肉体生命乃人的生命的全部，于是他看到的只是欲望等利己的东西，故他以为无法作这种说明。但在孟子那里，人的生命不只是形而下的肉体生命，尚有形而上的理性生命，这也是生命所固有的，也属于生命的原始材料，所谓“仁、义、礼、智，非由外铄我也，我固有之也，弗思耳矣”。所以，从孟子的角度看，性善是“不离其朴”“不离其资”的，他可以作这种说明。可惜荀子与孟子对人的生命的全部内蕴看法迥异，于是荀子不理解孟子的深意。可以说，荀子看到的孟子都看到了，但孟子看到的荀子没有看到，是以荀子有所不及也。

今人之性，饥而欲饱，寒而欲暖，劳而欲休，此人之情性也。今人饥，见长而不敢先食者，将有所让也；劳而不敢求息者，将有所代也。夫子之让乎父，弟之让乎兄，子之代乎父，弟之代乎兄，此二行者，皆反于性而悖于情也。然而孝子之道，礼义之文理也。故顺情性则不辞让矣，辞让则悖于情性矣。用此观之，然则人之性恶明矣，其善者伪也。

问者曰：“人之性恶，则礼义恶生？”[1] 应之曰：凡

今人的本性，饿了就希望吃饱，冷了就希望穿暖，劳累了就希望休息，这是人自然的性情。但如今，见到长辈而不敢先吃，是因为有所谦让；劳累了也不敢要求休息，是因为要为长辈代劳。儿子对父亲谦让，弟弟对兄长谦让，儿子为父亲代劳，弟弟为兄长代劳，这两种情况，都是违反人的本性而背离人之常情的。这却是孝子的固有之道，也是礼义自身的要求。所以顺应人的性情就不会辞让，辞让就会违背人的性情。由此观之，人的本性恶是非常明显的，其良善不过是后天教化的结果。

有人问道：“如果人的本性是恶的，那么礼义作为一种善的制度是如

礼义者,是生于圣人之伪,非故[2]生于人之性也。故陶人埏埴[3]而为器,然则器生于工人[4]之伪,非故生于人之性也。故工人斫[5]木而成器,然则器生于工人之伪,非故生于人之性也。圣人积思虑,习伪故[6],以生礼义而起法度,然则礼义法度者,是生于圣人之伪,非故生于人之性也。若夫目好色,耳好声,口好味,心好利,骨体肤理[7]好愉佚,是皆生于人之情性者也,感而自然,不待事而后生之者也。夫感而不能然,必且待事而后然者,谓之生于伪。是性、伪之所生,其不同之征也。

何产生的?”回答他说:礼义,是产生于圣人的人为制作,而非产生于人的本性。所以陶工和泥制作陶器,陶器是产生于陶工的人为制作,而不是产生于人的本性。所以木工砍削木材制作木器,木器也是产生于木工的人为制作,而不是产生于人的本性。圣人不断思考琢磨,反复践行事理,从而制作礼义而设立法度,那么礼义法度,是产生于圣人的人为制作,而不是产生于人的本性。至于眼睛喜好美色,耳朵喜好美声,嘴巴喜好美味,心里喜好利益,身体喜好安逸,这些都是产生于人的性情,乃肉体的自然感发,这是不待人为才会如此的。那种肉体感发后也不能如此,必须依靠人为才能成就的,就叫产生于人为。这是本性与人为不同的功能,也是它们不同的特征。

注释 **1** 人之性恶,则礼义恶生:若人的本性是恶的,那么礼义作为一种善的制度,它是如何产生的呢?荀子意识到他的性恶论中的问题,于是设置了这一问题,以使读者明白。依荀子的意思,礼义是圣人外在的人为制作,非本性中自然就有的。圣人怎么能够制作呢?答曰:不断思考琢磨,反复践行事理。荀子以为,这些都是纯外在的,与陶人制作陶器、工人斫木而成器是一回事。其实,礼义与器物不一样,器物没有是否合乎伦理的善这个问题，礼义却有，故以器物的制作来比喻礼义的制作是不适合的。况且，我们可以问，若礼义是一种纯然的外在安排，那又是如何保证这种安排是依据善的秩序的呢？若我们承认它是依据善的秩序来安排的，那么是否一定是人本性的善在起作用呢？荀子并未深思这一问题，但要回答他自己设置的这一问题，必须至于此才是圆满的回答。 2 故：本来。 3 埏埴(shānzhí)：用水和黏土制作陶器。 4 工人：当为"陶人"。 5 斫(zhuó)：砍削。 6 习伪故：反复践行检验人为的事理。 7 骨体肤理：指人的身体。

故圣人化性而起伪[1]，伪起而生礼义，礼义生而制法度。然则礼义法度者，是圣人之所生也。故圣人之所以同于众，其不异于众者，性也；所以异而过众者，伪也。夫好利而欲得者，此人之情性也。假之人有弟兄资财而分者，且顺情性，好利而欲得，若是，则兄弟相拂夺[2]矣；且化礼义之文理，若是，则让乎国人矣。故顺情性则弟兄争矣，化礼义则让乎国人矣。

所以圣人改变人的本性，依靠人为的努力，人为的努力便产生礼义，礼义产生以后法度就制定了。那么礼义法度是圣人后天人为产生的。所以圣人与众人相同的是本性；圣人与众人不同的是后天的人为。喜欢利益而渴望得到，这是人的性情。假如兄弟两人分配财产，如果顺从人的性情，都喜欢利益而渴望得到，那么兄弟之间就会相互争夺；如果依从礼义制度的教化，那么就可能会推让给别人。因此顺从性情就会兄弟争斗，依从礼义就会推让给别人。

注释 1 圣人化性而起伪：圣人之所以能改变本性，乃在其后天人为的努力。这些人为的努力又让他制定礼义法度得以可能。荀子这样说，只是看到了礼义法度之所以可能的现实根据，而没有批判地分析礼义法度之所以可能的超越的根据。圣人在没有礼义法度之前，他为什么能够自觉地改变恶的本性而人为努力地制定善的礼义呢？其动力在哪里？荀子说圣人“异而过众者，伪也”，但为什么会造成这种差异呢？原因在于圣人先知先觉。先知先觉意味着圣人先行开发出人性本有之善，这个本有之善众生皆有。这人性本有之善不但是圣人克服肉体之恶的力量源泉，且一旦发用出来，就成为圣人制定礼义法度的价值根基。一定得如此理解，不然，荀子的圣人“化性起伪”说是说不通的。 **2** 拂夺：争夺。

凡人之欲为善者，为性恶也。[1] 夫薄愿厚，恶愿美，狭愿广，贫愿富，贱愿贵，苟无之中者，必求于外。故富而不愿财，贵而不愿埶，苟有之中者，必不及于外。用此观之，人之欲为善者，为性恶也。今人之性，固无礼义，故强学而求有之也；性不知礼义，故思虑而求知之也。然则生[2]而已，则人无礼义，不知礼义。人无礼义则乱，不知礼义则悖。然则生而已，则悖乱在己。用此观之，人之性恶明矣，其善者伪也。

大凡人追求善，就是因为本性恶。因为薄的希望厚，丑的希望美，狭窄的希望宽广，贫穷的希望富裕，卑贱的希望高贵，如果自身没有，必然会向外寻求。所以富裕了就不再想要钱财了，高贵了就不再想要权势了，如果自身拥有，必然就不会向外寻求了。由此观之，人之所以追求善，就是因为人本性恶。人的本性本来就不拥有礼义，所以努力学习而力求得到它；本性本来就不知道礼义，所以努力思考而力求了解它。因此就本性而言，人没有礼义，也不了解礼义。人若无礼义就会混乱，不知礼义就会昏乱。然而就本性而言，昏乱恰恰是自己造成的。由此观之，人的本性恶是非常明显的，其良善不过是后天教化的结果。

注释 **1** 凡人之欲为善者,为性恶也:人之所以要向善,就是因为本性恶。但若如荀子所言,人性根本为恶,则他向善的力量从何而来?若谓来自外在的礼义教化,则他依靠什么承接外在礼义教化之善?一言以蔽之,人性恶而追求善,这一举动本身就在更高的层次上说明了人性是善的,不然,这种追求就缺乏生发的力量。荀子处处都只是从现象、经验层次看人,这些问题他都没有深思,此为荀子之学的不足。 **2** 生:同"性",下同。

孟子曰:"人之性善。"[1]曰:是不然。凡古今天下之所谓善者,正理平治也;所谓恶者,偏险悖乱也。是善恶之分也已。今诚以人之性固正理平治邪,则有恶用圣王,恶用礼义矣哉!虽有圣王礼义,将曷加于正理平治也哉!今不然,人之性恶。故古者圣人以人之性恶,以为偏险而不正,悖乱而不治,故为之立君上之埶以临之,明礼义以化之,起法正以治之,重刑罚以禁之,使天下皆出于治、合于善也。是圣王之治,而礼义之化也。今当试去君上之埶,无礼

孟子说:"人的本性是善的。"答曰:这种观点是不对的。大凡古今所说的善,就是合乎正道、遵守秩序;所说的恶,就是偏僻阴险、悖理混乱。这是善恶的区分。如果人的本性确实本来就合乎正道、遵守秩序了,那么还需要圣王、礼义干什么呢?即使有圣王、礼义,那么对于合乎正道、遵守秩序又有什么助益呢?现在我们认为不是像孟子所说的那样,人的本性是恶的。所以古代的圣人有鉴于人的本性恶,认为人偏僻阴险而不合乎正道,悖理混乱而不遵守秩序,因此以君主的威势来统治他们,宣明礼义来教化他们,确立法度来治理他们,加重刑罚来禁止他们,使得天下人遵守秩序、合乎善道。这是圣王的治理和礼义教化的结果。假如去除君主的威势,没有礼义

义之化，去法正之治，无刑罚之禁，倚[2]而观天下民人之相与也，若是，则夫强者害弱而夺之，众者暴寡而哗[3]之，天下之悖乱而相亡不待顷矣。用此观之，然则人之性恶明矣，其善者伪也。

教化，去除法度治理，没有刑罚禁止，站在一旁静观天下百姓之间的群居交往，如果这样，必然是强者欺侮弱者而掠夺他们，人多的残害人少的而侵扰他们，天下悖理混乱乃至灭亡就会即刻到来。由此观之，人的本性恶是非常明显的，其良善不过是后天教化的结果。

注释　**1** 人之性善：荀子批评孟子的这个观点，以为如果人性善，何必用圣王之教、礼义之化呢？所谓“恶用圣王，恶用礼义矣哉”。这根本误解了孟子的意思。孟子言“性善”，是说本性中自然蕴涵“善端”，正是这种“善端”使得现实的善成为可能。但“善端”并非就是现实的善，它是否能发用而成为现实，还需要别的条件。但荀子恰恰把“性善”理解为现实上人人都是善人，这样，自然就不需要教化了。但这绝不是孟子的意思，孟子虽然主张“性善”，但只是说人人有为善的先天根据(善端)，由“善端”至于现实的善，依然离不开教化与存养工夫。故孟子虽言“性善”，但绝不反对教化，非如荀子所认为的，一言“性善”，教化即无用武之地也。**2** 倚：立，站着。　**3** 哗：喧哗，引申为侵扰。

故善言古者必有节[1]于今，善言天者必有征于人。凡论者，贵其有辨合[2]，有符验，故坐而言之，起而可设，张而可施行。今孟子曰“人之性善”，无辨

所以善于以古代之事说理的人一定要在今天有所验证，善于以天道说理的人一定要在人道里有所验证。大凡议论，其可贵之处在于能被证实，能被检验，所以当坐而论道时，站起来就可以布置安排，推广出去就能够实行。如

合符验，坐而言之，起而不可设，张而不可施行，岂不过甚矣哉！故性善则去圣王、息礼义矣；性恶则与圣王、贵礼义矣。故檃栝之生，为枸木也；绳墨之起，为不直也；立君上，明礼义，为性恶也。用此观之，然则人之性恶明矣，其善者伪也。直木不待檃栝而直者，其性直也；枸木必将待檃栝、烝、矫然后直者，以其性不直也。今人之性恶，必将待圣王之治、礼义之化，然后皆出于治、合于善也。用此观之，然则人之性恶明矣，其善者伪也。

今孟子所说的“人性本善”，没有被事实检验，坐着发议论，但站起来不可以布置安排，推广出去不能够实行，这难道不是大错特错了吗！所以若人性本善就应当去除圣王，取消礼义；人性本恶就会赞同圣王，推崇礼义。因此，檃栝的产生，是因为有弯曲的木头；绳墨的兴起，是因为有不直的线条；设立君主，宣明礼义，是因为人性本恶。由此观之，人的本性恶是非常明显的，其良善不过是后天教化的结果。笔直的木头不依靠檃栝就能直，是因为它本来就直；弯曲的木头必须依靠檃栝与火烤才能直，因为它本身就不直。因为人性本恶，所以必须依靠圣王的治理、礼义的教化，然后才能合于秩序、归于良善。由此观之，人的本性恶是非常明显的，其良善不过是后天教化的结果。

注释 1 节：验证。 2 辨合：符合，契合。指论说的道理与事实相符。

问者曰：“礼义积伪者，是人之性，故圣人能生之也。”[1]应之曰：是不然。夫陶人埏埴而生瓦，然则

有人问：“把人为的东西积累成为善的礼义，正是根基于人的本性善，所以圣人才能制定它。”回应他说：这是不对的。陶工和泥制作瓦器，使泥

瓦埴[2]岂陶人之性也哉？工人斫木而生器，然则器木[3]岂工人之性也哉？夫圣人之于礼义也，辟则陶埏而生之也，然则礼义积伪者，岂人之本性也哉？凡人之性者，尧、舜之与桀、跖，其性一也；君子之与小人，其性一也。今将以礼义积伪为人之性邪？然则有曷贵尧、禹，曷贵君子矣哉？凡所贵尧、禹、君子者，能化性，能起伪，伪起而生礼义。然则圣人之于礼义积伪也，亦犹陶埏而生之也。用此观之，然则礼义积伪者，岂人之性也哉？所贱于桀、跖、小人者，从其性，顺其情，安恣睢，以出乎贪利争夺。故人之性恶明矣，其善者伪也。

土变为瓦器难道是陶工的本性吗？木工砍削木头制作木器，使木头变为木器难道是木工的本性吗？圣人制定礼义，就好像陶工和泥制作瓦器一样，那么把人为的东西积累成为善的礼义，又怎么可能是人的本性呢？说到人的本性，尧、舜与夏桀、盗跖，其本性是一样的；君子与小人，其本性也是一样的。现在要把人为的东西积累成为善的礼义作为人的本性吗？那么，又为何尊重尧、禹，为何尊重君子呢？大凡人之所以尊重尧、禹、君子，就是因为他们能够改变本性，能人为地制作，人为地制作就产生了礼义。这样看来，圣人把人为的东西积累为善的礼义，也好像陶工和泥制作瓦器一样。由此观之，把人为的东西积累为善的礼义，哪里是人的本性呢？人之所以鄙视夏桀、盗跖、小人，乃因为他们依从本性，顺应情欲，安于肆意妄为，从而贪图利益而争夺。所以人的本性恶是非常明显的，其良善不过是后天教化的结果。

注释 **1** 礼义积伪者，是人之性，故圣人能生之也：此句意为：能把人为的东西积累成为善的礼义，正是根基于人的本性善，所以圣人才能制定它。提问者的这句话,直接问及作为外在文制的礼义的价值根源。如果不是根源于人的本性,怎么能使作为文制礼义的外在安排如此良善呢?这是非常精审的提问。但荀子的反驳却没有看到这里的问题所在。他还是把作为外在文制的礼义与陶器、木器看作是一样的,既然陶器、木器不是根基于人的本性,那么,作为外在文制的礼义也不是根基于人的本性。但陶器、木器不存在是否合于伦理的善的问题,外在文制的礼义却有是否合于伦理的善的问题,且外在文制的礼义的善正根基于人的本性之善。故作为外在文制的礼义与陶器、木器是不能作类比的。 **2** 瓦埴:用黏土制成的瓦器。 **3** 器木:用木材制成的器具。

天非私曾、骞、孝己[1]而外众人也,然而曾、骞、孝己独厚于孝之实而全于孝之名者,何也?以綦于礼义故也[2]。天非私齐、鲁之民而外秦人也,然而于父子之义、夫妇之别,不如齐、鲁之孝具敬父者[3],何也?以秦人之从情性、安恣睢、慢于礼义故也,岂其性异矣哉?

上天并非偏爱曾子、闵子骞与孝己而排斥众人,但是为什么唯独他们能够行孝之实且享孝之名呢?这是因为他们能够依据礼义去做。上天并非偏爱齐国、鲁国的人而排斥秦国的人,但是对于父子之间的情义、夫妇之间的分别,秦国的人却不如齐国、鲁国的人那样孝顺有礼,为什么呢?这是因为秦国的人放纵性情、安于肆意妄为、怠慢礼义的缘故,哪里是本性有所差别呢?

注释 **1** 曾、骞、孝己:指孔子的学生曾子、闵子骞与殷高宗武丁之子孝己,三人俱以孝著名。闵子骞,名损,字子骞,孔子分其为德行科,曾称赞其孝,“孝哉闵子骞!人不间于其父母昆弟之言”。《二十四孝》载有闵子骞的故事。孝己,《史记·殷本纪》称为祖己,以孝行著称,因遭后母谗言，被放逐而死，为后世孝子的典范。 2 以綦于礼义故也：依荀子的理解，曾子、闵子骞与孝己之所以有行孝之实，是因为他们完全遵从礼义。这就把孝完全等同于外在的礼法，而没有看到人之所以能实行外在的礼法，乃因为有内在的孝敬之情。 3 不如齐、鲁之孝具敬父者：孔子曾说，“齐一变，至于鲁；鲁一变，至于道”，说明齐、鲁两国的民风较好，当时大概是共识。具，当为“共”，又通“恭”；父，当为“文”。

“涂之人可以为禹”[1]，曷谓也？曰：凡禹之所以为禹者，以其为仁义法正也。然则仁义法正有可知可能之理，然而涂之人也，皆有可以知仁义法正之质，皆有可以能仁义法正之具，然则其可以为禹明矣。今以仁义法正为固无可知可能之理邪？然则唯[2]禹不知仁义法正，不能仁义法正也。将使涂之人固无可以知仁义法正之质，而固无可以能仁义法正之具邪？然则涂之人也，且内不可以知父子之义，外不可以知君臣之正。

“一般的百姓也可以成为大禹那样的圣贤”，这是什么意思呢？答曰：大禹之所以能够成为大禹，因为他能够践行仁义法度。既然如此，仁义法度就有可以被知晓、可以被践行的道理，而一般的百姓，都有可以知晓仁义法度的资质，都有可以践行仁义法度的官能，由此，一般的百姓可以成为大禹那样的人就非常明显了。难道认为仁义法度本来就没有可以被知晓、可以被践行的道理吗？那么，即使大禹也不能知晓仁义法度，不能践行仁义法度。难道认为一般的百姓本来就没有可以知晓仁义法度的资质，本来就没有可以践行仁义法度的官能吗？那么，一般的百姓就会内而不知父子之间的情义，外而不知君臣之间的道义。

注释 1 涂之人可以为禹：涂之人，即路途中的行人，指一般百姓。这句话的意思是:一般的百姓也可以成为大禹那样的圣贤。荀子并不否认这种说法,此与孟子"人皆可以为尧舜"的说法相似,但其精神理路却迥异,此不可不知。荀子的理路是:他首先把仁义法度视为纯外在的存在,为圣人所制定,而与一般人无关。但仁义法度虽为外在存在,它总有可被知晓之理,而一般人又有知晓仁义法度之理的资质及践行仁义法度的官能。这样,通过一般人的知与行,仁义法度就成为了人自己的东西,而与制定仁义法度的圣人没有差别了。故云"涂之人可以为禹"。在荀子那里,一般人要成为禹,除了将圣人制定的仁义法度作为学习践行的对象以外,还须有一个条件,就是要有可以知仁义法度之"质"和可以行仁义法度之"具"。这个"质"与"具"到底是什么,荀子并没有说明。无论如何,我们总得承认,人必须先天地具有一种特质去承袭外在的仁义法度,不然,"涂之人可以为禹"就不可能实现。在孟子那里,把荀子所说的必不可少的"质"与"具"直接称为仁、义、礼、智"四端",且"四端"可扩充为仁义法度,而不必依靠学习圣人制定的东西。因此,孟子讲"人皆可以为尧舜",只需内在地存养、扩充"四端"即可,而不必向外学习;即使向外学习,也只是催发"四端"的觉悟,培养"四端"的刚健,而不是像荀子那样,学习乃是把自己没有的据为己有,最终使得自己与圣人一样。然而,即使像荀子那样看待一般人与仁义法度的关系,但因为仁义法度要成为一般人内在的品行,必须依赖人自身的"质"与"具",这个"质"与"具"实则就是孟子所说的"四端",故孟子所说的"四端"是根本不可否认的,不然,人的善行就不可能实现,只是荀子未深思耳。 2 唯:虽然。

不然。今涂之人者,皆内可以知父子之义,外可以知君臣之正,然则其可以知之质,可以能之具,其在涂之人明矣。今

(现实情况却)不是这样。一般的百姓,都内而可知父子之间的情义,外而可知君臣之间的道义,这样,可以知晓仁义法度的资质,可以践行仁义法度的官能,在一般的百姓那里是非常明显

使涂之人者,以其可以知之质,可以能之具,本夫仁义之可知之理、可能之具[1],然则其可以为禹明矣。今使涂之人伏[2]术为学,专心一志,思索孰察,加日县久,积善而不息,则通于神明、参于天地矣。故圣人者,人之所积而致矣。

的。如果使一般的百姓用那可以知晓仁义法度的资质,可以践行仁义法度的官能,再依据仁义法度可以被知晓、可以被践行的道理,那么,一般的百姓可以成为大禹那样的人就非常明显了。如果让一般的百姓学习仁义法度,专心致志,认真思考,仔细观察,天长日久,积累善行不停歇,那么就会贯通神明、参赞天地了。所以圣人是人们学习礼法积累善行而达到的。

注释 1 本夫仁义之可知之理、可能之具:当为"本夫仁义之可知可能之理"。 2 伏:通"服"。

曰:"圣可积而致,然而皆不可积,何也?"曰:可以而不可使也[1]。故小人可以为君子而不肯为君子,君子可以为小人而不肯为小人。小人、君子者,未尝不可以相为也,然而不相为者,可以而不可使也。故涂之人可以为禹则然,涂之人能为禹未必然也。虽不能为禹,无害可以为禹。足可以

有人说:"圣人可以通过学习礼法积累善行而达到,然而大家都没有达到,这是为什么呢?"答曰:可以达到但不能强迫其达到。所以小人可以成为君子但不肯成为君子,君子可以成为小人但不愿成为小人。小人与君子,未尝不可以相互转化,然而(事实上)没有相互转化,是可以转化却不能强迫其转化。所以说一般的百姓可以成为大禹那样的人是对的,说一般的百姓都成为了大禹那样的人,就不一定对了。虽然不能都成为大禹那样的人,但无损于其

遍行天下，然而未尝有能遍行天下者也。夫工匠、农、贾，未尝不可以相为事也，然而未尝能相为事也。用此观之，然则可以为，未必能也；虽不能，无害可以为。然则能不能之与可不可，其不同远矣，其不可以相为明矣。

成为大禹的可能。人的足迹可以走遍天下，然而（事实上）并没有能走遍天下的人。工匠、农民、商人未尝不可以都调换着做事，但是（事实上）并没有都调换着做事。由此观之，可以做到，未必现实中一定做到了；虽然现实中不能做到，但无损于其做到之可能。所以能不能够与可不可以，其差别很大，它们之间不能相互混淆是很明显的了。

注释 **1** 不可使也：指不可迫使他做到，意思是说人若不能自觉地学习礼法、践行道义，那别人也无可奈何。这无意之中指出了人之善端觉悟的重要性，纯粹外在的学习，不足以成为圣贤。

尧问于舜曰："人情何如？"舜对曰："人情甚不美，又何问焉？妻子具而孝衰于亲，嗜欲得而信衰于友，爵禄盈而忠衰于君。人之情乎！人之情乎！甚不美，又何问焉？"唯贤者为不然。

尧问于舜说："人情如何？"舜回答说："人情很不好，还需要问吗？有了妻子对于父母的孝敬之情就衰减了，嗜欲得到了对于朋友的诚信就衰减了，爵位、俸禄满足了对于君主的忠诚就衰减了。这就是人情啊！这就是人情啊！非常不好，难道还需要问吗？"只有贤德的人不是这样。

有圣人之知[1]者，有士君子之知者，有小人之知者，有役夫[2]之知者：多言则文而类[3]，终日议其所

有圣人的智慧，有士君子的智慧，有小人的智慧，有卑贱无知者的智慧：说话多，既有文采也符合礼法，终日谈论他推行主张的理由，千变万化，但其

以，言之千举万变，其统类一也，是圣人之知也。少言则径而省[4]，论而法[5]，若佚[6]之以绳，是士君子之知也。其言也謟[7]，其行也悖，其举事多悔[8]，是小人之知也。齐给、便敏[9]而无类，杂能、旁魄[10]而无用，析速、粹孰而不急[11]，不恤是非，不论曲直，以期胜人为意，是役夫之知也。

纲领始终如一，这就是圣人的智慧。说话少，但直截了当而简洁凝练，有条理而合乎法度，好像被绳墨校正过一样，这就是士君子的智慧。言语多且荒诞，行动背离大道，做事经常犯错，这就是小人的智慧。能说会道、行为急躁但不合法度，技能杂多、见识广博但没有用处，分析问题快速、遣词造句熟练但无关紧要，不顾及是非，不关心曲直，以战胜别人为目标，这就是卑贱无知者的智慧。

注释 1 知：同“智”，智慧。 2 役夫：体力劳动者，这里指卑贱无知之人。 3 多言则文而类：文，文采，文雅，指圣人的智慧符合合乎道义的礼仪制度。类，原则一致，思想统一。 4 径而省：简易而辞寡，表示直截了当。 5 论而法：有条理和法度。论，通“伦”，条理。 6 佚：当为“扶”字之误，校正。 7 謟：话多而荒诞不经。 8 悔：咎，过错。 9 齐给、便敏：言辞敏捷，此指能说会道且行为急躁。 10 杂能、旁魄：杂能，博杂的技能。旁魄，广大；魄，通“薄”。 11 析速、粹孰而不急：析速，分析问题快；粹孰，熟练；不急，无关紧要。粹，通“萃”；孰，“熟”的古字。

有上勇者，有中勇者，有下勇者：天下有中[1]，敢直其身；先王有道，敢行其意；上不循于乱世之君，下不俗于乱世之民；仁之所

有上等的勇敢，有中等的勇敢，有下等的勇敢：天下有正道，敢于担当；先王有大道，敢于执行；对上不会顺从于昏庸的君主，对下不会混同于无行的平民；仁道所在的地方不顾及

在无贫穷，仁之所亡无富贵；天下知之，则欲与天下同苦[2]乐之；天下不知之，则傀然[3]独立天地之间而不畏，是上勇也。礼恭而意俭[4]，大齐信[5]焉而轻货财，贤者敢推而尚之，不肖者敢援而废之，是中勇也。轻身而重货，恬祸而广解苟免[6]，不恤是非、然不然之情，以期胜人为意，是下勇也。

其贫穷，仁道不在的地方不在意其富贵；天下人了解他，就想与天下人同甘苦共患难；天下人不了解他，就独立于天地之间而无所畏惧，这是上等的勇敢。外表恭敬而内心谦让，推崇忠信且轻视财货，贤能的人敢于推荐任用，不贤能的人敢于拉下免职，这是中等的勇敢。轻视生命而看重财货，对灾祸满不在乎但一旦有了灾祸就设法为自己解脱，苟且逃过罪责，不顾及是非对错，以战胜别人为目的，这是下等的勇敢。

注释 1 中：中正之大道。 2 同苦：同，衍文。苦，当为“共”。 3 傀(guī)然：独立貌。 4 意俭：内心谦让。 5 大齐信：推崇忠信。大，推崇。 6 恬祸而广解苟免：恬祸，安于灾祸，对之满不在乎；广解，多方设法为自己解脱；苟免，苟且地躲过惩罚。

繁弱、巨黍[1]，古之良弓也，然而不得排檠[2]则不能自正。桓公之葱[3]，大公之阙，文王之禄，庄君之曶，阖闾之干将、莫邪、巨阙、辟闾[4]，此皆古之良剑也，然而不加砥厉则不能利，不得人力则不能断。骅骝、騹、骥、

繁弱、巨黍，都是古代的良弓，但若没有排檠这种矫正工具，那么它们自己也不能端正。齐桓公的葱，姜太公的阙，周文王的禄，楚庄王的曶，阖闾的干将、莫邪、巨阙、辟闾，这些都是古代的良剑，但如果不加以磨砺，那么也不能锋利，若无人使用也不能斩断东西。骅骝、騹、骥、纤离、

纤离、绿耳[5],此皆古之良马也,然而前必[6]有衔辔之制,后有鞭策之威,加之以造父之驭,然后一日而致千里也。

绿耳,这些都是古代的良马,然而必须前面有马嚼子和缰绳的控制,后面有马鞭的抽打,再加上类似于造父一样的驾驭技能,然后才能一日跑千里之远。

注释 1 繁弱、巨黍:俱为古代的良弓。 2 排檠(qíng):矫正弓弩的器具。 3 葱:齐桓公使用的良剑。以下“阙”“禄”“曶”(hū),均为古代良剑。 4 干将、莫邪、巨阙、辟闾:四者都是吴王阖闾使用的良剑。5 骅骝、骐、骥、纤离、绿耳:都是古代的良马。《淮南子·主术训》有:“夫华骝、绿耳,一日而至千里,然其使之搏兔,不如豺狼,伎能殊也。”骐,同“骐”。 6 前必:当为“必前”。

夫人虽有性质美[1]而心辩知,必将求贤师而事之,择良友而友之。得贤师而事之,则所闻者尧、舜、禹、汤之道也;得良友而友之,则所见者忠信、敬让之行也。身日进于仁义而不自知也者,靡[2]使然也。今与不善人处,则所闻者欺诬、诈伪也,所见者污漫、淫邪、贪利之行也,身且加于刑戮而不自知者,靡

人即使有美好的资质与理解辨别能力,也一定要寻找贤能的老师去侍奉他,选择良好的朋友去结交他。得到贤能的老师而去侍奉他,那么所听到的都是尧、舜、禹、汤的大道;得到良好的朋友而去结交他,那么所看到的都是忠心、诚信、恭敬、谦让的行为。自身日益浸染于仁义之中而不知不觉,这正是潜移默化的结果。如果与品行恶劣的人相处,那么所听到的都是欺诈、诬陷、虚伪的语言,所看到的都是污秽肮脏、淫荡邪僻、贪图利益的行为,自身将要受刑罚被杀戮了还不知道,这也是潜移默化的结果。

使然也。传曰:"不知其子视其友,不知其君视其左右。"靡而已矣!靡而已矣!

古书上说:"不了解儿子看看他的朋友,不了解君主看看他的左右。"环境的熏染影响一个人啊!环境的熏染影响一个人啊!

注释 1 性质美:指人得之于天的偶然的美好资质,如聪明、手巧等。这些性质,只有部分人具有,并非普遍具有,故不是指本性美好。本性,在荀子那里,普遍地恶,人人一样。 2 靡:潜移默化,熏染。

君子

导读 本篇乃论述为君之道。荀子指出，君主的地位是至高无上的，没有谁能与之匹敌，故“天子无妻”“势至重”。但君主的至高无上又有德行义理上的要求，就是要“法圣王”“以义制事”。具体而言，就是要求君主治国要“刑罚不怒罪，爵赏不逾德”，尤其不能以宗族论罪，以门第举荐。君主只有做到了“尚贤使能，等贵贱，分亲疏，序长幼”，才能受到尊重而成为臣民的楷模。

原文

天子无妻[1]，告人无匹也。四海之内无客礼，告无适也[2]。足能行，待相者[3]然后进；口能言，待官人[4]然后诏。不视而见，不听而聪，不言而信，不虑而知，不动而功，告至备[5]也。天子也者，埶至重，形至佚，心至愈[6]，志无所诎，形无

译文

天子没有妻子，这是宣明无人能与其地位等同。四海之内无人以客礼接待他，这是表明他没有外出做客的可能。脚能走路，但依靠礼官才能向前进；口能说话，但依靠传达旨意的官吏才能下命令。不用眼睛就能看见，不用耳朵就能听到，不用说话就有信用，不用思考就能知晓，不用行动就能功成，这说明天子的各种官吏配备十分完善。天子，权势最威重，形体最安逸，心情最愉快，意志无

所劳，尊无上矣。《诗》曰："普天之下，莫非王土；率土之滨，莫非王臣。"[7] 此之谓也。

所屈服，身体没有劳累，尊严至高无上。有《诗》说："整个天下，没有不是天子的土地；从陆地到海滨，没有不是天子的臣民。"说的就是这个意思。

注释 1 天子无妻:《说文解字》训"妻"曰"妇与己齐者也"。这说明"妻"与"己"是齐等的。《礼记·曲礼下》云:"天子之妃曰后，诸侯曰夫人，大夫曰孺人，士曰妇人，庶人曰妻。"这表明，除了庶人之配偶可称"妻"以外，其余的都不能称为"妻"，因为配偶的地位都不能与之齐等。天子地位至高无上，更无人与之齐等，"无妻"就是为了告诉人无人能与天子匹敌。 2 告无适也:四海之内俱为天子所有，故没有地方可以作为客居的。 3 相者:赞礼者。 4 官人:传达命令的官吏。 5 至备:天子的各种官吏配备十分完善。 6 愈:通"愉"。 7 此句引自《诗经·小雅·北山》。此诗写下层官吏对劳逸不均的怨恨。率，循；滨，水边。

圣王在上，分义[1]行乎下，则士大夫无流淫之行，百吏官人无怠慢之事，众庶百姓无奸怪之俗，无盗贼之罪，莫敢犯大上之禁[2]。天下晓然皆知夫盗窃之人[3]不可以为富也，皆知夫贼害之人不可以为寿也，皆知夫犯上之禁不可以为安也。由其道，则人得其所好焉；不由其道，则

圣王在上位，名分与道义就能推行于下，那么士大夫就没有了放肆邪僻的行为，各级官吏就没有了懈怠轻慢的情况，万民百姓就没有了奸邪怪癖的风俗，没有盗窃的罪行，没有人胆敢触犯君主的禁令。天下人都能明白盗窃是不能够致富的，都知道残害别人不可能长寿，都知道触犯了君主的禁令不可能生活安宁。遵循圣王之道，就会人人得到他们所喜欢的；不遵循圣王之道，就会人人遭遇他们所厌

必遇其所恶焉。是故刑罚綦省而威行如流，世晓然皆知夫为奸则虽隐窜逃亡之由[4]不足以免也，故莫不服罪而请。《书》云："凡人自得罪。"[5]此之谓也。

恶的。所以刑罚极少使用但圣王的威力像流水一样自如，世人都知道做了坏事即使逃藏隐匿依然不能幸免，所以没有人不主动认罪受罚。《书》说："人人自愿受到惩罚。"说的就是这种情况。

注释 1 分义：名分与道义。 2 莫敢犯大上之禁：本句当为"莫敢犯上之大禁"。 3 盗窃之人："人"字为衍文。下文"贼害之人"之"人"字亦衍文。 4 由：通"犹"。 5 此句引自《尚书·康诰》。原文为"凡民自得罪"，但意思与此处颇不同。

故刑当罪则威，不当罪则侮；爵当贤则贵，不当贤则贱。古者刑不过罪，爵不逾德。故杀其父而臣其子，杀其兄而臣其弟。刑罚不怒[1]罪，爵赏不逾德，分然各以其诚通[2]。是以为善者劝，为不善者沮；刑罚綦省而威行如流，政令致明而化易如神。传曰："一人有庆，兆民赖之。"[3]此之谓也。

所以刑罚与罪行相称就有威力，不相称就会受到轻侮；爵位与贤能相称就会受到尊重，不相称就会受到鄙视。古代刑罚不超过罪行，爵位不超过德行，因此有杀死父亲却任用其儿子的情况，有杀死哥哥而任用其弟弟的情况。刑罚不超过罪行，爵位与赏赐不超过德行，区分各自的情况而实行。所以为善的得到鼓励，作恶的受到禁止，刑罚极少使用而威力德行如水自流，政令极其明确，而教化简易流行如同神通。《书》说："一个人有德行，千万百姓都依赖他。"说的就是这个意思。

注释 1 怒:过。 2 诚通:依据实际情况实行。 3 此句引自《尚书·吕刑》。

乱世则不然:刑罚怒罪,爵赏逾德,以族论罪,以世举贤。故一人有罪而三族[1]皆夷,德虽如舜,不免刑均,是以族论罪也。先祖当[2]贤,后子孙必显,行虽如桀、纣,列从必尊,此以世[3]举贤也。以族论罪,以世举贤,虽欲无乱,得乎哉?《诗》曰:"百川沸腾,山冢崒崩,高岸为谷,深谷为陵。哀今之人,胡憯莫惩!"[4]此之谓也。

乱世就不是这样:刑罚超过罪行,爵位与赏赐超过德行,以宗族来论处罪行,以门第来推举贤能。所以一个人有罪而三族都被杀害,德行虽然如舜,也不免于刑罚,这就是以宗族来论处罪行。祖先曾经贤能,后世子孙必然显贵,即使德行如桀、纣,地位依然尊贵,这就是以门第来推举贤能。以宗族来论处罪行,以门第来推举贤能,即使想不混乱,可能吗?《诗》说:"百川流转沸腾,山顶轰然崩塌,高山变为深谷,山谷升为山陵。哀叹当今之人,为什么不能以此为戒啊!"说的就是这个意思。

注释 1 三族:指父族、母族与妻族。 2 当:通"尝"。 3 世:世族,门第。 4 此句引自《诗经·小雅·十月之交》。冢,山顶;崒(zú),当读为"猝",崒崩,猝然崩坏。憯(cǎn),曾,乃;惩,警诫。

论法圣王,则知所贵矣;以义制事,则知所利矣;论知所贵,则知所养[1]矣;事知所利,则动[2]知所出矣。二者,是非之

议论效法圣王,就知道什么是尊贵的;以道义来处理政事,就知道什么是有利的;议论知道什么是尊贵的,就知道什么该取法;政事知道什么是有利的,就知道该从哪里开始。此二者,乃

本、得失之原也。故成王之于周公也，无所往而不听，知所贵也。桓公之于管仲也，国事无所往而不用，知所利也。吴有伍子胥而不能用，国至于亡，倍道失贤也。故尊圣者王，贵贤者霸，敬贤者存，慢贤者亡，古今一也。

是非之根本、得失之源泉。所以成王对于周公，没有什么不听从的，这是知道什么是尊贵的。桓公对于管仲，国家之事没有什么不任用他的，这是知道什么是有利的。吴国有伍子胥却不能任用，国家至于灭亡，这是背离正道而失去贤才。所以尊重圣人的就称王，重视贤能的就称霸，礼敬贤能的就苟存，轻慢贤能的就灭亡，古今的道理是一样的。

注释 **1** 养：取法。 **2** 动：衍文。

故尚贤使能，等[1]贵贱，分亲疏，序长幼，此先王之道也。故尚贤使能，则主尊下安；贵贱有等，则令行而不流[2]；亲疏有分，则施行而不悖；长幼有序，则事业捷成而有所休。故仁者，仁此者也；义者，分此者也；节者，死生此者也；忠者，惇慎[3]此者也。兼此而能之，备矣。备而不矜，一自善也[4]，谓之圣。不矜矣，夫故天

所以崇尚贤者任用能人，使贵贱有等级，亲疏有差别，长幼有秩序，这是先王的大道。因此崇尚贤者任用能人，那么君主就会尊贵而臣民就会安宁；贵贱有等级，那么政令就会畅通而不会停滞；亲疏有差别，那么恩惠的施行就不会悖理；长幼有秩序，那么事业就会快速成功而有时间休息。所以仁，就是仁爱这些；义，就是分辨这些；节，就是为这些而去生或死；忠，就是为这些而能敦厚诚信。如果这些都能做到，就足够完备了。完备而不自我炫耀，只为自己达于至善，就叫圣人。不自我炫耀，所以天下人就

下不与争能而致善用其功。有而不有也，夫故为天下贵矣。《诗》曰："淑人君子，其仪不忒；其仪不忒，正是四国。"[5] 此之谓也。

不会与之争能，就能很好地利用人们的力量而达到功效。有德行而不自以为有德行，故能得到天下人的尊重。《诗》说："那善良的君子，他的言行仪表没有差错。言行仪表没有差错，就可以悦服四方。"说的就是这个道理。

注释　1 等：使贵贱有等级。 2 流：通"留"。 3 惇慎：敦厚诚信。 4 一自善也：仁、义、节、忠都做到了，依然不骄傲自矜，因为一切都是为了自己达到至善。 5 此句引自《诗经·曹风·鸤鸠》。

成相

导读 本篇以通俗的说唱形式表达了荀子的治理思想。全篇共五十六节，或三字句，或四字句，或七字句，音节错杂利于表达说唱。内容共分三个部分。第一部分指出君主之德必须远谗人近贤臣，荀子依据历史事实表达其圣王贤相之理想。第二部分通过叙述尧、舜、禹及周幽王、周厉王的历史，对比他们的功过成败，指出治国必须“隆礼重法”“尚贤使能”“重义轻利”。第三部分总括提出君主的五条纲领。“成相”这种通俗的说唱形式的出现，表明儒家思想的传播进一步平民化、通俗化与普遍化，但同时，儒家思想动人的力量进一步减弱，因为它不是说给一个具体的人听的，它是一种不针对对象的“理”的表述。这说明儒家思想至荀子时代，已由“实”的行动逐渐变成了一种“空”的学问。

原文	译文
请成相[1]，世之殃，愚暗愚暗堕[2]贤良！人主无贤，如瞽无相何伥伥[3]！	请让我来唱一唱，且唱人间那灾殃，愚昧无知又昏暗，残害废弃那贤良。人主若无贤与德，恰如盲人无人帮，无所适从多迷茫！
请布基[4]，慎圣人[5]，愚而自专事不治。主忌苟胜[6]，群臣莫谏必逢灾。	请让我来陈根源，愿君仔细将它听，愚昧霸道又专断，国事荒废又混乱。君主猜忌又好胜，群臣没人敢讽谏，无法避

论臣过，反其施[7]，尊主安国尚贤义。拒谏饰非，愚而上同国必祸。

曷谓罢[8]？国多私，比周还[9]主党与施。远贤近谗，忠臣蔽塞主势移。

曷谓贤？明君臣，上能尊主爱下民[10]。主诚听之，天下为一海内宾。

主之孽[11]，谗人达，贤能遁逃国乃蹷[12]。愚以重愚、暗以重暗成为桀。

世之灾，妒贤能，飞廉知政任恶来。卑其志意，大其园囿高其台。

免那灾难。

谈谈臣下之过失，反观审察其行为，能否尊主安国家，崇尚贤能重道义。拒绝纳谏饰过错，愚昧谄媚好迎合，国家必定要遭祸。

什么叫没有贤能？国人大多图私利，拉帮结派又结党，无时不在蔽君主。远离贤能近谗佞，忠臣蔽塞不得用，君主权势由此去。

什么叫作有贤能？君臣道义严分明，上以尊君下爱民。君主若能诚心听，天下一家成一统，四海之内都服宾。

主之祸，谄媚之人得显达，贤能逃避无所用，国家壅塞而倒塌。愚昧复愚昧，昏庸还昏庸，终成桀纣道以穷。

世间之灾祸，嫉妒贤能，如飞廉者掌政权，担重任者类恶来。为政没有高远志，增大园囿任游冶，筑起高台肆嬉戏。

注释　1 请成相：请成此曲的意思。这是通过通俗的说唱形式来表达思想，是通俗说唱文学形式的肇始。这是一种有韵文体，这里在翻译的时候，尽量做到也叶韵。　2 堕(huī)：废弃。　3 如瞽无相何伥伥：瞽，盲人；相，扶持盲人走路的人；伥伥，迷茫的样子。　4 请布基：请让我陈述根本。布，陈述；基，根本。　5 圣人：当为“听之”。　6 苟胜：好胜。　7 施：行。　8 罢(pí)：通“疲”，不贤能。　9 还：通“营”。　10 爱下民：当为“下爱民”。　11 孽：灾祸。　12 蹷(cù)：颠覆。

武王怒，师牧野，纣卒易乡启乃下[1]。武王善之，封之于宋立其祖[2]。

世之衰，谗人归[3]，比干见刳箕子累[4]。武王诛之，吕尚招麾殷民怀[5]。

世之祸，恶贤士，子胥见杀百里[6]徙。穆公任之，强配五伯六卿施[7]。

世之愚，恶大儒，逆斥不通孔子拘[8]。展禽[9]三绌，春申道缀基毕输[10]。

请牧[11]基，贤者思，尧在万世如见之。谗人罔极[12]，险陂倾侧此之疑。

基必施，辨贤罢，文武之道同伏戏[13]，由之者治，不由者乱何疑为？

凡成相[14]，辨法方，至治之极复[15]后王。复慎、墨、季、惠[16]，百家之说诚不详[17]。

武王发怒，进军牧野，商纣部卒皆倒戈，微子从德而归顺。武王善待微子启，封于商丘立国基，建立宗庙以祭祀。

商代已衰亡，谗人依纣王，比干惨遭挖肝脏，箕子不幸入牢房。武王诛杀商纣王，姜太公战旗空中扬，殷民纷纷来归降。

世间之灾祸，嫉妒残害那贤良，子胥遭沉江，百里奚流落异乡。穆公委任百里奚，匹敌五霸国兴旺，六卿设置威名扬。

世间之愚昧，憎恨残害那大儒，被拒见逐不得志，孔子也曾遭围拘。展禽三次被废黜，春申事业遭废止，德政基业全废除。

请听治国之根基，首先要把贤能思，尧舜虽隔千万世，宛在目前如见之。谗人作恶无原则，阴险邪僻善倾侧，怀疑治国之基策。

基本国策须实行，辨别贤能与无知，文王、武王之德治，还有教民之伏羲。遵循此道得治理，不循此者混乱至，此理真确何必疑？

总结以上之说唱，治国先把方法讲，最高原则法后王。慎、墨、惠施与季梁，百家邪说不吉祥。

注释 1 纣卒易乡启乃下:易乡,即“易向”,倒戈的意思;启,指微子启;下,归顺。 2 封之于宋立其祖:微子启被周成王封于商丘,建立宋国,特准其在此祭祀宗庙。故微子启为周代宋国之开国始祖。 3 归:趋附。 4 累:通“缧”(léi),捆绑人的大绳子,引申为“囚禁”。 5 吕尚招麾殷民怀:招麾,指挥;怀,归顺。 6 百里:即百里奚,春秋时虞国大夫,晋献公灭虞后被俘入晋。后来晋献公把女儿嫁给秦国时以他作为陪嫁之臣。他不甘屈辱在途中逃走,却又被楚国人抓获。秦穆公听说他有才能,用五张黑羊皮把他从楚国赎回,而委以重任。百里奚“谋无不当,举必有功”,辅佐秦穆公倡导文明教化,实行“重施于民”的政策,让人民得到更多的好处,并内修国政,外图霸业,开地千里,使得秦国成为春秋五霸之一。 7 强配五伯六卿施:五伯,即“五霸”,在荀子那里,春秋五霸是指齐桓公、晋文公、楚庄王、吴王阖闾、越王勾践,不包括秦穆公,故谓其“强配五伯”。六卿,具体何指,尚有争议,周代的六卿一般是指太宰、太宗、太史、太祝、太士、太卜,后代有所沿革。施,设置。 8 逆斥不通孔子拘:逆,拒绝。斥,排斥,驱逐。孔子拘,孔子周游列国经过匡城时,因长得像阳虎,而阳虎曾经欺负过匡人,于是,匡人把孔子包围起来要拘捕他,结果孔子派随行弟子到卫国宁武子家去做家臣后才得以脱险。在陈国、蔡国期间,楚国派人聘请孔子,陈、蔡两国怕楚国重用孔子而威胁到自己,于是派人把孔子围困在荒野上,断炊数日。后楚昭王派兵来迎接孔子,才算免遭灾祸。 9 展禽:本名展获,字禽,谥号惠,因其封地在柳下,后人尊称其为“柳下惠”。孟子称他为“圣之和者”。《论语·微子》载:“柳下惠为士师,三黜。人曰:‘子未可以去乎?’曰:‘直道而事人,焉往而不三黜?枉道而事人,何必去父母之邦。’”孟子说他“不羞污君,不卑小官。进不隐贤,必以其道。遗佚而不怨,厄穷而不悯”(《孟子·公孙丑上》)。 10 春申道缀(chuò)基毕输:春申,即楚国贵公子春申君(?—前238),本名黄歇,是战国著名的四公子之一,也是当时著名的政治家、军事家。他博闻善辩,曾为楚相。公元前238年,楚考烈王病逝,春申君在前去奔丧时被楚国国舅李园安排的刺客所杀。春申君明智忠信,宽厚爱人,以礼贤下士、招致宾客、辅佐治国而闻于世。缀,通"辍",停止,废止。输,毁坏。 11 牧:治理。 12 罔极:没有原则。 13 伏戏:即"伏羲"。他教民结网,从事渔猎畜牧,相传是人类的始祖。 14 凡成相:总结说唱。凡,总结。 15 复:恢复,效仿。 16 复慎、墨、季、惠:复,衍文;慎,慎到;墨,墨翟;季,季梁,杨朱派的学者;惠,惠施。 17 详:通"祥"。

治复一[1],修之吉,君子执之心如结。众人贰之,谗夫弃之形是诘[2]。

治国之道归于一,遵循此道则大吉,君子执之牢如结。众人三心又二意,谗佞之徒把它弃,唯用刑罚责到底。

水至平,端不倾,心术如此象圣人。而有埶[3],直而用抴[4]必参天。

碗中之水平又平,端在手上不斜倾,用心若能如此做,端正平直如圣人。人若有权又有势,严于律己宽恕人,功与天齐必能成。

世无王,穷贤良,暴人刍豢,仁人糟糠。礼乐灭息,圣人隐伏墨术[5]行。

世间无圣王,穷厄那贤良,残暴之人食刍豢,仁德之人吃糟糠。礼崩乐坏秩序亡,圣人隐居不见用,墨家学术却猖狂。

治之经,礼与刑,君子以修百姓宁。明德慎罚,国家既治四海平。

治理国家之常经,唯有礼制与用刑,君子以礼来修身,百姓因刑而安宁。彰明德行慎用刑,国家治理四海平。

治之志,后埶富,君子诚之好以待。处之敦固,有[6]深藏之能远思。

治理国家之理念,权势富贵放后面,君子诚心修此念,等待君王之举荐。为人敦厚意志坚,缄默深沉思虑远。

思乃精,志之荣,好而壹之神以成。精神相

思考若能专又精,思想自然就圣明,诚心如此又专一,神明自然亦养成。精诚神明若俱备,专心致志无二心,自会成反[7],一而不贰为圣人。

为圣贤人。

治之道,美不老,君子由之佼[8]以好。下以教诲子弟,上以事祖考。

治理国家之大道,美好适用不衰老,君子行此好上好。在下教诲亲子弟,在上崇敬奉祖考。

成相竭,辞不蹷[9],君子道之顺以达。宗其贤良,辨其殃孽[10]。

说唱至此完一场,我的意思还绵长,君子若能遵循它,顺利通达美名扬。尊重崇敬那贤良,用心分辨祸与殃。

注释 1 一:指礼法。 2 形是诘:形,通"刑";诘,责问。 3 而有埶:前脱落一"人"字,当为"人而有埶"。 4 拽(yè):通"枻"(yì),船桨。这里指以船渡人,表示宽容别人。 5 墨术:指墨家的思想。 6 有:通"又"。 7 反:当为"及"。 8 佼(jiāo):美好。 9 蹷:竭尽。 10 辨其殃孽:依据句式,这里应该少了三个字,但无法补充。

请成相,道圣王,尧舜尚贤身辞让,许由、善卷[1],重义轻利行显明。

请让我来唱一唱,道说古代之圣王,尧舜尚贤把位让。许由隐居箕山下,善卷逃匿不知向,重义轻利美名扬。

尧让贤,以为民,泛利兼爱德施均。辨[2]治上下,贵贱有等明君臣。

尧让帝位与贤能,只为百姓造福田,广谋福利兼爱众,德惠布施均又平。上上下下能治理,贵贱等级有名分,君臣之义亦分明。

尧授能,舜遇时,尚贤推德天下治。虽有贤圣,适不遇世孰知之?

尧欲让位与贤能,虞舜适逢好时机,崇尚贤能推举德,天下因之得大治。世间纵有圣贤在,生不逢时又谁知?

尧不德,舜不辞,妻以二女[3]任以事。大

尧不自夸其德行,舜不辞却君天下,尧以二女妻之舜,又将国事来委任。大哉

人哉舜，南面而立万物备。

伟哉是虞舜，南面笃恭在朝廷，百事和谐万物盛。

舜授禹，以天下，尚得[4]推贤不失序。外不避仇，内不阿亲贤者予。[5]

舜把帝位让给禹，天下大权尽付与，崇尚仁德推举贤，绝不丧失此秩序。外不避仇把禹取，内不阿私把儿去，唯有贤能得所予。

禹劳心[6]力，尧有德，干戈不用三苗服[7]。举舜甽亩[8]，任之天下身休息。

大禹为民身操劳，尧以仁德去干戈，武力不用三苗服。又从田间将舜举，天下重任交给他，自身安闲休息去。

得后稷，五谷殖，夔为乐正鸟兽服。契为司徒[9]，民知孝弟尊有德。

得到后稷掌农事，教会人民种五谷；夔为乐官掌礼乐，飞鸟禽兽皆悦服。契为司徒掌教化，人民咸知孝与悌，有德之人受敬慕。

注释　1 许由、善卷：都是尧舜时代的贤人。传说尧要把帝位让给许由，许由不接受而逃到箕山下，农耕而食；舜要把帝位让给善卷，善卷不接受而逃入深山，不知所踪。　2 辨(bàn)：通“办”，治理。　3 妻以二女：《史记·五帝本纪》载：“尧乃以二女妻舜以观其内。”据说尧把自己的两个女儿娥皇、女英嫁给了舜。　4 得：通“德”。　5 外不避仇，内不阿亲：据说禹的父亲鲧因治水无功而被舜所杀，但舜依然把帝位传给了禹而不是自己的儿子。　6 心：衍文。　7 干戈不用三苗服：《韩非子·五蠹》载：“当舜之时，有苗不服，禹将伐之。舜曰：‘不可。上德不厚而行武，非道也。’乃修教三年，执干戚舞，有苗乃服。”三苗，又称有苗，古代南方的少数民族。　8 甽亩：田间。甽，同“畎”，田间水沟。　9 契(xiè)为司徒：契，相传是商的始祖，因协助禹治水有功，被封为司徒。司徒，掌管民众教化的官员。

禹有功，抑下鸿[1]，辟除民害逐共工[2]。北决九河[3]，通十二渚疏三江[4]。

大禹治水建大功，疏导排泄治大洪，去除祸害利民众，驱逐流放那共工。向北开掘九条河，十二州地俱疏浚，三条大江流向东。

禹傅[5]土，平天下，躬亲为民行劳苦。得益、皋陶、横革、直成[6]为辅。

禹以九州分中土，天下由此得平治，为民不以身高贵，亲自践行甚劳苦。幸得伯益与皋陶，横革直成亦为辅。

契玄王[7]，生昭明[8]，居于砥石[9]迁于商。十有四世[10]，乃有天乙是成汤。

契因玄鸟名玄王，生子昭明开王基，初住砥石后到商。从契传至十四世，迨有天乙称帝王，此人便是那成汤。

天乙汤，论举当，身让卞随举牟光[11]。道古贤圣基必张[12]。

天乙成汤当帝王，言论举止俱得当，让位卞随与务光。道法古代圣与贤，王基必定能扩张。

愿陈辞，世乱恶善不此治[13]。隐讳疾贤，良[14]由奸诈鲜无灾。

愿君听我来陈辞，人世混乱恶善良，无人把此来治理。掩饰过错嫉贤良，奸诈长期握朝纲，焉能没有祸与灾。

患难哉！阪为先[15]，圣知不用愚者谋。前车已覆，后未知更[16]何觉时？

大患难啊大患难！治国之理反为之，圣贤见弃用愚昧。前车已倾覆，后来不知改，等待觉悟更何时？

不觉悟，不知苦，迷惑失指[17]易上下。中[18]不上达，蒙掩耳目塞门户。

不会悔改与觉悟，不知劳累与吃苦，糊涂迷惑无方向，颠倒上下没秩序。国之实情难上达，蒙蔽眼睛而耳朵，犹如闭塞其门户。

门户塞，大迷惑，悖乱昏莫不终极[19]。是非反易，比周欺上恶[20]正直。

门户若闭塞，必有大迷惑，悖理混乱不穷已，昏庸幽暗无尽时。是非都颠倒，结党欺君主，营私苟且害正直。

注释 1 抑下鸿:抑,遏制;下,使……向下;鸿,通“洪”,洪水。 2 共(gōng)工:本是主管水利的官,后来成为一个氏族部落,这个部落从五帝时代一直延续到周代。这里的共工指禹时主管水利的官。 3 九河:指古代黄河的徒骇、太史、马颊、覆釜、胡苏、简、絜、钩盘、鬲津等九条支流。这九条支流合为一大河入海,但其遗迹已不可考。 4 通十二渚疏三江:十二渚,即十二州。相传禹治水后,分中国为九州:冀州、兖州、青州、徐州、荆州、扬州、豫州、梁州、雍州。后又从冀州分出幽州、并州,从青州分出营州,共十二州。三江,一般指松江、娄江、东江。 5 傅:通“敷”,分布治理。禹分天下为九州,就是为了分布治理。 6 益、皋陶、横革、直成:均为辅助大禹治理天下的功臣。其中益,乃指伯益,协助禹治理洪水有功,曾被选为继承人,但后来与夏启争位时被杀。一说由于伯益退让,夏启继位。横革、直成,具体事迹不详。 7 玄王:亦是指契,因其母简狄吞玄鸟卵而受孕生他,故称之为玄王。 8 昭明:契的儿子。 9 砥石:古地名。 10 十有四世:从契到天乙共十四世,《史记·殷本纪》有详细的记载。天乙,就是商代的开国君主成汤。 11 卞随举牟光:卞随和牟光都是殷商时的隐士,成汤伐夏桀,克之,把天下先后让给他们二人,他们俱不接受,投河而死,《庄子·让王》有记载。牟光,即务光;举,通“与”。 12 此句之前似脱落四字。 13 此句前似脱落三字。 14 良:当为“长”。 15 阪为先:阪,通“反”;先,当为“之”。 16 更:改。 17 指:方向。 18 中:通“衷”,真实情况。 19 昏莫不终极:莫,“暮”的本字,昏暗;不终极,无穷已。 20 恶:憎恨,陷害。

正直恶,心无度,邪枉辟回[1]失道途。己无邮[2]人,我独自美岂独[3]无故?

正直之人遭厌恶,心中全然无法度,邪僻乖逆失正路。自己不要责怪人,唯我独好太自负,岂能不会犯错误?

不知警惕引为戒,灾祸必然会自

不知戒，后必有，恨后[4]遂过不肯悔。谗夫多进，反覆言语生诈态[5]。

人之态，不如[6]备，争宠嫉贤利[7]恶忌。妒功毁贤，下敛党与上蔽匿。

上壅蔽，失辅势，任用谗夫不能制。孰公长父[8]之难，厉王流于彘[9]。

周幽、厉[10]，所以败，不听规谏忠是害。嗟我何人，独不遇时当乱世！

欲衷对，言不从，恐为子胥身离[11]凶；进谏不听，刭而独鹿[12]弃之江。

观往事，以自戒，治乱是非亦可识。托于成相以喻意[13]。

来，刚愎自用难劝诫，文过饰非不改悔。谗言之人由此进，口若悬河善谄媚，奸诈邪恶难隐讳。

人们之邪僻，不知去防备，臣子争宠相妒嫉，贤能总是被猜忌。妒嫉功臣毁贤能，在下结党相苟且，在上蒙蔽图私利。

君主壅塞被蒙蔽，失去辅佐与权势，任用奸佞与谄媚，巧言令色难控制。虢公长父惹灾难，厉王逃窜至于彘。

幽王、厉王所以败，不听规劝与讽谏，专把忠良来迫害。嗟叹哀怜我，生不逢时遇乱世！

欲表衷肠恐不从，犹如子胥遭遇凶。进谏奉劝无所动，赐予属镂自刎到，悲惨抛尸于江中。

纵观过往之历史，自当警惕引为戒，治理混乱与是非，认知故事得清晰。我今寄于说与唱，托古喻今表心意。

注释　1 回：曲折，引申为歪邪。　2 邮：通“尤”，责怪，归咎。　3 独：衍文。　4 恨后：恨，通“很”，凶悍地坚持错误不改叫“很”，今为“狠”字。后，当为“愎”字，拒绝规劝。　5 态：通“慝”，邪恶。　6 如：当为“知”。7 利：当为“相”。　8 孰公长父：当为“郭公长父”，又称“虢公长父”，是周厉王时期的奸佞宠臣。《吕氏春秋·仲春纪·当染》谓：“夏桀染于干辛、岐踵戎，殷纣染于崇侯、恶来，周厉王染于虢公长父、荣夷终，幽王染于虢公鼓、祭公敦。此四王者，所染不当，故国残身死，为天下僇。”　9 彘(zhì)：

古地名。在今山西霍州。 **10** 周幽、厉:指周幽王与周厉王。 **11** 离:通“罹”,遭受。 **12** 到而独鹿:而,以;独鹿,同“属镂”,古剑名,相传吴王将此剑赐给伍子胥逼他自杀。 **13** 此句之前似脱落四字。

请成相,言治方,君论[1]有五约以明。君谨守之,下皆平正国乃昌。

请让我来唱一唱,说说治国大方向,君主之道盖有五,简单可行易通畅。君主谨慎去固守,臣子百姓皆正良,国家兴旺运道昌。

臣下职,莫游食[2],务本节用财无极。事业听上,莫得相使[3]一民力。

臣子职责要谨记,不可游冶吃白食,以农为本节用度,财富充足府库实。行事听从君安排,不可擅自役使众,君主统筹用民力。

守其职,足衣食,厚薄有等明爵服。利往卬上[4],莫得擅与孰私得?

臣子谨守其本职,才能丰衣又足食,俸禄厚薄遵等级,爵位服饰要明晰。财货唯依君主赐,不得擅自行赏予,谁敢私下得布施。

君法明,论有常,表仪[5]既设民知方。进退有律,莫得贵贱孰私王?

君主礼法若严明,言论又有度与常,礼法常度既设立,人民始知大方向。任免进退有律则,贵贱不得无规章,谁敢私自谄媚王?

君法仪,禁不为,莫不说[6]教名不移。修之者荣,离之者辱孰它师?

君主法度为准则,禁止之事不敢为,人人悦服其教令,政权永固不移易。遵循之人得荣耀,违背之人遭羞辱,谁还左右而别师?

刑称陈[7],守其银[8],下不得用轻私门。罪祸[9]

刑罚得当去施行,严格遵守其规定,权限不得在私门。惩治罪过有律则,不能有律,莫得轻重威不分。

轻重胡乱混,使得君威不分明。

请牧祺,明有基,主好论议必善谋。[10]五听[11]修领,莫不理续[12]主执持。

请听治国之根基,吉祥在于君贤明,君主喜好廷议事,必能善谋又思精。五条原则敬受领,无不继承又遵循,君主权力才固稳。

注释 1 论:通"伦"。 2 游食:游手好闲不务正业。 3 莫得相使:不得擅自役使民力。《礼记·王制》云:"用民之力,岁不过三日。" 4 利往卬上:往,当为"隹"字之误,"隹"是"唯"的古字。卬,通"仰",依赖。 5 表仪:法度。 6 说:通"悦"。 7 刑称陈:称,得当;陈,陈列,施行。 8 银:通"垠",界限。 9 罪祸:罪,动词,治罪;祸,通"过",过错。 10 请牧祺,明有基:此句当为"请牧基,明有祺"。祺,吉祥。 11 五听:指从上述"臣下职"到"刑称陈"这五条治国原则。 12 理续:理,指君王遵循这五条原则;续,指后世君王继承这五条原则。

听之经[1],明其请[2],参伍[3]明谨施赏刑。显者必得,隐者复显[4]民反诚。

处理政事之常道,明察分析其实情,反复调查与核实,谨慎实施赏与刑。明显之事必弄清,隐幽之事要显明,百姓始能归于诚。

言有节[5],稽其实,信诞以分赏罚必。下不欺上,皆以情言明若日。

说话当须守节制,核察稽考其情实,真诚荒诞分清楚,赏罚才能不乱施。在下不能把君欺,皆以实情相勉励,诚信忠心明如日。

上通利[6],隐远至,观法不法见不视[7]。耳目既显,吏敬法令莫敢恣。

君主通达又锐利,隐微幽远尽显明,可察法所不及事,能看人所不及地。眼睛明亮耳聪慧,官吏敬畏重法令,无人胡乱君教出，行有律，吏谨将之无铍滑[8]。下不私请，各以宜舍巧拙[9]。

任放肆。

君主教令一颁布，百姓行为有依据，官吏谨慎去执守，不以邪僻乱秩序。臣子私下不求情，各以职守侍奉君，舍弃机巧与世俗。

臣谨修[10]，君制变，公察善思论[11]不乱。以治天下，后世法之成律贯[12]。

臣子谨慎守礼法，君主控制其权变，公正明察善思考，伦理秩序不混乱。用它来把天下安，治国常规代代传。

注释 1 经：道。 2 请：通“情”。 3 参伍：即“三五”，指多次对比调查核实。 4 隐者复显：大众不知道的隐情要公布于众。 5 节：有节制法度，不夸诞虚美。 6 通利：心灵通达，眼光锐利。 7 观法不法见不视：依据郝懿行的理解，意为“观法于法不及之地，见视于视不到之乡”。 8 铍滑(pīgǔ)：纷乱。滑，通“汩”，扰乱。 9 各以宜舍巧拙：宜，当为“所宜”。脱落一“所”字。巧拙，指世俗的机巧。 10 修：有人以为当为“循”字之误，但“修”亦常如此用，故不必以为是“循”字。 11 论：伦，伦理。 12 贯：古时穿钱的绳索，引申为永恒不变的常规惯例。

赋篇

导读 本篇以赋的形式，以物寓意，表达了荀子的社会政治理想。这是最早以“赋”为名的文章，荀子以这种形式描绘了礼、知、云、蚕、针五种事物，采用主客问答的方式，以问显示谜面，以答揭示谜底。这样，要描绘的事物的内涵被彻底展示出来。“赋”的这种表达方式，也就成为了“赋体”文学（特别是两汉之赋）的经典形式，故陆机说“赋体物而浏亮”。荀子在赋“礼”与“知”时，对其予以了热烈的赞颂，希望君王能够依“礼”而治，同时做到“明达纯粹而无疵”。在赋“云”“蚕”“针”时，亦依据各自的特征，形象地说明了圣君贤相所应具备的人格风尚。

本篇最后是一首诗和小歌，荀子揭露了当时政治的丑恶现象，既表达了其愤懑与不满，也对后学寄予了希望，勉励他们勤学而改变世道。

原文

爰[1]有大物，非丝非帛，文理成章；非日非月，为天下明。生者以寿，死者以葬。城郭以固，三军以强。粹而王，驳而伯[2]，无一焉而亡。

译文

这里有个大东西，既不是丝也不是帛，但纹理清晰，斐然成章；既不是太阳也不是月亮，但给天下人带来光明。活着的人因它而长寿，死去的人因它而善葬，城池因此而坚固，三军因此而强大。完全遵从它就可以称王，即使偶尔遵从臣愚不识,敢请之王。

王曰:此夫文而不采者与?简然易知而致有理者与?君子所敬而小人所不[3]者与?性不得则若禽兽,性得之则甚雅似者与?匹夫隆之则为圣人,诸侯隆之则一四海者与?致明而约,甚顺而体,请归之礼。礼。

它也可以称霸,从不遵从它就会灭亡。我愚昧不认识它,故大胆请教君王。

君王答曰:这是有纹理而不着彩的东西吗?这是简单易知而非常有条理的东西吗?这是君子敬重而小人不敬重的东西吗?这是本性没有得其熏习就如禽兽,本性得其熏习就极其端正的东西吗?这是百姓遵从它就能成为圣人,诸侯遵从它就能一统天下的东西吗?极其明了而简约,非常顺理而得体,请把它归结为礼吧。——礼。

注释 1 爰:于,在这里。 2 伯:通“霸”。 3 不:同“否”。

皇天隆[1]物,以示[2]下民,或厚或薄,帝[3]不齐均。桀、纣以乱,汤、武以贤。涽涽淑淑[4],皇皇穆穆[5]。周流四海,曾不崇[6]日。君子以修,跖以穿室。大参乎天,精微而无形,行义以正,事业以成。可以禁暴足穷[7],百姓待之而后宁泰[8]。臣愚不识,愿问其名。

上天降下一物,以布施给天下每个人,有的得之丰厚,有的得之微薄,常常并不均平一致。桀、纣因为得之微薄故昏庸,汤、武因为得之丰厚故贤能。它有混沌的有清明的,有广大的有精微的,遍行天下,不用一日之时光(指智慧可超越时空)。君子因它而修行,盗跖以它来盗窃。广大参赞天地,精微而至于无形。行道义因它而端正,做事业靠它而成功。可以用它来禁止残暴而使穷人富足,百姓依靠它然后祥和安宁。我愚昧不认识曰：此夫安宽平而危险隘者邪？修洁之为亲而杂污之为狄[9]者邪？甚深藏而外胜敌者邪？法禹、舜而能弇[10]迹者邪？行为动静，待之而后适者邪？血气之精也，志意之荣也。百姓待之而后宁也，天下待之而后平也。明达纯粹而无疵也，夫是之谓君子之知。知。

它，希望探问一下它的名字。

答曰：这是宽厚平和就安全而阴险狭隘就危险的东西吗？这是美好洁净就亲近而驳杂污秽就疏远的东西吗？这是在内甚为深藏而在外可以战胜外敌的东西吗？这是效法夏禹、虞舜而可以承袭他们的东西吗？这是行为动静都依赖它而适当的东西吗？是血气之精华，思想的花朵。百姓依靠它然后才能安宁，天下依靠它然后才能平治。它清明通达纯粹且没有瑕疵，这就是君子的智慧。——智。

注释 1 隆：当为“降”。 2 示：当为“施”。 3 帝：当为“常”。 4 湣湣淑淑：湣湣，水浑浊的样子，喻指神志不清；淑淑，水清澈的样子，喻指头脑清晰。 5 皇皇穆穆：皇皇，盛大的样子，喻指智慧的广大；穆穆，隐微的样子，喻指智慧的精微。 6 崇：通“终”。 7 足穷：可以使穷者富足。 8 宁泰：当为“泰宁”。 9 狄：通“逖”(tì)，远。 10 弇(yǎn)：承袭。

有物于此，居则周静致下[1]，动则綦高以钜，圆者中规，方者中矩。大参天地，德厚尧、禹。精微乎毫毛，而大[2]盈乎大寓。忽兮其极之远也，攭[3]兮其相逐而反也，卬卬兮天下之咸

有一种东西在此，静处时遍布天边，游动时高悬广远。圆的合乎圆规，方的合乎矩尺。广大比肩天地，博厚犹如尧、禹。微小时细如毫毛，浩瀚时充塞宇宙。迅速时很快达于极远，回旋时相互追逐而往返不定，若高高在上则天下之人都会困苦。德行博厚而

蹇也[4]。德厚而不捐[5],五采备而成文。往来惽憊[6],通于大神,出入甚极[7],莫知其门。天下失之则灭,得之则存。弟子不敏,此之愿陈,君子设辞,请测意之。

曰:此夫大而不塞者与?充盈大宇而不窕[8],入郄穴而不逼[9]者与?行远疾速而不可托讯[10]者与?往来惽憊而不可为固塞者与?暴至杀伤而不亿忌[11]者与?功被天下而不私置[12]者与?托地而游宇,友风而子雨。冬日作寒,夏日作暑,广大精神,请归之云。云。

不遗弃万物,五彩具备而成为文饰。往来晦暝,变化如神,出入迅速,莫知其向。天下失去它就会灭亡,得到它就会生存。学生不聪明,愿意把他陈述出来,君子设置这些隐辞,请猜猜其名字。

答曰:这是浩大而不会固塞僵化的东西吧?这是充盈整个宇宙而不留有空隙,进入缝隙而不觉得狭窄的东西吧?这是行动快捷但不能捎带口信的东西吧?这是往来晦暝却不能被固化堵塞的东西吧?这是残暴而杀伤无数却无所忌惮的东西吧?这是功德广被天下却没有偏私的东西吧?它依托大地而遨游宇宙,以风为友而以雨为子。冬天因之而寒冷,夏天因之而酷热。它广大无边,变化莫测,就把它叫云吧。——云。

注释 1 致下:指云悬挂天边,看上去很低下。 2 大:当为“充”。 3 蠡(lì):云气回旋的样子。 4 卬卬兮天下之咸蹇也:卬卬,云高高在上的样子;蹇,困苦。 5 捐:遗弃。 6 惽憊:晦暝,指云时明时暗。 7 极:通“亟”,快。 8 不窕:没有间隙。 9 入郄穴而不逼:郄,通“隙”;逼,狭窄。 10 托讯:捎带口信。 11 暴至杀伤而不亿忌:指乌云化作狂风暴雨而伤害万物,但一点都不顾忌。亿忌,怀疑而生忌惮。 12 私置:偏私。

有物于此，儳儳[1]兮其状，屡化如神。功被天下，为万世文。礼乐以成，贵贱以分。养老长幼，待之而后存。名号不美，与暴为邻[2]。功立而身废，事成而家败。[3]弃其耆老[4]，收其后世。人属[5]所利，飞鸟所害。臣愚而不识，请占之五泰[6]。

五泰占之曰：此夫身女好[7]而头马首者与？屡化而不寿者与？善壮而拙老[8]者与？有父母而无牝牡者与？冬伏而夏游，食桑而吐丝，前乱而后治[9]，夏生而恶暑，喜湿而恶雨，蛹以为母，蛾以为父，三俯[10]三起，事乃大已。夫是之谓蚕理。蚕。

有一种东西在这里，身体光秃无毛发，多次变化很神妙。功德广被天下，为世世代代的服装文饰。礼乐依靠它得以完成，贵贱因为它得以区分。赡养老者抚育幼者，依靠它才能进行。名字并不好听，与"残暴"相近。功绩完成了自身却被废弃，事业成就了家庭即被破坏。抛弃其老年，收养其后代。人类利用它，飞鸟伤害它。臣下愚昧无知，请求五泰来猜一猜。

五泰推测说：这是身体柔媚而头像马首的东西吧？这是多次变化却不长寿的东西吧？这是少壮被善待而老衰被遗弃的东西吧？这是有父母却没有雌雄的东西吧？它冬天蛰伏而夏天活动，吃桑叶而吐细丝，开始混乱而后来有条理，夏天生长却害怕酷暑，喜欢湿润却厌恶雨淋。把卵蛹作母亲，把飞蛾作父亲。多次伏眠多次苏醒，事情才算完成。这就是蚕的道理。——蚕。

注释　1 儳(luǒ)儳：无毛光秃的样子。儳，同"倮"。　2 与暴为邻：因为"蚕"与"惨"字音相同，故如此说。　3 功立而身废，事成而家败：指吐丝结蚕茧以后，蚕茧被缫丝而自身亦被煮杀。　4 耆(qí)老：老年人，这里指蚕蛾。　5 人属：人类。　6 五泰：虚指神通广大的人。　7 身女好：指身体柔软婉丽。　8 拙老：年老被遗弃。　9 前乱而后治：蚕茧的丝混乱,缫丝以后就很有条理了。 10 三俯:指蚕多次于蜕皮前不食不动的现象,又称蚕眠。

有物于此,生于山阜[1],处于室堂。无知无巧,善治衣裳。不盗不窃,穿窬[2]而行。日夜合离,以成文章。以能合从[3],又善连衡[4]。下覆百姓,上饰帝王。功业甚博,不见[5]贤良。时用则存,不用则亡。臣愚不识,敢请之王。

王曰:此夫始生钜,其成功小者邪?长其尾而锐其剽者[6]邪?头銛达而尾赵缭者[7]邪?一往一来,结尾以为事。无羽无翼,反覆甚极[8]。尾生而事起,尾邅[9]而事已。簪以为父,管以为母。[10]既以缝表,又以连里:夫是之谓箴[11]理。箴。

有一种东西在这里,生长在山岭之中,存放在房屋里面。没有智慧没有技巧,善于缝制衣裳。不偷也不窃,却善于穿洞行走。日夜连合分离的东西,以便成为文采服饰。可以合纵,善于连横。下能覆盖百姓之身,上能修饰帝王之体。功业极其广博,但不夸耀自己的贤良。使用时就在手上,不用时就存放下来。臣下愚昧无知,大胆请教君王。

王答曰:这是开始制作时很大而制成后很小的东西吧?这是尾巴很长而尖端锐利的东西吧?这是头尖细而尾回旋缠绕的东西吧?它一来一往,在尾部打结才开始。没有羽毛没有飞翼,但往来反复很快。尾巴一长工作就开始,尾巴打结工作就结束。以簪为父亲,以管为母亲。它既可缝合外表,又可连接夹里。这是关于针的道理。——针。

注释 1 生于山阜:因为制成针的铁矿石乃在山中,故如此说。 2 窬(yú):洞。 3 合从:合纵。 4 连衡:连横。 5 见:炫耀。 6 长其尾而锐其剽者:指穿在针孔中的线很长而针尖很锐利。 7 头銛(xiān)达而尾赵缭者：铦达，锐利；赵缭，形容线长而缠绕。赵，读为“掉”。 **8** 极：快。 **9** 邅(zhān)：回旋，指打结。 **10** 簪以为父，管以为母：簪比针大，但簪可以磨成针，故曰“簪以为父”；管以盛针，故曰“管以为母”。 **11** 箴：同“针”。

天下不治，请陈佹诗[1]：天地易位，四时易乡[2]。列星殒[3]坠，旦暮晦盲。幽晦登昭，日月下藏。公正无私，反见从横[4]；志爱公利，重楼疏堂[5]；无私罪人，憼革贰兵[6]。道德纯备，谗口将将[7]。仁人绌约，敖暴擅强。天下幽险，恐失世英。螭龙为蝘蜓[8]，鸱枭[9]为凤皇。比干见刳，孔子拘匡。昭昭乎其知之明也，郁郁乎其遇时之不祥也；拂乎其欲礼义之大行也，暗乎天下之晦盲也。[10]皓天不复，忧无疆也。千岁必反，古之常也。弟子勉学，天不忘也。圣人共手[11]，时几将矣。与愚以疑，愿闻反辞[12]。

天下不得治理，请让我陈述诡异的诗：天地改变方位，四时颠倒方向。星星都坠落，早晚全昏暗。阴险小人登大位，坦荡君子却隐藏。公正无私，被说成结党营私；一心为公，被当作索要高楼大堂；不以私心加害罪人，却被当作敌人来严防。道德纯洁完备，却惹来谗言喧嚷。仁人遭免而穷困，残暴擅权而逞强。天下昏暗阴险，恐怕要失去时代之精良。蛟龙被当作壁虎，而猫头鹰被看作凤凰。比干被挖心，孔子困于匡。他们的智慧是多么光明啊，却遭遇了世道的不吉祥；他们的行为是多么美好啊，希望把礼义推行到天下，却遭遇了天下之黑暗。光明之天不复还，忧愁无限长。千年之后会回复，世道从来都这样。弟子用心去学习，上天不会把你们忘。圣人拱手等待，时机即将重光。（弟子们说）我等愚昧又疑惑，希望反复以陈说。

注释 1 佹(guǐ)诗:诡异激切的诗,用以揭示天下各种诡异反常现象。2 乡:通"向"。 3 殒:通"陨"。 4 反见从横:当为"见谓从横",即被说成结党营私。从横,即"纵横",结党营私之意。 5 重楼疏堂:重叠的楼房与通明的厅堂。 6 憼(jǐng)革贰兵:憼,同"儆",戒备;革,铠甲,指战争;贰,当为"戒"。 7 将(qiāng)将:同"锵锵",喧嚷的样子。 8 螭(chī)龙为蝘(yǎn)蜓:螭龙,一种没有角的龙;蝘蜓,壁虎。 9 鸱枭(chīxiāo):猫头鹰。 10 郁郁乎其遇时之不祥也;拂乎其欲礼义之大行也:这两句当为"拂乎其遇时之不祥也;郁郁乎其欲礼义之大行也"。 11 共手:即拱手等待。12 反辞:反复的陈说。

其小歌[1]曰:念彼远方[2],何其塞矣!仁人绌约,暴人衍矣。忠臣危殆,谗人服[3]矣。琁、玉、瑶、珠[4],不知佩也;杂布与锦[5],不知异也。闾娵、子奢[6],莫之媒也;嫫母、力父[7],是之喜也。以盲为明,以聋为聪;以危为安,以吉为凶。呜呼上天!曷维其同!

小曲中唱道:看那遥远的地方,多么闭塞啊。仁人被免而穷困,残暴得意而横行。忠臣遭危险,谗人受重用。美玉宝石,不知佩带;麻布与丝帛,也不知分辨。闾娵、子奢这么漂亮的人,无人为之做媒;嫫母、力父这么丑陋的人,却受人喜欢。以盲人为目明的人,以耳聋为耳聪的人;以危险为安全,以吉祥为凶险。呜呼苍天!我怎么能与他们同流合污!

注释 1 小歌:此段小歌,即是反复陈说,总论前文之意。 2 远方:委婉地指责作者所在的楚国。 3 服:被任用。 4 琁、玉、瑶、珠:俱为美玉宝石。 5 布与锦:布,麻布;锦,有彩色花纹的丝织品。 6 闾娵(jū)、子奢:闾娵,战国时魏国美女;子奢,即子都,春秋时郑国美男子。 7 嫫母、力父:嫫母,黄帝时丑女;力父,不详,可能是丑男。

大略

导读 本篇大概是由荀子的学生摘录荀子平日的嘉言警句汇集而成。所涉及的内容十分广泛，且言简意赅，故云“大略”。从内容看，大概可分为礼法、修身、治国、习俗、学习、交友等诸方面。这些嘉言警句对于劝诫世人、教育学者，具有风动的功用，但若较之于《论语》，明显其警策之力不及。此则可见荀子与孔子人格之不同，及世风之丕变堕退。“天之生民，非为君也；天之立君，以为民也。”荀子此言，可谓发前人之所未发。

原文

大略：君人者，隆礼尊贤而王，重法爱民而霸，好利多诈而危。

欲近四旁，莫如中央，故王者必居天下之中[1]，礼也。

天子外屏[2]，诸侯内屏，礼也。外屏，不欲见外也；内屏，不欲见内也。

译文

大要：作为统治者的君主，推崇礼义尊敬贤能就能称王，重视法度爱护百姓就能称霸，喜好利益多行诈术就会危险。

若想邻近四边，没有比中央更好的地方了，所以君王一定要位居天下的中央，这是礼的规定。

天子的照壁在门外，诸侯的照壁在门内。照壁在门外，是不想由内看到外；

诸侯召其臣，臣不俟驾，颠倒衣裳而走，礼也。《诗》曰："颠之倒之，自公召之。"[3] 天子召诸侯，诸侯辇舆就马[4]，礼也。《诗》曰："我出我舆，于彼牧矣。自天子所，谓我来矣。"[5]

照壁在门内，是不想由外看到内。

诸侯召见臣子，臣子不等驾车，胡乱地穿起衣服就跑，这是礼。有《诗》说："颠三倒四穿衣服，公侯需要召见我。"天子召见诸侯，诸侯拉着车子去套马，这是礼。有《诗》说："我拉出我的车，来到牧地去套马。对从天子处来的人，说我马上就到了(天子的所在地)。"

注释 1 王者必居天下之中：王者居于天下之中央，之所以是礼的规定，乃因为王者要经常四处巡守，居中央最为方便。 2 屏：对着门的小墙，又称为"照壁"。 3 此句引自《诗经·齐风·东方未明》。此诗写国君召见臣子，臣子紧张慌乱的情景。 4 辇舆就马：让人拉车去靠近马，以加快速度。辇，车，此处作动词，拉车。 5 此句引自《诗经·小雅·出车》。此诗写将士出征凯旋。

天子山冕[1]，诸侯玄冠，大夫裨冕[2]，士韦弁[3]，礼也。

天子身穿画有山的礼服、戴礼帽，诸侯身穿黑色礼服、戴礼帽，大夫身穿裨衣、戴礼帽，士穿熟皮衣、戴布帽，这是礼制规定。

天子御珽[4]，诸侯御荼[5]，大夫服笏[6]，礼也。

天子使用珽，诸侯使用荼，大夫使用笏板，这是礼制规定。

天子雕弓，诸侯彤弓，大夫黑弓，礼也。

天子使用雕刻花纹的弓，诸侯使用红色的弓，大夫使用黑色的弓，这是礼制规定。

诸侯相见，卿为介[7]，以其教出[8]毕行，

诸侯之间相见会盟，卿作为引见人，有礼义教养的士人全部出行陪同，仁厚者

使仁居守。

聘人以珪[9],问士[10]以璧,召人以瑗[11],绝人以玦[12],反绝以环[13]。

则留守。

派使者到他国去问候用珪,问人以事用璧,召见人用瑗,同人断绝关系用玦,重新召见断绝关系的人用环。

注释 1 山冕:画山于衣服,戴着帽子。 2 裨冕:显示地位低下的礼服,卿大夫觐见天子时穿。 3 韦弁(biàn):韦,熟牛皮制成的衣服;弁,赤黑色布做的叫爵弁,是文冠;白鹿皮做的叫皮弁,是武冠。这里应是指前者。 4 御珽(tǐng):御,用;珽,大珪,古代帝王所执的玉笏。 5 荼:古“舒”字,上圆下方的玉笏。 6 笏:大夫上朝用的手板。 7 介:引见人。 8 出:当为“士”。 9 聘人以珪:聘,古代诸侯之间或诸侯与天子之间派使节问候叫“聘”;珪,用作信符的玉器。 10 问士:问人以事。士,通“事”。 11 瑗(yuàn):孔大周边小的玉器。 12 玦:环形而有缺口的玉器。 13 环:中间有孔的玉器,孔径与边宽一样。

人主仁心设焉,知其役也,礼其尽也,故王者先仁而后礼,天施然也。

与《聘礼》志曰:“币厚则伤德,财侈则殄礼。”[1]礼云礼云,玉帛云乎哉?[2]《诗》曰:“物其指矣,唯其偕矣。”[3]不时宜,不敬交[4],不欢欣,虽指,非礼也。

水行者表深,使人

君主仁心具备了,智慧就是仁心役使的东西,礼义就是仁心完备的体现,所以王者先有仁德然后才可能有礼义,天道的施设就是这样的。

《聘礼》上说:“礼物丰厚了就会伤害德,财货奢侈了就会破坏礼。”礼啊礼,难道就是玉帛之类的礼品吗?《诗》说:“食物是多么美好,但应与口味相协调。”(送礼)不合乎时宜,不恭敬有礼,(内心)不欢喜和悦,即使礼物美好(丰盛),也不是礼。

无陷；治民者表乱，使人无失。礼者，其表也，先王以礼表天下之乱。今废礼者，是弃表也。故民迷惑而陷祸患，此刑罚之所以繁也。

舜曰："维予从欲而治。"[5]故礼之生，为贤人以下至庶民也，非为成圣也，然而亦所以成圣也，不学不成。尧学于君畴[6]，舜学于务成昭[7]，禹学于西王国[8]。

五十不成丧，七十唯衰[9]存。

在水中跋涉的人要标记水的深度，避免人溺水；治理民众的人要标记祸乱的标准，避免人违法犯罪。礼，就是一种标准，先王就是以礼来标记天下祸乱的标准。如今废弃礼，就是去除这个标准。所以百姓就迷惑而陷入祸乱忧患之中，这是刑罚之所以繁多的原因。

舜说："只有我能随心所欲地治理国家。"所以礼的制定，是为贤人以至于普通百姓而设立的，不是为了使人成为圣人，但它也可以使人成为圣人。尧曾经向君畴学习，舜曾经向务成昭学习，禹曾经向西王国学习。

五十岁不需要完全恪守丧葬的礼节，七十岁只要身穿丧服就行了。

注释　1《聘礼》：《仪礼》中的一篇，此句原文为"多货则伤于德，币美则没礼"。殄(tiǎn)：伤害。　2 礼云礼云，玉帛云乎哉：此句源自《论语·阳货》。意思是，礼，不能只是看外在的东西，如玉帛之类，而应看内在的敬意。　3 此句引自《诗经·小雅·鱼丽》。此诗写宗庙祭祀献鱼以后，宴饮群臣的情景。指，通"旨"，美好；偕，通"谐"，指与口味相协调。　4 交：当为"文"。　5 此句引自《尚书·大禹谟》。原文为"俾予从欲以治"。禹为圣人，故虽"从欲而治"亦合乎礼，犹如孔子"七十而从心所欲，不逾矩"之意。　6 君畴：亦作"尹寿"，尧时人。　7 务成昭：舜时人。　8 西王国：人名，不详。　9 衰：同"缞"，古代的丧服之一，是一种披在胸前的麻布条，宽四寸，长六寸。

亲迎[1]之礼：父南乡而立，子北面而跪，醮[2]而命之："往迎尔相[3]，成我宗事，隆率以敬先妣之嗣，若则有常。"子曰："诺！唯恐不能，敢忘命矣！"

迎娶新娘的礼节：父亲向南面站立，儿子向北面跪着，父亲一边祭神一边命令儿子说："你去迎娶你的妻子，完成传宗接代祭祀宗庙的大事，努力勉励她做一个像你母亲一样的继承人，你自己的行为也要合乎常规。"儿子说："好！唯恐不能做到，但绝不敢忘记父亲的教诲！"

夫行也者，行礼之谓也。礼也者，贵者敬焉，老者孝焉，长者弟焉，幼者慈焉，贱者惠焉。

所谓行，就是践行礼义的意思。所谓礼，就是高贵的人尊敬他，年老的人孝顺他，尊长的人敬爱他，年幼的人慈爱他，卑贱的人恩惠他。

赐予其宫室，犹用庆赏于国家也；忿怒其臣妾[4]，犹用刑罚于万民也。

在家庭内赏赐，犹如在国家中赏赐一样；对奴婢发怒，犹如对万民使用刑罚一样。

君子之于子，爱之而勿面，使之而勿貌，道之以道而勿强。

君子对于子女，疼爱他们不要表现在面容上，使唤他们也不要形于色，以道理来引导他们但不要强迫。

礼以顺人心为本，故亡于[5]《礼经》而顺人心者，皆礼也。

礼以顺合人心为根本，所以即使不见于《礼经》之中但其行为顺合人心，依然是符合礼的。

注释 1 亲迎：古代婚礼时男子到女方处迎娶的礼节。 2 醮：古代婚礼中斟酒祭神的仪式。 3 相：助手，指妻子。 4 臣妾：奴婢的总称。 5 亡于：不见于。

礼之大凡：事生，饰欢也；送死，饰哀也；军旅，施威也。

亲亲、故故、庸庸、劳劳[1]，仁之杀[2]也；贵贵、尊尊、贤贤、老老、长长，义之伦也。行之得其节，礼之序也。仁，爱也，故亲；义，理也，故行；礼，节也，故成。仁有里，义有门[3]；仁，非其里而虚之，非礼也[4]；义，非其门而由之，非义也。推恩而不理，不成仁；遂理而不敢，不成义；审节而不知[5]，不成礼；和而不发，不成乐。故曰：仁、义、礼、乐，其致一也。君子处仁以义，然后仁也；行义以礼，然后义也；制礼反本成末[6]，然后礼也。三者皆通，然后道也。

礼的总体要求是：用于侍奉生者的，表达欢乐；用于安葬死者的，表达哀伤；用于军队出征的，表达威武。

亲近父母、友爱朋友、奖励有功的人、慰问劳苦的人，这是仁的差等不同；尊重高贵的人、尊敬尊长的人、敬重贤能的人、敬爱年老的人、依顺年长的人，这是义的伦理原则。奉行仁与义恰到好处，就是礼的秩序。仁，就是爱人，所以能亲近人；义，就是合理，所以可以实行；礼，就是适度，所以能够成功。仁有其内在的敬意，义有其适度的表现。仁，若没有内在的敬意而存之，那就不是仁；义，若没有适度的表现而行之，那就不是义。布施恩惠却不符合道理，就不成其为仁；合乎道理却不敢实行，就不成其为义；明察适度却不能和谐，就不成其为礼；和谐而不表现出来，就不成其为乐。所以说：仁、义、礼、乐，它们的目标是一样的。君子依据义来处置仁，然后才能算是仁；以礼的方式去行义，然后才能算是义；制定的礼既有内在的仁义又有符合外在的节度，然后才能算是礼。三者皆能做到，然后才能合乎大道。

注释 1 庸庸、劳劳：奖励有功劳的人，慰问劳苦的人。第一个“庸”与“劳”俱作动词用。 2 杀(shài)：差等。 3 仁有里，义有门：内在有真诚的敬意，谓“仁有里”；表现出来符合道义，谓“义有门”。 4 仁，非其里而虚之，非礼也：本句当为“仁，非其里而处之，非仁也”。 5 知：当为“和”。 6 反本成末：指礼既符合仁义之内在要求，也符合礼仪之外在形式。

货财曰赙[1]，舆马曰赗，衣服曰襚，玩好曰赠，玉贝曰唅。赙、赗，所以佐生也；赠、襚，所以送死也。送死不及柩尸，吊生不及悲哀，非礼也。故吉行五十，奔丧百里，赗、赠及事，礼之大也。

赠送财物给别人办理丧事叫赙，赠送车马叫赗，赠送衣服叫襚，赠送死者喜欢的东西叫赠，赠送珠玉贝壳含在死者口里叫唅。赙、赗，是送给死者家属的；赠、襚，是送给死者用的。送别死者不见到棺材里的尸体，哀悼死者抚慰其家属而不悲哀，都是不符合礼的。所以喜事一天走五十里，丧事一天走一百里，送给别人办理丧事的东西一定要赶上丧事，这是礼的大端。

礼者，政之挽[2]也。为政不以礼，政不行矣。

礼，是政治的引导。处理政事不以礼，政令就不能推行。

天子即位，上卿进曰：“如之何忧之长也！能除患则为福，不能除患则为贼。”授天子一策[3]。中卿进曰：“配天而有下土者，先事虑事，先患虑患。先事虑事谓之接[4]，接则事优成；先

天子登上大位，上卿走上前说：“忧患是如此之深长！能够去除祸患就是福乐，不能去除祸患就是灾难。”他献给天子第一册文书。中卿走上前说：“德配天地而拥有天下的人，在事情之前有所考虑，在祸患之先有所忧患。在事情之前有所考虑叫快捷，快捷事情就会圆满完成；

患虑患谓之豫[5]，豫则祸不生。事至而后虑者谓之后，后则事不举；患至而后虑者谓之困，困则祸不可御。"授天子二策。下卿进曰："敬戒无怠，庆者在堂，吊者在闾。祸与福邻，莫知其门。豫哉！豫哉！万民望之。"授天子三策。

在祸患之先有所忧患叫预防，预防祸患就不会产生。事情发生了才考虑就叫滞后，滞后事情就办不成；祸患到来了才考虑就叫困厄，困厄祸患就无法预防。"他献给天子第二册文书。下卿走上前说："恭敬戒惧而不要懈怠。祝贺的人还在堂上，吊丧的人就来到门口了。祸患与福乐是相邻的，没有人知道其门径。警惕啊！警惕啊！万民都在仰望着您。"他献给天子第三册文书。

注释　1 赙(fù)：与赗(fèng)、襚(suì)、赠、唅都是赠送礼物到有丧事之家，以抚慰生者。　2 挽：牵引，引申为引导。　3 策：同"册"，成编的竹简，上面写有文书对策。　4 接：通"捷"。　5 豫：预防。

禹见耕者耦立而式[1]，过十室之邑必下[2]。

禹看到两人共耕必然站起来手扶横木以表敬意，经过十室之邑必然下车以示尊敬。

杀大蚤[3]，朝大晚，非礼也。治民不以礼，动斯陷矣。

田猎太早，上朝太晚，都不符合礼制。治理百姓不符合礼制，任何举动都会失误犯错。

平衡曰拜[4]，下衡曰稽首[5]，至地曰稽颡[6]。大夫之臣，拜不稽首，非尊家臣也，所以辟君也。

跪拜时拱手，头与腰平叫拜；跪拜时拱手至于地，头至于手叫稽首；跪拜时拱手至于地，头亦触地叫稽颡。大夫的家臣对大夫只拜而不稽首，这并不是要提高家臣的地位，而是为了避免与君主的礼节相同。

一命齿于乡[7]，再命齿于族，三命，族人虽七十，不敢先。上大夫，中大夫，下大夫。

士在乡里饮酒依据年龄排座次，大夫在宗族饮酒也依据年龄排座次，至于卿，族人即使七十岁了，也不敢排在其前面。上大夫是三命，中大夫是再命，下大夫是一命。

注释 1 耦立而式：耦，两人共耕叫“耦”；式，通“轼”，车前横木，这里指手扶横木以示敬意。 2 过十室之邑必下：因为十室之邑必然有忠信德厚者，故下车以表尊敬。 3 杀大蚤：《礼记·王制》记载“天子、诸侯无事则岁三田：一为干豆，二为宾客，三为充君之庖。无事而不田，曰不敬；田不以礼，曰暴天物。……獭祭鱼，然后虞人入泽梁。豺祭兽，然后田猎”。杀，田猎。大蚤，即“太早”，是指未祭祀而入泽梁田猎。 4 拜：跪拜时拱手，头与腰平。 5 稽首：跪拜时拱手至于地，头至于手。 6 稽颡(sǎng)：跪拜时拱手至于地，头触地。颡，额头。 7 一命齿于乡：周代爵位等级分九等，称为九命。一命乃最低等级，指士，即下大夫。他们在乡饮酒中按年龄序齿排座次。再命，指大夫，即中大夫。三命，指卿，即上大夫。

吉事尚尊，丧事尚亲。

喜事依据爵位排座次，丧事依据亲疏排座次。

聘[1]，问也。享[2]，献也。私觌[3]，私见也。

聘，就是诸侯之间的相互问候。享，就是向友邦诸侯进献礼物。私觌，就是以私人身份见别的诸侯。

言语之美，穆穆皇皇[4]。朝廷之美，济济鎗鎗[5]。

言语之美，可用“穆穆皇皇”来形容。朝廷之美，可用“济济鎗鎗”来形容。

为人臣下者，有

作为人臣，可以讽谏但不能毁谤，可以

谏而无讪[6]，有亡而无疾，有怨而无怒。

离开但不能憎恨，可以埋怨但不能发怒。

君于大夫，三问其疾，三临其丧；于士，一问一临。诸侯非问疾吊丧，不之臣之家。

君主对于大夫，三次问候其疾病，三次亲临吊丧；对于士人，一次问候疾病一次亲临吊丧。诸侯若不是问候疾病、吊丧死者，不到臣子的家里。

既葬，君若父之友，食之则食矣，不辟梁肉，有酒醴则辞。[7]

安葬父母完毕，君主或父母的朋友请自己吃饭，那就可以吃，且不回避米饭肉食，但酒一定要谢绝。

寝不逾庙，设[8]衣不逾祭服，礼也。

住宅的规模不得超过宗庙，宴饮时穿的衣服不得超过祭祀时穿的衣服，这是礼制规定。

注释　1 聘：诸侯之间互派使者问候。　2 享：向友邦诸侯进献礼物。　3 觌(dí)：见。以个人身份拜见别的诸侯。　4 穆穆皇皇：穆穆，恭敬的样子；皇皇，光明正大的样子。　5 济济鎗鎗：济济，众多的样子；鎗鎗，行列整齐的样子。　6 讪：毁谤。　7 不辟梁肉，有醴酒则辞：依据古代的礼制，为父母守丧期间不能吃肉喝酒，但若有尊者请自己吃，可以破例吃肉，但由于喝了酒会使脸色改变，所以要谢绝。　8 设：当为"宴"字之误。

《易》之咸[1]，见夫妇。夫妇之道，不可不正也，君臣父子之本也。咸，感也，以高下下，以男下女，柔上而刚下。

《周易》中的咸卦，显示的是夫妻之道。夫妻之道，不能不端正，因为它是君臣父子的根本。咸，有感而动的意思，所以把高的置于低的之下，男人置于女人之下，柔弱置上而强刚置下。

聘士之义，亲迎之

聘请贤士的仪式，迎娶新娘之程

道，重始也。

序，都是注重开始的意思。

礼者，人之所履[2]也，失所履，必颠蹶陷溺。所失微而其为乱大者，礼也。

礼，是人必须履行的东西，失去了这个必须履行的东西，人必然会跌倒困顿。所失细微但造成的祸害很大，这就是礼。

礼之于正国家也，如权衡之于轻重也，如绳墨之于曲直也。故人无礼不生，事无礼不成，国家无礼不宁。君臣不得不尊，父子不得不亲，兄弟不得不顺，夫妇不得不欢。少者以长，老者以养。故天地生之，圣人成之。[3]

礼对于国家来说，就如秤对于轻重，绳墨对于曲直一样。所以人没有礼就不能生存，事没有礼就不能完成，国家没有礼就不能安宁。君臣之间无礼就没有尊重，父子之间无礼就没有亲情，兄弟之间无礼就不能和顺，夫妇之间无礼就不能欢乐。年少的人依靠礼而成长，年老的人依靠礼得赡养。所以天地生育了人，而圣人制定的礼成就了人。

和鸾[4]之声，步中《武》《象》，趋中《韶》《护》。君子听律习容而后士[5]。

车上的铃声，慢走时要符合《武》《象》之曲调，奔跑时要符合《韶》《护》的曲调。君子依据曲调旋律修习举止容貌然后才能出行。

注释　1 咸：《周易》中的一卦，由艮卦（内卦，象征少男）与兑卦（外卦，象征少女）组成，故曰“见夫妇”。咸，是“感”的意思。艮卦（山）为高，本当在上，而兑卦（泽）本当在下，但咸卦是艮下兑上，故可“感”而动。“以男下女，柔上而刚下”都有可“感”而动之意。　2 履：践行之意。以“履”训“礼”，乃是古代之声训。　3 君臣不得不尊，父子不得不亲，兄弟不得不顺，夫妇不得不欢。少者以长，老者以养。故天地生之，圣人成之：此段本在“吉事尚尊，丧事尚亲”之下，但显得突兀，置于此处才文义顺适。4 和鸾：悬挂在车上的铃铛。　5 士：当为“出”。

霜降逆女，冰泮杀止[1]，内十日一御[2]。

霜降时开始娶妻，至第二年冰雪融化时停止，正妻十天行房一次。

坐视膝，立视足，应对言语视面。立视前六尺而大之[3]，六六三十六，三丈六尺。

坐着时看对方的膝盖，站着时看对方的脚，应对说话时看对方的脸面。站着时在六尺处看着他，最远不超过六倍，即六六三十六，三丈六尺。

文貌情用，相为内外表里，礼之中[4]焉。能思索谓之能虑。

外在形式与内在情感，互为表里，是礼最适当的表现。依据礼的要求思考才能叫善于思考。

礼者，本末[5]相顺，终始相应。

礼，其内在精神与外在表现要相统一，其开始与结束要相呼应。

礼者，以财物为用，以贵贱为文，以多少为异。下臣事君以货，中臣事君以身，上臣事君以人。

礼，以财物作为表现，以贵贱作为文饰，以多少作为差别。下等的臣子以财产货物侍奉君主，中等的臣子以身家性命侍奉君主，上等的臣子以推荐人才侍奉君主。

《易》曰："复自道，何其咎？"[6]《春秋》贤穆公[7]，以为能变也。

《周易》说："复归于正道，哪有什么过错？"《春秋》赞许秦穆公，认为他善于转变。

注释　**1** 霜降逆女，冰泮杀止：指霜降时开始嫁娶，至第二年冰雪融化停止。霜降，二十四节气之一，一般在农历九月。逆女，迎娶；泮，融化。此时农事起，婚礼当停止。《孔子家语·本命》云："群生闭藏乎阴，而为化育之始。故圣人因时以合偶男女，穷天数也。霜降而妇功成，嫁娶者行焉；冰泮而农桑起，婚礼而杀于此。"　**2** 内十日一御：内，正妻；御，指房事。君王妃嫔很多，但对于正妻，至少十天行一次房。　**3** 大之：当为

"六之",即六倍。 4 礼之中:指礼的外在形式与内在情感相统一,所谓"文质彬彬"者是。 5 本末:指礼的内在精神与外在表现。 6 复自道,何其咎:这是"小畜"卦初九之爻辞。 7 穆公:指秦穆公。公元前628年,秦穆公不听老臣蹇叔的讽谏,率师袭郑而遭晋伏击,败于崤山。穆公痛改前非,并于公元前624年击败晋国,同时告诫秦军统帅,有事与老年人商量就不会犯错误。这就是"能变"的意思。

士有妒友则贤交不亲,君有妒臣则贤人不至。蔽公者谓之昧,隐良者谓之妒,奉妒昧者谓之交谲[1]。交谲之人,妒昧之臣,国之薉孽[2]也。

士人有妒忌的朋友,那么同贤人的交往就不会亲密;君主有妒忌的臣子,那么贤人就不会到来。隐蔽公正就叫昏昧,压制贤良就叫妒忌,奉承妒忌、昏昧的人就叫狡猾、欺诈。狡猾、欺诈的人,妒忌、昏昧的臣子,是国家的污秽与祸害。

口能言之,身能行之,国宝也。口不能言,身能行之,国器也。口能言之,身不能行,国用也。口言善,身行恶,国妖也。治国者敬其宝,爱其器,任其用,除其妖。

口里能说出来,身体能力行,这是国家的宝贝。口里不能说出来,但身体能力行,这是国家的大器。口里能说出来,但身体不能力行,这是国家的宣传工具。口里说善,身体行恶,这是国家的妖孽。治理国家的人敬重其宝贝,爱护其大器,发挥其工具,去除其妖孽。

不富,无以养民情;不教,无以理民性。故家五亩宅,百亩田,务其业而勿夺其时,所以富之也。立大学,设庠序[3],修六礼[4],明十教[5],所以

不使民富裕,就无法养育百姓的情欲;不教化,就无法整饬百姓的本性。所以每家有五亩的宅基地,百亩的耕田,使他们努力从事生产不要耽误他们的农时,这是为了使他们富裕。设立大学,建立学校,修习六礼,宣明七教,这是为了

道之也。《诗》曰:“饮之食之,教之诲之。”[6] 王事具矣。

引导他们(向善)。有《诗》说:“给他们吃的喝的,教育他们启悟他们。”王者的政事就齐备了。

注释 1 交谲:交,通“狡”;谲,诈伪。 2 薉孽:污秽与祸害。薉,同“秽”。 3 庠序:古代的地方学校。 4 六礼:指冠礼、婚礼、丧礼、祭礼、乡饮酒礼、相见礼。 5 十教:当为“七教”。即父子、兄弟、夫妇、君臣、朋友、长幼、宾客等七个方面的伦理教化。 6 此句引自《诗经·小雅·绵蛮》。此诗写一位长途跋涉的人遭遇困顿后被人救助,且被教育开导,作者于是抒发感恩之情。

武王始入殷,表商容[1]之间,释箕子之囚,哭比干之墓,天下乡善矣。

武王刚进入殷都时,在商容所居住的里巷大门设立标记表彰其功德,释放被囚禁的箕子,到比干的墓前痛哭,天下人由此而向善了。

天下、国有俊士,世有贤人。迷者不问路,溺者不问遂[2],亡人好独。《诗》曰:“我言维服,勿用为笑。先民有言,询于刍荛。”[3] 言博问也。

天下、各国都有俊杰之士,每个时代都有贤能之人。但迷失的人是因为不问道路,溺水的人是因为不问涉水的路,亡国的人是因为喜欢独断专行。有《诗》说:“我所说的都是大事,不要以为我在开玩笑。古人曾有言,割草砍柴的人也要向其询问。”这是说要广泛征求意见。

有法者以法行,无法者以类举。以其本,知其末;以其左,知其右,凡百事异理而相守也。庆赏刑罚,通类而

有法可依的依据法律而行,无法可依的依据类推的方法处理。依据根本,推知末节;依据左边,推知右边,大凡百事虽然实情不同但总有一个最高原则。奖赏

后应；政教习俗，相顺而后行。

八十者一子不事，九十者举家不事，废疾非人不养者一人不事。父母之丧，三年不事。齐衰大功，三月不事。从诸侯不[4]，与新有昏，期不事。

子谓子家驹续然大夫[5]，不如晏子[6]；晏子，功用之臣也，不如子产；子产，惠人也，不如管仲；管仲之为人，力功不力义，力知不力仁，野人[7]也，不可以为天子大夫。

与刑罚，对于同类的事情有贯通的了解以后才能做到适当；政治教化与民间习俗，只有相互顺应以后才能实行。

八十岁的人，可以有一个儿子不服劳役；九十岁的人，全家可以不服劳役；有残疾须依赖他人才能生活的人，可以有一个人不服劳役。父母去世，三年不服劳役。齐衰大功之丧，三个月不服劳役。从别的诸侯迁徙而来，新近结婚的，一年不服劳役。

孔子认为子家驹只是个守成的大夫，不如晏子；晏子，只是个讲究功用的臣子，又不如子产；子产，只是一个给人恩惠的人，又不如管仲。管仲这个人，致力于功效而不是道义，致力于才智而不是仁道，只是一个不修礼义的朴野之人，不能作为天子的大夫。

注释 1 商容：商纣王时掌管礼乐的官，著名贤人，多次劝谏商纣王不听，遂被废黜。武王伐纣后欲封之为三公，辞不受，遂表其闾。 2 遂：水中可涉水而过的路。 3 此句引自《诗经·大雅·板》。此诗感于周厉王之暴政，作诗以示警戒。服，要事；刍荛(ráo)，割草砍柴的人。 4 不：当为“来”。 5 子谓子家驹续然大夫：子，孔子。子家驹，春秋时鲁国大夫。续然，守成不变的样子。续，古“庚”字。 6 晏子：即晏婴(约前578—前500)，齐国贤相，历事齐灵公、庄公、景公三朝，辅政长达50余年。以清正、讽谏、节俭著名。其事迹见《晏子春秋》。 7 野人：孔子曾批评管仲不知礼,见《论语·八佾》。孔子在此以四子相较,俱从功绩言,故子家驹不如晏子,晏子不如子产,子产不如管仲。但即使是管仲,因不致力于仁义,故仍不免为朴野的功利主义者,是以不能辅佐天子。

孟子三见宣王[1],不言事。门人曰:“曷为三遇齐王而不言事?”孟子曰:“我先攻其邪心。”

孟子三次见齐宣王,都不言及国事。孟子的门人问道:“为什么三次遇见齐王都不言及国事呢?”孟子说:“我先攻克他的邪僻之心。”

公行子之[2]之燕,遇曾元[3]于涂,曰:“燕君何如?”曾元曰:“志卑。志卑者轻物,轻物者不求助;苟不求助,何能举?氐、羌[4]之虏也,不忧其系垒[5]也,而忧其不焚[6]也。利夫秋豪,害靡[7]国家,然且为之,幾[8]为知计哉?”

公行子之到燕国去,路上遇到曾元,问道:“燕国国君怎么样?”曾元说:“志向卑陋。志向卑陋的人轻视事业,轻视事业的人不求助贤能;如果不求助贤能,怎么能够成就事业呢?迟早要做氐、羌的俘虏。不担忧自己被俘虏,却担忧其死后被焚烧。利益如秋毫一样少,危害却足以毁灭国家,但是依然去做,这难道算是懂得谋划吗?”

今夫亡针者,终日求之而不得;其得之,非目益明也,眸[9]而见之也。心之于虑亦然。

现在有一个丢失了针的人,整天寻求它却找不到;后来找到了,并不是眼睛更锐利了,而是低头仔细看找到的。心里思考问题也应该这样(即仔细用心于所思考的东西上)。

注释　1 宣王:即齐宣王(约前319—前301年在位),处战国时代的齐国欲称霸诸侯,屡次征询孟子如何称霸,但孟子多与其讨论仁政,因为称霸只是求利益之邪心。“不言事”即是指此。　2 公行子之:齐国大夫。

3 曾元:曾参之子。 4 氐(dī)、羌:我国古代西北部的少数民族。 5 系垒:捆绑,即被俘虏。 6 焚:指火葬。氐、羌等少数民族的风俗。 7 靡:毁灭。 8 幾:通“岂”。 9 晬:低头仔细看。

“义”与“利”者,人之所两有也。虽尧、舜不能去民之欲利,然而能使其欲利不克其好义也。虽桀、纣亦不能去民之好义,然而能使其好义不胜其欲利也。故义胜利者为治世,利克义者为乱世。上重义则义克利,上重利则利克义。故天子不言多少,诸侯不言利害,大夫不言得丧,士不通货财。有国之君不息牛、羊,错质[1]之臣不息鸡、豚,冢卿不修币[2],大夫不为场园[3],从士以上皆羞利而不与民争业,乐分施而耻积藏;然故民不困财,贫窭[4]者有所窜其手。

道义与利益,二者都是人所需要的。即使尧、舜也不能去除人们的求利之心,但能够使人们的求利之心不胜过好义之心。即使桀、纣也不能去除人们的好义之心,但能使人们的好义之心不及于求利之心。所以道义胜过利益就是治世,利益战胜道义就是乱世。君主重视道义,那么道义就会战胜利益;君主重视利益,那么利益就会战胜道义。因此,天子不言财物的多少,诸侯不言利益还是损失,大夫不言获利还是亏本,士人不精通货物贸易,诸侯国的君主不养牛、羊,委身于君的臣子不养鸡、豚,上卿不进行货币交易,大夫不从事场圃,士人以上的人都羞于利益而不去与百姓争夺职业,乐于施舍而耻于积蓄。这样,百姓就不会穷困,贫穷的人总还是有事可做。

文王诛四,武王诛二,周公卒业,至成、康[5]则案无诛已。

周文王讨伐了四个国家,周武王讨伐了两个国家,周公完成了称王天下的大业,到了成王、康王之际,已经没有了讨伐诛杀了。

注释 1 错质:即“委质”。古代的臣子,一般把自己的名字写在策书上,好像作为人质而交给君主,表示为君主献身,这叫“委质”。 2 冢卿不修币:冢卿,上卿;不修币,不经营货币获得利息。 3 场园:即“场圃”。稼穑为场,果蔬为圃。 4 贫窭(jù):贫穷。 5 成、康:指周成王、周康王之世。《史记·周本纪》称:“成、康之际,天下安宁,刑错四十余年不用。”

多积财而羞无有,重民任而诛不能,此邪行之所以起,刑罚之所以多也。

积蓄很多财物而以贫穷为羞耻,加重人民的负担而诛杀那些不堪重负的人,这是邪僻行为之所以兴起,而刑罚之所以繁多的根本原因。

上好羞,则民暗饰矣[1]!上好富,则民死利矣!二者,乱之衢[2]也。民语曰:“欲富乎?忍耻矣,倾绝[3]矣,绝故旧矣!与义分背矣!”上好富,则人民之行如此,安得不乱!

君主若喜好道义,那么民众就会暗自修养身心;君主若喜好财富,那么民众就会为了利益不顾生死。道义与财富,是治世与乱世的交叉口。民间俗语说:“想要财富吗?那就要忍受耻辱,不顾性命,不顾情分,与道义背道而驰。”君主若喜好财富,民众的行为就会这样,怎能不乱呢?

汤旱而祷曰:政不节与?使民疾与?何以不雨至斯极也!宫室荣与?妇谒[4]盛与?何以不雨至斯极也!苞苴[5]行与?谗夫兴与?何以不雨至斯极也!

商汤大旱因而祷告上天说:政令不适合吗?百姓太苦了吗?为什么不下雨至于这种程度!宫室太华丽了吗?妇人托情办事太多了吗?为什么不下雨至于这种程度!贿赂盛行吗?还是谄媚之人被重用了?为什么不下雨至于这种程度!

注释 1 上好羞,则民暗饰矣:羞,当为"义"。暗饰,指即使在隐蔽之处,也知道修身,即慎独。 2 乱之衢:当为"治乱之衢"。 3 倾绝:不顾及身家性命。 4 谒:拜谒,这里指妇人托情办事。 5 苞苴:古人赠送礼物,必加包裹,所以称馈赠的礼物为苞苴。这里指贿赂。

天之生民,非为君也;天之立君,以为民也。故古者列地建国,非以贵诸侯而已;列官职,差爵禄,非以尊大夫而已。

上天生育民众,并不是为了君主;但上天设立君主,却是为了民众。所以古代分封建国,并不是为了尊贵诸侯;安排各种官职,确立爵位与俸禄的差别,也不是为了尊贵大夫。(意思是,其出发点都是为了民众。)

主道知人,臣道知事。故舜之治天下,不以事诏而万物成。农精于田,而不可以为田师,工贾亦然。

君主之道在于知人善用,臣子之道在于会做事情。所以舜治理天下,不吩咐具体的事情但万事万物都妥当完成。农民精通种田,但不能成为管理农业的官吏,工人、商人也是如此。

以贤易不肖,不待卜而后知吉。以治伐乱,不待战而后知克。

以贤能的人去代替不贤能的人,不用占卜就知道吉利。以治理得好的国家去讨伐混乱的国家,没有开战就知道必然胜利。

齐人欲伐鲁,忌卞庄子[1],不敢过卞。晋人欲伐卫,畏子路[2],不敢过蒲。

齐国人想讨伐鲁国,因害怕卞邑的庄子,故不敢经过卞这个地方。晋国人想讨伐卫国,因畏惧蒲宰子路,不敢经过蒲这个地方。

注释 1 卞庄子:鲁国卞邑的大夫,以勇武著称。《论语·宪问》载:"子路问成人。子曰:'若臧武仲之知,公绰之不欲,卞庄子之勇,冉求之艺,文之以礼乐，亦可以为成人矣。'" 足见其勇武。又，《韩诗外传》卷十第十三载其逞勇而战死之事。 2 子路：孔子早期弟子，以勇武著称，后死于孔悝之难。子路曾做过卫邑蒲之邑宰。

不知而问尧、舜，无有而求天府[1]。曰：先王之道，则尧、舜已；六贰[2]之博，则天府已。

不知如何治理国家就去问尧、舜，没有宝贝就去帝王之府库寻求。我说：先王之道，就相当于尧、舜；六艺的渊博，就相当于帝王的府库。

君子之学如蜕[3]，幡然[4]迁之。故其行效，其立效，其坐效，其置颜色、出辞气效。无留善，无宿问。

君子学习如同蝉蜕皮一样，要迅速有所变化。所以走路时要学习，站立时要学习，端坐时要学习，其面容的表情、说话的口气都是在学习。不留下善事不做，不带着疑问过夜。

善学者尽其理，善行者究其难。

善于学习的人须穷尽事物之道理，善于做事的人当完成事情之难处。

君子立志如穷，虽天子三公问正[5]，以是非对。

君子的志向就如陷入困境一样不能变通，即使天子三公询问政事，也以严正的是非对答。

君子隘穷而不失，劳倦而不苟，临患难而不忘细席[6]之言。岁不寒，无以知松柏；事不难，无以知君子无日不在是。

君子虽穷厄困苦但不失其志向，虽劳累疲倦而做事不苟且，面临患难但不忘记居常之言论。岁月不寒冷就不知道松柏的本性，事情不艰难就无法知晓君子没有一天不是这样。

雨小，汉故潜[7]。夫尽小者大，积微者著，德至者色泽洽，行尽而声

雨下得小，所以都潜入到地下了。收集细小就会变大，累积微弱就会显著，德行完美的人颜色和悦，行为高尚

问[8]远。小人不诚于内而求之于外。

的人声望远播。小人不内修其德却追求外在的声誉。

注释 1 天府:帝王的府库。 2 六贰:当为“六艺”。 3 蜕:犹如蝉蜕皮一样,有所变化。 4 幡然:同“翻然”。 5 正:通“政”。 6 细席:当为“茵席”。居常人多于此端坐。 7 汉故潜:指雨水小,所以地面不会有流水,都潜入地下了。汉,衍文。 8 问:通“闻”。

言而不称师谓之畔,教而不称师谓之倍[1]。倍畔之人,明君不内[2],朝士大夫遇诸涂不与言。

言谈中不称道老师就叫叛离,教学中不称道老师就叫背叛。背叛之人,明君不会接纳他做臣子,朝廷里的士大夫在路上遭遇也不与他打招呼。

不足于行者说过[3],不足于信者诚言[4]。故《春秋》善胥命[5],而《诗》非屡盟[6],其心一也。善为《诗》者不说,善为《易》者不占,善为《礼》者不相[7],其心同也。

在行动上不足的人,往往言过其实;不守信用的人,往往说话的样子很诚实。所以《春秋》赞许口头约定,而《诗》反对屡次订盟,它们的用心是一样的。精通《诗》的人不作解说,精通《易》的人不去占卜,精通《礼》的人不替人赞礼,他们的用心是相同的。

曾子曰:“孝子言为可闻,行为可见。言为可闻,所以说[8]远也;行为可见,所以说近也;近者说则亲,远者说则附;亲近而附远,孝子之道也。”

曾子说:“孝子所说的话应让人听到,所做的事应让人看到。所说的话可以让人听到,所以能悦服远方的人;所做的事可以让人看到,所以能悦服近处的人。近处的人悦服就亲近,远方的人悦服就归附。近处的人亲近而远方的人归附,这就是孝子之道。”

注释 1 倍:通“背”。 2 内:同“纳”。 3 说过:言过其实,说大话。4 诚言:说话的样子很诚实。 5 胥命:相互之间的口头约定,不订立盟约。 6 屡盟:指《诗经·小雅·巧言》所说的“君子屡盟,乱是用长”。《春秋》与《诗》之所以赞许口头约定,而不是多次订立盟约,乃在于它们认为内在的诚实重于外在的形式。 7 相:代替人赞礼。之所以“不说”“不占”“不相”,乃因为外在的形式无法表现《诗》《易》《礼》高远的内在精神,只能由个人自家去体会、冥契。 8 说:通“悦”。

曾子行,晏子从于郊[1],曰:“婴闻之,君子赠人以言,庶人赠人以财。婴贫无财,请假于君子[2],赠吾子以言:乘舆之轮,太山之木也,示[3]诸檃栝,三月五月,为帱菜[4]敝而不反其常。君子之檃栝不可不谨也。慎之!兰茝、稿本[5],渐于蜜醴,一佩易之。正君渐于香酒,可谗而得也。君子之所渐,不可不慎也。”

曾子要离开了,晏子相送至郊外,说:“我听说,君子赠送人以美言,庶人赠送人以财物。我贫穷没有财物,冒昧以君子的身份,赠给你几句话:车子的轮子,本是泰山的树木,放置在檃栝之中,三五个月就成型了,即使包在车轮外面的皮革坏了,也不会返回到原来的状态。君子对于修身之檃栝不可不谨慎。一定要小心啊!兰茝、稿本,浸泡在甜酒中,佩带一次就更换了。正直的君子若终日浸泡在甜言蜜语里,谗言就在不知不觉中侵入了。君子对于所沾染的环境,不可以不谨慎啊。”

注释 1 曾子行,晏子从于郊:晏子死于公元前500年,此时曾子不过5岁左右的小孩,故这个典故并非历史事实。此事亦不见于《晏子春秋》。2 假于君子:晏子之谦辞,表示自己不够格成为君子。 3 示:通“置”。4 帱菜:当为“帱革”,缠在车毂周围的皮革。 5 兰茝(chǎi)、稿本:都是香草之名。

人之于文学[1]也，犹玉之于琢磨也。《诗》曰：“如切如磋，如琢如磨。”[2]谓学问也。和之璧[3]，井里之厥[4]也，玉人琢之，为天子宝。子赣、季路[5]，故鄙人也，被文学，服礼义，为天下列士。

人们对于文献典籍，就像玉器之于雕琢一样。有《诗》说：“如同打磨骨头、象牙，如同雕琢玉器、石头。”这说的就是学问。和氏璧，本来是乡下的一块石头，经过治玉人的雕琢，成为了天子的宝贝。子贡、子路，本来是卑陋之人，学习了文化典籍，遵从了礼仪道义，成为了天下的名士。

学问不厌，好士不倦，是天府[6]也。

学问不知道满足，喜好贤士不觉得厌倦，就是人天然的宝库。

君子疑则不言，未问则不立[7]，道远日益矣。

君子有疑问就不要说，没有请教过就不要说，道路长远，知识会一天天增加。

多知而无亲，博学而无方，好多而无定者，君子不与。

知识很多但没有特别的喜好，博学多闻但没有专攻的方向，广泛浏览但没有固定的目标，这样的人君子并不赞许。

少不讽[8]，壮不论议，虽可，未成也。

年少时不读书，长大后不发表议论，虽然资质尚好，但依然不能成才。

君子壹教，弟子壹学，亟[9]成。

君子一心一意教学，弟子一心一意学习，就能很快成功。

注释　1 文学：指文献典籍。　2 此句引自《诗经·卫风·淇奥》。此诗写一位女子对其钟爱之人的刻骨深情。《毛诗传》云：“治骨曰切，象曰磋，玉曰琢，石曰磨。”这里都代指对于学问的精益求精。　3 和之璧：即“和氏璧”。相传是春秋时期楚国人卞和发现的一块宝玉。事见《韩非子·和氏》。　4 井里之厥：古人饮井水而居，故乡里又称井里。厥，楔形石头，用来固定门。事见《晏子春秋·杂上二三》云：“和氏之璧，井里之困也。”

这里的说法与《韩非子》略不同。 5 子赣、季路：即孔子的学生子贡、子路。 6 天府：人人皆有的天然宝库。也就是说，只要人做到“学问不厌，好士不倦”，那么，人自身就有宝库，不必外求。 7 立：当为“言”。 8 讽：当为“讽诵”。 9 亟：急，迅速。

君子进则益上之誉而损下之忧。不能而居之，诬也；无益而厚受之，窃也。学者非必为仕，而仕者必如学。

子贡问于孔子曰：“赐倦于学矣，愿息事君。”孔子曰：“《诗》云：‘温恭朝夕，执事有恪。’[1]事君难，事君焉可息哉！”“然则，赐愿息事亲。”孔子曰：“《诗》云：‘孝子不匮，永锡尔类。’[2]事亲难，事亲焉可息哉！”“然则赐愿息于妻子。”孔子曰：“《诗》云：‘刑于寡妻，至于兄弟，以御于家邦。’[3]妻子难，妻子焉可息哉！”“然则赐愿息于朋友。”孔子曰：“《诗》云：‘朋友攸摄，摄以威仪。’[4]朋友难，朋友焉

君子出仕就能增进君主的荣誉而减少民众的忧患。没有才能却呆在官位上，就是欺骗；不能给君主与民众带来好处却享受丰厚的俸禄，就是盗窃。有学问的人未必出仕做官，但出仕做官的人一定要有学问。

子贡问于孔子说：“我倦怠于学问了，希望能止息于侍奉君主。”孔子回答说：“《诗》说：‘早晚都温和恭敬，做事谨慎有礼。’侍奉君主很难，侍奉君主怎么可以止息呢？”“那我希望止息于侍奉父母。”孔子回答说：“《诗》说：‘孝子不懈努力，永远赐福子孙。’侍奉父母很难，侍奉父母怎么能止息呢？”“那我希望止息于教养妻子。”孔子回答说：“《诗》说：‘作为妻子的模范，成为兄弟的表率，以此来治理国家。’教养妻子很难，教养妻子怎么可以止息呢？”“那我希望止息于交朋友。”孔子回答说：“《诗》说：‘朋友相互帮助，帮助要以礼义。’与朋友相处很难，交

可息哉！”“然则赐愿息耕。”孔子曰：“《诗》云：‘昼尔于茅，宵尔索绹，亟其乘屋，其始播百谷。’[5]耕难，耕焉可息哉！”“然则赐无息者乎？”孔子曰：“望其圹[6]，皋如[7]也，嵮如[8]也，鬲如[9]也，此则知所息矣。”子贡曰：“大哉死乎！君子息焉，小人休焉。”[10]

朋友怎么可以止息呢？”“那我希望止息于耕种。”孔子回答说：“《诗》说：‘白天割茅草，晚上搓绳子，急忙修好屋顶，又要开始播种了。’耕种很难，耕种怎么可以止息呢？”“那么，我就没有可以止息的时候吗？”孔子回答说：“远望那坟墓，高高的样子，像小山包，也像大鼎，在此才是可以止息的地方。”子贡说：“死亡之差别真是巨大啊！在君子叫安息，在小人叫休亡。”

注释　1 此句引自《诗经·商颂·那》。此诗写祭祀时的盛大场景。恪，谨慎。　2 此句引自《诗经·大雅·既醉》。此诗写祭祀时工祝传达神灵的旨意。不匮，不懈的努力；锡，通“赐”。　3 此句引自《诗经·大雅·思齐》。此诗乃周人祭祀周代文王及其母、妻，赞美其美德的歌。刑，通“型”，典范。寡妻，嫡妻。御，治理。　4 此句亦引自《诗经·大雅·既醉》。攸摄，帮助。攸，语助词。　5 此句引自《诗经·豳风·七月》。此诗描绘了一年之中农村的生活劳作画面。索绹，搓绳子。　6 圹：坟墓。　7 皋如：高高的样子。皋，通“高”。　8 嵮如：小山的样子。嵮，读为“颠”。　9 鬲(lì)如：鼎的样子。　10 子贡此言，类似的意思亦见于《礼记·檀弓上》：子张病，召申祥而语之曰：“君子曰终，小人曰死。吾今日其庶几乎？”君子与小人的这种区别，到底为何意？《礼记集说》卷十六引长乐黄氏之言说：“君子小人曰终曰死之别，盖言人生斯世，当尽人道。君子之人，人道既尽，则其死也为能终其事，故以终称之；若小人，则无可尽之道，只是形气消尽，故称之曰死。终以道言，死以形言。”这里的意思是，君子尽人道，但人道焉有全尽之日，故人生在世，一辈子须戒惧谨慎；

然而人的形气生命总有完结的时候，于是，留给君子一个问题：形气生命即将完结，但人道尚未全尽，吾人于此到底做得如何？是否无愧于天地神灵？君子于此总会有所省问。“吾今日其庶几乎？”正是子张的自省自问。一旦作这种自省自问，君子自当有所亏欠，但形气生命的完结给这种自省的亏欠暂时画上了句号。《论语·泰伯》载：曾子有疾，召门弟子曰：“启予足！启予手！诗云‘战战兢兢，如临深渊，如履薄冰’。而今而后，吾知免夫！小子！”曾子一辈子战战兢兢以尽人道，虽未能全尽，但临近死亡之际，终于可知，日后可免除这种战战兢兢的状态了。故死亡之于君子固有遗憾，但亦有暂时解脱之愉悦。这意味着，人只有全尽了人道，才能算使命终结了，才可算是安息。形气生命虽完结，但精神尚未休止。这是死之于君子曰终曰息之意。但小人全不顾人道，仅凭形气生命立于世，形气就是生命之全部，形气生命完结，一切都休亡。故死之于小人就是死就是休。死亡，就君子而言，乃是精神生命的终结与安息；就小人而言，乃是肉体生命的消亡。这种差别是巨大的，故子贡感叹“大哉死乎！”

《国风》[1]之好色也，传曰：“盈其欲而不愆[2]其止。其诚可比于金石，其声可内于宗庙。”《小雅》不以于污上[3]，自引而居下，疾今之政，以思往者，其言有文焉，其声有哀焉。

关于《国风》之描写美色，古书上说：“满足了人们的欲望但没有败坏礼义。它的礼义之诚可比于金石，它的音乐可入宗庙祭祀。”《小雅》的作者不被昏庸的君主所用，自动引退而甘居下位，怨愤当今之政治，思慕往古之王道，其言辞有文采，其声音很哀怨。

国将兴，必贵师而重傅，贵师而重傅则法度存。国将衰，必贱师

国家将要兴盛时，必然会尊敬老师而重视师傅，尊敬老师而重视师傅，那么国家就会有法度。国家将要灭亡时，必然会鄙视老师而看轻师傅，鄙视老师而看轻

而轻傅，贱师而轻傅则人有快[4]，人有快则法度坏。

师傅，那么人人就会有肆意妄为之心，人有肆意妄为之心，那么法度就必然会被破坏。

古者匹夫五十而士[5]。天子、诸侯子十九而冠[6]，冠而听治，其教至也。

古代的平民五十岁才出仕做官。天子、诸侯的儿子十九岁就行冠礼，冠礼后就处理政事，这是因为他们受到了良好的教育。

君子也者而好之，其人[7]也；其人而不教，不祥。非君子而好之，非其人也；非其人而教之，赍[8]盗粮，借贼兵也。

爱慕君子的人，就是理想的人；理想的人而不去教育他，就是不吉利。不爱慕君子，就不是理想的人；不理想的人而去教育他，就是把粮食送给强盗，把兵器借给盗贼。

不自嗛[9]其行者，言滥过。古之贤人，贱为布衣，贫为匹夫，食则饘粥[10]不足，衣则竖褐[11]不完；然而非礼不进，非义不受，安取此？

不自觉德行不足的人，往往肆意轻浮。古代的贤者，即使卑贱为布衣，贫穷如平民，甚至连稀饭都吃不上，粗布衣都不完好，然而不合乎礼义的官不做，不符合道义的礼不受，怎么会像前者那样轻浮呢？

注释　1《国风》:《诗经》分风、雅、颂，其中“风”就是指《国风》，即各地的民歌，多写各地之习俗与男女之恋情，但能做到温柔敦厚，发乎情而止乎礼义。“雅”分为《大雅》与《小雅》，其中《小雅》有些怨愤的诗。　2 愆：超过，败坏。　3 不以于污上：不被昏庸的君主所用。　4 快：肆意妄为以求快意。　5 士：通“仕”。　6 十九而冠：正常情况下，古代男子二十岁行冠礼，但因为天子、诸侯的儿子受到良好的教育，故提前一年，以便及早听政。　7 其人：指理想的人。　8 赍(jī)：把东西给别人。

9 嗛:亏欠,不足。 10 饘(zhān)粥:古代的粥,稠的叫"饘",稀的叫"粥"。
11 竖褐:制作粗糙的短衣。

子夏贫,衣若县鹑[1]。人曰:"子何不仕?"曰:"诸侯之骄我者,吾不为臣;大夫之骄我者,吾不复见。柳下惠与后门者同衣而不见疑,非一日之闻也。争利如蚤甲[2]而丧其掌。"

子夏家里贫穷,穿的衣服破烂得像悬挂的鹌鹑。有人问他:"你为什么不出仕做官?"子夏回答说:"诸侯看不起我的,我不愿做他的臣子;大夫看不起我的,我不想见到他。柳下惠与看门的人穿同样的衣服也没有人怀疑他的正直和德行,这不是一天的传闻了。为了求得一点小利而出仕就如同得到指甲而丧失手掌一样。"

君人者不可以不慎取臣,匹夫不可不慎取友。友者,所以相有也。道不同,何以相有也?均薪施火,火就燥;平地注水,水流湿。夫类之相从也,如此之著也,以友观人,焉所疑?取友善人,不可不慎,是德之基也。《诗》曰:"无将大车,维尘冥冥。"[3]言无与小人处也。

统治人的君主不可以不谨慎地选择臣子,百姓不可以不谨慎地选择朋友。朋友,就是相互友爱。奉行的道义不同,何以能相互友爱呢?把柴草平铺均匀,火一定向干燥的地方走;向平地里注水,水一定向潮湿的地方流。同类相互依从,是如此明显,依据朋友来观察人,有什么值得怀疑的呢?选择朋友,与人为善,不可以不谨慎,这是德行的根基。《诗》说:"不要推动那大车,尘土飞扬昏暗暗。"说的就是不要与小人相处。

蓝苴路作[4],似知而非。偄弱易夺[5],似仁

伺机欺诈,好像很有智慧,其实不是。软弱易于从人而改变志向,好像很

而非。悍戆[6]好斗，似勇而非。

仁慈，其实不是。凶悍刚直好斗，好像很勇敢，其实不是。

仁义礼善之于人也，辟之若货财粟米之于家也，多有之者富，少有之者贫，至无有者穷。故大者不能，小者不为，是弃国捐身之道也。

仁义礼善对于人来说，就好像货财粟米对于家庭一样，拥有得多就富足，拥有得少就贫穷，一点都没有就陷入困境。（若人没有仁义礼善）那么就大事不能做，小事又不做，这是灭国亡身的道路啊。

凡物有乘[7]而来，乘其出者，是其反者也[8]。

大凡事物之所以如此出现，必有其原因；若其以相反之结果出现，必有其相反的原因。

注释 1 县鹑：悬挂着的鹌鹑。形容衣服破烂。 2 蚤甲：指甲。 3 此句引自《诗经·小雅·无将大车》。此诗表现服役者的劳苦忧怨。将，推动；冥冥，昏暗的样子。 4 蓝苴(zū)路作：依刘师培的说法，此四字相当于"滥狙略诈"，即伺机欺诈之意。 5 偄(ruǎn)弱易夺：软弱容易改变志向。 6 戆(gàng)：刚直而愚蠢。 7 乘：原因。 8 此句话荀子所要说的就相当于德国哲学家莱布尼茨的充足理由律。这个规律是："任何一件事如果是真实的或实在的，任何一个陈述如果是真的，就必须有一个为什么这样而不那样的充足理由，虽然这些理由常常总是不能为我们所知道的。"荀子在此指出，无论事物如此出现，还是相反的方向出现，都必有各自的原因，尽管这个原因我们未必知道。

流言灭之，货色远之。祸之所由生也，生自纤纤也，是故君子蚤[1]绝之。

流言蜚语，消灭它；货物女色，远离它。灾祸之所以产生，往往是由于细微的地方不注意，所以君子应及早灭绝灾祸之苗头。

言之信者，在乎区盖[2]之间。疑则不言，未问则不立[3]。

说话可信的人，在于区分有把握与存疑的东西。存疑的不说，没有请教过的也不说。

知者明于事，达于数[4]，不可以不诚事[5]也。故曰："君子难说，说之不以道，不说也。"[6]

智慧的人精察于事情，通达于道理，不可以不真诚地与他们交往。所以说："君子难以使他们愉悦，不以君子之道与他们交往，他们不会愉悦。"

语曰："流丸止于瓯、臾[7]，流言止于知者。"此家言邪说之所以恶儒者也。是非疑则度之以远事，验之以近物，参之以平心，流言止焉，恶言死焉。

谚语说："滚动的圆球止于地面之凹凸处，流言蜚语止于智慧的人。"这就是诸子百家邪僻学说之所以痛恨儒者的根本原因。是非有疑问的时候，就以过去的事来衡量它，以近处的事来验证它，再以平和的态度来思考它，流言蜚语就中止了，邪恶的言论也就消亡了。

曾子食鱼有余，曰："泔之[8]。"门人曰："泔之伤人，不若奥[9]之。"曾子泣涕曰："有异心乎哉！"伤其闻之晚也。[10]

曾子吃鱼有所剩余，说："以米汁浸泡剩余的部分吧。"门人说："用米汁浸泡的鱼会伤害人的身体，不如腌制它吧。"曾子流着泪说："难道我别有用心吗？"伤心听到这种意见太晚了。

无用吾之所短遇人之所长，故塞而避[11]所短，移而从所仕[12]。疏知而不法，察辨而操辟[13]，勇果而无礼，君子之所憎恶也。

不要以自己的短处去对付别人的长处，所以应掩盖、回避自己之所短，转而发挥自己之所长。通达智慧但不合乎礼法，明察善辩但行为怪僻，勇敢果断但没有礼义，这是君子所憎恶的。

注释 1 蚤：同“早”。 2 区盖：区分与大概。区分，指有明确把握的东西；大概，指没有把握的东西。可信的人在二者之间能有所区分。 3 立：当为“言”。 4 数：事理。 5 事：打交道。 6 此句引自《论语·子路》。说，通“悦”。 7 瓯、臾：本指盛物的瓦器，这里指地凹凸不平。 8 泔之：用米汁浸泡剩下的鱼。 9 奥：腌制。 10 曾子的意思是，他让人浸泡剩下的鱼并非想去伤害人，只是不知道这样会伤害人，伤心别人没有早点告诉他，故流泪。 11 塞而避：掩盖且回避。 12 移而从所仕：移，转过来；仕，当为“任”。 13 操辟：行为怪僻。

多言而类，圣人也；少言而法，君子也；多言无法而流喆然[1]，虽辩，小人也。

说得多且统类一贯，是圣人；说得少但符合法度，是君子；说得多但没有法度沉醉于其中，虽然能言善辩，也是小人。

国法禁拾遗，恶民之串[2]以无分得也，有夫分义，则容天下而治；无分义，则一妻一妾而乱。

国家法律禁止捡丢失的东西，这是憎恶百姓习惯于不按等级名分获得财物。有了名分等级，那么天下也能治理得好；没有名分等级，即使一妻一妾也会混乱不堪。

天下之人，唯[3]各特意哉，然而有所共予[4]也。言味者予易牙[5]，言音者予师旷[6]，言治者予三王[7]。三王既已定法度、制礼乐而传之，有不用而改自作，何以异于变易牙之和、更师旷之律？无三王之法，天下不待亡，国

天下的人，虽然各人有各人的想法，但还是有共同赞许的东西。说起味道就赞许易牙，说起音乐就赞许师旷，说起治理就赞许三代的君王。三代的君王既然已经确立了法度，制定了礼乐并流传了下来，如果不用而自己另搞一套，那与改变易牙的味道，变更师旷的音乐有什么区别？没有三代君王的法

不待死。

饮而不食者，蝉也；不饮不食者，浮蝣[8]也。

虞舜、孝己，孝而亲不爱；比干、子胥，忠而君不用；仲尼、颜渊[9]，知而穷于世。劫迫于暴国而无所辟之，则崇其善，扬其美，言其所长，而不称其所短也。

惟惟[10]而亡者，诽也；博而穷者，訾[11]也；清之而俞浊者，口也。

君子能为可贵，不能使人必贵己；能为可用，不能使人必用己。

诰誓[12]不及五帝，盟诅[13]不及三王，交质子[14]不及五伯。

度，天下很快就会灭亡，国家很快就会崩溃。

只喝水不吃食物的，是蝉；不喝水不吃食物的，是浮蝣。

虞舜、孝己，孝顺而父母不疼爱；比干、子胥，忠诚而君主不能用；仲尼、颜渊，智慧而困厄于当世。被迫生活在残暴的国家且无法逃避，那么就推崇善良，宣扬美德，谈论国家的长处而不谈论国家的短处。

唯唯诺诺而导致灭亡的，是因为诽谤；知识渊博却陷入穷困的，是因为诋毁人；欲清白却更加浑浊的，是因为口舌。

君子能够使自己尊贵，但不能使人一定尊贵自己；君子能够成为可用之人，但不能使别人一定任用自己。

向天下发布的诫命与誓言追溯不到五帝，盟约追溯不到三王，交换儿子作为人质也追溯不到五霸。

注释 1 流喆然：当为“流湎然”，沉醉的样子。 2 串(guàn)：古代与“贯”通用，习惯。 3 唯：读为“虽”。 4 予：通“与”，赞许。 5 易牙：齐桓公的宠臣，善于烹饪，技艺极高，但品行败坏。为了深得齐桓公的欢心，曾把自己四岁的儿子做成人肉汤给齐桓公喝。管仲死后，与竖刁等发动政变，活活饿死齐桓公。 6 师旷（约前572—约前532）：字子野，晋悼公、晋平公时期的乐师，不但音乐造诣高，且满腹经纶，能言善辩，在他的协助下，晋国“始无乱政”。 **7** 三王：指三代的君王，即禹、汤、文王与武王。 **8** 浮蝣：一种朝生夕死的昆虫。 **9** 颜渊（前521—前481）：孔子弟子，以好学安贫、品行高洁著名，深得孔子赞许，后世尊之为复圣。今曲阜有颜庙及陋巷故址。 **10** 惟惟：即“唯唯”，指表面上唯诺恭顺的样子。 **11** 訾：说人坏话，诋毁。 **12** 诰誓：古代对臣下与士兵发布的诫命和盟誓。 **13** 盟诅：盟约。 **14** 交质子：古代诸侯把儿子送往别国作为人质。此句表示后世德义不足，故一代不如一代。

宥坐

[导读] 本篇专门辑录孔子及其弟子的言行故事，丰富了我们对于孔子思想的理解。其中最有启发意义的故事有三：其一，孔子诛杀少正卯。说明一个人的学说不能挑战社会普遍的人伦教化，这无关于学术自由。其二，释放父子诉讼中的不孝子。说明社会风气不好，统治者首先当反省自己的过错。其三，孔子困于陈、蔡，回答子路的质问。说明机遇并非人自身可把握的，但人不能因此而废学。君子求学，乃在于“为穷而不困，忧而意不衰也，知祸福终始而心不惑也”，不一定为见用而显达。另外，辑录的一些警句格言亦为《论语》所未载，说明孔子之言论，绝非《论语》一书所能容，可惜在历史流传中不知所踪了。

[原文]

孔子观于鲁桓公[1]之庙，有欹器[2]焉。孔子问于守庙者，曰：“此为何器？”守庙者曰：“此盖为宥坐之器。”孔子曰：“吾闻宥坐之器者，虚则欹，中则正，满则覆。”孔子顾谓弟子

[译文]

孔子参观鲁桓公的庙堂，看到了一个倾斜的容器。孔子问把守庙堂的人说：“这是什么器物？”把守庙堂的人说：“这大概是放在座位右边的一种器物。”孔子说：“我听说放在座位右边的器物，虚空的时候就歪斜，注水一半时就中正，水注满了就翻倒了。”孔子

曰："注水焉。"弟子挹[3]水而注之。中而正，满而覆，虚而欹。孔子喟然而叹曰："吁！恶有满而不覆者哉！"子路曰："敢问持满有道乎？"孔子曰："聪明圣知，守之以愚；功被天下，守之以让；勇力抚世，守之以怯，富有四海，守之以谦。此所谓挹[4]而损之之道也。"

回头对弟子们说："往里面注水。"弟子们舀水注入，果然注水一半就中正，水注满了就翻倒，而虚空的时候就歪斜。孔子喟然长叹说："哎！哪有满了而不倾倒的呢？"子路问道："我大胆地请问保持满的方法？"孔子说："若聪明圣智，就用愚笨来保持它；若功被天下，就用谦让来保持它；若勇力盖世，就用怯弱来保持它；若富有四海，就用节俭来保持它。这就是压制而减损的方法。"

注释 1 鲁桓公：鲁惠公之子，鲁隐公之弟，公元前712—前694年在位，为鲁国第十五位国君。后为齐国公子彭生所杀。 2 欹(qī)器：古代一种设计奇特的计时器，古人又以此作为座右铭，故又曰"宥坐""右坐"，即放在座位右边。因为这种器物，有"虚则欹，中则正，满则覆"的特点，君子多以此观德。 3 挹：把液体盛出来，舀。 4 挹：通"抑"。

孔子为鲁摄相[1]，朝七日而诛少正卯[2]。门人进问曰："夫少正卯，鲁之闻人也，夫子为政而始诛之，得无失乎？"孔子曰："居！吾语女其故。人有恶者五，而盗窃不与焉：一曰心达而险，二曰行辟而坚，三

孔子在鲁国做代理宰相，上任七天就诛杀了少正卯。门人进来问道："少正卯，是鲁国的著名人物，老师当政就先杀他，这样做没有过失吗？"孔子说："坐下来。我告诉你这样做的原因。人的恶行有五种，但盗窃不算在内：第一是脑子灵活但用心险恶，第二是行为邪僻但坚定顽固，第三是说话虚

曰言伪而辩，四曰记丑而博，五曰顺非而泽。此五者有一于人，则不得免于君子之诛，而少正卯兼有之。故居处足以聚徒成群，言谈足饰邪营众，强足以反是独立，此小人之桀雄[3]也，不可不诛也。是以汤诛尹谐[4]，文王诛潘止[5]，周公诛管叔，太公诛华仕[6]，管仲诛付里乙[7]，子产诛邓析、史付[8]。此七子者，皆异世同心，不可不诛也。《诗》曰：'忧心悄悄，愠于群小。'[9]小人成群，斯足忧也。"

伪但善于狡辩，第四是善记丑恶且广泛多样，第五是顺从邪恶又加以润色。这五种恶行有一处在人身上体现，就免不了被君子诛杀，但少正卯五者兼有。所以他居住的地方足以聚集成群的门徒，他的言论足以粉饰邪恶迷惑大众，他持论之坚足以反对正道而自成一说，这是小人中最坏的，不可不诛杀。所以商汤杀了尹谐，文王杀了潘止，周公杀了管叔，太公杀了华仕，管仲杀了付里乙，子产杀了邓析、史付。这七个人，虽然不在同一时期，但邪恶之心是一样的，不能不诛杀。《诗》说：'忧心忡忡，被群小所怨恨。'小人成群结队，这是很值得忧虑的事。"

【注释】 1 摄相：此时孔子为鲁国大司寇，摄行相事，即代理宰相。 2 少正卯：春秋时期鲁国大夫，能言善辩，但不顾伦理，大概类似于邓析这样的人物，也类似于西方的智者派。与孔子同时兴办私学，多次把孔子的学徒吸引过去，引起轰动，故成"闻人"。孔子摄行相事七天，即诛杀了他。但历史上是否真有此事，尚存在争论。 3 桀雄：英雄中的特出者，即枭雄。这里是指小人中最坏的。 4 尹谐：人名，不详。 5 潘止：人名，不详。 6 华仕：西周初年齐国的隐士。《韩非子·外储说右上》载其言曰："吾不臣天子，不友诸侯，耕作而食之，掘井而饮之，吾无求于人也。无上之名，无君之禄，不事仕而事力。" 7 付里乙：人名，不详。 8 史付：人名，不详。 9 此句引自《诗经·邶风·柏舟》。此诗写对环境恶劣的愤懑。

孔子为鲁司寇[1]，有父子讼者，孔子拘之，三月不别[2]。其父请止，孔子舍之。季孙[3]闻之不说，曰："是老也欺予。语予曰：'为国家必以孝。'今杀一人以戮[4]不孝，又舍之。"冉子[5]以告。孔子慨然叹曰："呜呼！上失之，下杀之，其可乎？不教其民而听其狱，杀不辜也。三军大败，不可斩也；狱犴[6]不治，不可刑也，罪不在民故也。嫚[7]令谨诛，贼也。今生也有时，敛也无时，暴也；不教而责成功，虐也。已此三者，然后刑可即也。《书》曰：'义刑义杀，勿庸以即，予维曰未有顺事。'[8]言先教也。

孔子为鲁国司寇时，有一对父子打官司，孔子把儿子给拘留了，三个月没有审判。他的父亲请求停止诉讼，孔子就把儿子给放了。季孙氏听到以后很不高兴，说："这位老先生欺骗我，他曾经告诉我：'治理国家必须以孝道。'现在只要杀了这个人就可以警示不孝的人，他却把这个人放了。"冉求把这件事告诉了孔子。孔子感叹道："呜呼！君主失去正道，百姓在下被杀，这样可以吗？不教化民众而判决他们的诉讼，这是滥杀无辜。三军大败，不能全都斩首；法令不当，就不能用来处罚人，因为责任不在于百姓。放松法令而严苛诛杀，这是残害百姓。生产有时节的限制，而聚敛赋税却没有时限，这就是暴政；不教育百姓却要求他们成功，这就是虐待。只要停止了这三者，然后刑罚才能够施行。《尚书》说：'即使是符合道义的处罚与杀戮，也不要立即执行，我们只能责备自己没有把事情办好。'这是表明先要进行教育。

注释　1 司寇：古代掌管司法的最高行政长官。孔子于鲁定公十年至十三年（前 500—前 497）为鲁国司寇。　2 别：审理判决。　3 季孙：鲁国三桓之一的季孙氏，是鲁国实际把持朝政的贵族。这里的季孙是指季桓子,公元前505—前492年执政于定公、哀公时期。 **4** 戮:羞辱,警戒。 **5** 冉子:即孔子的学生冉求,他曾做过季氏宰。 **6** 犴(àn):牢狱。 **7** 嫚:通"慢",松弛。 **8** 此句引自《尚书·康诰》,但文句与今本《尚书》有出入。庸,用;顺事,把事情办理好。

"故先王既陈之以道,上先服之;若不可,尚贤以綦[1]之;若不可,废不能以单[2]之;綦三年而百姓往矣。邪民不从,然后俟之以刑,则民知罪矣。《诗》曰:'尹氏大师,维周之氐;秉国之均,四方是维;天子是庳,卑民不迷。'[3]是以威厉而不试,刑错而不用[4],此之谓也。今之世则不然:乱其教,繁其刑,其民迷惑而堕焉,则从而制之,是以刑弥繁而邪不胜。三尺之岸而虚车不能登也,百仞之山任负车[5]登焉,何则?陵迟[6]故也。数仞之墙而民不逾也,百仞之山而竖子冯而游焉[7],陵迟故也。今夫世之陵

所以先王既然已经制定了治国之道,君主就应该首先执行;如果还不能实行,就要任用贤能去劝教百姓;如果还不行,就罢免无能的人以震慑百姓;三年以后百姓就顺从教化了。奸邪之民不服从,然后再以刑罚处治,百姓就认识到其罪过了,所以威猛严厉的政令可不必尝试,刑罚也可放置起来不必使用。《诗》说:'尹氏太师,是周朝的砥柱;总理朝政,纲维天下;天子靠他辅佐,百姓因他而不迷失方向。'说的就是这个道理。当今之世则不是这样:政教混乱,刑罚繁多,若百姓迷惑而陷入法网,马上就制裁他们,所以刑罚越来越多但邪恶依然不能制止。三尺高的陡壁,空车也不能登越,百仞的高山,载重的车子依然可以越过,这是为什么?坡度缓和的缘故。数仞的高墙,一般人不能越过,但百仞的高山,小孩子可以登上去游玩,也是因为坡度缓和的缘故。当今之世浸润在败坏的风气中而不觉醒太久

迟亦久矣，而能使民勿逾乎！《诗》曰：'周道如砥，其直如矢。君子所履，小人所视。眷焉顾之，潸焉出涕。'[8] 岂不哀哉！"	了，人们能不越过礼法吗？《诗》说：'周道平坦如磨刀石，笔直得像飞箭。君子从那里走过，小人注视着它。留恋着回头看啊，不觉潸然泪下。'这种情况出现难道不可悲吗？"

注释　1 綦：通"惎"，劝教。　2 单：通"惮"，震慑。　3 此句引自《诗经·小雅·节南山》。大师，百官之长，即宰相；氐，基石；均，通"钧"，国政；庳，通"毗"，辅佐；卑，通"俾"，使。　4 是以威厉而不试，刑错而不用：此句当在"则民知罪矣"之后，译文移至此。　5 负车：载重的车子。　6 陵迟：坡度斜缓。　7 竖子冯(píng)而游焉：竖子，小孩子；冯，登。　8 此句引自《诗经·小雅·大东》。此诗写西周中晚期朝政昏暗中东方各国的不满情绪。砥，磨刀石。

《诗》曰："瞻彼日月，悠悠我思。道之云远，曷云能来？"[1] 子曰："伊稽首[2]，不其有来乎？"	《诗》说："仰望那高高的日月，我的思念无穷已。道是如此的遥远，怎样才能到来呢？"孔子说："你恭敬之至，道怎么会不来呢？"

注释　1 此句引自《诗经·邶风·雄雉》。此诗写一位妇女思念在前线作战的丈夫。　2 稽首：此二字颇为费解。杨倞解为"恭敬之至"，并云："有所不来者，为上失其道而人散也。若施德化，使下人稽首归向，虽道远，能无来乎？"俞樾释"稽"为"同"，"首"为"道"。此处取杨倞之解，因为内修其德以求道，乃中国之传统。

孔子观于东流之水。子贡问于孔子曰:“君子之所以见大水必观焉者,是何?”孔子曰:“夫水,大[1]遍与诸生而无为也,似德。其流也埤下[2],裾拘[3]必循其理,似义。其洸洸乎不淈尽[4],似道。若有决行之,其应佚[5]若声响,其赴百仞之谷不惧,似勇。主[6]量必平,似法。盈不求概[7],似正。淖约[8]微达,似察。以出以入,以就鲜洁,似善化。其万折也必东,似志。是故君子见大水必观焉。”

孔子观赏东去的流水。子贡向孔子请教说:“君子之所以看到大水必然要去观赏一番,这是为什么呢?”孔子回答说:“水,遍润万物但无声无息,这好像德。水流总是向下,曲折蜿蜒必定遵循这个规律,这好像义。浩渺渊博而不能穷尽,这好像道。如果决口引流,其奔腾之势犹如声响,即使百仞之深谷也不惧怕,这好像勇。注入容器时一定很平,这好像法。漫出来了也不用刮板刮平,这好像公正。柔弱得所有细微的地方都能达到,这好像明察。不断地用水冲洗后,万物就很新鲜洁净,这好像善于教化。它千回百转总是向东流,这好像志向。所以君子见到大水必然要去观赏。”

注释 1 大:衍文。 2 埤(bēi)下:低下。 3 裾拘(gōu):曲折。裾,与“倨”同;拘,读为“钩”。古代稍有曲折而呈钝角者称“倨”,曲折很大而呈锐角者称“钩”,曲折成直角者则称“矩”。 4 其洸(guāng)洸乎不淈(gǔ)尽:洸洸,水势浩渺;淈尽,竭尽。 5 佚:通“逸”,奔腾。 6 主:通“注”,注入。 7 概:古代量谷物时刮平斗斛的木板。 8 淖约:同“绰约”,柔弱的样子。

孔子曰:“吾有耻也,吾有鄙也,吾有殆[1]

孔子说:“我对有些事是觉得耻辱的,有些事我是很鄙视的,有些事是觉得危险也:幼不能强[2]学,老无以教之,吾耻之。去其故乡,事君而达,卒[3]遇故人,曾无旧言,吾鄙之;与小人处者,吾殆之也。”

的:幼小的时候不能勉力学习,年老以后没有什么东西可以教诲别人,我觉得耻辱。离开故乡,侍奉君主而显达了,突然遇到过去的朋友,竟然没有怀旧的话,我鄙视这种人。和小人终日相处,我觉得危险。”

孔子曰:“如垤[4]而进,吾与之;如丘而止,吾已矣。”今学曾未如疣赘[5],则具然欲为人师。

孔子说:“成就仅如小土堆,但努力向前,我是赞赏的;成就即使如丘山,但停止努力了,我却反对。”现在有些人学到的东西还不如一个肉瘤,却自我满足地想做别人的老师。

注释 1 殆:危险。 2 强:勉力。 3 卒:后多作“猝”。 4 垤(dié):小土堆。 5 疣赘(yóuzhuì):人体上的瘤子,比喻无用的东西。

孔子南适楚,厄于陈、蔡之间[1],七日不火食,藜羹不糂[2],弟子皆有饥色。子路进而问之曰:“由闻之:为善者,天报之以福;为不善者,天报之以祸。今夫子累德、积义、怀美,行之日久矣,奚居之隐[3]也?”孔子曰:“由不识,吾语女。女以知者为必用邪?王子比干

孔子往南准备到楚国去,被困厄于陈国与蔡国之间,七天没有吃过热饭了,菜汤里没有一粒米,弟子们都有饥饿之色。子路上前问孔子说:“我听说:行善的人上天报答以幸福,行不善的人上天报答以灾祸。如今老师您积累德行、奉行道义、胸怀美好,这样做已经很久了,但为什么处境依然如此穷困呢?”孔子说:“仲由,你不懂,我来告诉你。你以为智慧的人必然会被重用吗?王子比干不是被剖腹了吗!你以为忠诚的人必然会

不见剖心乎！女以忠者为必用邪？关龙逢不见刑乎！女以谏者为必用邪？吴子胥不磔姑苏东门外乎[4]！夫遇不遇者，时也；贤不肖者，材也。君子博学深谋不遇时者多矣！由是观之，不遇世者众矣，何独丘也哉！且夫芷兰生于深林，非以无人而不芳。君子之学，非为通也；为穷而不困，忧而意不衰也，知祸福终始而心不惑也。夫贤不肖者，材也；为不为者，人也；遇不遇者，时也；死生者，命也。今有其人，不遇其时，虽贤，其能行乎？苟遇其时，何难之有！故君子博学、深谋，修身、端行以俟其时。”孔子曰：“由！居！吾语女。昔晋公子重耳霸心生于曹[5]，越王句践霸心生于会稽[6]，齐桓公小白

被重用吗？关龙逢不是被刑戮了吗！你以为劝谏的人必然会被重用吗？伍子胥不是被碎尸在姑苏城东门之外了吗！得不得到君主的赏识，这是依靠机遇的；贤能还是不贤能，这是个人的资质。君子博学而深有谋略但不被明君赏识的人多得很啊。由此观之，没有机遇不被赏识的人很多，怎么会只有我孔丘一人呢！而且芷兰生于深山老林之中，并非无人赏识就不芬芳。君子努力求学，并不是为了显达，而是为了在穷困时内心不窘迫，忧患时意志不衰退，明白祸福生死而心灵不迷惑。贤能还是不贤能，这是资质问题；做还是不做，这是人品问题；赏识还是不被赏识，这是机遇问题；生与死，这是命运问题。假如现在有个人没有被赏识的机遇，即使很贤能，能有所作为吗？假如有被赏识的机遇，改变处境又有什么困难呢？所以君子渊博地学习、深潜而远谋、修养其身心、端正其行为，以等待被赏识的机遇。”孔子说：“仲由！坐下来！我告诉你。往昔晋国公子重耳称霸之心就产生于流亡途中的曹国，越王勾践复仇之心就产生于囚困的会稽山，齐桓公小白称霸之心就产生于

霸心生于莒[7]。故居不隐者思不远,身不佚[8]者志不广;女庸安知吾不得之桑落之下?”	出逃的莒国。所以处境不穷困的人思考不会广远,没有逃亡经历的人志向不会远大。你怎么知道我困厄在这桑叶飘零的树下一定没有机遇与作为呢!”

注释 **1** 厄于陈、蔡之间:《史记·孔子世家》记载了孔子周游列国而困厄于陈、蔡之间的故事:“闻孔子在陈、蔡之间,楚使人聘孔子。孔子将往拜礼,陈、蔡大夫谋曰:‘孔子贤者,所刺讥皆中诸侯之疾。今者久留陈、蔡之间,诸大夫所设行皆非仲尼之意。今楚,大国也,来聘孔子;孔子用于楚,则陈、蔡用事大夫危矣。’于是乃相与发徒役围孔子于野。不得行,绝粮。从者病,莫能兴。” **2** 藜羹不糂(sǎn):藜,一种野菜;糂,同“糁”,以米和羹。 **3** 隐:穷困。 **4** 吴子胥不磔(zhé)姑苏东门外乎:吴子胥,即“伍子胥”。伍子胥劝诫吴王夫差不要攻齐而先当灭越,但夫差听信谗言,以为伍子胥联合齐国反吴,赐剑勒令其自杀。相传伍子胥自杀后,头被割下挂在吴国国都的南城楼上,尸体被抛入江中。姑苏,地名,今苏州市。磔,古代的一种酷刑,碎尸。 **5** 重耳霸心生于曹:《史记·晋世家》记载了重耳经过曹国遭遇无礼对待之事:“过曹,曹共公不礼,欲观重耳骈胁。曹大夫釐负羁曰:‘晋公子贤,又同姓,穷来过我,奈何不礼!’共公不从其谋。”盖此次无礼事件激起了晋文公称霸诸侯的野心。 **6** 越王句践霸心生于会稽:《史记·越王勾践世家》记载了勾践困于会稽而立志图强的故事:“句践之困会稽也,喟然叹曰:‘吾终于此乎?’种曰:‘汤系夏台,文王囚羑里,晋重耳奔翟,齐小白奔莒,其卒王霸。由是观之,何遽不为福乎?’吴既赦越,越王句践反国,乃苦身焦思,置胆于坐,坐卧即仰胆,饮食亦尝胆也。曰:‘女忘会稽之耻邪?’” **7** 齐桓公小白霸心生于莒:《史记·齐太公世家》记载了齐桓公奔莒的故事:“初,襄公之醉杀鲁桓公,通其夫人,杀诛数不当,淫于妇人,数欺大臣,群弟恐祸及,故次弟

纠奔鲁。其母鲁女也。管仲、召忽傅之。次弟小白奔莒,鲍叔傅之。小白母,卫女也,有宠于釐公。”因为其母的缘故,齐桓公在莒可能没有受到礼遇。莒,今山东莒县。 **8** 佚:奔逃。

子贡观于鲁庙之北堂,出而问于孔子曰:“乡者赐观于太庙[1]之北堂,吾亦未辍,还复瞻被九盖皆继[2],被有说邪?匠过绝[3]邪?”孔子曰:“太庙之堂,亦尝有说,官致良工,因丽节文,非无良材也,盖曰贵文也。”

子贡参观鲁国宗庙的北堂,出来请教孔子说:“刚才我参观了太庙的北堂,我没有停歇,不停地观看,发现那九扇门都是用木头拼接起来的,这有什么讲究吗?还是木匠不小心把木材弄断了?”孔子说:“太庙的北堂,应该是有讲究的,官府招来精良的工匠,依据木材进行文饰,并非没有好的木材,大概是看重其间的文采吧。”

注释 **1** 太庙:天子的祖庙称太庙,但因为鲁国为周公的封地,故周公庙亦称太庙。 **2** 被九盖皆继:被,通“彼”;盖,通“阖”,门;继,拼接。**3** 绝:木匠不小心把木材弄断了。

子道

导读 本篇以“子道”为名，论述了做儿子或做臣子的道理。荀子借用孔子之口，说明一味地服从父命或君命，既不是孝，也不是忠。因此，君应有诤臣，父应有诤子，人应有诤友，并提出，“从道不从君，从义不从父，人之大行也”的最高原则。另外，本篇辑录的孔子与弟子们的对话，也极有启发性。如“奋于言者华，奋于行者伐。色知而有能者，小人也”，“知者自知，仁者自爱”，君子“有终身之乐，无一日之忧”，而小人则“有终身之忧，无一日之乐”。

原文

入孝出弟，人之小行也。上顺下笃，人之中行也。从道不从君，从义不从父，人之大行也。若夫志以礼安，言以类[1]使，则儒道毕矣。虽舜，不能加毫末于是矣。

译文

在家孝顺父母，出门尊敬长辈，这是人较小的德行。对上顺从对下厚道，这是人中等的德行。依从道而不依从君，依从义而不依从父，这是人最大的德行。如果能做到志向安于礼义，言论合乎法度，那么儒者之道就全尽了。即使是舜，也不能在此基础上增加一丝一毫。

注释 1 类：法度。

孝子所以不从命有三：从命则亲危，不从命则亲安，孝子不从命乃衷[1]；从命则亲辱，不从命则亲荣，孝子不从命乃义；从命则禽兽，不从命则修饰[2]，孝子不从命乃敬。故可以从而不从，是不子也；未可以从而从，是不衷也。明于从不从之义，而能致恭敬、忠信、端悫以慎行之，则可谓大孝矣。传曰："从道不从君，从义不从父。"此之谓也。故劳苦凋萃[3]而能无失其敬，灾祸患难而能无失其义，则不幸不顺见恶而能无失其爱，非仁人莫能行。《诗》曰："孝子不匮。"[4]此之谓也。

孝子可以不遵从命令的情形有三种：遵从命令父母就会危险，不遵从命令父母就很安全，孝子不遵从命令乃是忠的体现；遵从命令父母就会受到羞辱，不遵从命令父母就会得到荣耀，孝子不遵从命令乃是义的体现；遵从命令就如禽兽，不遵从命令就显得有教养，孝子不遵从命令乃是敬的体现。所以，应当遵从却不遵从，就是不孝之子；不应当遵从却遵从，乃是不忠的表现。明察于遵从与不遵从之间的大义，又能恭敬、忠信、端正诚实地谨慎执行它，就可谓大孝了。古书上说："遵从道而不遵从君，遵从义而不遵从父。"说的就是这个意思。所以身心劳苦憔悴但依然能不失对父母之敬意，面临灾祸患难但依然能不失对父母之道义，即使不幸因为不顺从而被父母憎恶但依然能不失对父母之爱，（这三者）如果不是仁德的人是不能够做到的。有《诗》说："孝子的孝心没有穷尽。"说的就是这个意思。

注释　1 衷：通"忠"。"尽己之谓忠"，即忠于做儿子的本分与道理。2 修饰：有教养。　3 凋萃：憔悴。　4 此句引自《诗经·大雅·既醉》。

鲁哀公[1]问于孔子曰:“子从父命,孝乎?臣从君命,贞乎?”三问,孔子不对。孔子趋出,以语子贡曰:“乡者,君问丘也,曰:‘子从父命,孝乎?臣从君命,贞乎?’三问而丘不对,赐以为何如?”子贡曰:“子从父命,孝矣;臣从君命,贞矣。夫子有奚对焉?”孔子曰:“小人哉!赐不识也。昔万乘之国有争[2]臣四人,则封疆不削;千乘之国有争臣三人,则社稷不危;百乘之家有争臣二人,则宗庙不毁。父有争子,不行无礼;士有争友,不为不义。故子从父,奚子孝?臣从君,奚臣贞?审其所以从之之谓孝、之谓贞也。”

鲁哀公问孔子说:“儿子遵从父命,算是孝吗?臣子遵从君命,算是忠吗?”问了三遍,孔子都没有回答。孔子快步出来,对子贡说:“刚才哀公问我,说:‘儿子遵从父命,算是孝吗?臣子遵从君命,算是忠吗?’问了三遍我都没有回答,你以为如何?”子贡说:“儿子遵从父命,就是孝;臣子遵从君命,就是忠。老师您还有什么说的呢?”孔子说:“真是个小人啊!子贡你不懂。以前拥有万乘战车的国家有四个谏诤的臣子,那么疆域就不会被削减;拥有千乘战车的国家有三个谏诤的臣子,那么社稷就不会危险;拥有百乘战车的家族有谏诤的臣子二人,那么宗庙就不会毁坏。父亲有谏诤的儿子,就不会行无礼之行;士人有谏诤的朋友,就不会做不义之事。所以儿子一味地遵从父亲,怎么能是孝子?臣子一味地遵从君主,怎么算是忠臣?审察为什么要遵从,这才是孝,这才是忠。”

注释 **1** 鲁哀公:鲁定公之子,春秋时期鲁国第二十六任君主,公元前494—前468年在位。 **2** 争:通“诤”。

子路问于孔子曰："有人于此，夙兴夜寐，耕耘树艺[1]，手足胼胝[2]，以养其亲，然而无孝之名，何也？"孔子曰："意者身不敬与？辞不逊与？色不顺与？古之人有言曰：'衣与，缪与，不女聊。'[3]今夙兴夜寐，耕耘树艺，手足胼胝，以养其亲，无此三者，则何以[4]为而无孝之名也？意者所友非仁人邪[5]？"孔子曰："由，志之！吾语女。虽有国士之力，不能自举其身，非无力也，势不可也。故入而行不修，身之罪也；出而名不章[6]，友之过也。故君子入则笃行，出则友贤，何为而无孝之名也？"

子路向孔子请教说："这里有一个人，他早起晚睡，耕耘种植，手脚都起了老茧，奉养他的父母，但是还是没有孝顺的名声，这是为什么呢？"孔子回答说："可能是态度不恭敬吧？言辞不谦逊吧？脸色不温顺吧？古人有言说：'给我穿的，给我吃的，但对我不恭敬，依然不靠你。'早起晚睡，耕耘种植，手脚都起了老茧，奉养他的父母，又没有这三种行为，那为什么还是没有孝顺的名声呢？可能是所交的朋友不是仁德的人吧？"孔子说："仲由，你记住！我告诉你。即使有全国闻名的大力士的气力，但并不能举起自身，并不是力量不够，而是客观上不许可。所以在家行为不端正，是自己的罪过；在外而名声不显扬，是朋友的罪过。因此君子在家则行为敦厚，在外则结交贤能，这样，怎么会没有孝顺之名声呢？"

注释　1 树艺：种植。　2 胼胝(piánzhī)：手脚上的老茧。　3 衣与，缪(lù)与，不女聊：这里的"衣"与"缪"都作动词，给予……衣食。缪，通"穋"。聊，依靠。　4 以：衍文。　5 意者所友非仁人邪：《荀子集解》无此句，但王念孙以为当有此句，故依《韩诗外传》卷九第四章补。　6 章：彰显。

子路问于孔子曰："鲁大夫练而床[1]，礼邪？"孔子曰："吾不知也。"子路出，谓子贡曰："吾以夫子为无所不知，夫子徒[2]有所不知。"子贡曰："女何问哉？"子路曰："由问：'鲁大夫练而床，礼邪？'夫子曰：'吾不知也。'"子贡曰："吾将为女问之。"子贡问曰："练而床，礼邪？"孔子曰："非礼也。"子贡出，谓子路曰："女谓夫子为有所不知乎？夫子徒无所不知。女问非也。礼，居是邑，不非其大夫。"

子路向孔子请教说："鲁国大夫头戴白绢为父母举行周年祭祀时睡在床上，这符合礼制吗？"孔子回答说："我不知道。"子路出来，对子贡说："我以为老师无所不知，老师竟然也有不知道的。"子贡说："你问什么了？"子路说："我问：'鲁国大夫头戴白绢为父母举行周年祭祀时睡在床上，这符合礼制吗？'老师说：'我不知道。'"子贡说："我去替你问一下。"子贡问道："戴白绢为父母举行周年祭祀时睡在床上，这符合礼制吗？"孔子说："不符合礼制。"子贡出来，对子路说："你以为老师有所不知吗？老师没有什么不知道的。是你问得不对。依据礼制，居住在这个地方，不非议此地的大夫。"

注释 **1** 练而床：古代父母死后一年要举行祭祀，称为小祥。举行这种祭祀时主人头上要戴白色的熟绢，故称为练。根据古代礼制，举行小祥之祭时，主人住在涂刷过白土的简陋房屋中，只睡席而不能睡床，要到三年丧期满后除去丧服才能睡床。鲁大夫练而床，显然违背礼制。**2** 徒：独。

子路盛服见孔子。孔子曰："由，是裾裾[1]，何也？昔者江出于岷山[2]，

子路穿着华丽的服饰去见孔子。孔子说："仲由，穿着如此华丽，这是为何？长江发源于岷山，开始流出时，它

其始出也，其源可以滥觞[3]，及其至江之津也，不放舟[4]、不避风，则不可涉也，非维下流水多邪？今女衣服既盛，颜色充盈，天下且孰肯谏女矣？由！”子路趋而出，改服而入，盖犹若[5]也。孔子曰：“志之！吾语女。奋于言者华[6]，奋于行者伐，色知[7]而有能者，小人也。故君子知之曰知之，不知曰不知，言之要也；能之曰能之，不能曰不能，行之至也。言要则知，行至则仁。既知且仁，夫恶有不足矣哉？”

的水流小得可以漂浮酒杯，及至流到长江的渡口时，如果不并排舟船、不避开风浪就不能渡过去。这不就是下游水大的缘故吗？现在你穿着华丽的服饰，神气十足，天下有谁愿意来规劝你呢？仲由！”子路快步出来，换了服饰进去，显得舒和恬淡。孔子说：“记住，我告诉你。说话时高亢气盛的人往往浮夸，行动时趾高气扬的人往往炫耀，从脸色上一眼就可以看出其才能的人，一定是小人。所以君子知道就说知道，不知道就说不知道，这是说话的要领；能够做到就说能够做到，不能够做到就说不能够做到，这是行为的最高原则。说话遵守要领就是智慧，行为符合原则就是仁德。既智慧又仁德，哪里有什么不足的地方呢？”

注释　1 裾(jū)裾：服饰华美。　2 岷山：今四川中北部，长江黄河的分水岭。　3 滥觞：漂浮酒杯。　4 放舟：读作“方舟”，即两舟船并排。　5 犹若：舒和恬淡的样子。　6 奋于言者华：奋，高亢气盛，趾高气扬；华，通“哗”，浮夸。　7 色知：从脸色上即可知。

子路入。子曰：“由，知者若何？仁者若何？”子路对曰：“知者使人知

子路进来。孔子说：“仲由，聪明的人怎么做？仁德的人怎么做？”子路回答说：“聪明的人使别人了解自己，仁德

己，仁者使人爱己。”子曰：“可谓士矣。”子贡入。子曰：“赐，知者若何？仁者若何？”子贡对曰：“知者知人，仁者爱人。”子曰：“可谓士君子矣。”颜渊入。子曰：“回，知者若何？仁者若何？”颜渊对曰：“知者自知，仁者自爱。”[1]子曰：“可谓明君子矣。”

子路问于孔子曰：“君子亦有忧乎？”孔子曰：“君子，其未得也，则乐其意；既已得之，又乐其治。是以有终身之乐，无一日之忧。小人者，其未得也，则忧不得；既已得之，又恐失之。是以有终身之忧，无一日之乐也。”

的人使别人热爱自己。”孔子说：“你可以称作士了。”子贡又进来了。孔子说：“端木赐，聪明的人怎么做？仁德的人怎么做？”子贡回答说：“聪明的人了解别人，仁德的人关爱别人。”孔子说：“你可以称作士君子了。”颜渊又进来了。孔子说：“颜回，聪明的人怎么做？仁德的人怎么做？”颜渊回答说：“聪明的人了解自己，仁德的人关爱自己。”孔子说：“你可以称作贤明的君子了。”

子路向孔子请教说：“君子也有忧患吗？”孔子回答说：“君子，他未得到职位的时候，因其志向而快乐；得到职位以后，因有所作为而快乐。所以君子终生都很快乐，没有一天有忧患。小人，他未得到职位的时候，忧患得不到；得到职位以后，又恐怕失去了这个职位。所以小人终生都很忧患，没有一天快乐。”

注释 1 颜渊这句话的意思是，聪明的人当了解自己，有何优长，有何不足。苏格拉底之名言“认识你自己”，即是此意。仁德的人当关爱自家生命，不使其放肆淫邪。孔子曰：“古之学者为己。”（《论语·宪问》）就是此意。万不可把“仁者自爱”理解为一个自利主义者。

法行

导读　本篇引用孔子与曾子的言论，说明君子修行守礼的重要性。故在荀子那里，礼即法。此篇留下了不少格言警句，如“君子苟能无以利害义，则耻辱亦无由至矣”，“是故君子少思长，则学；老思死，则教；有思穷，则施也”。

原文

公输[1]不能加于绳，圣人莫能加于礼。礼者，众人法而不知，圣人法而知之。

曾子曰：“无[2]内人之疏而外人之亲，无身不善而怨人，无刑已至而呼天。内人之疏而外人之亲，不亦远乎[3]？身不善而怨人，不亦反乎？刑已至而呼天，不亦晚乎？《诗》曰：‘涓涓源水，不雝不塞。毂已破

译文

公输般对于绳墨不能有所增益，圣人对于礼也不能有所增益。礼，众人遵循却不知其所以然，圣人也要遵循却知其所以然。

曾子说：“不要疏远家人而亲近外人，不要自己不善而埋怨别人，不要刑罚已经来临而去呼天抢地。疏远家人而亲近外人，不是违反人情之理吗？自己不善而埋怨别人，不是舍近求远吗？刑罚已经来临而去呼天抢地，不是太晚了吗？有《诗》说：‘涓涓细流，不堵塞就不会断绝。车毂已经破碎，

碎，乃大其辐。事已败矣，乃重大息。’[4]其云益乎？”

才想到去增大轮辐。事情已经失败了，却反复叹息。’这又有什么用处呢？”

曾子病[5]，曾元[6]持足。曾子曰：“元，志之！吾语汝。夫鱼鳖鼋鼍犹以渊为浅而堀[7]其中，鹰鸢[8]犹以山为卑而增巢其上，及其得[9]也，必以饵。故君子苟能无以利害义，则耻辱亦无由至矣。”

曾子病得厉害，曾元抱着他的脚。曾子说：“曾元，你记住！我告诉你。鱼鳖鼋鼍还嫌深渊太浅了而要在底下挖洞，鹰鸢还嫌高山太低了而要在上面筑巢，但还是能够被人捕获，那一定是因为抗拒不了诱饵。所以君子如果能够做到不以利益伤害道义，那么耻辱是没办法到来的。”

注释　1 公输（前507—前444）：又称公输般、公输盘，即民间惯称的“鲁班”，著名的能工巧匠。　2 无：通“毋”。　3 不亦远乎：此处的“远”应与下文的“反”互换。　4 此句不见于今本《诗经》，当为佚诗。雠，通“壅”；重，反复；大息，叹息。　5 病：古代病轻为疾，病重为病。　6 曾元：曾子的儿子。　7 堀：通“窟”。下脱落一“穴”字。　8 鸢（yuān）：鹰的一种。　9 得：被捕获。

子贡问于孔子曰：“君子之所以贵玉而贱珉[1]者，何也？为夫玉之少而珉之多邪？”孔子曰：“恶！赐，是何言也！夫君子岂多而贱之、少而贵之哉！夫玉者，君子比德焉。温润而泽，仁也；栗[2]而理，知也；坚刚

子贡问孔子说：“君子贵重美玉而轻视珉石，为什么？难道是因为美玉少而珉石多吗？”孔子说：“哪里！端木赐，这是什么话！君子怎么会因为多而轻视，因为少而贵重呢！美玉，君子以之比拟德行啊。温润而有光泽，像仁；坚实而有条理，像智；刚强而不屈服，像义；棱角分明而不伤

而不屈,义也;廉而不刿[3],行也;折而不桡[4],勇也;瑕適[5]并见,情也;扣之,其声清扬而远闻,其止辍然[6],辞也。故虽有珉之雕雕,不若玉之章章[7]。《诗》曰:'言念君子,温其如玉。'[8]此之谓也。"

人,像君子的德行;可折断但不会弯曲,像君子的勇敢;瑕疵不隐藏而在外,像君子的性情;敲打它,其声音清越悠扬,停下来就戛然而止,像君子的言辞。所以即使珉石雕琢花纹,也不及美玉的光亮洁白。有《诗》说:'思念那君子,温和如美玉。'说的就是这个意思。"

注释 1 珉(mín):似玉的美石。 2 栗:坚硬。 3 廉而不刿:廉,有棱角;刿,割伤。 4 桡:屈服。 5 瑕適(zhé):俱为玉中的瑕疵。 6 辍然:突然中止的样子。 7 章章:光亮洁白。 8 此句引自《诗经·秦风·小戎》。这是一首秦人的闺妇诗。

曾子曰:"同游而不见爱者,吾必不仁也;交而不见敬者,吾必不长也;临财而不见信者,吾必不信也。三者在身,曷怨人?怨人者穷,怨天者无识。失之己而反诸人,岂不亦迂哉!"

曾子说:"一起交游却不被别人喜欢,自己一定没有仁德;与人交往而不被别人尊敬,自己一定没有尊重别人;接近财物而不被别人信任,自己一定不够诚实。这三种情况同时在自己身上出现,怎么能埋怨别人?埋怨别人就会陷入穷困,埋怨上天就是没有见识。过失在于自己却反过来埋怨别人,难道这不是迂腐吗!"

南郭惠子[1]问于子贡曰:"夫子之门,何其杂也?"子贡曰:"君子正身以俟,欲来者不距[2],欲

南郭惠子问子贡说:"孔子的门徒,怎么那么芜杂?"子贡说:"君子修身以等待别人来求学,想来的不拒绝,想走

去者不止。且夫良医之门多病人,檃栝之侧多枉木。是以杂也。”

的不阻止。况且,良医的门内多是生病的人,檃栝的旁边多是弯曲的木头。这就是芜杂的原因。”

注释 1 南郭惠子:人名,不详。 2 距:同“拒”。

孔子曰:“君子有三恕[1]:有君不能事,有臣而求其使,非恕也;有亲不能报,有子而求其孝,非恕也;有兄不能敬,有弟而求其听令,非恕也。士明于此三恕,则可以端身矣。”

孔子说:“君子有三种恕道:自己的君主不能去侍奉,但希望能好好驱使臣子,这不是恕道;自己的父母不能去报恩,但希望儿子能好好地孝敬自己,这不是恕道;自己的兄长不能尊敬,但希望弟弟能好好地听从自己,这不是恕道。士人明察这三种恕道,就可以端正身心了。”

孔子曰:“君子有三思,而不可不思也。少而不学,长无能也;老而不教,死无思也;有而不施,穷无与也。是故君子少思长,则学;老思死,则教;有思穷,则施也。”

孔子说:“君子有三件事情是值得思考的,不可以不思考。年少时不学习,长大后就没有才能;年长时不去教育人,去世后就没有人思念;富有的时候不去施舍,贫穷的时候就没有人帮助。所以君子年少时思考年长时的境遇,就会学习;年老时思考去世时的境遇,就会去教育人;富足时思考贫穷时的境遇,就会去施舍。”

注释 1 恕:“推己之谓恕”,这意味着只有自己能够站立起来,才有恕道可言,故“推己”之前一定要“尽己”(“尽己之谓忠”)。因此,曾子说:“夫子之道,忠恕而已矣。”“忠恕”即“尽己”与“推己”一以贯之,不可分割。

这意味着,一个对自己表现忠道的人,多能对别人表现恕道;而一个不能对自己表现忠道的人,其恕道一定是假的。孔子在此所说的三种非恕道的情况,就是因为“尽己”处即忠道没有做到,故不可能有恕道。

哀公

导读　本篇通过鲁哀公与孔子的对话，表现了儒家的用人原则与政治理想。在对话中，孔子将人格分为五个等级：庸人、士人、君子、贤人及圣人。这五个等级的人格之于政治与社会的影响是不同的，故为政者当谨慎选拔人才。从外在表现上看，至少不应该选拔“健”“詌”“口哼”之人。同时，孔子强调统治者应关心百姓疾苦，并提出“君者，舟也；庶人者，水也。水则载舟，水则覆舟”的观点。另外，孔子提出“礼”有益于人之仁德的养成，而对于鲁哀公的“哀、忧、劳、惧、危”之问，孔子并没有像西方文化那样下定义，而是让人在真实的情景中去体会，这的确反映了圣人当机指点而引人入德的循循善诱。

原文

鲁哀公问于孔子曰：“吾欲论[1]吾国之士，与之治国，敢问何如取之邪？”孔子对曰：“生今之世，志古之道，居今之俗，服古之服，舍[2]此而为非者，不亦鲜乎？”哀公曰：“然

译文

鲁哀公问孔子说：“我想选择我们国家的士人，与他们一起治理国家，请问应该如何选取他们呢？”孔子回答说：“生在当今之世，期慕古代之道，处在时下习俗，穿着古代服饰，能够做到这些而为非作歹的人，不是很少吗！”哀公说：“那么，那些戴着礼帽、穿着絇

则夫章甫、絇屦、绅而搢笏者[3],此贤乎?"孔子对曰:"不必然。夫端衣、玄裳、絻而乘路者[4],志不在于食荤;斩衰、菅屦、杖而啜粥者[5],志不在于酒肉。生今之世,志古之道,居今之俗,服古之服,舍此而为非者,虽有,不亦鲜乎?"哀公曰:"善!"

饰的鞋子、腰束腰带插着笏板的人,都是贤能的人吗?"孔子回答说:"未必都贤能。但那些穿着端衣、玄裳,戴着礼帽乘坐大车的人,他们就不会想着去吃荤;穿着斩衰服、草鞋,拄着孝杖而喝粥的人,他们就不会想着去喝酒吃肉。生在当今之世,期慕古代之道,处在时下习俗,穿着古代服饰,能够做到这些而为非作歹的人,即使有,不是很少吗?"哀公说:"好。"

注释 1 论:选取。 2 舍:居住,处,引申为"做到"。 3 章甫、絇(qú)屦、绅而搢笏者:章甫,商代的一种礼帽。絇屦,古代鞋尖上带有装饰的鞋子。"绅"字之前脱落一"带"字。搢,插。 4 端衣、玄裳、絻(miǎn)而乘路者:端衣和玄裳都是祭祀时所穿的服饰。絻,通"冕",大夫以上的贵族所戴的礼帽。路,大车。 5 斩衰、菅(jiān)屦、杖而啜粥者:斩衰,古代丧服中的一种。菅屦,草鞋。杖,孝杖。守丧期间,孝子要穿着草鞋,拄着孝杖,喝粥。

孔子曰:"人有五仪[1]:有庸人,有士,有君子,有贤人,有大圣。"哀公曰:"敢问何如斯可谓庸人矣?"孔子对曰:"所谓庸人者,口不能道善言,心不知色色[2];不知选贤人善士托其身焉以为己

孔子说:"人有五种等级:庸人、士人、君子、贤人、圣人。"哀公说:"请问怎样的人叫作庸人?"孔子回答说:"所谓庸人,口里不能说良善的话,心里也不知道忧伤;(一旦有了忧患)也不知道交接贤人与善良之士帮助解除,行动时不知道要干什么,静处时

忧；勤[3]行不知所务，止交[4]不知所定；日选择于物，不知所贵；从物如流，不知所归；五凿[5]为正，心从而坏。如此，则可谓庸人矣。”

也不知要为何；终日在外物中奔驰，却不知什么贵重；顺从外物如同流水，却不知人生的归宿；以五官之感觉为主宰，心志依从于此而败坏。这样做的人，就是庸人。”

注释 1 仪：等级。 2 色色：当为“邑邑”，同“悒悒”，忧郁不舒畅。3 勤：当为“动”。 4 交：当为“立”。 5 五凿：即耳、目、鼻、口、身五种器官，又指喜、怒、哀、乐、怨五情。总之，以感觉为务。

哀公曰：“善！敢问何如斯可谓士矣？”孔子对曰：“所谓士者，虽不能尽道术，必有率[1]也；虽不能遍美善，必有处[2]也。是故知不务多，务审其所知；言不务多，务审其所谓；行不务多，务审其所由。故知既已知之矣，言既已谓之矣，行既已由之矣，则若性命肌肤之不可易也。故富贵不足以益也，卑贱不足以损也。如此，则可谓士矣。”

哀公说：“说得好！请问怎样才算是士人呢？”孔子回答说：“所谓士人，虽然不能精通治国的方法，但必定有所遵循；虽然不能尽善尽美，但必然有所坚持。所以知识不务求多，但一定审察其所知道的；言论也不求多，但一定审察其所要说的；做事也不求多，但一定审察其所要做的。因此知识既然已经掌握了，话已经说了，事已经做了，就像人的性命肌肤不可变易一样。所以富贵不能够使他觉得增加了什么，卑贱也不能够使他觉得减少了什么。这样做的人，就是士人。”

注释 1 率：遵循。 2 有处：有所坚持。

哀公曰:"善!敢问何如斯可谓之君子矣?"孔子对曰:"所谓君子者,言忠信而心不德,仁义在身而色不伐,思虑明通而辞不争。故犹然[1]如将可及者,君子也。"

哀公说:"说得好!请问怎样才算是君子呢?"孔子回答说:"所谓君子,言语忠贞可信但心里不觉得这是道德,仁义在身上处处体现但没有夸耀之颜色,思虑明辨通达但言辞上并不争辩,所以其舒缓轻快的样子好像可以被赶上一样,这就是君子。"

注释 1 犹然:舒缓轻快的样子。

哀公曰:"善!敢问何如斯可谓贤人矣?"孔子对曰:"所谓贤人者,行中规绳而不伤于本,言足法于天下而不伤于身,富有天下而无怨[1]财,布施天下而不病贫。如此,则可谓贤人矣。"

哀公说:"说得好!请问怎样才算是贤人呢?"孔子回答说:"所谓贤人,行为符合规矩法度而近于自然,说话堪为天下表率而不伤害自身,富有天下但没有私藏的财物,布施天下百姓但不担心自己受穷。这样,才算是贤人。"

注释 1 怨:通"蕴",蕴藏。

哀公曰:"善!敢问何如斯可谓大圣矣?"孔子对曰:"所谓大圣者,知通乎大道,应变而不穷,辨乎万物之情性者也。大道者,所以变化遂成万物也;情性者,所以理

哀公说:"说得好!请问怎样才算是圣人呢?"孔子回答说:"所谓圣人,智慧贯通大道,应变万事而不会穷困,能明辨万物之性情的人。大道,是变化而成就万物的根源;情性,是判断是非与取舍的根据。所

然不[1]、取舍也。是故其事大辨[2]乎天地,明察乎日月,总要万物于风雨,缪缪肫肫[3]。其事不可循[4],若天之嗣[5];其事不可识,百姓浅然不识其邻[6]。若此,则可谓大圣矣。”哀公曰:“善!”

以圣人的事业大得如同天地,明辨精察如同日月,总理万物如同风雨一样滋润,和美而又精密。他的事业不可模仿,就如天之主宰一样;他的事业也不能被认识,因寻常百姓日用而不知。这样,就可算是圣人。”哀公说:“说得好。”

注释 1 不:同“否”。 2 辨:通“遍”。 3 缪缪肫肫:缪缪,和美的样子。缪,通“穆”。肫肫,精密。肫,通“纯”。 4 循:通“揗”,模仿。 5 嗣:通“司”,掌管。 6 不识其邻:指百姓连身边的东西都不知道。所谓“帝力于我何有”,“日用而不知”。

鲁哀公问舜冠于孔子,孔子不对[1]。三问,不对。哀公曰:“寡人问舜冠于子,何以不言也?”孔子对曰:“古之王者,有务而拘领者[2]矣,其政好生而恶杀焉。是以凤在列树,麟在郊野[3],乌鹊[4]之巢可附而窥也。君不此问,而问舜冠,所以不对也。”

鲁哀公问舜所戴的帽子于孔子,孔子不回答。问了三次,还是不回答。哀公说:“我向你询问舜所戴的帽子,为什么总是不回答?”孔子回答说:“古代的王者,有戴便帽而穿便服的时候,但他的政治致力于使民生养而憎恶杀人,所以凤凰落在树林里,麒麟在郊外遨游,乌鸦、喜鹊之巢穴低头就可以看到。你不问这些,却问舜所戴的帽子,所以不回答。”

注释 1 孔子何以不对?因为哀公不问舜之德而徒问舜之服饰,故不对。 2 务而拘领者:务,通“冒”,便帽。拘领,古代正规的服装是方领,但便服是圆领。拘,与“勾”同,圆。 3 凤在列树,麟在郊野:凤凰与麒麟都是古代的瑞兽,象征仁政。 4 乌鹊:乌鸦与喜鹊。乌鸦反哺,是一种孝鸟。喜鹊则是一种吉祥之鸟。

鲁哀公问于孔子曰:“寡人生于深宫之中,长于妇人之手,寡人未尝知哀也,未尝知忧也,未尝知劳也,未尝知惧也,未尝知危也。”孔子曰:“君之所问,圣君之问也。丘,小人也,何足以知之?”曰:“非吾子,无所闻之也。”孔子曰:“君入庙门而右,登自胙阶[1],仰视榱栋[2],俯见几筵[3],其器存,其人亡,君以此思哀,则哀将焉而不至矣?君昧爽而栉冠[4],平明而听朝,一物不应,乱之端也,君以此思忧,则忧将焉而不至矣?君平明而听朝,日昃[5]而退,诸侯之子孙必有在君之末庭[6]者,君以思劳,则劳将焉而不至矣?君出鲁之四门以望鲁四郊,亡国之虚则必有数盖[7]焉,君以此思

鲁哀公请教孔子说:“我生于深宫之中,在妇人的怀抱里长大,从不知道什么叫哀伤,什么叫忧患,什么叫辛劳,什么叫恐惧,什么叫危机。”孔子回答说:“你所问的,是圣君才能问的问题。孔丘,只是一个小人,怎么知道呢?”哀公说:“除了你,我没有什么地方能听到答案了。”孔子说:“你进入宗庙的大门向右,拾级而上,抬头看见庙堂的椽子与正梁,低头看见几筵上摆放的祭品,祖先所用过的器物还在,但人已亡故,你由此而去体会哀伤,哀伤感怎么会不到来呢?你黎明起来梳妆打扮,天亮时上朝听政,有一件事不顺适,就是混乱的开始,你由此而去体会忧患,忧患感怎么会不到来呢?你天亮时上朝听政,日落时才退朝,诸侯的子孙一定有以很低的身份在朝廷供职的,你由此而去体会辛劳,辛劳感怎么会不到来呢?你从鲁国的四个城门走出去眺望鲁国的四郊,灭亡之国的废墟必然有

惧，则惧将焉而不至矣？且丘闻之：'君者，舟也；庶人者，水也。水则载舟，水则覆舟。'君以此思危，则危将焉而不至矣？"

多处，你由此而去体会恐惧，恐惧感怎么会不到来呢？我听说：'君主，就如舟楫；百姓，就如流水。流水既可以承载舟楫，也可以倾覆舟楫。'你由此而去体会危机，危机感怎么会不到来呢？"

注释 1 胙阶：即"阼阶"，大堂前东边的台阶，是主人登堂的台阶。2 榱(cuī)栋：房屋中的椽(chuán)子与正梁。 3 几筵：这里指摆放祭祀供品的桌子。 4 昧爽而栉(zhì)冠：昧爽，黎明；栉冠，梳头带帽。 5 日昃：太阳偏西，即黄昏。 6 末庭：朝廷最末的座位上，即最低级的官员。7 亡国之虚则必有数盖：虚，"墟"的本字；盖，堆。

鲁哀公问于孔子曰："绅、委、章甫[1]有益于仁乎？"孔子蹴然[2]曰："君号[3]然焉！资衰、苴杖[4]者不听乐，非耳不能闻也，服使然也。黼衣、黻裳[5]者不茹荤，非口不能味也，服使然也。且丘闻之：'好肆不守折，长者不为市。'窃其有益与其无益，君其知之矣。"

鲁哀公请教孔子说："官员的腰带、委帽、章甫有益于人的仁德吗？"孔子变色而不安地说："你怎么问这样的问题！穿着丧服、拄着孝杖的人不听音乐，并不是耳朵不能听了，因为身着丧服而不应该听。穿着祭祀服的人不吃荤菜了，并不是嘴巴没有口味了，而是身着祭祀服而不应该吃了。我听说：'善于做生意的人不做亏本的行当，受尊敬的长者不到市场去做买卖。'它有益还是无益，你应该知道了吧。"

注释 1 委、章甫：委为周代的一种黑色丝质礼帽，上朝时戴；章甫为商代男子行冠礼后所戴的冠帽，表示已经成人。 2 蹴然：变色的样子。

3 号:当为“胡”。 4 资衰、苴杖:丧服与孝杖。 5 黼衣、黻裳:俱为祭祀服,前者白黑花纹,后者黑青花纹。

鲁哀公问于孔子曰:“请问取人。”孔子对曰:“无取健[1],无取詌[2],无取口哼[3]。健,贪也;詌,乱也;口哼,诞也。故弓调而后求劲焉,马服而后求良焉,士信悫而后求知能焉。士不信悫而有多知能,譬之其豺狼也,不可以身尔[4]也。语曰:‘桓公用其贼[5],文公用其盗[6]。’故明主任计不信怒,暗主信怒不任计。计胜怒则强,怒胜计则亡。”

鲁哀公请教孔子说:“请问如何选拔人才?”孔子回答说:“不要选拔争强好胜的人,不要选拔以势压人的人,不要选拔能说会道的人。争强好胜的人,易贪婪;以势压人的人,易混乱;能说会道的人,易荒诞。所以弓弩矫正以后才能求其强劲,马匹驯服以后才能求其精良,士人诚信敦厚才能求其知识与能力。如果士人不诚信敦厚但很有知识与才能,就好像豺狼一样,是不可接近的。谚语说:‘齐桓公任用贼人,晋文公任用强盗。’所以贤明的君主依据计谋策略而不是个人情感,昏庸的君主依据个人情感而不是计谋策略。计谋策略胜过个人情感就会强盛,个人情感胜过计谋策略就会灭亡。”

注释 1 健:争强好胜的人。 2 詌:通“钳”,以势压人的人。 3 口哼:能说会道的人。 4 尔:通“迩”,靠近。 5 桓公用其贼:指齐桓公任用管仲,管仲曾侍奉公子纠,并在公子纠与公子小白(齐桓公)争夺齐国君位的时候曾射杀齐桓公而未遂,但齐桓公即位后并没有处死管仲,反而重用管仲。 6 文公用其盗:指晋文公任用寺人披。寺人披本是晋国宫廷之近臣,晋献公曾派他去追杀重耳而未遂,重耳返国为晋文公以后,寺人披曾来求见,且告发吕甥、郤芮谋反,晋文公不计前嫌,亦重用寺人披。

定公[1]问于颜渊曰:"东野子[2]之善驭乎?"颜渊对曰:"善则善矣。虽然,其马将失[3]。"定公不悦,入谓左右曰:"君子固谗人乎?"三日而校[4]来谒,曰:"东野毕之马失。两骖列,两服入厩。"[5]定公越席而起曰:"趋[6]驾召颜渊!"颜渊至,定公曰:"前日寡人问吾子,吾子曰:'东野毕之驭,善则善矣。虽然,其马将失。'不识吾子何以知之?"颜渊对曰:"臣以政知之。昔舜巧于使民,而造父巧于使马。舜不穷其民,造父不穷其马,是[7]舜无失民,造父无失马也。今东野毕之驭,上车执辔,衔体正矣;步骤驰骋,朝礼[8]毕矣;历险致远,马力尽矣。然犹求马不已,是以知之也。"定公曰:"善!可得少进乎?"颜渊对曰:"臣

鲁定公请教颜渊说:"东野毕善于驾驭马匹吗?"颜渊回答说:"驾驭的技术确实很好。尽管如此,他的马匹将会奔逃。"鲁定公很不高兴,进去对旁边的人说:"君子难道应该诽谤人吗?"三天以后,养马的官员来禀告,说:"东野毕的马奔逃了。旁边的两匹马挣脱缰绳逃走了,中间的两匹马回到了马棚。"鲁定公离开座位站起来说:"赶快驾车去请颜渊来!"颜渊来了,鲁定公问道:"前天我问你,你说:'东野毕驾驭的技术,确实很好。尽管如此,他的马匹将会奔逃。'不知道你是如何知道这一点的?"颜渊回答说:"我是通过政治而知道的。往昔舜善于治理民众而造父善于驾驭马匹。舜不会使民众穷困,造父不会使马匹困乏,所以舜没有逃走的百姓,造父没有奔逃的马匹。现在东野毕驾驭马车,登上车子手握缰绳,马嚼子与马都端正了;快慢驰骋,都符合朝廷制定的御术之规定;历尽艰难险阻而到达远方,马匹之气力耗尽了。但是依然要求马不停歇,所以知道马匹必将奔逃。"鲁定公说:"说得好!能进一步引申一下吗?"颜渊回答说:"我听说:'鸟

闻之：'鸟穷则啄，兽穷则攫，人穷则诈。'自古及今，未有穷其下而能无危者也。"

走投无路了就会乱啄，兽走投无路了就会乱抓，人走投无路了就会奸诈。'自古及今，还没有使民众穷困而君主却安然无恙的。"

注释 1 定公：指鲁定公。鲁昭公的弟弟，鲁国第二十五位国君，公元前509—前495年在位。 2 东野子：即东野毕，善于驾驭马的人。 3 失(yì)：通"逸"，奔逃。 4 校：掌管养马的官。 5 两骖列，两服入厩：古代马车，一般是四匹马，旁边的两匹马叫骖，中间的两匹马叫服。列，通"裂"，挣脱缰绳逃走；厩，马棚。 6 趋(cù)：通"促"，赶快。 7 是：后脱落"以"字。 8 朝礼：古代士人必须掌握六艺，礼、乐、射、御、书、数，每一种都有礼仪规定。其中御就是指驾驭马车，它的礼仪规定是：鸣和鸾、逐水曲、过君表、舞交衢、逐禽左。这里规定了驾驭马车时其行进要与音乐相配合，遇到水面、君主、交叉路口时应如何做，田猎时应如何射获禽兽等。

尧问

导读 本篇通过对话劝诫以明统治者应当具备的为政品格,如任用贤能,礼贤下士,谦卑博施等。最后一段大概是荀子门人所作,希望世人能对乃师予以同情的理解。这对于后人如何理解荀子的思想,以及荀子与孔子、孟子的不同,具有启发意义。

原文

尧问于舜曰:“我欲致天下[1],为之奈何?”对曰:“执一无失,行微无怠,忠信无倦,而天下自来。执一如天地,行微如日月,忠诚盛于内,贲[2]于外,形于四海,天下其在一隅邪?夫有何足致也?”

译文

尧问舜说:“我想招致天下之民归附,该怎么做?”舜回答说:“执持治国大道不要丧失,在隐秘而人不见处做事也不懈怠,忠厚诚信不知疲倦,那么天下百姓就自然顺服了。执持治国大道如天地一样长久,在隐秘而人不见处做事像日月一样光明,忠厚诚信充盈于内,发扬于外,措施行于四海。天下犹如房间里的一个角落,哪里用得着招致呢?”

注释 1 致天下:招致万民归顺自己,即平天下。 2 贲(fèn):通“奋”,发扬。

魏武侯[1]谋事而当,群臣莫能逮,退朝而有喜色。吴起进曰:"亦尝有以楚庄王之语闻于左右者乎?"武侯曰:"楚庄王之语何如?"吴起对曰:"楚庄王谋事而当,群臣莫逮,退朝而有忧色。申公巫臣[2]进问曰:'王朝而有忧色,何也?'庄王曰:'不穀[3]谋事而当,群臣莫能逮,是以忧也。其在中蘬[4]之言也,曰:"诸侯自为得师者王,得友者霸,得疑者存,自为谋而莫己若者亡。"今以不穀之不肖,而群臣莫吾逮,吾国几于亡乎!是以忧也。'楚庄王以忧,而君以憙[5]!"武侯逡巡[6],再拜曰:"天使夫子振寡人之过也。"

魏武侯谋事,每每都很恰当,群臣都不及他,退朝后心里很高兴。吴起进谏说:"曾经有人把楚庄王的话说给你听吗?"魏武侯说:"楚庄王的话怎么说?"吴起回答说:"楚庄王谋事很恰当,群臣都赶不上他,但退朝以后有忧郁之色。申公巫臣上前问道:'君王上朝以后面带忧郁,这是为什么?'楚庄王说:'我谋事恰当,群臣都赶不上我,所以忧郁。仲虺有言,说:"诸侯能够得到老师的就可以称王,得到朋友的就可以称霸,得到能解决疑问的就可以生存,只能自我谋划而没有人比得上的就会灭亡。"像我这样无能的人而群臣却没有人赶得上,我们国家几乎要灭亡了!所以才忧郁。'楚庄王因此而担忧,你却因此而高兴。"魏武侯后退而拜谢说:"上天让你来匡正我的过错啊。"

注释 1 魏武侯(?—前370):魏文侯的儿子,三家分晋后的魏国第二位国君,公元前395—前370年在位,在位期间把魏国的霸业推向高峰。 2 申公巫臣:楚国申邑大夫,屈姓,名巫臣。楚国僭称王,其大夫亦僭称公。 3 不穀:古代君王对自己的谦称。 4 中蘬(huǐ):同"仲虺(huǐ)",商汤的左丞相。《尚书·仲虺之诰》有"能自得师者王,谓人莫己若者亡。好问则裕,自用则小"。 5 憙:同"喜"。 6 逡巡:徘徊或后退。

伯禽[1]将归于鲁,周公谓伯禽之傅曰:“汝将行,盍志而子美德[2]乎?”对曰:“其为人宽,好自用,以慎。此三者,其美德已。”周公曰:“呜呼!以人恶为美德乎!君子好以道德,故其民归道。彼其宽也,出无辨[3]矣,女又美之!彼其好自用也,是所以窭[4]小也。君子力如牛,不与牛争力;走如马,不与马争走;知如士,不与士争知。彼争者,均者之气也,女又美之!彼其慎也,是其所以浅也。闻之曰:‘无越逾不见士。’见士问曰:‘无乃不察乎?’不闻[5],即物少至,少至则浅。彼浅者,贱人之道也,女又美之!”

伯禽将要回到鲁国,周公对伯禽的师傅说:“你马上就要走了,何不说一说你要辅佐的那个人的美德呢?”伯禽的师傅回答说:“伯禽为人宽厚,喜欢自己处理事情,而且谨慎。这三个方面,大概就是他的美德吧。”周公说:“哎!你把别人厌恶的东西当作美德吗?君子喜欢依据道德而行,所以他的民众就归于正道了。伯禽的所谓宽厚,乃是处理政事善恶不分,你却称美它。他喜欢自己处理政事,体现其气量局狭。君子气力大得如牛,但不与牛比力气;走路快如马,却不与马赛跑;智慧像士人一样高明,却不与士人争高低。争高下,是庸常人的意气之事,你却赞美它。他的谨慎,正是他浅陋的原因。我听说过这句话:‘不要怕僭越等级去接近士人。’见到士人要问:‘我是不是有不明察的地方?’不问,了解的事情就少,了解事情少就浅陋。浅陋,是卑贱者的为人之道,你却称美它。”

注释 1 伯禽:周公旦的长子,鲁国的第一位国君。周公旦受封鲁国,但因他需要在镐京辅佐周成王,故派伯禽代其受封鲁国。伯禽在位四十六年去世,死后其子鲁考公继位。 2 盍志而子美德:何不估量一下你辅佐的那个人的美德呢?志,说一说;而,你。 3 出无辨:处理政事没有善恶的分别。 4 窭(jù):气量局狭。 5 闻:通“问”。

“吾语女[1]:我,文王之为子,武王之为弟,成王之为叔父,吾于天下不贱矣,然而吾所执贽[2]而见者十人,还贽而相见者三十人,貌执[3]之士者百有余人,欲言而请毕事者千有余人,于是吾仅得三士焉,以正吾身,以定天下。吾所以得三士者,亡于十人与三十人中,乃在百人与千人之中。故上士吾薄为之貌,下士吾厚为之貌。人人皆以我为越逾好士,然故士至,士至而后见物,见物然后知其是非之所在。戒之哉!女以鲁国骄人,几矣!夫仰禄之士犹可骄也,正身之士不可骄也。彼正身之士,舍贵而为贱,舍富而为贫,舍佚而为劳,颜色黎黑而不失其所[4],是以天下之纪不息,文章不废也。”

周公对伯禽说:“我告诉你:我,是文王的儿子,武王的弟弟,成王的叔叔,在天下人中不算卑贱了,但是我需要拿着礼物去求见的有十人,需要回送礼物相见的有三十人,以礼相待的有百余人,想进言而我请他们把话说完的有千余人,在这些人当中我仅仅得到三个士人,以端正我的行为,既而安定天下。我所得的三个士人,不是在十人与三十人中挑选,而是在百人与千人中挑选。所以上等的士人我对他的礼貌要轻些,下等的士人我对他的礼貌要重些。人人都以为我僭越等级亲近士人,因此士人都来了,士人来了以后就能了解情况,了解情况以后就知道是非对错之所在了。警戒啊!你若因为贵为鲁国之君就傲慢地对待人,那就危险了!那些心念俸禄的士人犹可傲慢对待,那些身心端正的士人就不可傲慢对待了。那些身心端正的士人,舍弃尊贵而甘为卑贱,舍弃富裕而甘为贫穷,舍弃安逸而甘为辛劳,脸色黝黑也不放弃自己的理想,所以治理天下的纲纪流传不息,典章制度永立不废。”

注释 1 吾语女：依据《韩诗外传》卷三第三十一章，本段应该是周公对伯禽说的话。 2 执贽：拿着礼物（去拜见某人）。贽，礼物。后文的“还贽”，依据《仪礼·士相见礼》，初见长者应执贽而见，但受贽者觉得对方地位与自己等同，故要还礼，即“还贽”。 3 貌执：以礼相待。 4 其所：理想之所在。

语曰：缯丘之封人[1]见楚相孙叔敖曰：“吾闻之也：‘处官久者士妒之，禄厚者民怨之，位尊者君恨之。’今相国有此三者而不得罪楚之士民，何也？”孙叔敖曰：“吾三相楚而心愈卑，每益禄而施愈博，位滋尊而礼愈恭，是以不得罪于楚之士民也。”

传说：守卫曾国故地的官员去拜见孙叔敖时说：“我听说：‘久处官位的人士人就会妒忌，俸禄丰厚的人百姓就会怨恨，地位尊贵的人君主就会憎恶。’现在相国你具备这三者但没有得罪楚国的士人百姓，这是为什么？”孙叔敖回答说：“我三次为楚国丞相而心里愈加谦卑，每次增加俸禄而施舍愈加广博，地位越是尊贵而礼仪愈加恭敬，所以没有得罪楚国的士人百姓。”

注释 1 缯(zēng)丘之封人：缯，又作“曾”“鄫”，古国名，在今湖北随州一带。丘，废墟。盖此时曾国灭于楚，其故城已为废墟。封人，守卫曾国故地的官员。

子贡问于孔子曰：“赐为人下而未知也。”孔子曰：“为人下者乎？其犹土也。深抇[1]之而得甘泉焉，树之而五谷蕃焉，草木殖焉，禽

子贡请教孔子说：“我想为人谦卑却不知如何做。”孔子说：“为人谦卑吗？大概像土那样吧。深掘就会得到甘泉，播种就会五谷丰盛，草木因之而繁殖，禽兽以此而养育，活着

兽育焉，生则立焉，死则入焉，多其功而不息[2]。为人下者，其犹土也。”	时生息于其上，死了安息于其内，它的功劳很多但不自以为有功德。为人谦卑，就应该像土一样。”

注释 1 扫(hú)：掘。 2 息：当为“德”。

昔虞不用宫之奇而晋并之[1]，莱不用子马而齐并之[2]，纣刳王子比干而武王得之。不亲贤用知，故身死国亡也。	从前虞国不任用宫之奇就被晋国吞并了，莱国不任用子马就被齐国吞并了，纣王剖杀了王子比干，武王就得到了天下。不能亲近贤能、任用明智，所以导致身死国亡。

注释 1 虞不用宫之奇而晋并之：虞，春秋时的一个姬姓小国，故址在今山西平陆北。宫之奇，虞国的大夫。公元前655年，晋国借道虞国去攻打虢国，宫之奇劝谏虞国国君不要借道晋国，因为一旦晋国灭了虢国，就会一举灭掉虞国。虞国国君不听，果然不出宫之奇之所料，虞国为晋国所灭。 2 莱不用子马而齐并之：莱，春秋时的莱国，故址在今山东龙口东南，公元前567年为齐国所灭。子马，莱国的贤臣。

为说者曰：“孙卿不及孔子。”是不然。孙卿迫于乱世，鰌[1]于严刑；上无贤主，下遇暴秦；礼义不行，教化不成；仁者绌约[2]，天下冥冥；行全[3]刺之，诸侯大倾。当是时	议论者说：“孙卿（荀子）不如孔子。”这是不对的。孙卿遭遇乱世，迫于严刑峻法；上面没有贤明的君主，下面却有残暴的秦国引领风尚；礼义不能推行，教化不能成就；仁德的人罢黜而穷困，天下昏暗；行为完美的人被讽刺，诸侯之间相互倾轧。在这个时代，智慧的人

也，知者不得虑，能者不得治，贤者不得使。故君上蔽而无睹，贤人距而不受。然则孙卿怀将圣之心，蒙佯狂之色，视[4]天下以愚。《诗》曰："既明且哲，以保其身。"[5]此之谓也。是其所以名声不白，徒与不众，光辉不博也。今之学者，得孙卿之遗言余教，足以为天下法式表仪，所存者神，所过者化。观其善行，孔子弗过。世不详察，云非圣人，奈何？天下不治，孙卿不遇时也。

不能为国谋虑，有才能的人没有治理的机会，贤德的人不能被任用，所以君主被蒙蔽而看不见，贤能的人遭拒绝而不被接纳。尽管如此，孙卿依然胸怀圣人之心，不得不假装疯狂的神色，向天下人显示自己的愚蠢。《诗》说："既聪明又智慧，以保全自身。"说的就是这种情况。这就是他名声不显赫，门徒不众多，光辉不博大的原因。现在的学者，只要得到孙卿些许的言论与教诲，就足以作为天下的法则与标准，他所在的地方全部得到治理，他所经过的地方全部得到教化。观察其良善的行为，孔子也不能超过，但世人不能详细明察，说他不是圣人，如之奈何！天下得不到治理，因为孙卿没有得到治理的机会啊。

注释 1 鰌(qiū)：迫于。 2 绌约：不被任用而受穷困。 3 行全：德行完美。 4 视：通"示"。 5 此句引自《诗经·大雅·烝民》。

德若尧、禹，世少知之；方术不用，为人所疑。其知至明，循道正行，足以为纪纲。呜呼！贤哉！宜为帝王。天地不知，善桀、纣，杀贤良。比干剖

他的德行如尧、禹一样，但世人很少知道；他的治国方略不被采用，乃至被人怀疑。他的智慧极其明睿，遵循大道端正行为，足以成为人们的楷模。呜呼！真是贤能啊！他应该成为帝王。但天地不明智，竟然善待夏桀、商纣，杀死贤

心，孔子拘匡；接舆[1]避世，箕子佯狂；田常[2]为乱，阖闾擅强。为恶得福，善者有殃。今为说者又不察其实，乃信其名；时世不同，誉何由生？不得为政，功安能成？志修德厚，孰谓不贤乎？

良之人。比干被剖了心，孔子被囚拘于匡地；接舆避世隐居，箕子佯狂装疯；田常犯上作乱，阖闾肆意逞强。为恶的人有福，行善的人遭殃。议论者不明察其实际，竟然相信那些虚名；时代风气不同了，名声如何产生呢？得不到为政的机会，功业如何成就呢？志向美好，德行敦厚，谁说孙卿不贤能呢！

注释　**1** 接舆：春秋时楚国著名的隐士，佯狂避世。《论语·微子》载有其事迹："楚狂接舆歌而过孔子曰：'凤兮！凤兮！何德之衰？往者不可谏，来者犹可追。已而，已而！今之从政者殆而！'孔子下，欲与之言。趋而辟之，不得与之言。"　**2** 田常：即田成子，也叫田恒，春秋时齐国大臣。公元前481年，他杀死齐简公，拥立齐平公，任相国摄政。从此以后，齐国大权归田氏，最终导致田氏齐国取代姜氏齐国。

图书在版编目(CIP)数据

荀子/张晚林注译.—长沙:岳麓书社,2022.3(2024.9重印)

ISBN 978-7-5538-1567-1

Ⅰ.①荀… Ⅱ.①张… Ⅲ.①《荀子》—注释②《荀子》—译文
Ⅳ.①B222.6

中国版本图书馆CIP数据核字(2021)第209966号

XUNZI

荀子

注　　译:张晚林

责任编辑:刘书乔

责任校对:舒　舍

封面设计:罗志义

岳麓书社出版发行

地址:湖南省长沙市爱民路47号

邮编:410006

版次:2022年3月第1版

印次:2024年9月第2次印刷

开本:890mm×1240mm　1/32

印张:17.25

字数:490千字

ISBN 978-7-5538-1567-1

定价:58.00元

承印:湖南省众鑫印务有限公司

如有印装质量问题,请与本社印务部联系

电话:0731-88884129